贵阳市白云区地方志编纂委员会办公室
《贵阳白云年鉴》编辑部
编

新华出版社

图书在版编目（CIP）数据

贵阳白云年鉴. 2013/贵阳白云年鉴编辑部编
北京：新华出版社，2014.6
ISBN 978-7-5166-1011-4
I. ①贵…Ⅱ. ①贵…Ⅲ. ①区（城市）-贵阳市-2013-年鉴
IV. ①Z527.31
中国版本图书馆CIP数据核字（2014）第097256号

贵阳白云年鉴（2013）
作　　者：贵阳白云年鉴编辑部编

出 版 人：张百新　　选题策划：米春改
责任编辑：米春改　　封面设计：张向希　徐炯明　朱　超

出版发行：新华出版社
地　　址：北京石景山区京原路8号　　邮　　编：100040
网　　址：http://www.xinhuapub.com　　http://press.xinhuanet.com
经　　销：新华书店
购书热线：010－63077122　　中国新闻书店购书热线：010－63072012

照　　排：昆明鹰达印刷有限公司
印　　刷：昆明鹰达印刷有限公司

成品尺寸：210mm×285mm
印　　张：22　　字　　数：560千字
版　　次：2014年6月第一版　　印　　次：2014年6月第一次印刷

书　　号：ISBN 978-7-5166-1011-4
定　　价：210.00元

编纂说明

一、《贵阳白云年鉴》是中共贵阳市白云区委、贵阳市白云区人民政府批准创办，白云区地方志编纂委员会办公室主管主办，《贵阳白云年鉴》编辑部编辑，国内公开发行的政府公报性、年度性、地方综合性、权威性的大型信息资料工具书。该书遵循服务地方、服务社会、服务各级党政部门的原则，以邓小平理论、“三个代表”重要思想、科学发展观、十八大精神为指导，在区委、区政府的正确领导和高度重视下，在市地方志办公室的具体帮助指导下，紧紧围绕全区性各项工作，服务大局，不断提高编纂质量，为全区的经济建设和社会进步做出应有贡献。

二、《白云年鉴》创刊于2000年，因与广州《白云年鉴》重名，2013年10月经中国版协年鉴委员会专家会商后更名为《贵阳白云年鉴》。《贵阳白云年鉴》2013卷全面、系统、翔实地记载2012年白云区经济社会发展现状、取得的成就和经验以及存在的问题，为社会各界和海外人士了解白云、认识白云，提供可靠的基本区情资料；为编写白云区志储备资料；为各级各部门的决策与研究提供重要参考资料。

三、《贵阳白云年鉴》着力反映全区人民紧紧围绕全面建设小康社会的奋斗目标，高举中国特色社会主义伟大旗帜，坚持以邓小平理论、“三个代表”重要思想为指导，深入贯彻落实科学发展观，全面构建“和谐白云”的新进展、新举措、新成就，突出地方特色，并以大量的文字资料和彩色画页，全方位、多角度、直观形象地反映全区全面建设小康社会，实现经济社会发展历史性跨越的新面貌。

四、《贵阳白云年鉴》2013卷共设29个部类：《特载》《大事记》《区情概览》《党政机关》《社会群众团体》《政法》《军事》《经济管理与监督》《财政·税务》《金融》《城市建设》《城市管理》《生态建设》《农业》《工业》《商贸服务》《交通运输·能源》《建筑和房地产业》《信息产业》《科学技术》《教育》《文化》《卫生·体育》《社会生活》《乡（镇）、社区服务中心》《名录》《文论选载》《统计资料》《索引》，有专文8篇。《彩页图片专辑》作为《贵阳白云年鉴》的重要组成部分，由41张照片组成。

五、《贵阳白云年鉴》2013卷所用稿件均由年鉴撰稿单位提供，并经单位领导签发。《2012年白云区经济和社会发展统计公报》由区统计局提供，各单位各部门提供的数据，也经过供稿单位、部门领导认真核对，均翔实可靠。关于统计数字，我们力求统一，但由于统计口径、统计时限、资料来源的不同，有的数字不尽一致，使用时请以统计部门为准。

六、《贵阳白云年鉴》得到各级领导和社会各界人士的关怀与支持，谨表谢忱。由于我们水平有限，在工作中必然存在不少问题和缺点，恳请读者提出宝贵意见，我们一定虚心听取，认真采纳，使《贵阳白云年鉴》的质量不断提高。

《贵阳白云年鉴》编辑部

2013年10月

《贵阳白云年鉴》编纂委员会

名誉主任委员　丁雄军　黄昌祥　张朝栋　卢瑞礼
主 任 委 员　刘继东　赵子铱
委　　　　员　杨建柳　况鹏飞　刘千方　杨　恺
吴　红　王　伟　陶若冰　张向希
赵荣武　陈忠友　唐　中　欧阳知戎
周　亮　杜祖雄　王　彬　廖爱玲
周忠诚　班正勇　张　科　袁　岵
韦富刚　罗平林　刘志刚　朱　超
雷　俊　黄光华　杨胜英　张学忠
徐炯明

《贵阳白云年鉴》编辑部

顾　　　　问　邓忠元　王　浩
主　　　　编　况鹏飞　刘千方　张向希
执 行 主 编　徐炯明
副　主　　编　杨　恺　吴　红
编辑部主任　张向希
编辑部常务副主任　徐炯明
编　　　　辑　敖红红　杨秀丽　曹　灿　罗体筑　罗　蓉
朱志新　徐朝红　许　景　杜顺智
审　　　　稿　邓忠元　王　浩　段　洪　宋旭升　赵子铱
金　玫　李冬生　张建明
彩 页 策 划　张向希　徐炯明　车善红
图　　　　片　朱　超　曹廷飞　车善红　徐炯明　高　燕
刘先琴　杨桂香　兰军辉　罗飞宇　曹　灿

11月20日，贵州省老龄休闲度假旅游示范基地项目举行签约仪式

7月1日，贵阳市二环四路城市带白云区黑石头森林休闲旅游板块棚户区城中村改造项目举行开工仪式

2012年全国有色金属加工行业技术进步产业升级大会
暨贵州省有色金属加工产业发展研讨会

主办单位：中国有色金属加工工业协会 贵州省发展和改革委员会
贵阳市人民政府 中国铝业公司
承办单位：贵阳国家高新技术产业开发区管委会
贵阳市工业和信息化委员会 贵阳市白云区人民政府
协办单位：广东兴发 广东凤铝 广东豪美 广东坚美 广东华昌
广亚铝业 福建闽发 福建奋安 铭帝铝业 广汉三星
宁波兴业 安徽精诚 广东银一百

9月21日，由白云区政府参与承办的全国有色金属加工行业技术进步产业升级大会召开

10月10日，贵州省委常委、市委书记李军（中）到白云区盐沙路实地了解工程建设进展情况，对白云区区委、区政府在征地拆迁、控违拆违等方面所作的工作给予充分肯定

9月18日，贵阳市委副书记、市长李再勇（前排右二）到白云区调研产业结构调整实施情况

10月23日，贵阳白云经济开发区管委会与杭州娃哈哈集团有限公司贵阳生产基地五期项目签约现场（前排左一：贵阳白云经济开发区管理委会主任、白云区委副书记、区长黄昌祥，右一：杭州娃哈哈集团有限公司董事长宗庆后）

11月3日，贵阳市二环四路城市带现场会在白云区召开

2月，高新区党工委书记、白云区委书记丁雄军（中）考察南湖东路建设工地

白云区委副书记、区长黄昌祥（右三）走访慰问基层群众

贵州中泉电气职工在电气元件生产线生产

中国航空工业标准件制造有限责任公司技工在操控数控设备

位于牛场布依族乡的贵州省现代农业展示园既为市民提供休闲游又为当地种植户提供农产品交易平台

9月28日，白云区召开社区网格工作推进会

12月18日，白云区生态文明建设局挂牌成立

12月，白金片区“讲、访、帮、促”服务活动启动，白云区11支服务工作队近千名干部职工开展入户走访、帮扶慰问

9月28日，白云区举行欢乐购物节活动

12月30日，白云区南湖东路建成通车

改造后的大山洞农贸市场

8月25日，牛场布依族乡启红种养殖专业合作社被省妇联授予基层妇女之家

大山洞社区服务中心爱心淘宝开通

3月17日，“创新社会管理——服务进社区·巾帼在行动”示范点工作会在白云区铝兴社区召开，“幸福万家”服务妇女平台铝兴社区分站成立

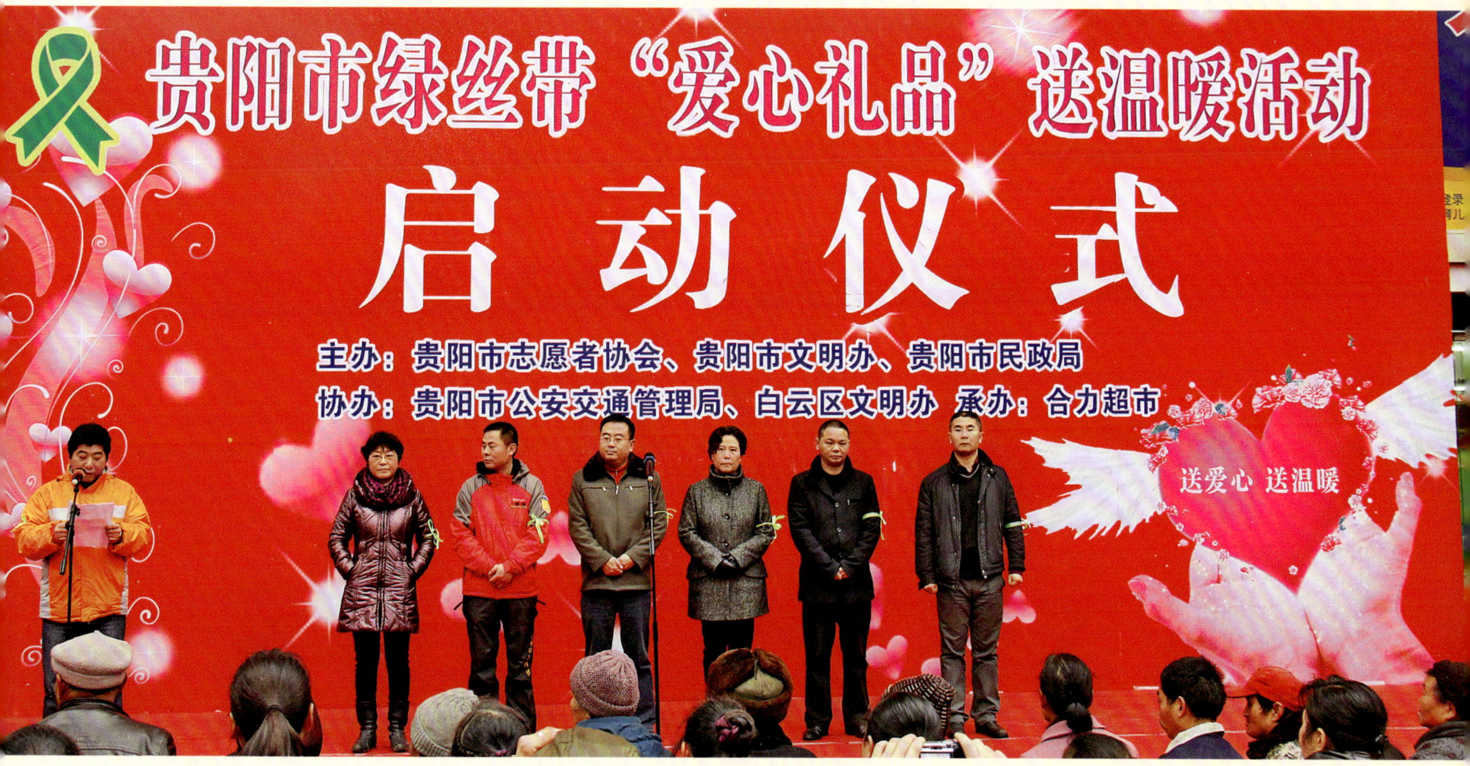

贵阳市绿丝带“爱心礼品”送温暖活动
启动仪式
主办：贵阳市志愿者协会、贵阳市文明办、贵阳市民政局
协办：贵阳市公安交通管理局、白云区文明办 承办：合力超市
送爱心 送温暖

1月17日，绿丝带“爱心礼品”送温暖活动在白云区启动

白云区2012年“全国第四个全民健身日”活动启动仪式
全民健身 低碳出行

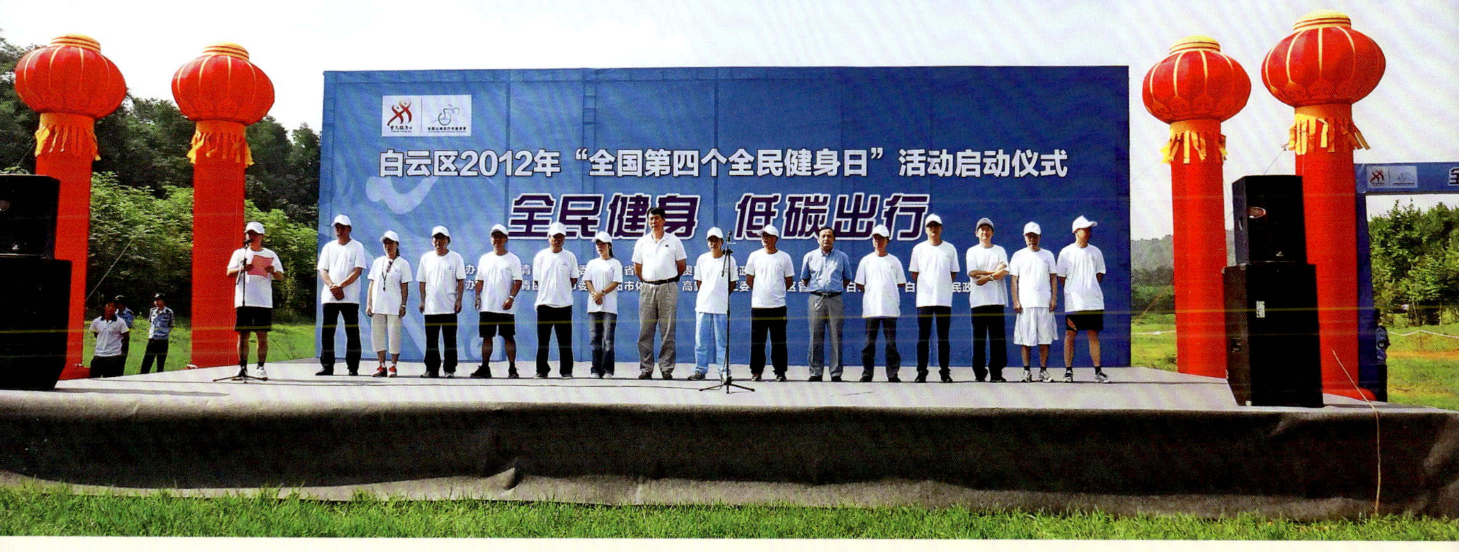

8月9日，白云区举行“全民健身低碳出行”活动

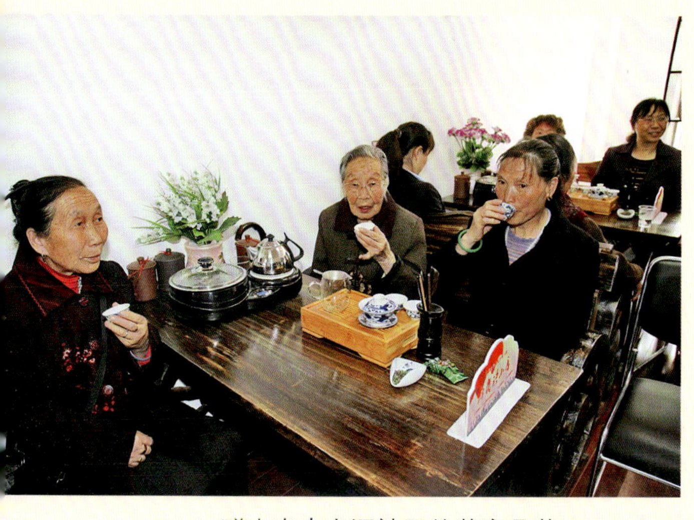

群众在大山洞社区的茶室品茶

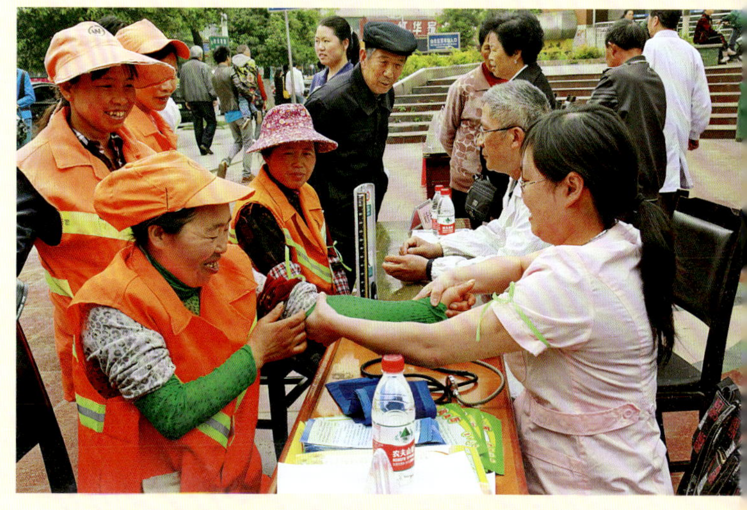

白云区人民医院的医护人员为环卫工人免费体检

9月10日，白云区召开庆祝第二十八届教师节暨表彰大会

7月，白云区公安局在夏季严打专项行动中整装待发

11月24日，高新区党工委书记、白云区委书记丁雄军（中）在建设工地宣讲党的十八大精神

5月，白云区委副书记、区长黄昌祥（左二）到铝及铝加工基地调研，了解企业生产情况

11月20日，白云区人大常委会主任张朝栋（中）率部分人大代表视察重点项目建设工地

白云区政协主席卢瑞礼（中）组织区政协委员参政议政

8月18日，2012“俊发杯”全国山地自行车邀请赛在长坡岭森林公园开赛

9月26日，白云区迎十八大庆祝建国63周年全民健身职工运动会开幕

9月26日，全民健身运动会拔河比赛

12月，白云区举办学习宣传十八大精神书画展

5月19日，“科技宣传周”小朋友对科普设备产生浓厚兴趣

3月30日，白云区新型社区服务中心集中挂牌成立

4月23日，白云区社区服务中心党委书记进行公推直选，图为大山洞社区服务中心党委书记公推直选现场

8月24日，白云区在全国率先成立5个乡（镇）党员干部群众现代远程教育协会，积极探索“支部抓学、专干抓管、协会抓用”的“管、学、用”新模式，充分发挥远教协会在推动“以用为本”落实中的作用

10月15日，白云区召开创先争优活动总结交流大会暨干部下基层第一批挂帮工作表彰会

2012年，白云区基层组织建设年活动第一次工作例会

目 录

特 载

大事记

区情概览

中共白云区纪律检查委员会

白云区人民代表大会及其常务委员会

白云区人民政府

综　述

综合工作

档案·方志

机构编制管理

人事管理

民政事务

政协白云区委员会

综　述

生态建设

综　述

生态环境保护

园林绿化

林　业

农　业

综　述

村镇规划与建设

种植业

养殖业

公路运输

能　源

建筑和房地产业

建筑业

房地产业

房地产建设

房地产市场

房地产管理

信息产业

综　述

通信业

电信公司

移动公司

联通公司

邮　政

科学技术

教　育

文　化

卫生·体育

卫　生

体　育

社会生活

计划生育

人力资源与社会保障

人民生活

社会救助

大山洞社区服务中心

艳山红社区服务中心

红云社区服务中心

铝兴社区服务中心

白沙关社区服务中心

都拉营社区服务中心

名　录

领导名录

先进名录

文论选载

调研文章

统计资料

2012年白云区经济和社会发展统计公报

索　引

特载

GUI YANG BAI YUN
NIAN JIAN 2013

在高新区、白云区领导干部大会上的讲话

贵阳高新技术开发区党工委书记、白云区委书记　丁雄军

（2012年9月21日　根据录音整理）

尊敬的刘俊部长、各位领导、同志们：

刚才继红常务副部长宣读了省委、市委的任免职决定，刘俊部长作了重要讲话，肯定了白云区取得的巨大成绩，对白云区下一步工作提出了殷切的期望，我们要认真领会，抓好贯彻落实。

我先表个态，我完全拥护省委、市委的决定，衷心感谢组织的信任和重托，一定切实履行好白云区委书记的职责，尽心竭力地为白云人民做好服务。刚才宗文书记饱含深情地回顾了在高新区两年七个月、在白云区十一个月以来的工作历程，对高新和白云的未来提出了希望。宗文书记的讲话情真意切、感人至深。我听了以后，深为感动，深受教育。今天，我从宗文书记手中接过接力棒，既感到使命光荣，又感到责任重大。说使命光荣，是因为白云是全市的经济强区、工业重镇，经过历届区委、区政府和30万白云人民的奋力拼搏和积极跨越，白云区的经济社会发展已经跃上了一个新的台阶，创造了新的辉煌。刚才宗文书记也提到了，白云区在全省88个县（市、区、特区）增比进位的综合测评中，2010年是第24位，2011年跃升到第7位，今年上半年又上升到第6位。说责任重大，是因为我深知省委、省政府、市委、市政府对白云区的经济社会发展寄予了厚望，白云人民对我们建设“两个新城”、推动“激情跨越”寄予了厚望。现在坐在这个主席台上，我听到的是鼓励的掌声，看到的是期望的眼神，这是白云区干部群众心往一处想，劲往一处使的真实体现，也是近年来白云区“海纳百川、激情跨越”的力量所在。我将珍惜这份鼓励，依靠这份力量，如履薄冰、如临深渊，恪尽职守、不负重托。在今后的工作中，我将在市委的坚强领导下，深入贯彻科学发展观，以“坚持走科学发展路、加快建生态文明市”为总路径，以“三路三片三园”为主战场，锐意进取、拼命苦干，努力实现白云区的“加快发展、转型发展、融合发展、创新发展、团结发展”。

一是坚持加快发展。经过“十一五”时期，特别是近年来的快速发展，白云区经济社会发展取

得了令人瞩目的成绩。但是我们的差距也不容忽视，白云区在全省前两轮的经济强县排名都是第三名，目前第三轮的排名，据初步测算在15名以后，这种区情决定了当前和今后一段时期白云区最紧迫的任务仍然是加快发展。我将充分发动全体党员干部，紧紧依靠全区人民，谋划加快发展的目标，制定加快发展的路径，配置加快发展的资源，用好加快发展的干部。

二是坚持转型发展。白云区现阶段的发展面临着既要“赶”又要“转”，既要“快”又要“好”的双重背景。怎样做好转型发展，从产业发展来看，一二三次产业都要转型，而且产业的内部结构也要转型；从城市发展来看，既要关注新区的转型建设，又要关注老城的转型提升；从民生发展来看，既要重视发展指数，又要重视幸福指数。

三是坚持融合发展。从体制上来看，白云区、高新区实行的是“上合下分”的体制。实践证明这是正确的、成功的，通过融合两个区形成一条心，拧成一股绳，产生了高速度、高质量，我们必须继续坚持走融合、共赢的路径。融合发展第二个要求就是我们要走“三化同步、产城互动”的路径，遵循产业发展和城市建设的内在规律，实现产城的融合发展。

四是坚持创新发展。创新是白云加快发展、转型发展的一面旗帜，也是白云实现更大突破的根本动力。面对新形势、新任务、新要求，我将更加努力地学习，做到在学习实践中提升素质，在学习实践中使自己的思想更加解放、眼界更加开阔、思路更加明晰。以世界眼光找准创新的突破口，以中国一流明确创新的目标，以白云特色打造创新的优势，使各项工作体现高标准，实现新跨越。

五是坚持团结发展。团结出生产力、出战斗力、出凝聚力。当前白云区政通人和、风清气正，班子、干群、军民是团结的。我们要倍加珍惜这来之不易的形势，倍加珍惜干事创业的环境，倍加珍惜团结奋进的氛围。在这里我向大家保证，在工作决策上认真贯彻执行民主集中制的原则，在选人用人上严格按条例办事，在廉洁自律上自觉遵守领导干部廉洁从政的各项规定。这里我向大家报告一下，我的爱人在小河区政协工作，我的父母亲都是农民，我的儿子今年才五岁，还在上幼儿园，都不涉及经商。今后如果有亲友、有老乡打我的旗号搞项目，徇私情，同志们一律不予理睬。

各位领导、同志们，组织上安排我任白云区的区委书记，是信任更是期望，是光荣更是责任。我一定以追求卓越的新观念、科学管用的新方法、务实高效的新作风，敢于担当、敢于突破、敢于攀登、敢于创新，努力实现白云区经济社会跨越式的发展。

最后衷心地祝愿各位领导、同志们工作顺利、身体健康、万事如意！

谢谢大家！

政府工作报告

（2012年1月5日在白云区第十届人民代表大会第一次会议上）

白云区委副书记、白云区人民政府区长　黄昌祥

各位代表：

现在，我代表区人民政府向大会报告本届政府过去五年的工作，对新一届政府工作提出建议，请予审议，并请各位政协委员和其他列席人员提出意见。

一、过去五年政府工作回顾

过去五年，是不平凡的五年，在市委、市政府和区委的正确领导下，在区人大和区政协的监督、支持下，区政府坚持以邓小平理论和“三个代表”重要思想为指导，牢固树立科学发展观，紧紧围绕“1235”发展思路，大力弘扬“海纳百川、激情跨越”的白云城市精神，按照打造“产业高地、黄金商圈、双宜城市、绿色家园、首善之区”的目标，全力推动“两个新城”建设。

——艰难之中奋力突围。五年时间里，我区先后经受了百年不遇的低温雨雪冰冻灾害、国际金融危机和连续两年的干旱冲击，尤其是冰冻灾害和金融危机使全区经济受到严重影响，经济下滑到2006年的水平。困境面前，全区上下奋发有为、共克时艰，战胜了自然灾害和金融危机带来的困难。到2010年，全区经济发展总体上提前一年恢复至灾前水平。据全省经济工作会公布的数据，2011年，在全省88个县（市、区、特区）经济发展增比进位综合测评中位列第10位，比2010年上升14位；在全市10个区（县、市）中位列第4位，比2010年上升5位。

——经济实现稳步增长。全区生产总值五年年均增长11.4%。其中，一产增加值年均增长7.6%，二产增加值年均增长10.3%，三产增加值年均增长15.9%；财政一般预算收入从2006年的3.66亿元增长到6.47亿元，五年年均增长11.88%；金融机构各项存款余额从2006年的70亿元增长到164亿元，五年年均增长17.3%。

——发展后劲显著增强。紧紧围绕“项目落实年”“项目推进年”、“项目建设年”等活动，全力推动项目建设。2007年以来，共开工建设5000万元以上的重点项目42个，建成项目21个，争取扩大内需项目13个，获得国家、省、市预算内投资补助项目资金8.01亿元。重点项目带动固定资产投资强劲增长，预计2011年全社会固定资产投资完成150亿元，是2006年的4.9倍，五年年均增长37.2%。

——人民收入大幅提高。城镇居民可支配收入从2006年的10599元提升到19402元，增加8803元，五年年均增长12.9%，平均每年增收1761元；农民人均纯收入从2006年的5019元提升到8936元，增加3917元，五年年均增长15.5%，平均每年增收979元。

五年来，我们重点抓了以下六个方面的工作：

（一）着力调结构、促转型，发展层次不断提升。三次产业协调推进，经济结构进一步优化，由2006年的3.4：72.5：24.1调整为4.3：51.4：44.3。工业经济发展快速，开工建设了铝及铝加工基地，成功引进了15万吨铝板带、中泉电气、今飞轮毂、华科高性能铝合金、永青仪电科技、华恒机械、无极天工等一批能够支撑产业发展的重点项目。工业投入不断加大，组织实施技改项目1200余项，更新改造投资年均增长21.6%，五年共整合区级各类资金4.65亿元，争取上级资金2.71亿元，扶持、引导铝及铝加工、新材料、食品、装备制造等产业加快发展。五年来，规模以上工业总产值从2006年的115亿元增长到190亿元，年均增长25.9%，占全市的13.1%。规模以上工业企业从2006年的75家增长到108家，成为全市规模工业企业最多的区（市、县）。第三产业发展活跃，建成了“国家现代服务业产业化基地”的贵阳数字内容产业园、西南地区最大的国际家居装饰博览城、贵阳宝通物流园等二产项目。打造了被誉为“贵阳迪斯尼”的贵阳欢乐世界、西普陀寺等一批特色旅游景点，蓬莱仙界获评省级休闲农业与乡村旅游示范点。培育了贵铝宾馆、夏日康桥2家4星级酒店，升级改造大山洞、艳山红等5个农贸市场，引进肯德基、国美电器等一批品牌名店，伊顿公馆、中京国际CBD城市综合体、恒大城、西部化工市场等一批重大项目相继落户。恒大绿洲、中天托斯卡纳、帝璟佳苑等一批房开项目相继建成。五年来，社会消费品零售总额从2006年的7.93亿元增长到23.14亿元，年均增长23.9%；旅游综合收入从2006年的6.13亿元增长到19.5亿元，年均增长27.6%。全面推进现代农业发展，初步建成了贵州省现代农业展示区核心区，成功举办了现代农业观摩会暨蓬莱仙界乡村游活动。建成了“4个万亩基地、7个蔬菜产地批发市场、25个蔬菜农残快速检测站（点）”。全区蔬菜播种面积从2006年的4.33万亩次增加到6.11万亩次，产值从2006年的8961万元增长到1.75亿元，被农业部列为国家级蔬菜标准化生产示范县。食用菌产业实现规模化生产，产量从2006年的20余万袋增长到1102万袋，成为省级中部食用菌产业示范园区。苗木花卉产业稳步发展，面积从2006年的近1万亩增长到1.8万亩，产值从2006年的1.1亿元增长到1.9亿元。加强农业基础设施建设，建成了平山水库，除险加固牛角田水库，整修山塘18座，更新提灌站设备20座，修建小水池303口，完成渠道防渗53.8公里。

（二）着力抓建设、优环境，城乡面貌不断改观。全面推进新一轮白云片区控制性详细规划和云峰大道、同心路、白云大道街景整治规划以及粑粑坳片区、大山洞村和南湖片区城市设计工作。残疾人服务中心、行政拘留所、戒毒所、消防队营房、图书馆、城市公共消火栓、老年门球场等一批公共基础设施建设相继完工。投入资金5.07亿元，新建、改造、扩建了云环西路、云环东路、白云北路、白云南路等11条城区主次干道。完成农村危房改造1156户，改扩建农村公路30千米，修建串户路267千米，实施农村饮水安全工程76处。投入新农村建设资金8160万元，建成一批社会主义新农村示范点。投入资金2840余万元，强力推进“三创一办”，大力开展“五小”行业、“门前三包”、农贸市场等14项专项整治，实施背街小巷、便民利民设施项目400余个，圆满完成“创卫”、“创文”和民运会协办工作。扎实抓好道路交通专项整治，依法暂扣违法“两的”“黑车”3989辆，中巴改大巴46辆，被授予国家“平安畅通县区”称号。深入整治城乡面貌，新建和改建垃圾转运站9座、免费公厕37座，实施村（寨）及高速公路和绕城公路（白云段）沿线房屋立面整治3260户，拆除违法建筑1139户、32万平方米。加大林业绿化工程建设，植树造林1.1万亩，新增绿地180万平方米。

（三）着力抓机制、探新路，社会管理不断创新。积极探索城市基层管理体制改革，撤销龚家寨街道办事处，成立白沙关、铝兴2个社区服务中心；大力推进农村社区建设，在全省率先通过民政部“全国农村社区建设实验全覆盖示范区”评估，全区基本实现公共服务重心下移和服务对象、内容全覆盖。加大社会事务公开办理力度，开通“区长信箱、区长热线”直面群众释疑解难，办理区长信箱、热线250余件（次），满意率达95%以上。加强流动人口管理，成立流动人口服务和管理工作中心，在乡（镇、街道）和村（社区）建立流动人口管理工作站（室），初步形成流动人口三级服务网络。加强对禁毒、刑释解教人员、失足劣迹青年管理，对校园周边治安环境深入开展专项整治。加大矛盾纠纷的排查化解，成立了群众工作中心（矛盾化解中心），增强了对越级上访、非正常上访的防范和处置力度。积极构建区、乡（镇、街道）、村（社区）三级联动便民利民管理网络，全面改扩建区级政务服务中心，建立乡（镇、街道）便民利民服务中心8个，村（社区）便民利民服务站（点）83个，将140余项便民利民服务项目集中到各级服务中心（站、点）进行办理或代理，累计为群众办理事项37765件，解决实际问题1245个。

（四）着力抓改革、促开放，可持续能力不断增强。在全省率先推进新一轮政府机构改革，将区卫生局等11个部门精简合并为5个机构，新组建2个机构。积极稳妥推进事业单位绩效改革，全区108个单位全部实行了部门预算，69家有执收权力的单位全部纳入政府非税收入管理。不断深化国有企业改革，辖区内有7家国有企业完成了公司制改造和重组工作。相继组建了工业投资公司、城市建设投资公司2家区级投融资平台，白云中小企业贷款担保公司、贵州众能小额贷款公司等一批民间融资企业快速发展。招商引资不断突破，五年共引进各类投资项目1710个，累计完成招商引资到位内资214.75亿元人民币，年均增长22.4%；实际利用外资7197万美元，年均增长14.3%。开发区投资环境综合考核连续多年位列全省第一，荣获全省“投资环境优秀单位”“招商引资全省一等奖”“全省先进开发区”等称号。非公经济迅速成长，非公经济增加值年均增长18.3%，所占GDP比重从2006年的17.85%提高到40%，成为全区经济发展的重要增长极。全面推进经济、社会、资源、环境以及人与自然的和谐发展，“污水再生为城市杂用水”装置中水回收利用、环境空气自动监测系统等工程顺利建成。组织实施国家科技支撑计划项目3项、产学研合作项目83项，174个项目获国家、省、市资金支持。培育省级高新技术企业8家，工程技术和企业技术中心28家。大力发展循环经济，推行清洁生产，顺利完成了节能减排目标任务。五年来，共实施循环经济项目17个，节能降耗改造项目6个，全区万元规模工业总产值综合能耗下降19.92%，单位生产总值能耗下降15.5%，重点监控企业累计完成节能量26.09万吨标准煤，利用固体废弃物197万吨。2010年被国家科技部批准为“国家可持续发展实验区”。

（五）着力抓民生、办实事，社会事业不断进步。五年来，投入财政资金19.09亿元用于民生工程建设，办理实事50件97项。社会保障体系日益完善，城镇职工基本养老保险参保27140人、失业保险参保10423人、医疗保险参保16942人，分别是2006年的2.8倍、1.6倍、3.1倍，新型农村社会养老保险参保29983人。实现城乡统筹就业2.9万人、培训

1.4万人，城镇失业人员就业1.6万人；组织农村富余劳动力转移就业0.8万人，完成19个充分就业社区创建工作，“零就业家庭”动态保持为零。建成政府廉租房1.5万平方米、300套，将662户城镇低收入家庭纳入廉租房、廉租补贴保障范围，新开工建设乡镇、企业廉租房12.54万平方米，公租房10万平方米。实施城乡低保动态化管理，投入低保资金1906万元，保障城市低保11.4万人（次）、农村低保9.4万人（次）。全面加大社会救助，共投入资金204万元，救助800人（次）。认真开展劳动争议仲裁工作，处理劳动争议案件490件，结案率达100%。不断强化劳动监察，追缴拖欠工资2710余万元，较好地维护了劳动者的合法权益。扎实创建平安白云，不断加大财政投入，加大社会治安综合治理力度，严厉打击各类违法犯罪，深入开展“平安包保”“百千万工程”、“5689计划”专项行动，财政补贴290万元安装682个单元防盗门、21720户“平安E家”和移动报警电话，社会治安防控体系更加完善，人民群众的安全感满意度进一步提升。法制建设全面加强，顺利通过“五五普法”依法治区验收。教育“两基”迎国检工作顺利完成，“双高普九”有序实施，创建2所省级示范幼儿园，解决了义务教育阶段14406名流动人口子女入学问题，被评为“全国‘推进义务教育均衡发展先进地区’、全国‘两基’工作先进县”。全面启动医药卫生体制改革，卫生基础设施建设不断加强，改扩建4家乡（镇）卫生院、4家社区卫生服务中心，创建2家市级示范性乡（镇）卫生院。有效防控了高致病性禽流感、甲型H1N1流感等重大疫情和艾滋病、结核病、地氟病等疾病。低生育水平继续保持稳定，人口出生率从2006年的10.1‰下降到7.46‰，获“全国计划生育优质服务先进县”称号。大力实施《全民科学素质行动计划纲要》，被授予“全国科普示范区”称号。加强文化建设，继续保持“全国文化先进县”称号。大力开展劳动和谐关系创建，景宏工业园获得“全国和谐劳动关系工业园区”称号。统计、民宗、档案、粮食、体育、侨务、对台、人防、国教、气象、残联、关工等工作取得了新的成绩，一批基层单位获得全国先进集体荣誉称号。加强国防教育和后备力量建设，“双拥”和军民共建活动深入开展，武警、消防、预备役部队官兵在急难险重的关键时刻发挥了重要作用。

（六）着力抓勤政、强廉政，服务水平不断提高。深入开展“整治发展软环境，建设服务型机关”活动，整治挡工堵路、强包强揽、强买强卖、服务态度差、推诿扯皮、办事拖拉等8类28个重点问题，投资软环境进一步优化。依法行政深入推进，自觉接受区人大的依法监督、区政协的民主监督和公民、社会、媒体的舆论监督，充分听取各民主党派、工商联、无党派人士和人民团体的意见，定期向区人大报告、向区政协通报工作，畅通民意诉求渠道。五年共办理人大代表建议、意见686件，办理政协委员提案571件。加强党风廉政建设，惩治和预防腐败体系不断完善，查处商业贿赂案件32件，涉案资金637万元，查处“小金库”9个，涉及资金209万元，对工作不力的11名干部进行责任追究。加强审计监督，完成各类审计项目283项，查出各类违纪违规金额1.09亿元，管理不规范资金12.15亿元。加大对政府资金的投资评审工作，评审工程567项，涉及财政资金8.55亿元，节约财政资金1.42亿元，最大限度发挥了财政资金的效益。不断完善政府采购工作，成立了政府采购中心，实现中心采购与财政监管的采管分离，共组织采购431次，采购规模达9477万元，节约财政资金1864万元。

回顾这五年，我们深切体会到：

一是必须紧紧围绕发展第一要务，推动经济持续快速增长。白云要实现奋力崛起，必须坚定不移地全面贯彻落实科学发展观，紧紧扭住经济建设这个中心，千方百计促进经济社会全面、协调、可持续发展。

二是必须紧紧围绕项目建设这一抓手，千方百计扩大投资总量。白云要实现奋力崛起，必须坚持项目带动战略，坚定不移地把项目建设作为推动经济增长最现实的选择和最有效的途径。

三是必须紧紧围绕社会和谐这一目标，解决好群众的切身利益。白云要实现奋力崛起，必须坚持以人为本，实现好、维护好、发展好人民群众最关心、最直接、最现实的利益，充分调动和激发全区人民加快发展的积极性和创造性。

四是必须紧紧围绕发扬苦干实干这一作风，坚定信念战胜一切困难。白云要实现奋力崛起，会遇到很多难以预料的困难和问题。有困难和问题并不可怕，怕的是没有战胜困难的勇气。面对困难和问题，要敢于担当，克难前进。

各位代表！五年成绩来之不易，奋斗历程充满艰辛。这是市委、市政府和区委正确领导的结果，是全区各族人民团结奋斗、顽强拼搏的结果，离不开区人大、区政协和社会方方面面的关心爱护、监督支持，离不开历届政府打下的良好基础。在此，我代表本届政府，向辛勤工作在各行各业的广大干部群众，向给予政府工作大力支持的人大代表、政协委员和离退休老同志，向关心、支持、参与白云建设的各民主党派、工商联、各人民团体、驻区企业，以及为白云的发展、繁荣、文明作出贡献的驻区解放军、武警官兵和社会各界人士，表示崇高的敬意和衷心的感谢！

在肯定成绩的同时，我们也深刻认识到，目前我区经济社会发展仍存在一些问题和不足，比如：经济总量小，规模不大；产业结构仍然不够合理，抗风险能力不强；城市基础设施薄弱，与省会中心城区应有水平还有差距；各类矛盾进一步凸显，维护稳定压力加大；财政收支形势紧张，支出负荷沉重等等。面对这些问题，务必认真研究，采取强有力措施，在今后的工作中努力加以解决。

二、下一届政府五年工作的建议

今后五年，是全面实施“十二五”规划、加快推进全面小康白云建设的五年，对下一届政府工作提出如下建议：

五年的经济社会发展指导思想是：以邓小平理论和“三个代表”重要思想为指导，深入贯彻落实科学发展观，全面贯彻落实党的十七大和十七届三中、四中、五中、六中全会精神，高举发展、团结、奋斗三面旗帜，紧紧围绕“两加一推”的主基调和“工业强省、城镇化带动”战略，沿着“走科学发展路，建生态文明市”的路径，按照“1235”的发展思路，大力弘扬海纳百川、激情跨越的白云城市精神，以经济建设为中心，全面加强文化建设、社会建设、生态建设。突出全面小康白云建设，突出“转型升级提速”，突出增比进位，突出工业强区、三产富区，注重工业化、城镇化、农业现代化“三化”联动，做强二产、做大三产、做优一产，充分依托高新区和驻区国有大中型企业两大发展平台，着力打造“产业高地、黄金商圈、双宜城市、绿色家园、首善之区”，促进白云、高新一体化发展，努力开创“两个新城”建设新局面。

结合“十二五”规划和区八次党代会精神，五年的奋斗目标是：五年再建一个白云，实现全面小康。一是在城市规模上“再建一个白云”。加快城市建设步伐，通过对老城区进行“东拓、西提、南接、北扩”和全力支持高新沙文园区17平方千米核心区建设两大途径，实现城市规模倍增的目标。力争5年城区建成面积达32平方千米，人口规模达到40万。二是在经济规模上“再建一个白云”。地方生产总值、地方财政收入分别确保年均增长18%，力争年均增长20%以上。全社会固定资产投资确保年均增长35%，力争年均增长40%以上；全区规模以上工业总产值确保年均增长23%以上，力争年均增长30%以上。工业增加值确保年均增长25%以上，力争年均增长30%以上。力争社会消费品零售总额年均增长20%以上。确保城镇居民人均可支配收入和农民人均纯收入年均实际增长12%以上。城镇登记失业率控制在4.5%以内。市民幸福指数大提升，达到93%。努力把白云建成全市加速发展、加快转型示范区，全省推进新型工业化和城镇化示范区，国家可持续发展示范区。

围绕总体要求和奋斗目标，要重点做好八个方面的工作：

第一，以扩大经济总量为重点，加快推进项目建设。项目是扩大经济总量的载体，是转型、升级、提速的基础。一是大力实施“项目储备五百计划”。在现有储备261个重点骨干项目的基础上，继续收集、整理和培育后续重点项目，力争项目库动态储备项目达到500个。二是大力实施“项目建设千亿工程”。按照意向项目抓签约、签约项目抓开工、开工项目抓投产、投产项目抓效益的要求，着力推进72个投资上亿元的重大项目建设，力争每年有一批项目开工建设,有20个项目建成投产，有20个项目进入国家、省、市重点计划盘子，力争5年全社会固定资产投资总额累计突破1000亿元。三是大力实施“项目引进千亿战略”。把项目引进与产业结构优化相结合，积极与拥有雄厚产业背景的大企业、大财团以及央企对接，引进一批科技含量高、产业链长、带动能力强的优质项目。确保引进外资年均增长25%以上，引进内资年均增长30%以上，引进亿元以上项目达到50个，力争5年引进内、外资金累计突破1000亿元。

第二，以打造产业高地为突破，加快推进新型工业化。打造产业高地在于将我区的传统产业与优势产业相结合，进一步完善政策措施，走出一条占领产业制高点的新型工业发展之路。一是加快开发区建设。推动开发区规范、有序、健康发展，完成开发区扩区升级，开发区新拓展区域面积达到20平方千米以上，力争使白云经济开发区升格为国家级开发区。二是做大做强四大产业。不断延伸铝工业关联产业链，走铝深加工及铝合金零部件生产供应集群化发展道路，形成煤电铝联营、上下游配套、具有综合竞争力的现代铝及铝加工产业体系。依托省材料技术创新基地和国家复合改性聚合物材料工程技术研究中心等产业创新平台，大力转化科技成果，培育发展新兴材料产业。围绕装备制造关键技术及产业配套技术，大力推进装备制造与新兴产业融合发展，全面提升装备制造产业。积极推进特色食品工业与农业产业化结合发展，支持食品企业建立原料基地，促进食品工业规模化、集群化发展。三是加快建设“三大园区”。着力搭建产业园区平台，强力推动青山-景宏-新材料产业园、沙文生态科技产业园、铝及铝加工基地和都拉综合保税区建设，力争5年园区完成基础设施总投资突破50亿元，有2个园区进入省级示范园，园区产值占全区工业总产值的比重提升到80%以上，园区企业贡献税收占全区地方财政收入的比重提升到30%以上。四是强力实施“六大工程”。通过实施“技术改造、技术创新、新产品开发、品牌创建、小巨人培育、节能降耗”工程，促进工业转型升级，力争5年组织实施千万元以上技改项目20项，培育高新技术企业20家，开发新产品20个，打造产值亿元以上企业20户，创建各类品牌20个，通过清洁生产审核企业20家，腾出20万吨标煤能耗空间。严格控制主要污染物排放，区域环境空气质量达国家2级标准。全面促进经济、社会、自然与人的协调发展，到2015年，把白云建成西部地区可持续发展示范区。

第三，以培育黄金商圈为引领，加快推进第三产业发展。发展第三产业，是转变经济发展方式的必由之路，认真制定政策措施，推动产业加快转型升级。一是加快商业核心圈建设。着力在新开发的片区布局大型零售网点、专业市场、高档酒店和特色街区，在老城区内重点运用现代经营方式改造提升传统商贸流通服务业。加快推动大型商贸城、商业广场建设，高标准引进一批名企名店，为消费者提供多位一体的服务，力争5年服务业总收入年均增长30%以上。二是依托“六个一”发展旅游业。以“一街、一湖、一山、一界、一林、一园”开发为主线，培育特色精品旅游品牌，强力推动城郊休闲旅游业大发展，打造休闲旅游经济圈，力争5年旅游总收入年均增长50%以上。三是加快房地产业发展。开发集住、娱、购为一体的城市综合体、高中档住宅小区、商住楼和小高层为主的精品房地产项目,力争5年房地产累计投资突破400亿元。四是推动现代服务业发展。进一步完善新型服务网点,推动民间融资机构、各类中介机构、行业协会、电子商务等发展,建立规范、全面的综合服务体系。大力发展生产性服务业,加快发展动漫产业,引进一批有市场竞争力的动漫实体,力争5年有1-2家动漫企业产值上亿元。加快推进一批重点物流项目建设,力争5年培育1-3家产值上5亿元的物流企业。

第四,以提升城市品位为抓手,加快推进城市现代化。按照“拉开框架,完善功能,提升品位,塑造品牌”的思路,以“三路三片”开发建设为重点,加快打造布局合理、特色鲜明的现代化城市。一是优化空间布局。以老城区为核心,扎实推进程关摆拢片区、白金片区、黑石头片区、都拉片区、麦架下马片区、高新沙文片区开发建设,构筑城市发展新格局。二是推进城市框架路网建设。把云环中路、麦沙大道、210国道(白云段)、白修大道(白云段)建设为城市主干道,新建、改建、扩建朝晖北路、南湖东路等17条路网,加快主城区各开发组团间快速通道建设,实现中心城区路网贯通,形成出入畅通、网络完备的区域路网新格局。三是推进老城区改造升级。加快中心城区低矮破旧住房改造,强力推动23个城中村棚户区建设。四是完善城市服务功能。完成新殡仪馆、公安两房、党校等建设。大力推进城市供水、供电、供气、雨污系统、绿地系统、环卫设施、停车场、人行过街系统等配套设施建设,不断增强城市综合承载能力。五是大力实施“三治三化”工程。继续巩固“三创一办”成果,加大城市治脏、治乱、治差力度,做好城市美化、亮化、绿化。推动6个片区污水收集管网及8座提升泵站建设,新建、扩建3座污水处理厂,建成6个城市干道交叉路口电子监控系统,推动城市绿化、城市干道和高层建筑亮化、下水道抢险工程等建设。力争5年城区污水集中处理率达90%以上,实现城区绿化覆盖率达37%以上。

第五,以集镇开发建设为依托,加快推进城乡一体化。努力打破城乡二元结构,快速促进以城带乡、城乡互动发展。一是加速四个集镇建设。深化和完善麦架、沙文、都拉、牛场4个集镇发展目标定位,打造各具特色的现代化集镇。全面完善、细化集镇、村庄规划方案,积极组团开发拓展空间,辐射带动周边农村区域,快速推进农村集镇一体化发展,力争5年城镇化率达80%以上。二是大力支持以沙文生态科技产业园为重点的重点项目建设。积极支持境内高新沙文园区、贵广线动车所、长昆铁路线、渝黔客线、成贵客线、贵开线、白云至龙里联络线(白云段)、小碧至白云联络线(白云段)、渝黔货线、市域货运专线盐沙路及绕城高速都拉互通匝道工程建设,全面改造、修整通乡、通村道路,努力建成城区、集镇互为连接的大通道,推动城乡融合发展。三是加强城乡生态设施建设。建成乡、镇垃圾处理场和污水处理设施,全面整治村寨面貌,加强水库、公园、林场等重要生态功能区保护,开展河流、矿山、非法煤窑、三无企业、违章建筑等专项治理。力争5年农村生活污水处理率达50%以上、垃圾无害化处理率达80%以上,全区森林覆盖率达42%以上,把全区5个乡(镇)全部建成市级以上生态文明乡镇。

第六,以发展现代农业为龙头,加快推进新农村建设。一是着力建设“一区一基地三个产业带”。加快把贵州省现代农业展示区建设成为一个集成果展示、交易平台、科技培训、技术研发、休闲观光为一体的现代农业综合展示区。做大做强食用菌产业,建成一个1000亩的食用菌产业园和3000亩的食用菌产业带,全力打造全省乃至西南地区最大的食用菌生产基地。推动果蔬、苗木花卉、休闲农业与乡村游产业带快速发展,建设苗木花卉5000亩、特色蔬菜3万亩。二是认真完善落实惠农政策。出台政策支持鼓励乡、镇和区直涉农部门干部在一定区域领办推动农业产业化项目。加快建设农民创业园和农民创业基地,增加农民收入。不断提高土地流转的综合效益,在全市率先实现80%的农村土地产业化发展。大力培育并规范农村专业合作经济组织，力争培育1家国家级、2家省级、3家市级龙头企业。三是积极改善农村面貌。完善水利基础设施建设，力争农田保灌率达80%。加大农村安全饮水、农田土地综合整治、水利配套设施、农村信息网络和农村交通网络等工程建设，尽快健全和完善农村公共服务体系，力争全区90%以上的农村达到“生态文明新农村”标准。

*第七，以破解发展难题为关键，推进改革开放创新。*积极探索创新社会管理的理念、体制、机制和方法，着力破解发展难题，提升社会服务水平。一是破解发展瓶颈“三大要素”。资金、土地、征拆是影响发展的三大难题，积极采用市场化运作模式，采取定向、组团的方式打捆项目，以项目向社会、向市场、向上级、向融资机构、向金融部门筹集资金。全力抓好建设用地置换工作，建立建设用地置换基金，合理安排用地指标，科学推动土地一级开发，实现土地效益最大化、配置最优化。在征地拆迁安置中，坚持以人为本，尊重群众意愿，最大限度满足群众的合理诉求，做到依法拆迁、和谐拆迁。二是创新社会管理“六大体系”。逐步建立社会矛盾纠纷调解体系、社会治安现代防控体系、新型社区服务管理体系、特殊人群服务管理体系、外来人员服务管理体系、基层基础管理体系。稳步提升公众安全感和满意度，强化群众中心工作，打造服务群众、维护稳定的第一线平台。进一步强化禁毒、刑释解教、失足青少年、流动人口管理，完成城市街道向社区服务中心转变全覆盖，在实践中形成社会管理创新“白云模式”。三是实施非公经济“三百举措”。重点扶持一批技术先进、主业突出、优势明显、竞争力强的非公企业进档升级。五年内，力争登记投资上千万元以上的非公企业100家，力争培育税收贡献突破百万元以上的非公企业100家，力争扶持销售收入超过千万元以上的非公企业100家。

*第八，以建设全面小康白云为目标，加快推进民生工程建设。*大力实施“八大民生工程”，让生活在白云的人更有主人感、归宿感和幸福感。一是实施“文化发展”工程。以“诚信、包容、竞争、创新、转型”为价值取向，大力实施“精神文化提升、文化事业繁荣、文化产业提速、文化体制创新”工程，加快培育、打造一批有白云印记、白云特色、白云标志的文化基地、文化工程和文化产业，满足群众文化需求，推动文化事业大发展、大繁荣。重点新建科技馆和综合体育健身馆，改造白云文化宫，高标准完善图书馆。着力培育1-2家有影响力和竞争力的文化企业，建设1-2家星级数字影城、书城，依托工业、旅游、动漫等载体，构建覆盖城乡的文化服务体系，力争到“十二五”期末，文化产业增加值达到全区生产总值的7%以上。二是实施“学有优教”工程。全面加大教育投入，巩固“两基”成果，做优义务教育，做强高中教育，做活职业教育，做大学前教育，做好民办教育，全面推进教育的优质、均衡、和谐发展。新规划建设1-2所标准化小学或中学，改扩建4所中学、5所小学，创建1所国家级重点职校，基本实现每个乡（镇）有一所标准化小学和一所标准化中学。力争在“十二五”期间，在全省实现“三个率先”。三是实施“创业带动就业”工程。完善创业扶持政策，加大资金支持和创业培训力度，营造良好的创业氛围，唱响以创业带动就业的主旋律。积极完善公共就业服务体系，鼓励自主创业、自谋职业和非公有制企业、福利企业吸纳就业，不断增加就业总量。进一步为困难群体、大中专毕业生和被征地农民免费提供技能培训、就业指导、职业介绍等“一站式”服务，鼓励引导大中专毕业生、复退军人到基层和非公企业创业就业。实现城乡统筹就业3.5万人，城镇登记失业率控制在4.5%以下，开发公益性岗位1200个以上，比较充分就业社区达85%以上，动态消除城镇“零就业”家庭和农村“零转移”家庭。四是实施“保障完善”工程。完善城镇基本养老、基本医疗、失业、工伤、生育保险、新型农村社会养老保险制度、被征地农民社会养老保险和城乡最低生活保障制度，建立覆盖城乡居民的社会保障体系。实现城镇从业人员参加养老保险参

保率达85%以上，新型农村养老保险参保率达80%以上，城镇居民医疗保险参保率85%以上。五是实施“养老救助”工程。完善社会救助体系，积极发展慈善事业。加快建设养老院等民政福利设施，推进养老服务体系建设，实现老有所养，老有所乐。六是实施“病有良医”工程。继续加大医疗卫生设施投入，健全疾病预防控制体系、医疗救治和卫生执法监督体系，推动农村卫生室、社区卫生服务中心标准化建设,健全区、乡、村三级卫生服务网络。继续做好人口与计划生育工作，符合政策生育率达95%以上。不断改善城乡卫生环境，加大农村改水、改厕力度，农村自来水普及率达90%以上，集中供水水质监测率达100%。七是实施“住居解困”工程。继续调动社会各方力量，进一步完善住房保障体系，重点抓好拆迁（搬迁）安置，推动保障性住房建设，努力解决各类群体的住房问题。八是实施“安全保障”工程。继续加大公共安全投入，健全突发事件应急管理体制，提高应对自然灾害、事故灾难、公共卫生事件、食品安全事件、社会安全事件的预防预警处置能力。强化安全生产监督管理，实现安全生产事故起数和死亡人数“双降”。加强物价监控，确保物价平稳运行。整顿和规范市场经济秩序，健全生猪屠宰检验检疫管理体系。增强防火防灾意识，切实做好社会消防安全工作。

三、2012年经济社会发展的主要目标和任务

2012年，既是实施“十二五”规划承前启后的一年，又是新一届政府开局之年。做好全年工作，对我区今后发展具有重要的意义。要以科学发展观为指导，深入贯彻落实党的十七大和十七届三中、四中、五中、六中全会、中央和全省经济工作会议、市九次党代会、区八次党代会精神，围绕“两加一推”主基调和“再建一个白云”的发展目标，大力弘扬“海纳百川、激情跨越”的白云城市精神，坚持稳中求快、快中保好、能快则快、又快又好，重点突出建设“三路三片三园”，重点突出支持高新区加快发展，重点突出民生改善，纵深推进“两个新城”建设，开创“转型、升级、提速”新局面，在建设全面小康白云上迈出新步伐。

2012年经济社会发展主要预期目标：生产总值增长21%。其中，一产增长10%；二产增长26%；三产增长18%。财政总收入增长18%，；一般预算收入增长21%。规模工业总产值增长26%。全社会固定资产投资增长40%。社会消费品零售总额增长23%。招商引资到位资金增长30%；实际利用外资增长25%。城市居民人均可支配收入实际增长18%；农民人均纯收入实际增长20%。城镇登记失业率控制在4.5%以内。人口自然增长率控制在5.5‰以下。单位生产总值综合能耗控制在省、市下达指标内。主要污染物排放量控制在省、市下达指标内。

2012年为民拟办的十件实事：1、完成白云六中改造；完成白云职校改扩建；新建一所幼儿园；2、实现城乡新增就业10000人；3、新建南湖新区公厕带垃圾转运站1座；综合改造龚家寨片区公厕带垃圾转运站1座；完成朝晖路公厕改造；为沙文镇、都拉乡、牛场乡配置垃圾转运车各2辆；4、完成南湖东路建设；修补完善城市破损道路和农村破损公路；5、完成七彩湖上下游排污沟1000米；完成艳山红农贸市场周边下水道管网改造工程；6、新建、提升、改造节水灌溉项目2个、山塘6座、饮水工程5处、提灌站设备更新7站；7、完成51.39平方千米范围内小流域石漠化治理工程；8、新建区就业和社会保障服务设施建设项目，改造大山洞街道办事处、艳山红街道办事处、麦架镇、都拉乡4个就业和社会保障服务设施；9、完成白云医院重症监护病房建设；10、完成体育健身中心场馆建设。

2012年，要重点抓好九个方面的工作：

*第一，着力项目带动，加快产业集聚发展。*全力开展“重点项目突破年”活动，一切围绕项目转，一切围绕项目干，推动各类产业向重点区域集中，促进大投资、快发展。一是抓好项目服务。全

面落实“5+4”项目保障机制，开展项目建设“四比两看”活动，进一步完善项目包保、奖惩激励等措施，力促项目建设大提速。全力做好项目落地保障，统筹推进规划、审批、用地指标、征拆、通信、供水、供电、供气等项目要素，真正做到招商服务围绕项目转，项目引进后围绕落地转，力争年内引进项目落地率达50%以上。全力做好麦架—沙文—扎佐高新技术生态产业经济带的服务工作，保障沙文生态科技产业园建设的稳步推进和每一个项目的顺利开工、建成投产。二是抓好项目申报。建立重大项目申报责任机制和项目申报激励体系，鼓励企业、个人以及各级各部门积极申报项目。全面做好项目策划、编制、储备工作，深入挖掘研究新项目，按照“认真筛选、严格把关、择优申报”的原则，仔细审查、反复比较，力求向上申报的项目得到立项支持，确保一批节能减排、水利设施、技术改造、技术创新等领域的好项目、大项目得到上级资金支持，力争全年获得上级资金增长30%以上。三是抓好项目督查。全年建设投资1000万元以上的项目160个，其中续建88个，新建72个。进一步健全项目督查机制，强化项目过程管理。对每个项目倒排工期，明确开工、完工、投产时限，排出形象进度，分解细化项目任务，层层落实到各项目责任单位、责任人，定期开展督促检查。力争每个季度有一批项目实现开工建设，全年重点项目开工率达85%以上；确保开工项目按进度投入，按期建成，按时投产，全年重点项目投资达60亿元以上。

第二，着力提质增效，加快新型工业发展。坚定不移地推进“工业强区”战略，加快工业结构战略性调整，推动工业经济快速发展，力争全年规模工业总产值突破250亿元。一是加快产业提升步伐。进一步引导铝及铝加工、新材料、食品、装备制造等支柱产业发展壮大。铝及铝工业重点抓好贵州中铝铝业年产15万吨铝板带加工、贵州华科年产2万吨高性能铝合金、贵州铝城铝业每年6万吨电解铝固体废料无害化处理、福建融音科技公司合金管件、铜铝精加工基地、贵州今飞汽车铝轮毂等项目建设。新材料产业重点抓好贵州凯科特无缝振臂气囊专用材料、威顿晶磷三氯氧磷和三溴化硼、大众橡胶美国岱高等项目建设。食品加工业重点抓好娃哈哈饮料公司四期和五期扩能技改、烟叶复烤生产基地、年产40万吨“燕京”啤酒等项目建设。装备制造业重点抓好贵州华恒多路阀和新合金阀、河北景浩智能电子瞄准器、首钢水钢集团赛德公司年产40万吨钢构件、中泉电气新型变压器、贵州赛诺管业、远隆风机机械加工、贵州中航汽车转向器、星光电器等项目建设。二是做大做强现有企业。依据现有企业生产规模和对财税的贡献能力进行分类排队，选择具有较大规模和纳税突出重点企业，采取政策鼓励、资金扶持、生产要素倾斜等措施，支持和帮扶企业快速发展，努力培育一批规模工业企业，全年力争新增规模工业企业10户以上。鼓励支持企业加大技术创新、技术改造和科研投入，多渠道引进先进适用技术，加强新产品、新技术、新工艺研发，依靠创新支撑企业向产业规模化迈进。重点扶持南方汇通轨道交通高强度铝合金、中航标高温合金和钛合金高强度紧固件、永青仪表工程机械电子监控、贵州三占特殊用钢轧机生产线等技改项目建成投产，力争全年工业投资增长30%以上，突破50亿元。三是全面盘活工业存量。全面核清区内闲置资产和停产半停产企业，研究企业停产原因，采取招商引资、出租出让、重点企业低成本收购、同业兼并重组和产业上下游产品配套等措施盘活工业存量资产。重点引进国内铜箔生产企业改造重组贵州鑫铜博电子，引进投资伙伴改造重组三占集团一期生产线，加快盘活无产出、无效益企业的闲置厂房和资产，在第三季度前有一批停产企业复产，形成新的增量。四是加快工业园区建设。坚持抓规划与抓基础建设并举、抓产业发展与抓管理提质同步，推动产业园区加快建设。铝及铝加工基地年内全面完成南海路工程、铝兴路延伸段，完成二期扩区编制、评审，启动二期路网建设，实现“六通一平”，达到企业基本入驻条件。铝加工基地力争全年完成投资突破20亿元，新开工建设项目3个，建成点火试产项目5个。依托麦修线、麦沙大道等路网建设，在麦架青山片区规划建设青山工业园，年内全面完成控制性详规、可研、环评等前期工作，启动基础设施建设。按照"边启动基础设施、边引进项目建设"的要求，确保年内有2-3家企业落地建设，力争全年完成投资5亿元以上。全面启动都拉综合保税区建设，借助其它地区的成功经验，年内启动申报、规划、征拆、招标等工作，按照"成熟一块，封闭一块"的方针，加快推动一期工程建设。对照国家有关政策，结合实际，制定并完善都拉综合保税区在招商、税费、金融等领域的优惠条件，力争用5-10年的时间，把保税区建成功能最完善、政策最优惠、层次最高的特殊区域。五是扎实推进节能减排。支持企业淘汰落后的生产工艺和设备，鼓励发展循环经济，引导清洁生产和节能环保产业发展，提升工业固体废弃物综合利用率，严厉打击非法排污，确保列入省、市重点监控企业节能减排指标、万元GDP综合能耗、万元工业总产值能耗、主要污染物排放总量控制在规定范围内，力争工业固体废弃物综合利用增长20%以上。

第三，着力优势优先，加快第三产业发展。建立布局科学、结构合理、功能齐全、方便群众的三产服务体系，努力实现三产比重再提升。一是规范提升商贸流通业。全面完善白云区商业网点规划，着力建设金阳-白云商业核心商圈，进一步打造好云峰大道美食特色街。规范艳山步行街、恒心商业街、同心十字路商业圈和城市主干道两边网点的流通秩序。加快推动龙博置地广场、中京国际CBD、心美国际、南湖商贸城等现代化商业广场建设，引进3-5家大型购物中心，5-10家品牌连锁企业，提升商贸产业发展能级。二是加快发展旅游业。修订并完善全区旅游发展规划，以旅游产品建设和设施配套为着力点，强力提升贵阳欢乐世界、西普陀寺等景区服务功能，加快推进蓬莱仙界、靛山风景区、红湖公寓、生态驿站文化产业等项目建设。建成一批中高档特色餐饮和新型农家乐，扎实推动雅迪龙五星级酒店、和平里国际酒店等项目建设，着力打造集休闲、养生、旅游、餐饮、娱乐为一体的生态旅游产业带，为争取召开2013旅游发展大会夯实基础，力争全年旅游接待突破350万人次，旅游总收入增长50%。三是稳定发展房地产业。建立房产信息网络，规范房地产中介管理，健全房地产市场体系。加大市场营销力度，保持房地产业良好的发展态势。重点推进绿地集团伊顿公馆、恒大城二期、米兰春天二期等24个项目建设，力争全年开工建设130万平方米，竣工75万元平方米，总投资达到25亿元以上。四是加快发展现代物流业。按照"建设大市场、发展大贸易、促进大流通"的方针，充分发挥我区较为便捷的交通优势，加速发展以市场信息为基础、产品配送为主业、现代仓储为配套、多式联运为手段的现代物流业。加快推进以都拉综合保税区、无水港为一体的出口加工、仓储物流、对外贸易三大功能区建设，重点抓好贵州大西南货运物流站、国家物资储备局贵阳应急物流基地、上海德邦物流园等一批物流项目。五是构筑专业化的新型服务体系。推动金融、保险、电子信息等新型服务业健康发展。积极探索社区服务多样化，促进社区超市、会所、餐饮店、便利店、保洁店和维修店等各类便民利民网点资源优化配置，提高居民生活质量。加快发展会计咨询、审计咨询、工程咨询、管理咨询、法律咨询等服务业，逐步形成多层次、多元化、结构合理、市场统一的现代服务体系。

第四，着力结构调整，加快现代农业发展。紧紧围绕农业产业结构调整主线，不断整合生产要素，优化资源配置，加大基础设施建设，促进农民增收、农业增效、农村发展。一是积极推进农业转型。围绕农产品供给、生态保护、观光休闲等农业主导功能，全面完善现代农业产业体系，切实提高农业质量、效益和市场竞争能力。加速推动贵州省现代农业展示区建设，全面完成园区温室大棚、办公大楼、农灌溪流、高位水池等设施建设，建成特色茶品种与茶文化展示园、特色植物和水产品展示园、油研开发基地。加快推动农业产业化基地建设，促进苗木花卉、蔬菜水果等特色优势产业快速发展，全年新增果树1500亩，启动牛场万亩保供蔬菜基地、小山村大鲵商品养殖小区建设。大力实施贵阳三环内（白云范围）退粮进经工程，扶持、引导农户种植特色蔬菜和经果林。大力推动食用菌产业集群发展，规划建设新食用菌产业园，重点支持南京海曼公司杏鲍菇、蟹味菇、金针菇生产线和上海三开公司虫草花生产线建设，全年实现食用菌种植3000万袋。加大培育农业产业化经营企业，全年有1-2家企业获评省级龙头企业，发展农民专业合作社3-5家。二是夯实农村基础设施。加快水利建设步伐，大力实施农灌区配套与灌区改造等抗旱水源项目，加快推进罗格凼水库除险加固、沟渠防渗、节水灌溉等农村水利设施建设。启动牛场乡阿所村和兴家田村基本农田设施、3个动物产地检疫报检点、1-2个中型常温沼气池、1个乡村清洁工程示范点建设。三是不断改善农村生产生活条件。加大农村环境综合整治，完成牛场乡蓬莱村150余户和贵遵路沿线以及部分景区、景点村庄立面整治。认真清查全区饮用水源地，力争完成集中式饮用水源地综合整治，创造整洁、卫生、宜人的环境。加大农村改水工作力度，解决农村500户、2000余人清洁卫生饮水。围绕促进农民增收，着力培育一批有文化、懂技术、会经营的现代新型农民，增加农民工资性收入。全面落实支农惠农补贴政策，扩大补贴范围，提高补贴标准，增加农民转移性收入。抓好农房确权，积极探索农村土地承包经营权和宅基地使用权的财产化形式，提高农民财产性收入。

第五，着力宜居宜业，加快城乡一体发展。紧紧围绕“五年再建一个白云”的目标，以内涵的深化、外延的拓展推进城乡一体化进程。一是突出规划的龙头作用。按照中心城区、南湖新区、重点乡镇、新农村四位一体总框架的思路，坚持把城乡各种要素和资源作为一个有机整体统筹规划。结合贵阳市北部区域城市规划战略定位，全面完善白云区控制性详规，拉大中心城市空间框架，优化城市空间结构。完成白云城市竞争力战略规划和重点部位的城市设计。二是加快推进城市组团开发建设。按照完善功能、提升品位、拓展空间的思路，加快白金片区、程官摆拢片区、黑石头片区“三片”组团开发建设。依托白云南路、金苏大道，用世界眼光、国际标准，加快打造集商务、科技、信息技术、文化、酒店和商住为一体的白金新区，年内重点推动规划、征拆工作，开工建设2-3个项目，启动1平方公里的开发建设，力争全年完成投资15亿元。依托南湖新区，以合资、合作方式，加快推动程官摆拢片区建设，年内完成规划评审，启动50万平方米的开发建设，力争全年完成投资3亿元。依托北二环、贵广高速铁路贵阳站，加快规划开发黑石头片区，年内开工建设都溪、黑石头2个村安置点，启动30万平方米的开发建设，力争全年完成投资2亿元。三是加快完善城乡功能设施。强力优化路网结构，推动云环中路、麦沙大道、210国道“三路”城市干道建设，力争云环中路建成通车、麦沙大道1、2标段完成水稳层施工、210国道完成路基及给排水设施建设。完善老城区、南湖新区路网，配合抓好盐沙线、渝黔铁路等辖区内道路建设。千方百计筹集资金推动党校、公安两房、新殡仪服务中心等一批城市功能设施建设。集中连片推进城中村和棚户区改造，重点抓好云康新城、养护段地块等一批棚户区城中村改造项目。深入实施城乡环境综合治理，开工建设粑粑坳小湾河上游人工湿地、麦架河防洪、截污、景观整治等工程，推进龚家寨、沙文、牛场污水管网建设。四是加大城市管理力度。继续巩固“三创一办”整治成果，继续开展“创建国家环境保护模范城市”活动，全面做好评估验收各项工作。继续抓好背街小巷、城郊结合部等重点区域治理。全面推进数字城市化管理，建成集监控、调度、指挥为一体的管理服务和应急指挥平台。强化小区物业管理，加强公共设施的使用管理和维修养护。推进城市绿化，力争全年新增绿化面积10万平方米。提升城市景观，切实改善人居环境，努力建设生活舒适、环境优美、功能完善的现代化城区。

第六，着力招商引资，加快非公经济发展。进一步深化改革，扩大对内对外开放，增强经济社会发展的活力和动力。一是大力提高招商层次和水平。围绕国内500强企业和服务业百强企业，瞄准“长三角”“珠三角”等重点地区和民营资本等重点领域，针对区内规划的工业园区、城市建设、旅游开发、民生工程、公共设施等方面，精心组织引资活动，引进一批具有高端化、高质化、高新化产业项目。注重现有企业二次招商，充分发挥已落户企业的带动作用，引进更多行业龙头和关键配套企业，延长产业链条。力争全年引进3000万元以上项目50个，其中5亿元以上项目10个以上。二是大力发展非公经济。积极开展“非公企业服务年”活动，进一步放宽市场准入，拓宽发展领域，加大政策支持，解决实际问题，真正让非公企业在发展道路上步子迈得大走得快。力争全年实现非公经济增加值增长20%，非公经济增加值占GDP的比重提高4个百分点。三是深化关键领域改革。有序推进商贸、国有企业等行业和领域改革，通过彻底改制、资产重组等方式推动区内国有企业健康发展。扎实推进农村综合配套改革，健全对被征地农民的合理补偿和安置机制。全面深化财政改革，完善财政公共管理体制，建立比较规范的现代国库集中支付管理体系。四是构筑夯实融资平台。进一步建立和理顺政府、银行、担保、企业四方关系，组织开展好银企对接活动，千方百计帮助生产有基础、产品有市场、资金需求急的企业进行融资，使更多企业得到银行信贷支持。不断强化企业信用制度建设，提高企业自身融资能力，进一步引导区内工投、城投以及民间机构为企业进行融资，切实缓解企业资金短缺矛盾。

第七，着力社会管理创新，强化发展环境整治。建立完善创新服务体系，切实优化发展环境，努力解决经济社会发展存在的“中梗阻”问题。一是大力整治发展环境。进一步出重拳、下狠手打击挡工堵路、强揽工程、强买强卖等行为。全面落实责任追究制，严厉打击非法土地买卖、非法盗采矿产资源、控违拆违等行为。不断加强村（居）委员会建设，规范村（居）委员会管理，着力提升基层干部服务经济建设的能力与水平。强化对权力的监督，旗帜鲜明地制止各种破坏软环境的行为，积极为白云、高新的发展营造良好的社会环境。二是加大社会管理创新力度。完善三级联动、三级调处责任机制，建立健全重大事项风险评估制度，提升化解疑难信访积案能力，维护社会和谐稳定。进一步深化城市基层体制改革，切实改善软硬件设施，优化明晰城市社区职能，加强社会管理、强化公共服务，提升农村社区服务水平。把流动人口服务管理作为社会管理创新的重点，以房管人，完成动态流动人口数据库和出租房屋数据库建设，进一步完善流动人口公共服务网络体系，着力解决流动人口就业、居住、就医、子女就学等困难。三是推进公共安全体系建设。认真落实安全生产责任制，坚决遏制重特大安全事故的发生。完善各类突发事件的应急机制，增强应对自然灾害、事故灾难、突发公共卫生和公共安全事件的预防和处置能力。四是进一步提升公众安全感满意度。坚持领导力度、经费投入、齐抓共管“三个不减”，着力健全打防管控一体化的社会治安体系，严密防范打击各类刑事犯罪，巩固公众安全感满意度整治成果，确保安全感满意度在全省排位再上升5位，力争上升10位；确保安全感满意度在全市六城区排位前3位，力争第1位；确保安全感满意度达85%以上，力争达到全省平均水平。

第八，着力特色打造，加快文化繁荣发展。围绕“高新白云共携手，打造文化新大区”这一主题，以工业文化、产业文化为主导，唱响“新型工业文化”主旋律，在全社会营造“爱白云、担责任、争荣誉”的文化氛围。一是加快文化体制改革。编制全区文化发展规划，完善文化管理体制，切实提高服务水平。推动公益性文化事业单位改革，加大区文化馆、图书馆等单位管理力度，提升文化从业人员素质，注重优秀文化人才培养，鼓励社会各界兴办、参与公益文化事业，引导社会力量进入政策许可的文化行业。二是推动文化事业发展。加速推进贵州商专白云校区、区委党校综合项目、区体育健身中心建设，提升区文化馆、乡（镇、街道、社区服务中心）文化服务中心、村（社区）图书室的服务水平。大力发展先进文化，鼓励健康文化，包容通俗文化，抵制腐朽文化，广泛开展主题明确、群众喜闻乐见的社区、乡村、广场、民族、校园、企业“六大”文化活动，全面提高公众文化素质。三是加快文化产业提速。充分挖掘文化资源，调整优化文化产业结构，打造文化产业集群。加大高新企业扶持力度，强化企业文化培养，推进新型工业文化发展。紧抓“亚洲青年动漫大赛”机遇，依托贵阳数字内容产业园区，壮大数字化生产、动漫制作、软件开发、网络游戏产业，提升园区生产能力。加快森林资源、“UFO”空中快车、贵阳欢乐世界等开发，加强对民族地戏文化遗产保护，深入挖掘传统民族文化、佛教文化，培养本土文艺创作人才，大力发展现代农业观光、动漫、休闲旅游文化产业。

第九，着力改善民生，加快社会事业发展。不断增进民生福祉，促进社会和谐稳定，努力提高群众幸福指数。一是推进教育均衡发展。加大教育投入，落实教师待遇，调动教师从教积极性。加强管理，严格奖惩激励机制，全面提升管理水平。合理配置城乡办学条件、师资力量、办学经费等公共教育资源，探索推行学区化管理。全面深化课堂教学改革，大力发展学前教育和职业教育，提高义务教育水平，推动高中教育多样化发展。支持和鼓励社会力量参与办学，保障农民工子女入学。加快教育设施建设，完成沙文中学、三中、七中、一小教学楼工程，加快推进都拉小学、沙文小学、五小改扩建工程，建成八中食堂和学生宿舍、一中田径场工程，启动白云三幼和南湖新区中、小学、幼儿园规划建设。认真落实《科普法》，积极实施《全民科学素质行动计划纲要》。二是促进城乡充分就业。千方百计扩大高校毕业生、农村富余劳动力、退役军人、城乡就业困难群众等重点人群就业，动态消除城镇“零就业家庭”和农村“零转移”家庭。加快整合人才市场和劳动力市场，推动城乡一体的人力资源市场建设，完成职业技能培训2000人，转移农村富余劳动力2000人以上，城镇登记失业率控制在4.5%以内。三是全面完善城乡保障体系。统筹部署社会保险的宣传、征缴、发放、扩面和管理，确保全年社会保险待遇按时足额发放率达100%。切实加强城乡住房保障建设，全面抓好公租房和廉租房建设管理，进一步扩大公共租赁住房享受面。进一步完善城乡低保制度，切实做到“应保尽保，分类施保”。深入实施农村安居工程，不断改造农村危旧房，改善农村困难群众住房条件。加强医疗卫生保障体系建设，推进白云医院建设，完成大办、艳办2个社区服务中心项目建设，新型农村合作医疗参合率达98%以上，创建1个市级卫生乡（镇）、2个卫生村（寨）。四是加大食品药品安全监管力度。进一步健全完善全区食品药品监测评估体系，切实履行监管责任，加强监管执法，消除监管盲区，堵塞监管漏洞，最大限度减少食品药品安全事件发生。与此同时，切实抓好计生工作，确保实现“两降一升”目标。全面推动供销、粮食、民族、宗教、档案、移民、人防、气象、国教、防灾、减灾、关心下一代等各项事业健康发展，支持工会、共青团、妇联等群众组织开展工作，全面发展老龄、残疾人和慈善事业，做好国防动员、武警、消防、双拥共建和民兵预备役工作。

四、全面加强政府自身建设

各位代表，新一届政府肩负着重要的责任和使命,必须牢固树立务实为民的理念，发扬改革创新的精神，坚持“四讲四比一提升一争创”⒂，恪尽职守、真抓实干，努力建设公正透明、廉洁高效、奋发有为、群众公认、政绩一流的政府。

第一，建设高效政府。加快建立办事高效、运转协调、行为规范的行政管理运行机制，努力建设高效政府。推进行政管理规范化和标准化，健全责任体系,积极推行政务公开制度，建立主体明确、层级清晰、具体量化的岗位责任制，使每项工作职责、每个工作环节的责任都落实到岗位、落实到人，切实提高公共服务能力。继续深化行政审批制度改革，进一步完善区政务服务中心的办批授权，简化办事程序，搭建现代化政务服务平台。认真制定并规范人民满意政府工作制度，加强政府效能建设，提高行政效率，推动工作全面提速。

第二，建设执行政府。以改进机关干部作风为基础，进一步强化责任意识、效率意识、执行意识，努力提升应对新形势、适应新变化、顺应新发展的能力。加强行政内部监督，建立健全“政令畅通、反应敏捷、执行有力”的运行机制，树立“勇于吃苦、敢于担责、乐于奉献”的工作态度，坚持“干字当头、敢字为先、拼字求胜”的工作作风，杜绝推诿扯皮、揽功推过，切实做到遇问题不回避、不上交，接受任务不讲条件、不找借口，做到反应迅速、推进有力、落实到位。

第三，建设服务政府。坚持以人为本理政为民，把实现好维护好发展好群众利益当作根本，认认真真访民情，诚诚恳恳听民意，真真切切解民忧，实实在在帮民富，兢兢业业保民安，努力提高为民服务的水平。在加速发展中加大对民生投入，并做到向困难群体倾斜；在城市建设中立足实际，更多地考虑方便市民的工作生活；在项目服务上，着力优化服务环境，提高服务质量和水平，让企业满意。

第四，建设法制政府。全面推进依法行政，提高政府依法行政的能力。自觉接受人大及其常委会的依法监督，把依法行政作为政府工作的基本准则。自觉接受人民政协的民主监督，加强与人民政协的民主协商。完善行政监督机制，加强对行政权力的监督制约，进一步健全政府重大决策的调查研究、公众参与、专家论证、社会公示、听证旁听、决策评估等制度，重大问题注重听取人大代表、政协委员以及社会各界的意见。加强制度建设，提高执法水平。

第五，建设廉洁政府。坚持从严治政，确保政府工作既高效又廉洁。进一步加强审计监督，规范建设工程招投标、经营性土地使用权出让、政府采购和产权交易行为。严格执行各项规章制度，真正做到能干事、干成事、不出事。坚决查处违法违纪案件，强化社会监督，切实纠正部门和行业不正之风。牢固树立艰苦奋斗、勤俭节约的思想，以廉洁的政府形象取信于民。

各位代表！今天的白云正向着更高的目标迈进。五年再建一个白云，我们肩负的使命光荣。让我们更加紧密地团结在以胡锦涛同志为总书记的党中央周围，在省委、省政府，市委、市政府和区委的正确领导下，以昂扬向上的斗志，勇于担当，开拓创新，锐意进取，拼命苦干，为建设全面小康白云而努力奋斗！

人大常委会工作报告

（2012年1月6日在白云区第十届人民代表大会第一次会议上）

白云区人大常委会主任　张朝栋

各位代表：

我受区第九届人民代表大会常务委员会的委托，向大会报告工作，请予审议。

过去的五年，是我区改革开放和全面建设小康社会取得重大进展的五年，是白云历经各种考验、在科学发展道路上持续前进的五年，也是白云区人大工作不断适应新形势、开创新局面、取得新成绩的五年。

五年来，区人大常委会在中共白云区委的领导和上级人大常委会的指导下，坚持以邓小平理论和“三个代表”重要思想为指导，深入贯彻落实科学发展观，认真履行宪法和法律赋予的职权，解放思想，开拓进取，服务大局，保障民生，各项工作在历届区人大常委会奠定的基础上取得了新的进展，为发展社会主义民主政治，推进“两个新城”建设作出了新的贡献。任期内，常委会共听取和审议“一府两院”121个专项工作报告，检查23件法律法规的实施情况，提出审议意见326条。组织视察调查226次，提出建议686条。配合省、市人大常委会对环境卫生管理条例等12件法律法规开展执法检查。共任命国家机关工作人员165人（次），免职46人（次），撤职1人。

一、加强和改进监督工作，促进“一府两院”依法行政、公正司法

人大监督是宪法和法律赋予人大常委会的重要职权，是党和国家监督体系的重要组成部分。五年来，常委会始终把监督作为工作重点，完善监督机制，加大监督力度，注重监督实效，促进“一府两院”依法行政、公正司法。

（一）突出监督重点，增强监督的针对性。

一是加强法律法规和国家大政方针实施情况的监督。保证法律法规和国家大政方针的贯彻实施是地方人大常委会的重要职责。常委会开展了《土地管理法》《食品安全法》《法官法》《检察官法》等法律法规实施情况的检查。加强对本区经济运行情况的监督，每年坚持听取和审议重点项目建

设情况等报告，督促政府落实国家宏观经济政策和省、市的重大决策部署，推进又好又快更好更快发展。如2009年，面对“两个不年不遇”的影响，常委会建议区人民政府要切实把项目建设作为促进经济平稳协调发展的重要抓手，积极争取中央和省、市的更大支持，进一步加大对挡工堵路、强包强卖行为的打击整治力度，加强项目建设中的立项、审批、落地、建设、投产、达产中的协调服务等意见和建议，促进项目建设加快进度、保质保量。围绕农民增收和现代农业发展，在开展视察和调研的基础上，听取和审议社会主义新农村建设情况的报告，开展村级集体经济、花卉产业、蔬菜产业、农村危房改造、贵遵路沿线村庄景观整治，积极推动城乡统筹发展。开展科技进步法、职业教育法等法律法规的执法检查，对“两基”迎国检、民办教育等工作进行专题调查，推动政府加大科教投入，促进科技创新和教育事业发展。

二是加强事关民生问题的监督。保障和改善民生是常委会一以贯之的监督重点。坚持每年元旦春节前后听取和审议区人民政府关于春节期间贫困村（居）民生活安排和安全生产、安全保卫、食药品安全等工作情况的报告，确保人民群众过一个安全、喜庆、祥和的两节。开展严打“两抢一盗”、整治“两的”非法运营、提高公众安全感满意度等工作的监督，促进政府和司法机关大力推进平安建设。开展社区卫生和农村合作医疗工作视察，进一步推动提高城乡基层卫生服务水平。开展“三创一办”工作监督，推动市容市貌实现大改观。按照市人大常委会的建议，从2010年开始，每季度坚持对“门前三包”责任制落实情况开展视察，督促“脏乱差”整治的制度化、长效化。开展小区物业管理情况调查，督促政府逐步建立“条块结合、属地管理、市场运作”的小区物业管理体制。专项调研民族宗教工作，维护少数民族、宗教界人士的合法权益。

三是加强预算审查监督。常委会按照预算法和监督法的规定，依法审查和批准决算、预算调整，听取和审议预算执行情况报告和审计工作报告，推动政府强化审计监督，督促纠正和处理审计查出的问题。加大预算审查监督力度，加强预算支出监督，加强对财政转移支付、财政投资项目、政府贷款使用、部门预算执行的监督检查。把好预算草案的初审关，督促政府细化预算草案及编制说明。

四是加强公正司法的监督。司法公正是实现社会公平正义的重要保障。组织代表旁听区人民法院个别案件庭审，督促司法机关进一步规范庭审和公诉行为，提高法官的庭审驾驭能力和检察官的出庭公诉能力，促进实体公正、程序公正和形象公正。检查法官法、检察官法实施情况，听取解决执行难、刑事审判法律监督、民商事审判、预防职务犯罪等相关专项工作报告，推动“两院”加强队伍建设，规范司法行为，改进工作作风，促进司法公正，维护司法权威。

五是加强对窗口部门的监督。围绕促进机关作风的好转和工作效能的提高，2007年至2010年，每年坚持组织开展对区人民法院等14家窗口部门进行动态监督考评。通过调查、座谈、测评、走访等形式，分别就这些部门的“服务态度、办事效率、依法办事、廉洁从政和政务公开”等方面的工作进行综合考评。合格的，继续保持“人民满意服务单位”荣誉称号，测评不合格的，取消“人民满意服务单位”的称号。

六是认真受理人民群众的申诉和意见。五年来，群众的来信来访量持续增加，常委会共受理人民群众来信380件，来访1459人（次），办结率达95%。常委会领导同志高度重视信访工作，积极参加区委书记大接访，并深入调研，带头下访，直接倾听群众意见，督促解决了一些群众反映突出的问题，化解了一些社会矛盾。完善信访组织机构，健全制度规范，加强对信访信息的综合分析，准确反映群众关注的热点问题和对“一府两院”工作的建议，为人大监督提供选题参考。常委会认真督办涉及社会稳定和司法公正的重点信访件，维护群众合法权益，促进社会和谐稳定。

（二）改进监督方式，增强监督的实效性。

常委会着力改进监督工作，在增强监督实效上下功夫。第一是精选项目，根据发展大局确定监督重点。坚持将关系改革发展稳定大局和群众切身利益、社会普遍关注的重大问题作为监督项目，使监督工作更加符合中央和省、市、区委的要求，更加贴近白云实际，反映群众意愿。第二是深入调研，全面掌握监督事项的实际情况。常委会进一步改进调研工作，采用小型分散、明察暗访相结合的调研形式，运用个别访谈、问卷调查等调查手段，掌握真实情况，找准问题症结，提出意见建议。第三是扩大参与，依靠代表和人民群众开展监督。常委会邀请代表全过程参与监督工作，有效发挥代表的专业特长；重点监督事项实行区、乡（镇）联动，充分发挥乡镇人大的优势，形成监督合力。依法公布监督工作情况，接受社会监督。第四是重点监督，推动解决难点问题。坚持二次审议，督促常委会审议意见落到实处。对情况较复杂、工作难度大、见效周期长的问题，常委会采取重点监督、跟踪问效的方式，督促“一府两院”落实整改意见，深化改革举措，突破体制机制瓶颈。第五是注重实效，正确处理监督与支持的关系。在监督工作中，常委会敢于触及监督中的难点，又讲求科学的方法，务求实效；加大对“一府两院”的监督力度，又支持推动解决影响依法行政、公正司法的具体问题。

二、充分保障代表履职，充分发挥代表主体作用

人大代表是国家权力机关组成人员，代表人民的利益和意志，依照法定职权行使国家权力。充分发挥代表作用，增强代表工作实效，是坚持和完善人民代表大会制度、保障人民当家作主的重要内容。本届常委会高度重视代表工作，强调把代表工作贯穿于人大工作始终。

（一）加强服务，为代表履职提供充分保障。不断拓宽代表知情知政的渠道，开通“白云人大网”，定期召开政情通报会，寄送人大会刊，帮助代表掌握全区发展的总体情况。积极推进代表培训工作，坚持每年抓好代表集中培训，开展人民代表大会制度基本理论、法律相关知识和履职基本能力的培训，参加培训的人大代表600多人（次）。坚持为代表寄送《人大论坛》《人大工作》等报刊，努力为代表抓好学习、提高履职能力创造条件。常委会还以各种形式关心代表的工作和生活，调动代表的工作积极性。

（二）扩大参与，夯实常委会工作的民意基础。通过邀请代表列席常委会会议、参加视察调查和重点事项的监督，努力扩大代表对常委会各项工作的参与，支持和鼓励代表充分发表意见。如在“三创一办”中，开展“一者五员”活动，在提高公众安全感满意度工作中，开展了人大代表政协委员监督团专项监督活动，受到市、区领导的好评。代表列席常委会会议和重大事项征求意见会156人（次），参加专题视察近300人（次），参与重点监督近200人（次），为提高常委会工作水平、推进科学决策、民主决策发挥了重要作用。

（三）认真督办，增强代表议案、建议的办理成效。五年来区人大代表共提出议案31件，其中《关于打击整治非法买卖土地和违法违章建筑的议案》经大会主席团审议后确定为议案，并交区人民政府负责办理。区人民政府高度重视，拆违控违取得实效，非法买卖土地和违法违章建筑得到有效遏制。五年来。代表共提出书面建议687件，已全部得到有关机关和部门的认真办理和答复。为了提高代表建议的落实率，常委会加强制度建设，明确办理责任主体，开展视察调研，加大督办力度，促进办理部门提高重视程度和办理实效。通过督办，代表提出的有关打击整治“两的”非法运营、打击“两抢一盗”、小区物业管理、制止毁林开荒等一批难度较大的建议已经得到有效落实。

（四）完善制度，形成代表工作的长效机制。常委会及时总结实践经验，从制度层面加强代表工作。健全常委会组成人员、工作委员会联系代表等制度，加强常委会与代表的密切联系。坚持每年采取联组、分组等方式集中开展两次代表活动，支持、规范和保证代表依法执行代表职务。指导各乡（镇）开好人大工作经验交流会，促进乡镇人大工作不断上台阶。此外，受市人大常委会委托，每年组织市十二届人大白云代表组开展视察、专题调研等活动，协助做好市人大代表的培训工作。

（五）精心组织，抓好区、乡（镇）人大换届选举。常委会按照选举法“关于实行城乡按相同人口比例选举人大代表”等相关规定，深入调研，摸清底数，科学合理划分选区，加强领导，认真组织，精心安排，扎实工作，成功选举产生了154名区十届人大代表和243名乡（镇）人大代表。特别是在选民登记中，针对人户分离、人企分离等新情

况，明确选民属地化登记，运用现代信息技术进行选民登记，采用“上网、上机、上线、上站、上门”等多种方式，方便选民主动登记，进一步激发选民参选的政治热情，保障选民的选举权。在投票选举时，贵州师大白云校区采取网络投票的方式，确保外出在全国各地实习和工作的2000多名师生能够参加投票，得到市人大常委会的高度评价。新选出的区十届人大代表，一线工人、农民和非中共人士明显增加，领导干部有所减少，代表结构进一步优化，代表素质进一步提高。

三、加强自身建设，不断提高常委会履职水平

加强地方国家权力机关的自身建设，是推进本区民主政治建设的重要保障。常委会进一步加强思想、组织、作风建设以及机关干部队伍建设，按照中央和省、市、区委的要求，把制度建设放在自身建设的重要位置，努力把区人大常委会建设成为名副其实的地方国家权力机关、工作机关和代表机关。

（一）加强思想建设，用马克思主义中国化的最新理论成果武装头脑、指导实践。常委会通过专题学习会、报告会、外出实地考察等方式，组织组成人员深入学习中国特色社会主义理论，学习宪法法律以及经济、科技、文化、社会等知识，努力提高政治素质和履职水平。常委会组成人员进一步认清人大工作的形势和任务，始终保持奋发有为的精神状态和昂扬向上的工作热情，形成了齐心协力干事业的良好局面。

（二）加强作风建设，努力做到知实情、讲实话、求实效。常委会坚持求真务实，坚持深入基层、深入实际，认真开展“三个建设年”“四帮四促”“一推双保”等活动，改进执法检查和视察活动，轻车简从，深入了解“一府两院”工作情况和社情民意。坚持公开透明，常委会会议适时邀请市民旁听；每年年底，都通过媒体公布来年常委会审议议题以及执法检查、视察调查和听取专项工作报告的内容，提高人民群众对人大工作的知晓度和参与度。

（三）加强制度建设，推进人大工作的规范化和程序化。常委会完善议事规则和决策机制。在政府的支持下，推进人大机关信息化建设，改造常委会会议表决系统，为常委会组成人员更好表达意愿创造条件。制定了常委会组成人员守则，进一步明确人大工作的政治原则和组成人员的行为规范及品行要求，抓住贯彻中央9号文件和施行监督法的有利时机，认真做好制度梳理和修订工作，健全和完善了代表大会议事规则、常委会议事规则、监督工作流程等制度，并将各项制度汇编成册。

（四）加强宣传工作，不断扩大社会影响力。围绕纪念改革开放30周年、地方人大常委会成立五十周年等主题，举行大型宣传和纪念活动。在全省率先与高校合作，举办“大学生与人大”主题系列宣传活动，组织2批50多名大学生模拟人大调查、审议活动。发挥新闻传媒宣传人大工作的重要作用，扩大社会影响力。五年间共有100多条次新闻作品和理论文章被各级媒体刊播，有10件新闻作品在省、市人大新闻奖评选中获奖。同时，还编辑出版《白云人大志（2001-2011年）》及人大理论与实践文集《足印》。

（五）加强学习借鉴，积极开展对外交流活动。五年来，常委会共接待50多批兄弟城区和县、市人大考察团到我区考察交流，应邀组团外出考察兄弟城区人大工作，派员参加全国十六城区人大工作研讨会，推动交流，扩大共识，加深友谊，广交朋友，促进协作。

各位代表！

区九届人大常委会五年工作取得的成绩，是中共白云区委正确领导的结果，是常委会全体组成人员和全体区人大代表积极履职的结果。同时，区人大常委会的工作也得到了区人民政府、区人民法院、区人民检察院的有力配合，得到了政协白云区委员会、各民主党派、人民团体和社会各界的热情帮助，得到了各乡（镇）人大的积极支持。在此，我谨代表区九届人大常委会，向所有关心、支持、帮助常委会工作的同志们和各界朋友，表示最崇高的敬意和最衷心的感谢！

在回顾总结九届常委会工作的同时，我们也清醒看到，常委会工作同党的要求和人民群众的期望还存在一定差距，工作中还存在一些不足：监督工作还需要进一步加强，特别是对公权力大、公益性强、公众关注度高的部门的监督力度还不足；在坚持党管干部原则的同时，对常委会所任命干部的监督形式还有

待探索；引导代表密切联系人民群众的制度还不够健全，等等，这些都需要今后加以改进。

各位代表！

五年来，我区社会主义民主政治建设扎实推进。党的十七大深刻指出，人民民主是社会主义的生命，发展社会主义民主政治是我们始终不渝的奋斗目标，并对坚定不移发展社会主义民主政治作出了重要部署。经过五年的实践和探索，我们深切体会到：

第一，人大工作必须坚持党的领导。在人大工作中坚持正确的政治方向，自觉接受党的领导，充分体现党的领导，既是坚持我国根本政治制度的必然要求，也是改进和完善党的领导方式、执政方式的必然要求。区委高度重视并不断加强对人大工作的领导，召开了人大工作会议，出台了《中共白云区委关于进一步加强和改进人大工作的意见》，为人大工作坚持正确的政治方向提供了有力的保证。实践证明，人大工作只有充分体现党的领导、实现党的领导，就会不断迈向新台阶。

第二，人大工作必须坚持发展是第一要务。发展是我们党执政兴国的第一要务，也是人大工作的第一要务。任期以来，无论是依法决定重大事项，还是开展调研、视察和执法检查活动，都牢记发展是硬道理的战略思想，积极推动我区经济社会又好又快、更好更快发展。实践证明，只有坚持发展是第一要务，人大作为经济社会发展的重要推动力量就会更加充分地显现。

第三，人大工作必须坚持维护人民群众的根本利益。人大由人民选举产生，对人民负责。因此，始终维护和保障人民群众的根本利益，高度关注民生，是做好人大工作最基本的要求。五年来，常委会始终把督促解决好人民群众关注的热点、难点问题列为常委会的重要议题，做到倾听群众呼声，反映人民意愿，努力在人大工作中理顺民意，体现民本，促进发展，构建和谐。实践证明，只有自觉地把人大工作与维护人民群众的根本利益有机结合起来，人大工作就会充满生机与活力。

第四，人大工作必须坚持依法行使职权。充分发扬民主，严格依法办事，是人大常委会工作的最大特点。人大常委会必须按照宪法和法律的规定行使职权，履行职责。既不能超越职权，也不能放弃宪法和法律赋予的职责。五年来，常委会始终把有利于“一府两院”依法行政和公正司法，作为依法行使职权的出发点和落脚点，在监督中支持，在支持中监督。实践证明，只有充分发扬民主，严格依法办事，人大工作的政治优势就会得到更好的发挥。

五年来我们取得成绩和进步的根本原因，归结起来就是：坚持党的领导、人民当家作主和依法治国的有机统一；坚持用新认识指导新实践，以新实践推动新发展。这是人大工作高举旗帜、开拓创新、植根人民、勇往直前的思想之基和动力之源。

对区第十届人大常委会的工作建议

各位代表，区第十届人大常委会任期的五年，是我区加速发展、加快转型，推动跨越的关键五年。今后五年常委会工作的指导思想和总体要求是：以邓小平理论和“三个代表”重要思想为指导，全面贯彻落实科学发展观，按照“1235”的发展思路，紧紧围绕区第八次党代会提出的“五年再建一个白云”的奋斗目标，突出“转型、升级、提速”这一主题，大力弘扬“海纳百川、激情跨越”的白云城市精神，解放思想，求真务实，开拓奋进，紧扣区委决策，服务中心大局，依法履行职责，大力推进我区经济建设、政治建设、文化建设、社会建设和生态文明建设，促进高新、白云一体化发展，努力开创人大工作新局面，为我区“十二五”规划的顺利实施，加快“两个新城”建设创造良好的民主与法制环境。

一、对今后五年工作的建议

（一）坚持党的领导，推动和保障各项重要决策部署的贯彻落实。坚持党的领导、人民当家作主、依法治国有机统一，在区委的正确领导下，围绕中心，服务大局，认真履行好宪法和法律赋予的各项职权，使党的主张通过法定程序成为人民的意志，使党组织推荐的人选通过法定程序成为国家机关的领导人员，从法律上、组织上保证区委重大决策的贯彻落实。坚持把推动贯彻落实中央和省委、市委、区委一系列重要决策部署作为工作的重中之重，找准工作的结合点、切入点和着力点，进一步增强工作的前瞻性、主动性和实效性。

（二）坚持强化职能，不断加强和改进监督工作。紧紧围绕关系改革发展稳定、关系保障和改善民生、关系推进文化大发展大繁荣、关系推进社会管理创新的相关法律法规的贯彻实施，有重点地开展执法检查，确保法律法规在我区的正确实施。围绕“五年再建一个白云”的目标，突出“转型、升级、提速”这一主题，着力促进经济社会又好又快、更好更快发展，努力把我区打造成为“产业高地、黄金商圈、双宜城市、绿色家园、首善之区”。

（三）坚持依法决定重大事项，认真做好人事任免工作。要认真筹备组织每次人民代表大会会议、常委会会议，依法审查批准各项工作报告，确定年度目标任务。依法审查批准中长期规划、计划指标、财政预算和财政决算。坚持抓大事、议大事、决定大事，依法作出决议、决定，并督促有关方面抓好落实。坚持党管干部和人大常委会依法任免干部的有机统一，依法做好人事任免工作。坚持任前法律考试，促进国家机关工作人员不断改进作风，强化执行，提高效率，不辱使命。

（四）坚持保障代表履职，进一步发挥代表作用。进一步落实好中央和省、市、区委关于进一步发挥代表作用的相关要求，充分尊重和保障人大代表作为国家权力机关的主体地位。坚持召开半年政情通报会，保障代表的知情知政权。邀请人大代表列席人大常委会会议，组织代表开展执法检查、视察、调研活动，切实发挥好人大代表在闭会期间的作用。高度重视代表意见建议办理工作，努力提高落实率和人大代表对建议办理的满意度。加强对乡（镇）人大工作的指导，充分发挥乡（镇）人大在发展基层民主政治中的积极作用。

（五）坚持加强素质能力建设，提高常委会履职水平。要加强常委会组成人员的政治学习和业务学习，建设学习型班子，培养学习型干部，争创学习型机关，不断提高常委会组成人员的政治素质和履职水平。不断完善人大工作的组织制度和运行机制，促进人大常委会工作制度化、法制化、规范化。常委会组成人员要进一步增强政治责任感，求真务实，恪尽职守，认真履职。要进一步加强人大宣传工作，为更好地发挥地方国家权力机关的作用创造良好的舆论环境。

二、关于2012年的主要工作

2012年是区人大常委会和“一府两院”换届后开展工作的第一年。做好今年的人大工作，对于贯彻落实区第八次党代会精神，确保年度各项任务目标的全面实现具有十分重要的意义。

（一）着力加强对经济工作的监督。按照“1235”的发展思路，突出“转型、升级、提速”的主题，进一步加强对国民经济和社会发展计划执行情况的监督。加强对财政预算执行的监督，促进财政增长目标的全面完成。加强对“三路三片三园区”等重大项目建设的监督。把工业化、城镇化带动战略的实施作为监督工作的重点，听取和审议区人民政府关于实施“三路三片三园区”建设等重点项目推进情况的报告，促进项目顺利落地、开工、投产、达产，加快推进我区工业化、城市化步伐。

（二）着力加强对民生工作的监督。加强对“三创一保”工作的监督，促进有关部门进一步加大工作力度，着力改善我区发展软环境。加强政府实事项目推进的监督，督促政府把好事办好、实事办实。加强对平安建设的监督，督促政法机关加大力度、巩固成果，进一步提高人民群众的安全感满意度。加强对巩固“创卫”“创文”达标成果的监督，防止“创卫”“创文”达标后“脏、乱、差”现象反弹。加强对食品药品安全监管工作的监督，切实促进保障人民群众的健康权益。

（三）着力推进民主法制建设。加强对区人大及其常委会决议、决定执行情况的监督，维护决议、决定的法定权威。加强对行政执法工作的监督。对《中华人民共和国土地承包法》等4部法律法规进行执法检查。加强对司法工作的监督，促进公正司法。做好人民群众来信来访工作，促进社会和谐稳定。按照区委的要求，认真做好人事任免工作。继续对拟任命人员实行任前法律知识考试和作拟供职报告，促进干部依法办事，进一步提高执行力。

（四）着力提高代表履职能力。通过举办专题讲座、集中学习，进一步提高人大代表依法履职的能力。邀请代表列席常委会会议、参加政情通报会，为代表知情知政联系选民、反映民意、集中民智创造条件。加大代表议案、建议督办力度，在提高建议落实率上下功夫。进一步加强和规范闭会期间的代表活动，努力增强活动实效。加强对乡（镇）人大工作的指导，发挥乡（镇）人大在经济社会又好又快发展中的积极作用。

（五）着力加强常委会自身建设。深入学习贯彻党的十七届五中、六中全会，市第九次、区第八次党代会精神及相关法律法规，不断提高人大机关干部队伍的思想政治素质和政策法律水平。按照"三个建设年""四帮四促""三创一保"的要求，进一步加强人大机关干部思想作风、工作作风建设，提高机关工作效率和服务效能。继续充分发挥好人大会刊、人大网站和区内外新闻媒体的作用，不断加强和改进人大宣传工作。

各位代表！

坚持和完善人民代表大会制度，做好人大工作，任重而道远，需要一届接着一届干，一棒接着一棒赶，坚持不懈，奋勇登攀，阔步向前。新的目标令人鼓舞，新的蓝图催人奋进！展望高新、白云的发展前景，我们更加满怀信心！让我们更加紧密地团结在以胡锦涛同志为总书记的党中央周围，高举中国特色社会主义伟大旗帜，以邓小平理论和"三个代表"重要思想为指导，深入贯彻落实科学发展观，解放思想，开拓进取，继往开来，为推进我区的社会主义民主政治建设，为加快建设"两个新城"作出新的更大的贡献！

名词解释

1、两个新城：建设现代化生态都市新城和现代化生态科技新城。

2、一府两院：白云区人民政府和白云区人民法院、白云区人民检察院。

3、两个百年不遇：2008年，白云区遭到百年不遇的低温雨雪冰冻灾害和百年不遇全球金融危机影响。

4、两基：基本扫除青壮年文盲，基本普及九年制义务教育。

5、三创一办：指创建国家级卫生城市、国家环境保护模范城市、全国文明城市和协办2011年第九届全国少数民族传统体育运动会。

6、一者五员：做绿丝带活动的志愿者，争当守法遵规的示范员、政策法规的宣传员、整脏治乱的监督员、交通秩序的疏导员、矛盾纠纷的调解员。

7、三个建设年：指作风建设年、环境建设年、项目建设年。

8、四帮四促：帮助学习领会精神，促进思想统一；帮助理清发展思路，促进科学发展；帮助解决实际问题，促进增比进位；帮助化解矛盾，促进和谐稳定。

9、一推双保：指推进项目建设、确保"三创一办"达标、确保群众安全感满意度提升。

10、中央9号文件：中共中央关于转发《中共全国人大常委会党组关于进一步发挥全国人民代表作用加强全国人大常委会制度建设的若干意见》的通知（中发〔2005〕9号）。

11、监督法：指《中华人民共和国各级人民代表大会常务委员会监督法》。

12、1235：坚持"一个统领"，即坚持以科学发展观为统领；围绕"两个定位"，即建设现代化生态都市新城和现代化生态科技新城；把握"三个重点"，即投资拉动、地企联动、项目推动；实施"五大战略"，即工业强区、科教兴区、环境立区、三产富区、开放活区。

13、三路三片三园区：三路：云环中路、麦沙大道、210国道（白云段）；三片：程关摆拢片区、白金片区、黑石头片区；三园区：高新沙文生态产业园区和铝及铝加工基地、青山产业园（景宏工业园、新材料基地）、都拉产业园。

14、三创一保：园区创环境、社区创平安、农村创和谐，确保白云高新经济社会又好又快、更好更快发展。

紧扣发展主题　履行政协职能 为开创“两个新城”建设新局面献计出力

（2012年1月4日在政协白云区第九届委员会第一次会议上的报告）

白云区政协主席　卢瑞礼

各位委员：

我受政协白云区第八届委员会常务委员会委托，向大会报告工作，请予审议。请列席大会的同志提出意见和建议。

八届政协工作回顾

区政协八届一次会议以来的五年，是全区攻坚克难、应对挑战、加快发展、成果丰硕的五年；是广大政协委员、社会各界人士同心同德、锐意进取、不断推进政协工作全面发展的五年。五年来，区政协在中共白云区委的领导和上级政协的指导下，在区人大、区政府的大力支持下，紧紧围绕党委政府工作重心协商议政，自觉服从和服务于全区经济社会发展大局，更加有效履行政治协商、民主监督、参政议政职能，更加坚定地把加强团结和发扬民主贯穿于政协工作的各个方面，为建设“两个新城”和着力打造“产业高地、黄金商圈、双宜城市、绿色家园、首善之区”作出了积极贡献。

一、服务大局　政治协商取得新成效

五年来，区政协常委会紧紧围绕区委、区政府的工作大局，以全体会议全面协商、常委会议专题协商、主席会议及主席约谈重点协商为不同层次的协商平台，组织广大政协委员积极协商议政。八届区政协共组织召开全会6次、常委会议24次、主席会议及主席办公会72次、主席约谈会9次，提出各类意见、建议1130余条，反映问题286个。

一是全体会议谋大局。全会期间，广大政协委员围绕事关全区发展大局的重大问题进行协商讨论，积极建言献策。重点围绕“一府两院”工作报告及“经济转型”“关注民生”两大主题和“灾后

重建”“三创一办”、群众安全感满意度等大事要事深入开展讨论协商。不论是大会发言，还是分组讨论以及联组专题协商，委员发言踊跃，所提意见建议坦诚中肯，真正做到了为我区经济社会发展建诤言、献良策。

二是常委会议议大事。为了增强协商议政的实效，常委会组织深入调研，精心确定议题，充分协商讨论，并注重建议的办理落实。先后选择“如何推进‘两个新城’建设”“如何服务高新兴白云”“两加一推”与非公经济发展等多个重大议题开展协商议政。结合2010年以来我区群众安全感满意度偏低的问题，常委会分别组织多个调研组，开展多方位调研，从不同角度议政建言。

三是主席约谈效果明显。主席约谈是区政协开展多年的一项富有成效的工作实践。五年来，分别就“加快发展服务业”“建设‘两个新城’我来献计策”“地企联动”“社会治安群防群治”“社会治安防范体系建设”“三创一办与百姓生活”等9个课题开展主席约谈，在理顺群众情绪的同时，向区委、区政府提出了许多中肯的意见和建议，力求最大程度提高协商议政效果。在全区着力化解“两个百年不遇”带来的影响中，区政协班子成员深入基层，约谈委员，走访单位，鼓励企业直面困难、坚定信心、“危”中寻“机”“危”中求“进”。约谈中注重组织和引导委员参与谋划“十二五”，力求做到早介入、早调研、早献策；注重组织和引导委员支持和参与“两个新城”建设，力求做到多帮忙、多宣传、多配合、不添乱；注重组织和引导委员助推高新发展，力求做到理解好、支持好、服务好、宣传好。

二、畅通渠道 民主监督取得新进展

人民政协的民主监督是我国社会主义监督体系的重要组成部分。五年来，常委会通过加强和改进提案督办、视察调研、民主评议、社情民意反映，认真履行民主监督职能。

一是提案工作扎实有效。区政协八届一次会议以来，共收到委员提案580件，立案450件，办复450件。在提案工作中，注重完善提案办理的相关制度，把抓好提案督办、提高办理质量作为提案工作的重中之重。通过主席会议走访重点承办单位，督办重点提案，邀请提案人参与办案，组织开展面对面协商或视察督办重要提案以及提案办理工作“回头看”活动。多形式探索现场督办、跟踪督办、联合督办等有效途径，提高了提案办理的实效。提案中的许多建议在区委、区政府的决策中得到充分体现。如委员在提案中反映的《关注民生，急需解决靛山村人畜饮水》《加大打击挡工堵路、强买强卖工作力度》等问题，均被列入当年政府工作的重要议事日程。

二是民主监督推进有力。坚持把关注民生、反映民意作为履职的出发点和落脚点，多渠道倾听民声，多途径反映民意，寓民主监督于履行职能的各个环节。一是强化委员的视察监督。先后组织委员就我区“十一五”规划的实施、产业结构调整、工业经济振兴、非公经济发展、“六有”民生行动计划的实施等重大课题和“三个建设年”活动、“四帮四促”“平安创建”“三创一办”等中心工作开展视察，把常规性工作与民主监督有机结合起来，使宏观的民主监督在实际工作中有了具体的活动载体。二是注重发挥政协委员在民主监督方面的作用，适时组织委员开展对各部门党风、政风、行风的民主监督，及时提出批评意见和建议。选派委员担任专项工作民主监督员，参与全区行政执法部门、重大事项、重要岗位的监督检查，进一步活跃了民主监督工作。五年来，累计向区纪委、司法、建设、规划、国土、城管、财政、税务等部门选派义务监督员160余人次，对党风廉政建设和部门作风效能建设等方面实施有效的民主监督。特别在2011年全区“保平安，促和谐”工作中，选派50余名委员参与区人大代表政协委员监督团的各项工作，给力“平安创建”活动，有效促进了我区公众安全感满意度的提升。

三是反映民意渠道畅达。常委会高度重视反映社情民意信息工作，建立和完善了反映社情民意信息工作制度，把收集反映社情民意信息贯穿于政协的各项工作和活动之中，充分发挥委员的优势和特长，注重发挥信息员队伍的作用，进一步提高了反映社情民意信息工作的质量。在对待社情民意信息中，关注社会热点，反映民声民愿，汇聚民意民智，充分运用《政协信息》向区委、区政府报送社情民意信息50余期，把群众的呼声传递给有关部门，许多意见建议受到区委、区政府高度重视，主要领导作出批示，要求有关部门办理落实。《政协信息》作为反映社情民意的“直通车”，产生了较好的社会效果。

三、广集良策 参政议政取得新成绩

五年来，区政协常委会紧贴区委、区政府的工作大局，主动把促进和服务发展作为参政议政的第一要务。

一是充分发挥委员的主体作用。充分利用全体会议、常委会议、主席会议和其他重要会议，听取委员对白云经济社会发展的意见建议。组织委员视察或参与城市建设、工业园区建设、新农村建设、招商引资、“三创一办”“一推双保”等工作，为我区加速发展、加快转型、推动跨越，造福百姓，纵深推进“两个新城”建设贡献智慧和力量。通过建立委员联系制度和表彰“优秀提案”及宣传“委员风采”等活动，激发委员主体意识，不断增强委员参政议政的光荣感和使命感。

二是广泛开展视察调研。视察调研是人民政协参政议政的重要基础和关键环节。五年来，先后组织视察调研100余次，形成视察调研报告100多件，提出建议890多条。分别就我区新农村建设、生态文明建设、非公经济发展、振兴白云工业经济、食品安全、环境保护以及民众普遍关注的就业难、就医难、就读难、出行难等专题提出意见和建议，受到了区委、区政府和相关部门的高度重视和采纳。从2008年到2010年连续三年就“挡工堵路、强买强卖、强揽工程、乱搭乱建”等进行跟踪视察。2009年，在我区遭受“两个百年不遇”的困境下，主席会议有针对性地对全区非公经济发展情况进行调研，由主席领题，有关单位及相关界别委员组成调研课题组，先后深入富山、威顿等30余家非公企业进行深入的调查研究，形成了《危中有机，重铸辉煌，再迎发展春天——白云区非公有制经济发展调研报告》，提出的意见建议受到区委、区政府的高度重视，为后来我区《关于进一步扎扎实实发展非公有制经济的实施意见》的出台提供了决策参考。2011年，为更好地推进全区“一推双保”工作，以主席约谈会形式，三次邀请相关部门主要负责人、社会各界代表人士、居民代表和部分政协委员开展专题讨论，听取民声、反映民情，努力协调有关部门，使基层群众提出的100多条意见建议得到了落实。有计划地组织政协常委、民主党派负责人对我区“城中村云康新城改造项目、新村规划和实施情况、失地农民后续保障、事业单位绩效工资实施情况”等课题进行调研视察，提出意见和建议86条。此外，还通过委员视察等活动，为我区“创卫”“创文”顺利通过国检验收发挥了积极的作用。

三是参与重点项目建设。积极协助区委、区政府振兴白云工业经济，参与和谋划重点经济建设项目。在参与中参谋、在参与中服务，在参与中贯彻落实区委、区政府的工作决策和部署。五年来，区政协领导深入联系企业，加强与项目单位、各乡（镇）办和相关职能部门协商沟通，尽力帮助企业解决挡工堵路、办理相关建设手续及有关征地、拆迁等问题，积极推进项目建设。

四、凝心聚力 共建和谐再展新风采

五年来，区政协常委会坚持团结民主两大主题，注重发挥包容各界、联系广泛的优势，团结一切可以团结的力量，努力推进和谐白云建设。

一是团结各界合作共事。常委会十分重视并长期坚持邀请各民主党派、工商联、人民团体、无党派人士参加政协组织的报告会和座谈会，联合开展专题调研，做到了联络沟通经常化和参政议政制度化，促进并加强了各民主党派、工商联、人民团体、无党派人士和社会各界人士的合作，积极为他们知情参政、建言献策创造良好的条件和宽松的环境，努力营造融洽、和谐和民主的政治氛围。五年来，组织白云区各民主党派基层组织，先后开展了对白云“花卉产业发展情况”“城市交通问题”“非公经济发展”“农业产业结构调整”“绿色城市建设与管理”“民办学校办学情况”“养老服务工作”“‘农家乐’休闲旅游发展”等20余个关系经济社会发展和民生问题的课题调研，提出意见建议120余条，得到了区委、政府的高度关注。在组织区工商联对白云非公经济发展进行深入调研中提出的“尽快制定适合新时期促进非公有制经济发展意见；抢抓机遇，重新规划定位白云经济发展布局，着力改善白云区投资软硬环境，推进高新和白云区域经济的发展，逐步提高非公有制经济在白云经济结构的比例；拓宽融资渠道，为非公企业解决融资难问题；建立非公有制经济常规统计制度；大力营造有利于发展非公有制经济的环境”等建议，助推了白云非公有制经济的发展。同时还进一步建立和完善了界别工作制度，明确政协领导联系界别、依托专委会组织界别开展调研、视察和考察等活动，积极探索新形势下发挥界别作用的有效途径和方法。

二是联络联谊汇集力量。通过举办系列主题活动、个别走访、做好接待和组团赴省内外友好城区进行交流考察等，加强了与省内外兄弟县、市、区政协的联络联谊和交流，学习和借鉴外地的先进经验，进一步拓宽了政协工作的视野，同时也宣传了白云，提高了白云的知名度。五年来，成功承办了“全国二十八城区政协工作经验交流会第二十次会议”、全国十三城区政协工作经验交流会第二十五次会议、“贵阳市区、县（市）政协工作经验交流会第三十一次会议”。编辑出版《白云文史资料》第20集和《白云政协画册》（2003-2011）。各专委会认真做好与对口部门的联系和沟通，加强工作交流，既为委员知情明政更好地履职创造了条件，又较好地协助区委、区政府做好协调关系、理顺情绪、化解矛盾和维护稳定的工作。

三是关注民生造福百姓。五年来，区政协常委会积极探索扶贫帮困新载体，在调动社会各界积极参与新农村建设、帮助农民增收致富、开展智力支边、扶贫帮困等方面，发挥了自身的优势和作用。2007—2008年，先后协调资金58万元、委员捐资43.7万元，完成农房改造80余户，扶持30家农民开展“农家乐”自主经营，让农民得到了真正的实惠。2010年以来，区政协组织开展了“百名委员包片联系牛场乡”主题活动，有效地将政协委员参政议政的工作热情与扶贫帮困联系起来。在牛场乡党委政府和区蔬办等部门支持下，建立了政协委员、机关干部和社会各界人士扶贫帮困实验基地阿所村“现实版‘QQ’农场”。“基地”的建立，既帮助了农民增收致富，助推农户自主经营“农家乐”，又为农村的发展注入了新观念、新思路，创新了帮村扶贫的新理念。两年中，为阿所村协调公益事业和对农民帮扶资金50余万元。在2011年干旱对我区农业造成较大影响的情况下，区政协积极协调和谐贵阳促进会向牛场乡捐资20万元，贵州中泉电气集团有限公司、贵州华阳房地产开发有限公司、贵阳第一建筑工程集团股份有限公司、民进贵阳市委等企业和单位向阿所、黄官、兴家田、石龙等村捐款30万元、捐物价值13.6万元，争取省水利厅专项资金63万元，帮助村民解决人畜饮水困难。2011年9月26日，贵州省道德模范、区政协委员颜昌峰联手全国首善陈光标为我区城乡社区建设捐赠电脑50台、健身器材20套；12月22日，捐赠的1500辆自行车首批500辆到位，并发放至全区城乡社区及公安治安巡逻、师大、行政中心等单位，用实际行动倡导绿色环保和支持我区城乡社区硬件设施建设。五年来，区政协组织委员和社会各界人士先后完成扶贫项目39个，开展各类技术和乡土人才培训130余次，受训人员达132500余人次，帮助贫困学生150余人次，帮扶资金113.69万元。委员为汶川地震灾区捐款74.6万元，为“凝冻”灾区捐款57.7万元，协调帮扶资金70余万元和价值20余万元的物资。据不完全据统计，八届政协以来，共协调资金和委员捐资捐物达600余万元。

五、提升素质　自身建设展现新面貌

五年来，区政协常委会在加强党的路线、方针、政策和政治理论学习的同时，认真总结经验，研究问题，努力在继承中吸取发展智慧，在创新中激发前进动力，不断加强自身建设。

一是注重理论学习。大力推进学习型政协建设，组织委员深入学习中共十七大、十七届四中、五中、六中全会以及省、市、区委全会精神，深入学习胡锦涛总书记“七一”重要讲话和在庆祝人民政协成立60周年大会上的重要讲话精神、《中共中央关于加强人民政协工作的意见》以及全省政协工作会议精神等，统一思想、增进共识，努力使政协工作与区委方向一致、目标一致、工作一致。五年来，举办各类培训班、报告会10余场，参加学习培训的委员、机关干部达1800余人次，免费为委员订阅《贵州政协报》《文史大地》等学习资料，拓宽委员视野，为服务科学发展提供了有力的智力支持。

二是注重作风建设。加强政协委员和机关干部的作风建设，不断增强大局意识、责任意识、协作意识和服务意识。大力弘扬勤政敬业之风、求实创新之风、团结和谐之风、公正廉洁之风。按照区委的统一部署，政协机关积极开展先进性教育、学习实践科学发展观、创先争优、“三个建设年”“四帮四促”“定点挂帮”等活动，加强了机关效能建设，落实了岗位责任等管理制度，使学习活动内化为职业品质，外化为工作动力，逐步形成了政协机关团结、务实、创新、奋进的良好风气。

各位委员，五年来，我们为“两个新城”建设付出了辛勤的劳动，同时也收获了喜悦，取得了成绩。成绩的取得，是中共白云区委正确领导的结果，是区人大、区政府和有关部门、社会各界关心支持的结果，是全体政协委员、各民主党派、工商联、各人民团体及社会各界共同努力的结果。在此，我代表八届区政协常委会，向大家表示衷心的感谢！

五年来，八届区政协在继承中发展，在开拓中前进，在创新中提高，在实践中积累了一些经验和体会：

一是做好政协工作，必须坚持党委领导、取得政府支持。区委、区政府历来十分重视和支持政协工作，始终把发挥政协组织的作用作为提高执政行政能力的重要方面，坚持从全局出发统筹部署政协工作，做到主动进行政治协商，真诚接受民主监督，积极支持参政议政，认真采纳落实政协的意见和建议。区政协始终坚持和依靠党委领导，主动围绕全区中心工作履行职能，建言献策，推动经济社会又好又快、更好更快发展。实践证明，只有党委重视、政府支持、政协主动、各方配合，政协工作才能不断向前发展。

二是做好政协工作，必须坚持以人为本、议政为民。实现好、维护好、发展好广大人民群众的根本利益，是人民政协工作的出发点和落脚点。五年来，区政协坚持把推动发展、关注民生、促进和谐作为新的时代使命，将“服务科学发展，坚定履职为民”理念贯穿到工作的各个方面。注意体现和发挥自身的特点和优势，牢牢把握团结民主两大主题，通过提案、社情民意反映等方式，真实反映群众的愿望和诉求，使政协工作贴近基层、贴近群众；通过视察、调研、协商讨论等多种形式，汇聚各党派团体、各族各界人士的智慧，就事关群众切身利益的问题提供对策和建议。实践证明，只有坚持“情为民所系，利为民所谋”，政协工作才能在全局中有作为，在社会上有影响。

三是做好政协工作，必须坚持把发展作为第一要务。善谋发展之策、善建发展之言，促进和服务发展是人民政协履行职能的第一要务。区政协始终把推动经济社会发展作为履行职能的着力点，紧紧围绕全区中心工作，选择政协有条件做的重点课题，组织调研和专题议政等活动，力求所建之言富有针对性和前瞻性，所做工作富有影响力和推动力。实践证明，只有立足发展、谋划发展、推动发展，政协工作才能做好、做实、做出成效，优势和作用才能得以充分发挥。

四是做好政协工作，必须坚持界别特色和发挥委员主体作用。五年来，区政协坚持以专委会为依托，以界别和委员活动组为载体，最大限度地组织委员参与到视察调研、知情问政、学习考察、座谈讨论等工作实践中，不断激发委员参政议政的热情。实践证明，只有不断强化界别作用和委员主体意识，政协工作才能充满生机与活力。

五是做好政协工作，必须坚持与时俱进、开拓创新。与时俱进，开拓创新，是时代发展的必然要求，是推进各项事业发展的不竭动力。五年来，区政协始终着眼新的形势和新的发展，不断思考服务大局的新思路，努力探索履行职能的新途径，积极拓展团结民主的新渠道。工作思路上，坚持与时俱进，注重在继承中发展，在借鉴中提高，在探索中创新；工作要求上，不断拓展工作领域和空间，勇于实践，勤于思考，注重研究深层次问题，提出可行性建议；工作方法上，不断完善协商形式和监督方式，不断改进调研方式，不断创新提案征集和办理工作制度，使区政协工作形成自身特色。实践证明，只有坚持解放思想、实事求是、与时俱进，政协工作才能体现时代性，把握规律性，富于创造性。

在肯定成绩的同时，我们也清醒地看到，与新形势新任务的要求和广大委员的期望相比，政协工作还存在一些差距和薄弱环节。如，民主监督制度还需进一步完善；参政议政成果转化还需进一步规范；界别活动开展还需进一步拓展；委员主体作用还需进一步发挥；履行职能制度保障还需进一步加强等等。对于这些问题，有待于今后的工作实践中加以改进和完善。

九届政协工作建议

各位委员，区第八次党代会确定了“五年再建一个白云”的奋斗目标和“转型、升级、提速”的发展主题。新形势、新任务为人民政协事业发展提供了广阔的舞台，也对人民政协工作提出了新的更高的要求。今后五年，九届政协要以邓小平理论和“三个代表”重要思想为指导，深入贯彻落实科学发展观，全面贯彻落实中共十七届六中全会、省、市、区党代会和即将召开的中共十八大精神，高举中国特色社会主义伟大旗帜，牢牢把握团结民主两大主题，紧扣“转型、升级、提速”发展主题，认真履行政治协商、民主监督、参政议政职能，团结带领广大政协委员、各民主党派、社会各界人士，大力弘扬“海纳百川、激情跨越”的白云城市精神，解放思想、开拓创新、锐意进取，为开创“两个新城”建设新局面做出新的更大的贡献。要实现“五年再建一个白云”的奋斗目标，需要我们更有创造性地开展工作，人民政协应以更有作为的姿态，全心投入，积极履行好政治协商、民主监督、参政议政职能。在此，谨向九届区政协提出如下五点工作建议：

一、深入学习，提高认识，为创新人民政协工作夯实思想基础

认真抓好中共十七届六中全会、全省政协工作会议、市第九次和区第八次党代会特别是将要召开的中共十八大和省十一次党代会精神的学习，是区政协当前和今后一个时期的一项重要政治任务。九届政协常委会要加强对学习活动的领导，通过举办培训班、报告会、座谈会等形式，不断把学习活动引向深入，进一步统一思想、提高认识，进一步增强广大政协委员自觉参与“两个新城”建设的责任感和紧迫感，确保与区委在思想上同心同德、目标上同心同向、行动上同心同行。同时，要加强政协理论研究，准确把握新形势下政协工作的特点和规律，认真总结政协工作的新经验，汲取政协理论的新成果，不断推动政协理论创新、制度创新、工作创新。

二、明确重点，协商议政，为开创“两个新城”建设新局面建言献策

坚持把推动和服务发展作为履行职能的第一要务。当前，广大政协委员要充分认识、准确把握“‘十二五’时期适逢重要战略机遇期，也是大有作为的黄金发展期”的分析判断，紧紧围绕区第八次党代会确定的总体思路和工作要求，为实现“五年再建一个白云”奋斗目标和开创“两个新城”建设新局面献计出力。要在“项目建设大提速、工业经济大扩张、现代服务业大发展、城市品位大提升、新农村建设大统筹、先进文化大繁荣、民计民生大改善、民主政治大加强”等八个方面开展调查研究。重点围绕“三路三片三园区”（即：云环中路、210国道、麦沙大道1、2标段；白金片区、黑石头片区、程官摆拢片区；都拉园区、沙文生态科技产业园和铝及铝加工工业园、青山工业园）开发建设建言献策。要紧紧围绕“转型、升级、提速”发展主题，促进白云、高新一体化发展等方面献计出力。为此，建议九届政协常委会2012年重点抓好以下工作：一是围绕“政务环境治理”“政法机关保驾护航促发展”和“农村历史遗留户籍管理问题”举行3次主席约谈会；二是围绕白云“三片”开发建设、白云区城市管理体制改革试点、白云群众文化建设及村级组织建设工作开展4项专题调研；三是组织对我区“三路三园区”项目建设推进、巩固“创卫”“创文”成果、中小学教育教学质量及农田水利建设等进行4项视察。区政协要进一步发挥位置超脱、联系广泛、人才荟萃的优势，开展多形式、多途径的对外交往和联络活动，积极为我区招商引资、招才引智牵线搭桥，为实现区八次党代会提出的工作目标贡献智慧和力量。

三、凝聚人心，增进团结，为营造和谐稳定的发展环境汇聚力量

坚持把协调关系、化解矛盾、理顺情绪、增

进团结作为履行职责的着力点，积极促进各种利益关系、各阶层关系和各界人士的和谐融洽，努力为我区和谐发展营造良好环境。要围绕区委提出的“高新白云共携手，打造文化新大区” 这一文化建设主题，发挥人民政协人才优势，协助区委、区政府唱响“新型工业文化”主旋律。要充分发挥文史资料“存史、资政、团结、育人”的重要作用，做好白云文史的征集、整理和出版工作。要弘扬人民政协讲团结、顾大局的优良传统，进一步发挥民主党派、工商联和无党派人士在政协中的重要作用，积极支持他们参与我区重大方针政策的协商讨论及其履行职责的调研视察、专题议政等活动，进一步巩固和发展统一战线的良好局面。要积极适应社会结构、社会关系的新变化，密切与新的经济组织和新的社会阶层人士的联系，关注他们的利益诉求，畅通利益表达渠道，使政协的协商民主最大限度地包容和反映社会各界的意见和要求。

四、以人为本，关注民生，为创新社会管理做好群众工作倾心尽力

牢固树立履职为民的理念，坚持把服务民生贯穿到政协工作的各个环节。要把关注民生作为履职为民的出发点，紧紧抓住人民群众普遍关心的热点难点等区委政府重视、政协有能力做好的民生课题协商议政，多思安民之策，多行利民之举，多办惠民之事，促进学有所教、劳有所得、病有所医、老有所养、住有所居、居有所安取得明显实效。要继续抓好政协委员帮村扶贫工作，在牛场乡要以QQ农场为载体，继续推进百名政协委员帮扶牛场的工作。要积极参与涉及群众利益的有关政策措施实施情况的协商监督，组织委员进社区、进企业、进农村，倾听群众呼声、体察群众情绪、反映群众诉求，协助区委、区政府做好暖人心、稳人心、得人心的工作。要把改善民生作为履职为民的落脚点，组织委员开展不同层次、不同群体、形式多样的科技、卫生、文化、法律下乡服务及扶危济困等公益活动，扩大参与面，增大受益面，让不同阶层、不同群体共享改革发展成果，促进党群和谐、干群和谐、社会和谐。

五、求真务实，注重实效，为提升履职水平不懈努力

要加强区政协常委会建设，坚持把思想建设摆在重要位置，坚持常委会集体学习制度，及时组织常委会组成人员认真贯彻学习中央、省、市、区委的决策部署，认真抓好各项制度的落实，进一步增强常委会组成人员的政治意识、大局意识、创新意识和责任意识，充分发挥其在履行职能中的领导作用，不断提高常委会的议事能力和组织协调能力。要加强专委会建设，进一步推进专委会之间的协调配合，专委会与各党派、团体、界别的协作，专委会与政府对口部门的联系，形成优势互补、信息联通、成果共享的工作机制。要进一步抓好委员队伍建设，切实发挥委员在本职工作中的带头作用、政协工作中的主体作用、委员界别中的代表作用。要进一步抓好政协机关建设，充分发挥机关的组织协调服务功能，努力为委员知情明政、履行职责提供有力的后勤保障，把政协机关建设成为“委员之家”和统一战线各个方面民主协商合作议事的重要场所。

各位委员、同志们，新起点开启新征程，新目标赋予新使命。我们正处在大有希望、大有作为的新时代，让我们更加紧密团结在以胡锦涛同志为总书记的中共中央周围，在中共白云区委的领导下，高举中国特色社会主义伟大旗帜，坚持以邓小平理论和“三个代表”重要思想为指导，全面贯彻落实科学发展观，团结一切积极力量，调动一切积极因素，解放思想，开拓创新，携手同心，锐意进取，共同为创造白云更加辉煌灿烂的明天谱写新的篇章！

大事记

GUI YANG BAI YUN
NIAN JIAN 2013

1月

4日　区十届人大一次会议和区政协九届一次会议召开。

9日　云环中路工程项目开工。

11日　2012年白云区招商引资企业新年酒会举行。

苹果亚洲铝业有限公司与中铝贵州铝厂铝合金棒投资合作项目签约。

12日　区四大班子春节慰问第七冶金建设公司、省武警消防指挥学校、困难农民工边琼珍、3117厂、刘芳老师、民主党派人士王兴腾、归侨侨眷人士谢建成、困难企业职工孙兴珠。

白云区离退休老干部迎春团拜会召开。

13日　市园区考核小组对白云铝及铝加工基地2011年工作目标进行考核检查。

2012年白云区“三路三片三园”开发建设及房地产企业迎春座谈会召开。

16日　白云区兑现贵州省计划生育四项制度奖励扶助金。

18日　高新区、白云区举行2012年春节联谊会暨“我们的节日—春天的乐章”文艺演出。

副省长慕德贵到白云区走访慰问。

2月

2日　区委常委会议审议并同意区编委办关于成立白云区棚户区城中村改造办公室等机构编制事项的请示。

4日　省委常委、市委书记李军到皓天光电科技有限公司调研。

7日　区“创卫”“创文”“群众安全感提升”工作总结表彰会召开。

15日　省农委主任刘福成调研区现代农业展示区以及食用菌产业基地建设情况。

“白金片区”招商推介会举办。

16日　国家发改委赴白云调研中铝贵州分公司。

23日　国家审计署特派员到白云区检查。

3月

1日　财政部、国家发展改革委调研组一行到中铝公司考察调研炉窑余热利用节能减排改造项目。

2日　区委常委会议审议并同意区编委办关于白云区城市基层管理体制改革相关机构编制职责及区委政法委、区检察院内设机构调整事项的请示。

9日　区程官摆拢片区和云康新城棚户区城中村改造开工。

区纪委八届二次全会召开。

12日　区级机关义务植树。

区总工会五届五次全委会召开。

省节能目标责任评价考核组考核白云区2011年节能工作。

13日　区棚户区城中村改造办公室揭牌。

15日　省环境保护厅副厅长徐恒调研区环保产业。

区法院对天林花园二期项目执行交房。

17日　区妇联“创新社会管理—服务进社区·巾帼在行动”铝兴社区示范点工作启动。

27日　市人大常委会副主任蒋纪鸣对区大气污染防治相关法律法规执行情况进行调研。

28日　牛场布依族乡小集镇建设暨小坝山抢险安置点中桥工程开工。

省商务厅副厅长孙登峰调研都布依族拉乡综合保税区选址情况。

29日　区委党校建设项目开工。

30日　白云区社区党委和社区服务中心集中授牌。

31日　白云区地球一小时宣传启动。

4月

1日　全区清明祭扫烈士陵园。

7日　白云经济开发区管理委员会与香港俊发地产有限公司签署《贵阳市白云区“黑石头片区”开发建设项目投资协议备忘录》。

8日　白云区至修文县城市一级主干道项目开工。

10日　全区开展爱国卫生大扫除。

13日　区委常委会议审议并同意区旅游文广局关于举办2012年

全国山地自行车邀请赛的请示。

16日　浙江大学·贵州贵阳高新区、白云区经济管理研修班开学典礼。

20日　区委常委会议审议并同意区编委办关于增加区政府办副主任职数等机构编制事项的请示、区委组织部关于社区党委和社区服务中心领导班子公开推荐、考察情况及确定候选人预备人选的请示。

23日　大山洞社区公推直选党委书记。

24日　艳山红社区服务中心公推直选党委书记。

25日　红云社区服务中心公推直选党委书记。

26日　大山洞社区服务中心公推直选主任。

27日　艳山红社区服务中心公推直选主任。

28日　“白金片区”棚户区城中村改造项目签约。

5月

18日　贵铝华颐和苑项目开工。

19日　“白金片区”棚户构城中村改造项目开工。

23日　区“阳光和谐之家”揭牌。

24日　区敬老院项目合作签约。

26日　区2012年“海纳百川、激情跨越—白云周末大舞台”文化活动启动。

31日　“六一”儿童节前，区四大班子慰问白云七小师生。

区档案馆及综合行政办公楼建设项目开工。

6月

1日　副省长孙国强在贵州华科铝材料工程技术研究有限公司调研华科耐热高强韧铝合金项目并进行座谈。

6日　区委常委会会议审议并同意区土储中心关于申请国家开发银行土储贷款的请示、区编委办关于成立白云区城乡农贸市场管理办公室等机构编制事项的请示。

副市长刘玉海到铝城铝业调研企业并听取迎接省市观摩会相关工作推进情况汇报。

7日　副省长孙国强到高新区调研。

区2012年“转型、升级、提速”主题征文演讲比赛举行。

11日　中央综治委社会管理创新现场会选点组在白云区调研，指导社会管理创新综合试点工作。

郑州市综治办考察团考察调研白云区时代新居技防入户情况。

12日　绿地集团执行副总裁胡京一行考察贵阳国家高新区、白云区。

省文明办“整脏治乱”“满意在贵州”、未成年人思想道德建设检查组检查白云区三项工作。

吉林省辽源市司法局考察白云区社会管理创新及城市基层体制管理改革情况。

14日　市发改委主任王廷志一行赴白云区调研督导经济运行工作。

15日　铝城铝业点火投产。

16日　高新区、白云区迎接省观摩会预检。

17日　联合国开发计划署灾害管理处项目经理秦新艳、国家商务部中国国际经济技术交流中心处长张宁考察白云区石漠化治理工作。

20日　区共青团大会召开。

全区社会治安综合治理集中统一行动誓师。

21日　区委常委会议审议并同意区纪委关于在白云区组建纪工委、监察分局的请示。

全区法制教育“三进”活动启动。

26日　6·26全区禁毒日宣传活动举行。

27日　市委常委、贵阳警备区司令朱元俊赴白云区督办信访案件。

28日　白云区纪工委、监察分局授牌。

全区80周岁以上高龄老人长寿补贴发放。

30日　白云区黑石头森林休闲旅游板块棚户区城中村改造项目开工。

黑石头片区一横一纵一立交道路建设项目开工。

黑石头片区二环四路项目集中开工建设。

7月

2日　开展“七一”慰问党员活动。

3日 白云区庆祝中国共产党成立91周年暨创先争优表彰大会召开。

李军调研市域快铁贵开线白云段跳场坡隧道建设情况。

5日 李军到白云区艳山红社区调研。

9日 副市长高卫东到扁山食用菌基地、贵州省食用菌产业园区（白云）、贵州省现代农业展示区、贵州聚特珍稀食用菌基地、贵州西部化工市场施工现场调研。

10日 省委常委、省纪委书记宋璇涛一行调研指导深化白云区“三访”活动工作。

省、市纪委领导到白云区白沙关社区、凯维小区开展纪检监察系统“三访”活动调研。

11日 区委常委会议审议并同意区土储中心关于向贵阳银行白云支行、白云区农村商业银行贷款有关问题的请示，区城投公司关于白云区白金片区基础设施建设项目BT框架合同有关事宜的请示。

小渊基金——白云区北郊水库水源涵养林项目竣工。

12日 白云区“贫困母亲两癌救助基金”发放。

六盘水市钟山区社区建设考察组到白云区新型社区考察交流。

13日 白云区2012“海纳百川 激情跨越”周末大舞台“优化发展环境 促进提速转型”反腐倡廉曲艺大赛暨企业职工文艺汇演举办。

民进市委主委、市政协副主席杜正军到白云区考察城市基层管理体制改革工作。

19日 区“促稳定、促和谐”表彰暨捐赠大会召开。

20日 区社会治安综合治理攻坚战集中宣传宣判。

24日 省人大常委会副主任袁周调研黑石头片区及沙文园区建设。

白云“六月六”布依歌会暨“蓬莱仙界”新奇特现代农业观光月活动启动。

25日 2012“俊发杯”全国山地自行车邀请赛“大川白金城杯”COSPLAY大赛暨动漫嘉年华活动新闻发布会召开。

26日 区委副书记、区长黄昌祥接待飞利浦大中华区高级总裁梁汉峰一行。

30日 省消防总队总队长罗灿到白云调研。

8月

9日 高新区、白云区第四个“全民健身日”自行车骑行活动举行。

11日 白云区拆除210国道建设项目规划范围内村民自行搭建的违章建筑。

12日 市委组织部副部长、市党史研究室主任卓飞一行到白云区调研指导园区党建工作。

14日 副市长朱桂云到白云区中心敬老院调研。

15日 贵阳银行董事长王大鸣一行到高新区、白云区考察工作。

省市煤矿关闭督察组检查白云区煤矿关闭情况。

16日 白云·蓬莱仙界旅游发展规划进行专家论证。省委基层组织建设年活动督导组张国新一行到都拉布依族乡都拉村等开展后进党支部整顿转化、晋位升级的入户走访工作。

17日 2012贵阳国家高新数字内容产业园揭牌暨项目集中签约仪式举行。

18日 2012“俊发杯”全国山地自行车邀请赛暨“大川白金城”白云欢乐动漫嘉年华COSPLAY大赛颁奖。

20日 白云区拆除210国道建设项目规划范围内村民自行搭建的违章建筑。

21日 省政研室调研组赴白云区调研城镇化。

贵州商专白云新校区项目围场施工。

22日 白云区图书馆暨贵州省图书馆白云分管开馆。

23日 盐沙线项目围场施工。

24日 全区“三迎一创”爱国卫生大扫除。

白云区牛场布依族乡、都拉布依族乡、麦架镇、艳山红镇、沙文镇党员干部群众现代远程教育协会成立授牌。

28日 市委副书记、市长李再勇到麦沙大道跨线桥调研。

30日 李军率贵阳市重大工业企业服务工作队（第一工作队）赴高新区、白云区深入企业现场办公。

区总工会2012年金秋助学活

动助学金发放。

31日　全省村务公开民主管理暨城乡社区建设现场参观团到白云参观。

9月

6日　高新区、白云区与省环保厅合作共建贵州省环保产业园区签约。

7日　区委常委会审议并同意区编委办关于成立老干活动中心的请示。

中国外运集团赴白云区考察物流园选址。

10日　白云区庆祝第二十八个教师节暨表彰大会召开。

12日　市公共交通集团有限公司董事长李涌泉一行到白云区考察黑石头项目。

13日　市人大常委会副主任龙永平就白云区工业企业进行调研。

市委常委、贵阳警备区政委朱元俊到白云区艳山红镇调研党建工作。

14日　区“五项拥军”活动启动。

15日　人武部干部、职工及民兵骨干分队180人次参加筑城广场涉日游行维稳执勤。

17日　白云公安分局铝及铝加工园区警务中队揭牌。

18日　区委常委、区纪委书记马钊到沙文镇扁山村开展计生“三结合”帮扶活动。

20日　高新区、白云区与俊发地产合作项目签约。

24日　全区2012年迎十八大、庆祝建国63周年全民健身职工运动会开幕。

26日　常务副市长马长青一行考察白云区重点项目建设情况。

27日　区委常委会议审议并同意《白云区共大片区城市规划综合体概念性规划》。

29日　市委政法委副书记、维稳办主任许俊松调研白云区提升群众安全感暨社会治安综合治理、涉军群体稳控工作。

10月

10日　省委常委、市委书记李军调研盐沙路建设情况。

12日　贵阳医学院附属白云医院二期住院综合楼开工。

15日　白云区县级领导开展谈心谈话活动。

18日　区摄影家协会第四次会员代表大会召开。

19日　副市长刘玉海到白云区调研。

22日　香港怡海集团董事长王琳达一行赴白云区考察。

23日　贵阳白云经济开发区管委会与杭州娃哈哈集团有限公司娃哈哈贵阳生产基地五期项目签约。

24日　副市长翟彦调研高新区、白云区建设发展情况。

25日　市纪委检查组检查白云区清理和规范庆典、研讨会、论坛活动开展情况。

26日　全区第十六个环卫工人节庆祝活动举行。

11月

1日　省委宣传部副部长周晓云调研白云区新农村建设、项目建设等工作。

3日　白云区竞争性选拔团区委领导班子。

5日　省委副秘书长、省委政研室主任李裴一行调研白云区全面建设小康社会工作。

7日　白云区十八大期间外国媒体采访工作会议召开。

9日　区委常委会议审议并同意区文产办关于成立贵阳数字内容产业园白云园区管理委员会的请示。

19日　省环保厅副厅长徐恒一行调研白云区环保产业园并座谈。

22日　双十增比竞赛活动表彰会召开。

23日　大连市考察团考察白云区社会管理创新工作。

28日　举办全区学习贯彻十八大精神书画社区巡回展。

贵州预师高炮团首长一行对双37高炮营营连部规范化建设进行检查验收，并到麦架镇、沙文镇、都拉布依族乡实地察看预备役工作及营连三室一库建设情况。

29日　白云区第四季度“整脏治乱”迎接省检。红云社区服务中心挂牌。

12月

4日　团区委“青春跟党

走，聚力促跨越”系列活动启动。

6日 2012年度全区新兵欢送大会召开。

8日 白云区千名干部赴白金片区开展“讲、访、帮、促”活动动员大会召开。

12日 中航工业贵阳航空发动机产业基地投产暨综合办公大楼奠基。

13日 白云区十佳平安卫士评选揭晓。

16日 贵阳综合保税区暨高新区、白云区38个项目集中开工。

17日 区残疾人联合会第五次代表大会开闭幕。

18日 白云区生态文明建设局挂牌。

19日 市委政法委书记庞鸿到艳山红镇司法所调研。

22日 国家公安部消防局领导一行赴白云视察。

23日 区委常委会议审议并原则同意《白云区机关规范公务员津补贴第二步实施方案》和《白云区关于调整事业单位绩效工资水平实施方案》，区财政局关于住房公积金、增量补贴及医保缴交基数有关事宜，区财政局关于成立区中小企业信用担保公司和审议组建方案。

25日 “贵州大学材料与冶金学院、白云区工业园区全面合作协议”签约。

26日 白云公安分局铝兴派出所成立揭牌。

区公安分局都新派出所挂牌。

27日 市政协副主席刘建军在白云区开展“摆家常”活动。

29日 全区2012年公开招聘事业单位工作人员笔试。

（徐炯明 王丽 姜蓓）

区情概览

GUI YANG BAI YUN
NIAN JIAN 2013

地理概况

【地貌】 白云区地貌以丘陵为主，最高点为牛场布依族乡东面云雾山次峰，海拔1618.5米；最低点为东南面都拉乡小河村沙老河下游河谷，海拔1140米；全区一般海拔1300米左右。海拔1600米以上地面有0.61平方千米，占全区总面积0.22%；海拔1500—1599米有11.72平方千米，占全区总面积4.31%；海拔1400—1499米有22.74平方千米，占全区总面积8.36%；海拔1300—1399米有225.61平方千米，占全区总面积82.95%;海拔1299米以下有11.32平方千米，占全区总面积4.16%；最低海拔与最高海拔相差480米。

地貌特征。白云区地貌第一个特征是地势开阔平缓，石灰岩低丘与第四系红色粘土缓丘交错分布其间，耕地集中连片，有300亩以上耕地坝子26个，气候及水土条件较好。全区地貌第二个特征是地貌与地质结构关系密切。碳酸盐岩层在全区各地均有分布，在碳酸盐岩中，主要岩石有夹层碳酸岩，石灰岩、白云岩，形成地貌多为山间峡谷、漏斗、溶洞、洼地、峰丛、峰林、岩溶泉井等。

主要地貌类型。根据地貌形态特征以及按贵州省地貌类型划分标准划分，全区可分为丘陵、山地、盆地（坝子）、河谷阶地等。其中，丘陵面积163.30平方千米，占全区总面积60.04%，山地面积69.70平方千米，占全区总面积25.62%；盆地（坝子）面积39平方千米，占全区总面积14.34%。

丘陵分高丘、低丘、缓丘。其中高丘面积44平方千米，占全区丘陵面积的26.94%，其主要分布于山地下部、盆地边缘，多数由石灰岩、白云岩构成，东部和西部也有砂页岩形成的高丘；低丘面积76.50平方千米，占全区丘陵面积46.85%；缓丘42.80平方千米，占全区丘陵面积26.21%。低丘、缓丘、坝子在全区交叉分布。低丘、缓丘由石灰岩、白云岩、第四系红色粘土构成。石灰岩、白云岩形成岩深低丘、缓丘，主要分布于牛场布依族乡牛场村，艳山红镇高山村、大山洞村，沙文镇扁山村、斑竹村、沙文村等地。第四系红色粘土形成多为缓丘，主要分布于艳山红镇尖山村、程官村及麦架镇下堰等村。

山地主要分布于牛场布依族乡东面云雾山、葛藤坡和北面云盘山、沙文镇、麦架镇北面斗篷山、狮子山、朱官大坡及都拉布依族乡东面火石坡、养牛坡，艳山红镇老板林、大坡等地，山脉多呈南北走向。山地成为本区中部盆地天然围屏，构成马蹄形外围地貌景观。

盆地（坝子）主要分布于麦架河及沙老河两岸，形成堆积坝子和岩溶坝子，其中以堆积坝子较多，如牛场布依族乡牛场、落刀坝；沙文镇金甲、扁山、凉水、吊堡、王家院、干田、苏庄；麦架镇果园、麦架、新村、青山、小桥、马堰、下堰等坝子。 （林廷武）

【地质】 地层及岩性。白云区出露地层有寒武系、石炭系、二叠系、三叠系、第四系和保罗系等。寒武系出露于云雾山、葛藤坡、营盘山、斗篷山、狮子山、朱官大坡等地带。主要岩石有白云岩、石灰岩，地层中上部有残积红色粘土及铝铁岩分布，二叠系、石炭系出露于沙文镇对门山村龙潭坡，牛场布依族乡红锦村管冲、猫山，麦架镇摆茅村鹅颈冲、新村、大小冲及艳山红镇曹官村老板林、大坡等地带；主要岩石有二叠系阳新灰岩、黄色沙页岩，其多呈条带状分布，形成低中山或高丘，局部构成中山峡谷；三叠系出露较多，全区各地均有，尤以沙文、大山洞地带出露较广。主要岩石有石灰岩、白云岩、夹层状碳酸岩，其大多形成岩溶低丘或缓丘。局部地段由灰岩、白云质灰岩形成低中山、高丘，构成裸露型岩溶地貌；第四系呈3个条带状分布于山间盆地、谷地、洼地、台地及河流阶地的边缘地带，以牛场布依族乡落刀村、沙文镇新寨村至艳山红村的粑粑坳、麦架镇小桥村至艳山红镇程官村等地出露最为明显；侏罗系分布极少，只有都拉布依族乡与云岩区接壤的东部边缘有少数分布，主要岩石为紫色沙页岩。

全区岩石以夹层碳酸岩、石灰岩、白云岩分布最多，紫色砂页岩分布最少。夹层碳酸岩82.91平方千米，占全区总面积30.48%；石灰岩64.71平方千米，占全区总面积23.79%；白云岩45.50平方千米，占全区总面积16.73%；煤36.91平方千米，占全区总面积13.57%；红色粘土22.25平方千米，占全区总面积8.18%；泥页岩10.11平方千米，占全区总面积3.72%；铝铁岩5.94平方千米，占全区总面积2.19%；沙页岩3.64平方千米，占全区总面积1.34%。

构造特征。构造位置上，白云区地处黔中隆起南缘，属苗岭山脉中段，在贵州高原第二台阶上。由于地壳的强烈运动及长期风化剥蚀，形成以丘陵为主、山地和坝子次之的地貌景观。东北部由一系列北东向褶皱断裂构成高大山脊和峡谷，具有陡坡谷深、峰峦起伏、岩溶发育的特点。岩溶中山峡谷主要分布于石龙、瓦窑等地，沟谷、峰丛、洼地以牛场、阿所、沙文一带比较典型，残丘坡立谷以大山洞地区比较发育。（林廷武）

【位置面积】 至2012年底，白云区行政区域总面积404286.6亩，其中耕地113449.2亩、园地9623.1亩、林地151795.65亩、草地19175.1亩、城镇村及工矿用地77343.15亩、交通运输用地16519.8亩、水域及水利设施用地5802亩，其他土地10578.6亩。（林廷武）

【气候和主要气候事件及其影响】 2012年，白云区年平均温度13.2度，比历年同期偏低0.6度。其中，最高温度31.3度，出现在8月11日；最低温度零下4.6度，出现在1月5日。年降雨量1112.9毫米，与历年同期相比偏少40.0毫米。年内出现2次暴雨天气过程，分别为5月22日降水量60.4毫米、6月26日降水量62.0毫米。全年，日照时数710.9小时，与历年同期相比偏少491.6小时。12月14日出现初霜。1–2月，持续出现低温冻雨天气。3月底和4月初出现重级倒春寒天气，对小春作物的生长带来很大影响。（高文明）

【河流】 白云区境内河流均属长江流域乌江水系，主要有西部麦架河及其支流，东部沙老河及其支流，东北角小溪为谷溪河河源，汇入鱼梁河。麦架河发源于北部周武山西麓石板哨，流经区境西部至马堰村锅底滩出境汇入猫跳河，区内河长22.50千米，集水面积131平方千米，其支流有大泥窝河、马堰河、潮水河、大路河、高寨河等8条，其上建有小（一）型沙田水库，沿河水利设施较多。沙老河发源于东北部牛场布依族乡瓦窑村，流经东部至都拉布依族乡小河村出境，境内河长16.10千米，集水面积103.60平方千米。都溪河是沙老河最大支流，发源于都拉布依族乡黑石头村，河长11.50千米，集水面积32平方千米。沙老河支流还有祁山河、小河、牛角田河。（方　源）

【湖泊（水库）】 全区无天然湖泊。建成并投入运行蓄水工程有85处。其中，山塘76处，总库容171.24万立方米，灌溉面积16510亩；水库10座，总库容2350万立方米，灌溉面积10800亩。新建小（二）型水库（平山水库）1座。

10座水库中，中型水库（北郊水库）1座，库容1500万立方米，主要用于贵阳市城市供水。小（一）型水库2座，分别为：沙文镇扁山村沙田水库库容240万立方米，灌溉农田面积5000亩；沙子哨农场罗格囱水库库容205万立方米，灌溉农田面积500亩。小（二）型水库7座，分别为：牛场布依族乡大山村龙洞水库库容33.2万立方米，灌溉农田面积1200亩；牛场布依族乡牛场村牛角田水库库容49.5万立方米，灌溉农田面积1500亩；沙文镇范家院王金冲水库库容45.7万立方米，灌溉农田面积1500亩；沙文镇对门山锅底滩水库库容12.6万立方米，灌溉农田面积400亩；麦架镇摆茅村摆茅水库库容14.4万立方米，灌溉农田面积400亩；麦架镇麦架村罗家寨水库库容69万立方米；都拉布依族乡上水村杨柳冲水库库容17万立方米，灌溉农田面积300亩。（方　源）

自然资源

【水资源】 全区水资源多集中于东部和西部地区，南部和西南部水资源条件较匮乏。东部沙老河流域地区因河流切割深，水资源开发利用困难。全区地下水虽有一定储量，但岩溶较发育，渗漏严重，导致流量减少。同时，河流洪枯流量与气候条件关系密切，均属降水补给山区型小河流，洪枯流量变化幅度很大。遇暴雨沿河一带会受洪涝灾害威胁，逢严重干旱部分支流会出现断流现象。

全区年平均净流量（即境内平均产水量）为14960万立方米，不同保证率的天然径流量分别为：偏丰年18410万立方米；平均年14590万立方米；偏枯年12010万立方米；特枯年8800万立方米。

1.地表水。补给来源主要是大气降水，年径流量与降水量年内分布规律基本一致。汛期5—9月，多年来同期平均径流量占全年63%。其中，6月份径流量最大，多年平均径流量占全年21%；1—3月径流量最少，多年来同期平均径流量占全年8%。

2.地下水。区境年平均地下水量约4000万立方米，约占总径流量27%。可利用地下水源（包括水井、泉水等）约50%左右修建电力提灌站，利用地下水量360万平方米。按含水岩组特性及地下水贮存条件，井泉地下水可分为岩溶水、基岩裂隙水、松散层孔隙水3大类型，白云区以岩溶水为主。

区境内有重要客水水源为猫跳河大（二）型百花水库。百花水库及其电站为猫跳河第二个梯级，20世纪60年代建成，总库容1.82亿立方米，蓄水11.35亿立方米，主要供梯级发电。其中，部分用于白云区、中铝贵州分公司、贵州铝厂等单位生产、生活及农田灌溉。（方　源）

【森林资源】 截至2012年，全区林地上森林面积141351.15亩，非林地上森林面积11041.2亩，四旁树占地面积12598.5，林地森林覆盖率36.30%，全区森林覆盖率42.37%。占林地面积83%，森林覆盖率38.38%。鲜果林，有桃、梨、李、柑橘、杨梅、苹果、葡萄、花红、樱桃、枇杷等9科16属17种；干果林，有板栗、银杏、核桃3科3属3种；特用经济林，有茶叶、花椒、杜仲等7科10属10种；木本油料林，有油茶、乌桕、油桐3科3属3种；竹林，有楠竹、金竹、绵竹、斑竹、水竹、苦竹等4属9种；用材林，有马尾松、华山松、云南松、黑松、杉木、柳杉、川楸、梓木、泡桐、喜树、苦楝、香椿、苦木、光皮桦、山白杨、响叶杨、沙兰杨、加拿大杨、意大利杨、香果树等17科23属33种；以马尾松、杉木、柳杉面积最大。防护林，有青冈、麻栎、白栎、茅栗、白蜡、火棘、构树皮、马桑、刺五加、胡秃子、山胡椒、三颗针、南天竹、月月青、铁扫帚、八角枫等14科13属20种。

（张万霞　黄江红）

【矿产资源】 区境内已探明矿藏有煤矿、铝土矿、铁矿、石灰石矿、粘土矿等。煤矿，分布较广，主要集中在牛场布依族乡和麦架镇摆茅村2个矿区，总储量1849万吨。牛场矿区包括牛场布依族乡大林、祁山、兴家田、大山、红锦、蓬莱、阿所村以及沙文镇斑竹园、对门山、蒙台、扁山村等12个矿点；摆茅矿区，包括摆茅、马堰、曹关、摆拢村等矿点。已开发煤矿，位于艳山红镇曹关村、麦架镇摆茅村、牛场布依族乡大山村，矿区面积3.3735平方千米，地质储量532万吨，可采量512万吨。2011年底，区内煤矿全部关闭。铝土矿，总储量2097万吨。主要分布于朱官（共5个矿体，呈透明状，系中型矿床，矿石属高泥绿泥铝土矿）、大豆厂（8个矿体，呈透明状）、云雾山（3个矿段，全长约5千米，矿体呈透明状）等处。已开发铝土矿位于麦架镇青山、沙文镇斗篷山、靛山、牛场布依族乡云雾山，矿区面积2.3699平方千米，地质储量358万吨，可采量338万吨，年产量15万吨。铁矿，主要分布于云雾山、斗篷山等地，总储量1875万吨。石灰石矿，熔剂用灰岩1060万吨、熔剂用白云岩167万吨、水泥用灰岩86万吨、水泥配料用砂岩507万吨。粘土矿，水泥配料用粘土208万吨、砖瓦用粘土103万吨。（林廷武）

【光能】 处于全国总辐射变化范围84—240千卡/平方厘

米·年。全年总辐射90千卡/平方厘米·年，其中散射辐射多于直射辐射，散射辐射占总辐射61%。总辐射年际变化较大，最多可达106.437千卡/平方厘米·年，最少年仅为71.164千卡/平方厘米·年。

【野生动物】 尚存有狐、穿山甲、松鼠、黄鼠狼、松雀鹰、秧鸡、啄木鸟、斑鸠、相思雀、画眉、杜鹃等。（黄江红）

建制沿革

【历史沿革】 白云区定名“白云”，是因为区内有一名刹“白云寺”（今已圮毁）。传说清朝初年，禅宗临济派高僧云稀禅师受贵州巡抚曹升吉之托，主持创建寺庙。云稀禅师经反复踏勘，于清澈的清溪东面、苍翠的石岗西坡选定寺址，破土动工之日，烈日当空，酷暑难耐，突然，一朵如伞如盖的白云缓缓飘来，罩住庙址，凉风习习，倍觉清爽。上梁之日，各地僧侣、香客齐来庆贺。祥云又在大殿上缭绕，更平添几分喜庆，山墙上的工匠连同披红挂彩的大梁竟淹没在云雾之中。半晌，白云升空，向东散去时，大梁已不偏不倚地牢牢定在中线上。云稀禅师旋即率众向白云顶礼膜拜，齐声高呼“白云佑我四方乡亲！”并将这座寺庙定名为“白云寺”。

东晋时，白云属晋乐县，为牂牁郡所领6县之一。《贵阳府志》载：“晋乐在今贵筑县北四十里都喇营。贵筑南有镇罗山，盖即晋乐之南界山，晋乐语讹为镇罗也。”清都喇营即今区境都拉营。隋代取消晋乐县置改隶牂州。

唐武德四年（公元621年）置矩州。五代末期，乌蛮豪长罗氏主色带兵侵入矩州，将矩州改名“黑羊菁”，因城垣残破，转驻矩州以北30里石人山，令其子若藏驻石人山镇矩州。石人山在今白云区境内。宋太祖乾德五年（公元967年），若藏献方物，诏授归德司戈。开宝七年（公元974年），若藏令子普贵以矩州向宋王朝请求归顺，普贵纳土受职为矩州刺史。次年，水东（今开阳境）豪长宋景阳奉诏串师平定广右叛乱，复进黑羊菁，驱走罗氏普贵，结束以石人山为矩州统治中心的历史。世居石人山侧程官堡的清代翰林院编修、陕西巡抚程仁圻祖茔在石人山下，至今还有“程氏祖地”碑和“石人山墓道”碑。

元世祖至元二十年（公元1283年），在贵州各处置长官司，二十八年（公元1290年）十二月，置新添葛蛮安抚司。《贵阳府志》载：“新添葛蛮安抚司有麦傲长官司。今按：贵阳麦西里有麦绕寨东南至城三十里，即麦傲也。”清麦绕寨就是今日沙文镇的麦饶寨。南平长官司，在今市北郊沙子哨一带。至元十七年，罗氏鬼国叛，元王朝于六月遣使诏谕，七月兵征罗氏鬼国。据有关专家考证，都拉营就是元军屯兵之地。“都喇”系蒙古语“水边”的意思，其地控制黔蜀古驿道，战略地位十分重要。今都拉营以北约2千米处，尚存占地7000余平方米的古营盘遗迹。

明太祖洪武四年（公元1371年），改新添葛蛮安抚司为新添长官司。隶属贵州宣慰使司，设贵州卫，其屯堡达53处，在今白云区境内有：沈官堡、曹官堡、朱官堡、程官堡、孙官堡、斑竹堡、毛栗堡7堡。永乐十年（公元1413年）置贵州前卫。在今区境的贵州前卫屯堡有：麻姑堡、黄官堡、柳丝屯、新堡、鸡场堡、吊堡、鸡公屯。万历十四年（公元1586年）2月，以贵筑长官司及龙里卫所属小平伐长官司地置新贵县今区境大部分属新贵县地。明代在贵阳附近建立的哨所，今白云区境有黑石头哨、凤凰山哨，隶贵州卫；沙子哨、毛栗哨，隶贵州前卫和贵阳军民府；鸡场哨，隶贵州宣慰司。

康熙二十六年（公元1687年）改贵阳军民府为贵阳府，撤贵州卫、贵州前卫地置贵筑县。康熙三十四年（公元1695年）将新贵县并入贵筑县。贵阳府直辖四里，其中麦西里所属寨子大部分在白云区艳山红镇，小部分在沙文镇；水边里的寨子大部分在今都拉布依族乡，小部分在牛场布依族乡；西下里所属寨子大部分在麦架镇，小部分在艳山红镇；北上里所属寨子均在沙文镇和牛场布依族乡。

1949年11月15日，贵筑县解放。12月，中共贵筑县委指派随军西进的7名干部接管白云区，同时成立中共贵筑县白云区委员会和白云区人民政府，下辖白云、阳关、沙子哨、彭官、金华、朱昌6个乡。

1950年5月，贵筑县将白云区调整为五、六两区，五区辖金华、朱昌2个乡及彭官乡的一部分，六区辖沙文、白云、阳关3个乡，驻地鸡场。

1951年8月28日，取消乡镇公所，建立大行政村，第六区辖2个乡、9个行政村。

1952年底，第六区移驻沙子哨，辖沙文、金甲、麦架、白云、牛场、都溪、阳关等10个乡，26个行政村。1954年12月第六区改称白云区。

1956年，贵筑县将小乡合并为大乡。白云区辖沙文、金甲、麦架、白云、牛场、都溪等6个乡。

1957年11月，贵筑县撤销。1958年2月，白云区划归贵阳市乌当区管辖，下设金甲、麦架、白云、沙文、牛场、都溪、大林7个乡。

1958年8月，在人民公社化运动中，合并牛场、大林、红锦和第二、第三、第四、第五7个高级社，组建贵阳市乌当区团结公社（今牛场）；合并高潮、都溪、中坝、麦架4个高级社，组建乌当区越美公社（今白云）；合并金甲、沙文、麻堡3个高级社，组建乌当区跃进（今沙文）公社。

1958年12月，团结、越美、跃进3个公社合并为沙文公社，辖沙文、金甲、牛场、麻堡、红锦、大林、白云、麦架、都溪9个管理区。

1959年12月7日，经贵州省人民委员会批准，沙文公社从乌当区划出独立建镇，命名为白云镇，直属贵阳市领导。1959年12月19日，白云镇正式宣布成立，辖沙文人民公社。

1960年5月，成立“一镇一社”（白云镇和沙文人民公社），下辖沙文分社和大山洞分社。沙文分社管农村，大山洞分社管城镇。

1961年6月，将沙文分社分建为沙文、牛场、麦架、艳山红4个公社。

1962年初，在贯彻国民经济“调整、巩固、充实、提高”的八字方针中，因贵州铝业公司缓建，省、市政府决定撤销白云区建置，辖地划归乌当区，设白云镇，4个公社合并为沙文、艳山红2个公社。

1966年5月，乌当、花溪两个区合并组建贵阳市郊区，沙文公社、艳山红公社和白云镇属贵阳市郊区管辖。1967年3月，撤销贵阳市郊区，恢复乌当、花溪两个区，沙文公社、艳山红公社和白云镇复归乌当区管辖。

1973年，贵州铝厂等企业开始扩建。1973年6月7日，经贵州省革命委员会批准，恢复白云区建置，直属贵阳市领导，撤销白云镇，将沙文、艳山红两个公社划归白云区。沙文人民公社辖20个生产大队和1个综合农场，213个生产队，111个自然村寨。艳山红人民公社辖21个生产大队，149个生产队，88个自然村寨。

1975年5月，根据城镇建设需要，白云区设立大山洞、龚家寨、都拉营3个街道办事处，1979年7月，增设艳山红街道办事处。到2000年，4个办事处有45个居委会。

1980年，白云区将43个生产大队划为56个大队。艳山红人民公社辖26个大队，沙文人民公社辖30个大队。

1984年1月，撤社建乡。全区共建5个乡，56个行政村，273个村民组。将原艳山红人民公社分建为艳山红乡、麦架乡、都拉民族乡，并把原属沙文人民公社所辖的上水大队划归都拉民族乡，将原沙文人民公社分建为沙文乡、牛场乡。

1984年8月8日，省政府批复，撤销牛场乡，建立牛场布依族乡。

1988年6月18日，都拉民族乡由白云区人民政府更名为贵阳市白云区都拉布依族乡。

1993年，艳山红乡人民政府驻地搬迁至白云区大山洞尖山路，辖尖坡、刘庄、艳山红、鸡场、白云寺、大山洞、尖山、曹官、程官、摆拢、高山等11个村民委员会。

沙文乡人民政府驻沙文，辖沙文、凉水、斑竹、金甲、马墓、新寨、靛山、对门山、四方坡、扁山、蒙台、干田、苏庄、范家院、王家院、吊堡等16个村民委员会。

麦架乡人民政府驻大坝，辖摆茅、青山、小桥、新村、麦架、果园、高坡、马堰、下堰等9个村民委员会。

都拉民族乡人民政府驻都拉营，辖冷水、上水、小河、都拉、奔土、都溪、黑石头等7个村民委员会。

牛场布依族乡人民政府驻牛场，辖阿的所、蓬莱、牛场、大山、兴家田、石龙、瓦窑、大林、祁山、小山、黄官、落刀、红锦等13个村民委员会。

2002年9月29日，根据黔府函〔2002〕121号、122号、256号批复，白云区艳山红、麦架、沙文三乡撤乡建镇。

2004年6月，艳山红镇人民政府搬迁至龙井路。

2005年5月，区委、区人大、区政府、区政协及部分单位搬迁至位于南湖新区的白云区行政中心。

2011年6月30日，根据中共贵阳市委有关开展城市基层管理体制改革工作要求，白云区将原龚家寨街道办事处作为改革试点，撤销原龚家寨街道办事处，成立贵阳市白云区白沙关、贵阳市白云区铝兴2个新型社区服务中心。10月，经区政府批准，艳山红街道办事处居委会进行调整，组建新星、蓝天2个居委会。11月，艳山红街道办事处正式将金西、金华2个社区居委会移交金阳新区管委会管理。

2012年3月30日，撤销原艳山红、大山洞2个街道办事处，成立红云、大山洞、艳山红3个社区服务中心。9月13日，大山洞社区服务中心南山居委会、小河沟居委会、小山坝居委会、沙农居委会移交麦架镇管理。12月31日，撤销原都拉营街道办事处，成立都新社区服务中心。

（张艺严　徐炯明）

行政区划

【现行政区】　2012年，贵阳市白云区辖2乡3镇、6个社区服务中心，56个村民委员会、32个社区居委会。

艳山红镇辖尖坡、刘庄、高山、艳山红、大山洞、曹官、程关、鸡场、白云、尖山、摆拢村11个村和鸡场、南湖2个居民委员会。艳山红镇人民政府驻程官村，有14个居民小组和55个村民小组。

麦架镇辖麦架、小桥、新村、高坡、马堰、下堰、青山、果园、摆茅9个行政村和南山、小河沟、小山坝、沙农、大坝5个社区居委会。麦架镇人民政府驻麦架村。有8个居民小组和55个村民小组。

沙文镇辖沙文、凉水、班竹、扁山、对门山、范家院、蒙台、金甲、新寨、马墓、靛山、王家院、干田、苏庄、吊堡、四方坡16个村和1个沙子哨社区居民委员会。镇政府驻沙文村。有3个居民小组和83个村民小组。

都拉布依族乡辖都拉、小河、奔土、上水、冷水、都溪、黑石头7个村。都拉布依族乡政府驻都拉村。有31个村民小组。

牛场布依族乡辖牛场、阿所、蓬莱、大山、兴家田、石龙、瓦窑、大林、祁山、小山、黄官、落刀、红锦13个村。牛场布依族乡政府驻牛场村。有68个村民小组。

白沙关社区服务中心辖白沙关、塔山、龚中、龚西、龚北5个居委会。

铝兴社区服务中心辖金北、金东、铝兴、刘庄街4个居委会。

红云社区服务中心辖红云、新星、蓝天、天林4个居委会。

艳山红社区服务中心辖中航、迎宾、长山、长宁等4个居委会。

大山洞社区服务中心辖大山洞、同心、建安、云晖4个居委会。

都新社区服务中心辖广场、花园、铁路3个居委会。

（黄进宝）

人口

【人口状况】　截至2012年12月31日24时，白云区总户数56810户（同比增长470户，增长8‰），194771人。其中，男性98772人，占总人口数50.7%；女性95999人，占总人口数49.3%．总人口性别102.9。非农业人员121306人，占全区总人口

62.3%，非农人口同比减少5039人。农业人口72280人，占全区总人口37.7%，农业人口同比减少560人全区未落常住户口人员1185人。（周 敏 熊翠琳）

民 族

【民族工作概述】 2012年，全区民族工作紧紧围绕各民族“共同团结奋斗，共同繁荣发展”主题，正确处理和维护好“平等、团结、互助、和谐”社会主义民族关系，牢固树立“汉族离不开少数民族，少数民族离不开汉族，少数民族之间也相互离不开”思想，巩固和发展民族团结进步事业。全年，区民族事务局深入各社区和民族乡，组织干部职工开展民族政策法规知识培训5期，共计85人（次）；组织区民族事务局民族干部5人参加市委党校民族理论培训班学习，组织相关人员6人到中央民族干部学院参加民族政策法规、民族体育培训学习。中央、省、市三级民族资金到位186万元。其中，中央少数民族发展资金37万元、省级民族资金9万元、市级民族发展资金47万元，市级民族工作经费93万元。实施项目数38个，完成道路建设6条7.5千米，覆盖6个村，5400余人受益，补助少数民族贫困大学生13人，新扩建牛场布依族乡蓬莱村文化长廊、文化广场、房屋立面整治和安装路灯及铝兴社区服务中心生态文明建设创建，瓦窑村“六月六”歌台建设，开展民族文化进校园活动学校15所。（龙发明）

【民族文化】 1.蓬莱地戏。起源于宋末元初。蓬莱地戏以《杨家将》等历史故事为题材，杂以乡间吉语，且歌且舞，无需戏台，不择场地，可围地而跳。

正月十六日正式开演地戏，按照传统有下帖定期、点将起兵、绕案参神，开财门和扫寨等程序。之后是坐台表演。1993年7月24日，中央电视台《正大综艺》栏目组采访蓬莱地戏，并在该栏目播放。1995年2月19日，中央电视台《正大综艺》栏目连续3次播出蓬莱地戏，称“蓬莱地戏在某些方面可以说是京剧的前身，具有很高的学术研究价值，是难得的独特形态下的独特艺术。”

2005年，蓬莱村被贵阳市命名为“白云区牛场布依族乡蓬莱地戏传承基地。”

2.石龙抢鼓舞。苗族同胞中一种名为“抢鼓棒”芦笙舞。在场坝当中放置一面大鼓，由寨子里的寨老手举鼓棒击鼓，20余名青年男女身穿节日盛装，绕着鼓架围成2个圆圈，男子在内圈吹芦笙，女子则手持花巾或花束，围着吹芦笙小伙子随着芦笙的曲调翩翩起舞。击鼓人一边击鼓，一边做滑稽动作。吹芦笙小伙子围着鼓，边吹芦笙，边变换舞姿，其中1人吹着芦笙向击鼓人争抢鼓棒，击鼓人左右躲闪，避免鼓棒被抢走。当吹芦笙的人夺到鼓棒后，便将芦笙交给击鼓人，自己随即击鼓。吹芦笙，抢鼓棒，必须由吹芦笙者按顺序轮流抢夺，直到每个吹芦笙小伙子抢到1次鼓棒，整个芦笙舞才算结束。

石龙苗族抢鼓棒，曾于1990年被推荐参加贵州省芦笙表演大赛，获得最佳优秀节目奖。2005年，石龙村被贵阳市命名为“白云区牛场布依族乡抢鼓棒传承基地”。

3.摆拢花灯。一种苗族花灯，传承人王启荣（已故）。王家有1枚花型呈绿色的玉石花灯传承印章，印章刻字面5.4厘米见方，印章高4.5厘米，顶部呈梅花状，四面花瓣簇拥着1个花蕊，正中有7个小圆点，分别代表烧火老者、大幺妹、二幺妹、三幺妹、大唐二、二唐二、三唐二。印章上刻有“大明宣得”4个阳刻篆字。

花灯活动程序分为：正月初一开灯，初九亮灯，十五谢灯。初九至十五是玩灯高潮，在摆拢附近寨子从这家玩到那家。每一场花灯分为开财门、说春跑板、参神、唱调、收灯等程序，每一场约需两个小时。

摆拢花灯有50余种曲调，由王启荣保存的专门记载歌词的书，记载着祖上传承下来的各种花灯唱腔。

4.都溪“二月十五”跳场。与贵阳苗族“四月八”齐名，至今有300余年历史。场址原在距都溪村1.3千米的地方，周围是水田，中间有一个土山坡，面积约5000平方米。都溪苗族跳场，每隔3年接连举办3年，每年举办3天，之后移交给其他苗族村寨，3年之后又接着重新举行，苗家称为“跳3年，歇3年”。从农历二月十四至十六结束。

5.“四月八”。2012年农历“四月八”，贵阳市民宗委组织全市各区县市开展民族文化和体育赛事活动。白云区组织表演队伍在筑城广场参加表演，区苗学研究会组织100余苗族同胞参与。

6.簸罗戈“六月六”歌会。是牛场布依族乡每年六月初六在簸罗戈举办的布依族传统歌会。每年农历六月初六，附近数十个村寨的布依同胞都到簸罗戈参加对歌活动。2012年7月24日，“六月六”布依歌会暨“蓬莱仙界”新奇特现代农业观光月活动牛场布依族乡蓬莱展示园举行。

（罗春勇　梅贵英）

西普陀寺

宗　教

【概况】 全区境内宗教主要有佛教、道教、基督教、伊斯兰教、天主教，经批准设立的合法宗教活动场所主要有西普陀寺、金山寺、贵州基督教圣经学校，有宗教教职人员21人。全区14750余名信教群众，其中有佛教信徒11700余人、基督教信徒437人、天主教信徒268人。

（罗春勇）

【西普陀寺】 西普陀寺是一所观音菩萨道场，于2002年经贵州省人民政府批准恢复重建，位于贵阳市白云区云峰大道南湖公园龙井路。西普陀寺原名白云寺，始建于康熙六年（1667年），迄今已有300余年历史，系临济正宗破山门下西识清见大和尚开山道场。2005年秋，明慈藏青法师在相关部门大力支持和社会各界人士帮助下，动工恢复古寺。西普陀寺总规划面积39111.26平方米，总建筑面积19797.88平方米，投入资金2.3亿元。先后建成大雄宝殿、大悲宝殿、天王宝殿；牌楼、钟楼、鼓楼、藏经楼、贵宾楼、僧房、禅堂、素斋楼、方丈院。2012年，西普陀寺获贵阳市民族事务管理局颁发“达标和谐寺观教堂”称号。（西普陀寺）

【金山寺】 金山寺是1所尼众道场，位于沙文镇沙子哨西街50号。清光绪三十一年（1905年），来自四川省宇宁县出家修行的佛教徒王国衡（人称“王二和尚”）在羊尖坡开山建庙，得到信众响应，出力出资。2年后，寺庙建成，香火旺极一时。现重新修建的金山寺占地面积3890.60平方米，建筑面积1753.43平方米，由大雄宝殿、观音殿、韦驮殿、财神殿、弥勒佛像、流通处、斋堂、禅房、山门等组成。金山寺建筑独特，构思严谨，布局合理，依山而建，自成格局，既有佛家传统建筑特征，又有现代建筑风格。寺庙坐北向南，从寺庙旁拾级而上数十米可达羊尖坡顶。（金山寺）

【贵州基督教圣经学校】 贵州圣经学校位于麦架镇下堰村白云北路253号，占地8479平方米，拥有教学综合楼2867 平方米，其中教堂1000平方米。学校藏书 1.4万多册，其中宗教类9100册，文史哲类3500册，英文类900册，其他杂志类600册；有教职员工18人，其中教师14人（专职教师11人，外聘教师3人；14名任课教师中神学学士1名，神学本科8名，神学大专5名），职工4人，在校生140人。学校开设2类教学班：3年制神学专科班每届招收35人，开设课程有《语文》《英语》《中国历史》《旧约概论》《新约概论》《耶稣生平》《基本要道》《圣经通读》《摩西五经》《以赛亚书》《圣经文学》《约翰福音》《使徒行传》《罗马书》《启示录》等42门；1年制预科班有在校生35人。贵州圣经学校开办至今，先后毕业456位学生，获贵阳市民族事务管理局颁发“达标和谐寺观教堂”称号。（罗春勇）

贵阳欢乐世界——摩天轮

景区·景点

【贵阳欢乐世界】 2012年“贵阳欢乐世界动漫主题公园”更名为“贵阳欢乐世界”。贵阳欢乐世界有游艺游乐设施42项，其中大型国检设施13项，省检设施12项，免检设施17项。42项设施中高达108米的摩天轮、悬挂过山车吸引大量游客前往体验。（黄江红）

【白云蓬莱仙界·贵州省现代农业展示区通过国家3A级旅游景区认证】 2012年12月上旬，贵阳市旅游景区质量等级评定委员会正式批准白云蓬莱仙界·贵州省现代农业展示区为国家3A级旅游景区。展示区位于牛场布依族乡蓬莱村。景区面积1000余亩，地势相对平缓，交通便利，排灌方便。园区由“五园四基地四中心”组成。分别是农作物新品种展示园、特色果树品种展示园、特色植物品种展示园、精品茶品种与茶文化展示园、特色水产品种植展示园；农作物新品种试验基地、油研试验基地、综合开发基地；以及成果展示中心、交易

贵州省现代农业展示区

中心、科教培训中心、技术研发中心。（杨桂香）

【森林公园】 2月22日，《长坡岭国家森林公园总体规划》（修编）完成省级评审；都拉布依族乡黑石头村从长坡岭国家森林公园范围内调出，新增谷立景区，公园面积调整为19413.15亩。都溪天鹅湖森林公园（区国有林场），天鹅湖景区于2007年获AA级旅游景区称号，景区与林场实行1套人马2块牌子。景区经营面积3300亩，森林覆盖率75%，拥有百亩草坪、空中怪车、古驿道、观景台等景点。投入资金20万元修建380平方米游客中心，争取项目资金25万元，完成天鹅湖景区旅游步道水泥硬化。2012年8月18日，全国山地自行车赛在天鹅湖景区举行，景区开设长3800米、宽2.5米山地自行车赛道。水泥硬化断头路500米，完成景区道路两侧10米范围内景观改造，改造面积5万平方米。种植各种树木300多株，恢复天然草坪10000平方米。全年，森林公园接待游客5.38万人（次）。（黄江红）

【下水大佛】 位于都拉布依族乡上水村布郎湾，在公路旁有一似卵型的巨大岩石，犹如一形态自然，笑容可掬的大佛盘坐山巅。大佛头高16米，比四川乐山大佛高出12米。当地村民原称之为“桐油壶”。（杨桂香　徐炯明）

【云雾山】 位于牛场布依族乡，是白云区最高峰，有坡陡谷深、峰峦起伏、岩溶发育的特点，地貌多为山间峡谷，有漏斗、溶洞、洼地、峰林、岩溶泉井等。（杨桂香　徐炯明）

古迹

【永安桥】 位于沙文镇北2千米斑竹村210国道上，横跨斑竹

永安桥

河，南北走向。清嘉庆十三年（1808年）建，为单券单孔石拱桥，桥长10米，宽7米，高5米，矢高3米，孔径6米，保存完好。是连接210国道一座重要桥梁，至今仍在使用。1996年，贵阳市人民政府将其列为市级文物保护单位。（杨桂香　徐炯明）

【沈官桥】　位于麦架镇西南3千米新村村南100米处，明万历二十五年（1597年）建，为单伏3孔石桥，长27.5米，宽 5.4米，高5米，孔径7.3米，南北走向，横跨在麦架河上，至今能供人畜通行。桥西北面100米处公路旁小山丘上有建桥记事碑，原有碑冒，今不存。题额“南无阿弥陀佛”6字，碑文竖向楷书阴刻，因风雨侵蚀，除“万历丁酉仲冬修桥碑记”依稀可辨，其余多数已模糊不清。沈官桥历经400百余年，主体部分完好无损，是沈官堡以南人畜主要通道，也是明清时期贵阳进出水西（今黔西大方修文等地）古驿道桥梁之一。2003年，贵阳市人民政府将其列为市级文物保护单位。（杨桂香　徐炯明）

【都拉营盘】　位于都拉布依族乡都拉村屯山山顶。清同治十二年（1872年）当地寨长张国顺等倡议修建。营盘用毛石堆砌，南北各有一石门，均已垮塌，现仅存残墙300余米，高1.6米，墙厚1.8米。营盘内原有残碑1块，已丢失。1997年，贵阳市将其列为文物保护单位。（杨桂香　徐炯明）

【长坡岭古驿道】　位于长坡岭森林公园内，始建于元代，明初修整，沿途建立卫所，保证驿道畅通。驿道用大小不等的青石块铺砌而成，大的石块有1米多宽，厚20至40厘米；小的石块宽20至40厘米，厚10至20厘米。驿道宽1.5米，现存长约3千米路段保存完好。原为贵阳入川古驿道，在当时具有特殊意义，事关调兵遣将、行军作战、粮秣运输、情报通达、布宣号令、官员迎送、地方朝觐、物资交流、商旅交业、人口流动等军事、政治、交通、邮传、接待、商业等。2003年9月，贵阳市人民政府将其列为市级文物保护单位。

（杨桂香　徐炯明）

长坡岭古驿道

遗　址

【石人部落遗址】　建于五代十国。位于同心路口西南800米石人山。五代末期，乌蛮豪长罗氏主色攻入矩州，毁其城垣，改名黑羊箐，率部退驻石人山，号称石人部落。宋开宝八年（975年），水东宋景阳攻占黑羊箐，逐走罗氏。石人山约占地2平方千米，群山拱立如人，千姿百态。今辟为双人山公园。

（杨桂香　徐炯明）

【朱官堡遗址】　建于明代。位于麦架镇小桥村朱官村民组。系明洪武四年（1371年）贵州卫中千户所“四百户”屯兵治所。现址存有清乾隆四十二年（1777年）修筑的“永胜门”和清道光十四年（1834年）修筑的“德胜门”及修建碑记。两拱门各高3.5米，宽2.4米，

深3米。古街道及城门雕花基石完好。（杨桂香　徐炯明）

【马家寺古集镇遗址】　建于明代。位于麦架镇马堰村马堰寨。原名麦架下寨，明万历四十年（1612年）里人马文卿、马明卿兄弟于寨侧建马家寺，遂以寺名寨。明末清初，寨中马氏家族科甲崛起，李氏家庭继兴，由此走出南明东阁大学士马士英、云南布政使李如楠等文人官宦而享誉贵阳。清嘉庆年间，于此设立场市，子午日集市贸易，成为古集镇。马家寺内曾设有将军殿、金刚台，清咸丰、治同年间毁于何得胜黄号军士兵纵火。民国年间集市废散，民国三十七年（1948年）马家寺与下堰寨建马堰堡，而将马家寺雅化更名为马堰寨。现存有场坝、过街楼、街面石砌路等遗迹。（杨桂香　徐炯明）

【白云寺遗址】　建于清代。位于艳山红镇白云寺村白云寺寨。清康熙六年（1667年）始建，清雍正四年（1726年）、清道光二十三年（1843年）两度被毁，两度重建。寺毁于1958年，寺庙内化钱炉现存于沙文金山寺内。白云区因此寺而得名。（杨桂香　徐炯明）

古葬

【黄应龙墓】　土堆坟，占地30平方米。建于清代，位于牛场布依族乡西南2.2千米黄家山。黄应龙，字大坤，河南省汤阴知县，授文林郎，清康熙五十七年（1718年）卒，葬于此。墓碑高1.7米，宽0.62米。碑首饰腾龙图案，镌有“敕命之宝”篆体钤印一方。墓已被盗挖。（杨桂香　徐炯明）

【赵德光墓】　建于清代。位于麦架镇青山村潮水河寨北朱官大坡山麓胸口窝。赵德光，字辉堂，贵州郎岱人，清军著名将领。原姓张，从副将赵德昌转战云南，故冒姓赵氏。因战功卓著，由士卒历任千总、都司、游击、副将、古州镇总兵。常率部奔袭赴援，在军中享有“铁脚板”之誉。后拔补千总，擢都司。清咸丰十年（1860年），擢参将，赐号豪勇巴图鲁。清同治六年（1867年）七月，在贵州安平县境芦荻哨与农民起义军交战中阵亡，同治皇帝诏依提督阵亡赐恤，赠太子太保，授予谥号“刚节”，建专祠。阵亡后移葬于此。土堆坟，未立碑记。墓曾被人盗挖。遗腹子秉钧，袭世职，复姓张氏。（杨桂香　徐炯明）

【华联辉墓】　建于清代。位于沙文镇范家院村蒙台团坡。华联辉，字柽坞，贵州遵义人，清末贵州盐业巨商。清光绪元年（1875年）举人，清光绪三年（1877年）应四川总督丁宝桢之邀入川改革盐政，授特用知府，后还乡经营盐业，并在仁怀茅台镇开办“成义酒房”，生产茅台酒。子华之鸿继承其业，成为近代贵州工商业巨子。清光绪十一年（1885年）正月初九日卒葬于此。土堆坟，墓前竖有石碑一块，碑高1.74米，宽0.86米，厚0.16米。镌刻“清故四川特用知府华公柽坞徵君之墓”，碑阴刻有其子华之鸿所撰文字“148字”。墓被盗，出土墓土铭1方。墓碑及墓志铭由区文化馆收藏。（杨桂香　徐炯明）

【袁思韠墓】　建于清代。位于艳山红镇曹官村新堡寨西北600米。袁思韠，字锡巨，修文人，清末著名书法家、诗人。清光绪十四年（1888年）卒于广西，与夫人杨氏合葬于此。土堆坟，碑高2.45米，宽1.1米。碑石镌刻“清故盐运使衡、广西补用知府袁公暨原配杨淑人茔”，碑阴镌刻有袁氏夫妇的简要生平。墓多次被盗，碑石被盗墓被捣毁。（杨桂香　徐炯明）

【革命烈士陵园】　位于白云公园东南隅，占地1400平方米，主体由纪念碑、墓台、纪念台组成。纪念碑高11.30米，象征白云区1949年11月30日解放。碑身用黑色大理石饰面，正面镌刻“革命烈士永垂不朽”八个大字，背镌碑铭。碑顶为人民子弟兵群像雕塑。墓台长13米，宽40米，所葬15位烈士忠骨均于1987年3月由鸡场、沙文等地迁入。（杨桂香　徐炯明）

碑碣

【封山告示碑】　刻于清代。位于

艳山红镇思夯寨，清道光十五年（1835年）立。碑高1.44米，宽0.69米，文载贵筑县衙签署的"禁止开山取石"布告。（杨桂香　徐炯明）

【凤凰哨石雕】　刻于清代。位于都拉乡西南5千米凤凰哨原川黔古道旁。现存石虎2只，石牛1头，石马2匹，大小如实物。立于一女性墓前，清同治二年（1863年）修建。（杨桂香　徐炯明）

【南八契约碑 】　刻于清代。位于沙文镇苏庄村南八寨，白沙公路边。清光绪十七年（1891年）立。碑高1.46米，宽0.62米，额题"永垂千古"。竖向阴刻，石碑记有村规民约等内容，共558个字，碑存完好。（杨桂香　徐炯明）

【簸罗戈议事碑】　刻于清代。位于牛场乡瓦窑村。清光绪二十九年（1903年）立。碑高0.9米，宽0.54米，额题"永垂千古"4个大字。碑文载寨民"禾把"议事决议。碑已被村民铺作水井底石。（杨桂香　徐炯明）

【大林生态保护碑】　刻于清光绪年间。系大林村赵氏祖先为保护本寨周围山林不被乱砍滥伐而立。碑现存于该村一村民自留地中。（杨桂香　徐炯明）

其他名胜古迹

【黑石头营盘】　建于清代。位于都拉布依族乡黑石头村北800米处，占地约6200平方米。清咸丰六年（1656）12月，黄号军潘明杰、何行一联军于此大败清军贵州提督赵德昌部，进逼贵阳城。现仅存墙垣、壕沟。

（杨桂香　徐炯明）

【马龙洞营盘】　建于清代。位于都拉布依族乡南4.5千米马龙洞处。营盘依自然溶洞及悬崖地势而建，占地600平方米，有一门进出。墙垣尚存。（杨桂香　徐炯明）

【上水营盘】　建于清代。位于都拉乡上水村东800主米处。占地6600平方米，毛石堆砌，有一门进出。墙垣尚存。（杨桂香　徐炯明）

【轿子山营盘】　建于清代。位于都拉乡下水小寨西南500米处。占地5560平方米，毛石修筑，西南两面有进出口。墙垣沿存。（杨桂香　徐炯明）

【水淹坝营盘】　建于清末。位于沙文镇北面3千米水淹坝处。清宣统元年（1909年）建，占地8330平方米。墙垣高6米，厚1.2米。东西两面有石拱门洞，门额刻"保持公安""升平共乐"等字。（杨桂香　徐炯明）

【屯上营盘】　建于清代。位于牛场布依族乡政府所在地南面1千米处。清道光十五年（1838年）建，现存墙垣400米。营盘内祖师殿遗址尚存。有建寺原告记。（杨桂香　徐炯明）

桥　梁

【麦架桥】　又称麦稼桥，位于麦架河上。长20余米，宽6余米，为3孔石拱桥。弘治《贵州图经新志》记载："麦架桥在治城北30里，水西之道所经，宣慰安观建。"安观于明化年间（1465~1487年）袭宣慰使职，桥当建于其时，为水西古驿道上贵州土司修建"前十桥"之一。民国27年（1938年）修建公路时，将桥之石料移至距桥以上300米处，另建新桥，仍名麦架桥，旧桥遗址尚存。（杨桂香　徐炯明）

【金甲桥】　建于清代。位于沙文镇北面金甲村石碓坡，清康熙三十三年（1694年）里人柴大用倡建。单伏双孔拱桥，长20米，宽3.6米，高4.5米。现桥主体完好。（杨桂香　徐炯明）

【下水大小桥】　建于清代。位于都拉布依族乡下水寨，两桥相距300米。大桥建于清乾隆十八年（1753年），长20米，宽4.2米，高6.3米，横跨沙老河上。现大桥已被洪水冲毁。小桥建于清乾隆五十年（1785年），长6米，宽 2.3米，横跨寨前小溪，均有建桥碑记，桥主体完好。（杨桂香　徐炯明）

国民经济与社会发展

【国民经济运行情况】　2012

年，全区生产总值完成101.86亿元，同比增长18.1%。一产增加值完成3.22亿元，同比增长9.5%；二产增加值完成57.13亿元，同比增长19.9%；三产增加值完成41.5亿元，同比增长16.1%。财政总收入完成15.93亿元，同比增长22.42%；公共财政预算收入完成8.96亿元，同比增长38.5%；公共财政预算支出13.13亿元，同比增长41.3%。金融机构存贷款余额分别达205.12亿元、218.38亿元，同比增长31.7%、29.8%。城镇居民可支配收入21796元，同比增长12.39%；农民人均纯收入达10256元，同比增长15.4%。城镇新增就业人数12471人，同比增长101.2%，城镇登记失业率3.19%。人口自然增长率、单位生产总值能耗和主要污染物排放量控制在省、市下达目标内。

1.以项目建设为抓手，努力扩大固定资产投资，经济发展后劲不断增强。全区实施投资1000万元以上项目160个，开工建设145个，开工率达90%。35个区级重点项目开工33个，建成16个，完成投资63.43亿元。其中，省（市）18个重大工程和重点项目建成9个，完成投资54.92亿元。全区完成全社会固定资产投资218.83亿元，同比增长60.9%。

2.以新型工业化为抓手，加快转型发展步伐，产业结构进一步优化。全区规模以上工业总产值完成260.35亿元，同比增长23.2%。规模以上工业增加值完成51.5亿元，同比增长24.6%。工业增加值能耗下降5.6%，规模工业企业万元产值能耗下降8%，工业固体废弃物综合利用量提高10%。

3.以发展现代服务业为抓手，促进商贸旅游品质升级，加快富民强区步伐。全年全区社会消费品零售总额完成27亿元，同比增长18.2%。旅游总收入达31.98亿元，同比增长62.9%。全年28个重点房开项目开工建设面积133.7万平方米，完成投资37.5亿元，销售面积50.2万平方米，成交金额20.9亿元。

4.以保护生态环境为抓手，大力加强农业基础设施建设，农业农村工作取得新成效。年内先后完成牛场布依族乡蓬莱村、新家田村、大山村、兰家山村人工湿地工程建设，启动北郊水库二级水源保护区生活污水分散处理工程，完成都拉布依族乡小河村、上水村生活污水治理工程。全年完成营造林30189.5亩，全区森林覆盖率39.22%、建成区绿化覆盖率38.24%、绿地率36.24%，人均公共绿地11.43平方米，环境质量综合指数达87.7。牛场布依族乡黄官村基本农田建设项目，完成51.39平方千米范围内小流域石漠化治理。新注册登记合作社10家，全区现有农民专业合作社33家。支持贵州海曼、贵州聚特等农业产业化龙头企业加快发展，带动全区食用菌规模化生产，“贵州省现代农业展示区”“聚特灰树花”“海曼杏鲍菇”成为现代农业走向全市、全省乃至全国的“特色名片”，初步形成食用菌产业带。全年食用菌生产3005万袋，蔬菜播种面积7.41万亩次，完成“三环”内退粮进经果树改种工程，实现农业产值3.76亿元。

5.以民生工程为抓手，逐步完善社会保障体系，促进社会和谐。全年全区教育经费支出4.26亿元，同比增长38.04%。加快白云职业技术学校、白云六中教学楼等学校校舍改扩建工程，建成校舍面积5.8万平方米。完成城乡统筹就业22392人，其中城镇新增就业20187人，农村劳动力转移就业2745人，“零就业家庭”保持动态为零，城镇登记失业率3.19%。社会保障机制不断完善，养老保险、失业保险、医疗保险、工伤保险、生育保险、城镇居民医疗保险分别扩面4689人、4372人、4514人、7165人、3949人和12707人。推进保障性住房建设，完成麦架镇、沙文镇、艳山红镇、沙子哨监狱、七冶大坝廉租房项目建设5个1064套5.32万平方米，全区2357户家庭享受住房保障。（黄久林）

【重点项目建设】 2012年，全区安排35个项目作为重点建设项目，区委、区政府为此成立重点项目包保领导小组和重大项目指挥部，将重点项目分解到区委、区政府副县级以上领导，对每个项目倒排工期，推动相关工作开展。全年重点项目完成投资63.43亿元，开工项目33个，开工率94.29%，项目累计完成投资111.5亿元。其中，列为省、市重大工程和重点项目18个，重点项目年内完成投资54.92亿元。

工业方面，23个在建项目加快建设，总投资达60亿元。在铝及铝加工基地带动下，铝及铝加工产业延伸实现重大突破，形成粗加工铝原料发展到高强度铝合金、铝板带、铝轮毂等精深加工产业链，铝工业实现产值157亿元，占全区规模工业总产值58%。贵阳综合保税区经国务院批转到海关总署办理，一期开工建设9个项目。贵州省环保产业园边规划、边建设、边招商，入驻年产40万吨燕京啤酒、贵州拜特制药生产基地、美国岱高汽车橡胶制品等重点企业。

第三产业方面，加快旅游项目建设，完成蓬莱仙界66平方千米旅游规划，被评为国家3A级旅游景区。

农业方面，贵州省现代农业展示区基础设施不断完善，7家企业入驻园区，获“全省旅游观光农业产业化扶贫实训基地”“全国休闲农业与乡村旅游示范点”称号。食用菌产业园、蔬菜基地等特色现代产业项目加快建设。完成罗格凼水库除险加固、牛场布依族乡兰家山拦河坝工程。新建、提升、改造节水灌溉项目2个、山塘6座、饮水工程5处、提灌站更新7站。

2012年，全区申报项目178个，其中立项98个，备案76个，核准4个。实施投资1000万元以上项目160个，开工145个，开工率90%。争取上级各类项目资金2.4亿元。年产40万吨燕京啤酒、贵州拜特制药生产基地、美国岱高汽车橡胶制品、贵州金平果铝棒等重点项目快速推进，铝城铝业电解铝废料无害化处理、娃哈哈技改扩能四期、新疆广汇工业能源天然气LNG项目、赛诺管业新建生产基地、贵州华科、贵州金龙铜铝、贵州合润等一批投资亿元以上项目提前实现点火投产，贵州中铝首台冶炼炉提前半年实现点火。建成标准厂房5万平方米，投入使用2万平方米，引进世界500强企业荷兰（皇家）飞利浦LED生产基地入驻。成功承办2012年全国有色金属加工行业技术进步产业升级大会暨贵州省有色金属加工产业发展研讨会和全省第二轮第一次项目建设现场观摩会。完成大人山广场新建、大人山公园品质提升和周边环境整治，完成七彩湖上下游排污沟治理、51.39平方千米小流域石漠化治理、艳山红农贸市场周边下水道管网改造等项目；加快推进白云配水管网改造、污水处理厂二期工程、北郊水库二级水源保护区生污水分散处理等工程。（童传贵）

【中央预算内项目】 2012年，区发改局争取到中央预算内资金扶持项目28个，获中央预算内投资6136.94万元。其中，农业项目9个，获中央扶持资金1392.94万元；社会发展项目8个，获中央扶持资金1574万元；工业项目9个，获中央扶持资金670万元；城市基础设施建设项目1个，获中央资金2500万元。（周友林）

精神文明建设

【公民道德建设】 2012年，全区以提升文明素质为目标，以弘扬传统美德为主题，开展“做文明有礼白云人”“三月公民道德宣传月”“迎十八大、讲文明、树新风”“道德讲堂”“学雷锋”志愿服务、“畅通工程”市民文明交通宣传教育、“文明祭祀”“身边好人”评选及“中国好人榜”投票等活动。

同时，全区加强社会公德、职业道德、家庭美德、个人品德宣传，开展“3·5”学雷锋日，“3·15”消费者日、排队日、让座日、步行日等集中示范活动，形成知荣辱、讲正气、作奉献、促和谐良好风尚。

为搭建公民道德建设基础平台，全区成立102个道德讲堂和32支学雷锋“绿丝带”志愿者服务队。4月16日，首场“道德讲堂”活动在区图书馆开讲，标志全区首场“道德讲堂”活动启动。（施尚俊　甘孝伟）

【群众性精神文明建设活动】 2012年，全区以背街小巷、城乡结合部、小区院落综合整治为重点，打造3个文明示范小区（红云社区华颐春天小区、艳山红社区泰和花园小区、大山洞社区七彩湖小区）、改造提升3个文明示范村寨（麦架镇果园村、牛场布依族乡蓬莱村、阿所村）。

同时，把农民文化家园建设和改善农村生产生活基础设施有机地结合起来，分别补助牛场布依族乡瓦窑村、沙文镇金甲村、艳山红镇摆拢村3万元，用于农民文化家园硬件建设，艳山红镇摆拢村自筹资金10万元修建村民活动广场及配置文化宣传栏、篮球场、健身器材及电脑等设备。

按照中央文明办统一部署，推动全区教育文化事业发展。白云区获中央文明办、教育部、文化部赠“绿色电脑进西部”40台，并分别配发到红云社区服务中心文化站、铝兴社区服务中心文化站、沙农居委会文化站、都拉布依族乡都溪小学和黑石头小学。周瑶等6名学生获得“西部助学工程”和“文明贵州助学工程”资助3万元。

（施尚俊　甘孝伟）

【未成年人思想道德建设】

2012年，白云区在精神文明建设中，采取5项措施深化未成年人思想道德建设。创新活动载体。先后开展“欢乐暑期”“文明贵阳”优秀童谣征集、“做一个有道德的人”“祖国好·家乡美”“网上祭英烈”“地球一小时”“讲三德做三好”“全民国防教育日”“酷中国项目—低碳小管家”等系列主题实践活动，激发未成年人爱祖国、爱家乡情怀，引导未成年人养成讲文明、懂礼仪的良好行为习惯。

净化社会环境。加强与公安、工商、城管、各街道办事处等“扫黄打非”成员单位联系，相互协作、配合，形成联动机制；加强对营业性歌舞厅、娱乐场所、电子游戏厅、音像等社会文化场所管理，优化校园周边环境，为未成年人营造良好社会人文环境。

强化阵地建设。全区建成18所乡村少年宫和1所城市学校少年宫，白云三小被列为贵阳市2012年市级乡村学校少年宫示范点、白云二小被贵阳市精神文明建设办命名为2012年城市学校少年宫。各少年宫广泛开展“做一个有道德的人”“国学经典诵读”等主题实践活动，帮助孩子们养成良好习惯，提高人文素养。

健全体制机制。区文明办印发《白云区开展道德领域突出问题专项教育和治理活动的实施方案》，成立道德领域突出问题专项教育和治理活动“绿丝带”志愿巡查队，开展专项教育和治理活动；制定《白云区诚信体系建设方案》《关于进一步促进全区社区服务中心做好困难家庭流动人口家庭未成年人子女关爱帮扶工作的指导意见（试行）的通知》，抓好抓实诚信体系建设及未成年人关爱帮扶工作。

加大宣传力度。利用电视、报纸优势，宣传未成年人思想道德建设工作。（施尚俊）

【强力推进整脏治乱专项行动】

白云区2012年一季度“整脏治乱”行动获全市第二名，第二季度“整脏治乱”“满意在贵州”活动获全市第一，第三季度获全市第二名、第四季度获全市第一名。

1.制定方案、落实责任、分解目标。区文明办制定并实施《白云区2012年“整脏治乱”专项行动实施方案》《白云区2012年“满意在贵州”实施方案》《白云区全国文明城市环境卫生和交通秩序督促检查考核实施细则》《2012年度白云区国家卫生城市长效管理目标责任书》《白云区“门前三包”管理办法》，全区23家“整脏治乱”责任单位纳入区全国文明城市环境卫生和交通秩序长效管理被检单位，进行每季度检查排名。

2.找准载体，一手抓宣传、一手抓整治。区文明办以“三下乡”、公民道德月等主题活动和迎接中央文明办文明城市指数测评工作为载体，坚持一手抓宣传：制作“整脏治乱”宣传册5500份、果盘3200个、铁撮箕900个、环保袋10000个、暖手袋1800个及T恤等宣传品，提高群众知晓率和满意度；一手抓整治：开展非法运营和车辆乱停、门前三包、公路沿线环境卫生、城郊结合部环境卫生、在建工地、窗口行业形象等专项整治，以“整脏治乱”提升城市形象和市民素质。全年，开展日常督查

180余次，发现问题127个，下发《“整脏治乱”专项行动整改令》78张。

3.以提高各类窗口行业公共服务水平和质量为目标，深入开展“满意在贵州·白云在行动”主题活动，树立窗口行业管理规范。重点抓好交通、旅游、卫生、商务、金融、通信、政务服务中心等窗口行业职业道德建设，倡导文明言行、践行文明礼仪，优化公共秩序、公共环境和公共服务，重点解决设施不完备、环境脏乱、服务态度差、办事效率低、服务不规范等突出问题。（施尚俊）

【“绿丝带”志愿者服务】2012年，为拓宽志愿服务领域，白云区在市级以上文明单位和各社区服务中心、乡（镇）率先成立学雷锋“绿丝带”志愿服务队，广泛深入开展“绿丝带”志愿服务活动，宣传和倡导“尽己所能、不计报酬、帮助他人、服务社会”志愿服务精神。全年举办专场演出5场，组建32支学雷锋“绿丝带”志愿者服务队。“绿丝带”志愿者在爱国卫生宣传活动中向市民宣扬爱卫知识，倡导文明礼仪，发放张贴海报5000余份。为进一步巩固全国文明城市和国家卫生城市创建成果，发挥志愿者模范带头作用，“绿丝带”志愿者开展劝阻不文明行为行动100余次。

（施尚俊　甘孝伟）

白云经济开发区

【概况】2012年，白云经济开发区生产总值（GDP）完成120亿元，同比增长20%。工业增加值完成63.8亿元，同比增长22%；完成固定资产投入255.6亿元，同比增长78.49%；营业总收入234亿元，同比增长26.07%；新引进投资1000万元以上项目328个，完成招商引资市外内资资金到位157.03亿元，省外内资到位资金154.6亿元，同比增长84.09%；实际利用外资4485万美元，同比增长89.2%。完成工业总产值270亿元，同比增长26.17%；全区规模以上工业企业数127家，同比增长15.45%。实现财政总收入17.33亿元，同比增长33.21%。其中，税收收入14.75亿元，同比增长18%；全区直接或间接进出口总额16826万美元，同比增长68.21%。其中，进口7594万美元，出口9232万美元。先后引进香港俊发地产集团、重庆大川集团等对黑石头片区、白金片区进行投资开发，并实现项目当年引进当年开工建设。引进世界500强企业荷兰皇家飞利浦电子公司LED灯具生产项目和中信集团健康产业项目，国内500强企业杭州娃哈哈5期（八宝粥、启力饮料）生产项目、新疆广汇天然气生产项目、北京燕京啤酒年产40万吨生产基地建设项目和中石化集团（重庆华油天然气公司）企业。开发区升级为国家级开发区工作进一步推进。在省商务厅指导和支持下，白云开发区积极开展调位升级工作，完成开发区18.86平方千米调位，为开发区实现可持续发展提供发展空间。金苏大道产城互动带、新210国道产城互动带、青山大道产城互动带、都拉产城互动带、蓬莱产城互动带五大产城互动带进入开发建设高潮。白云经济开发区获全省千亿级开发区综合评价第一名和经济总量、综合效益、创新能力第一名；主要经济指标增量第二名。（蔡婷婷）

【土地储备】2012年，区土储中心完成68个项目土地收储，预拨2.5亿元用于项目土地、房屋征收调查，对已取得用地手续项目拨付征收及开发成本5.5亿元。配合区国土分局完成22个地块收储挂牌。开展92宗地块土地成本核算，其中已挂牌出让地块1726.68亩。缴纳耕地占用税6200万元。12月编制完成《白云区2013—2020年近期、中期、远期土地储备规划》。（黄小姣）

【土地融资】2012年5月，白云区土储中心与国家开发银行贵州省分行合作，争取贷款资金8亿元并提取4.5亿元，用于“三路三园三片”建设。8月，与贵阳银行白云支行合作，取得贷款资金1.6亿，用于白云铝及铝加工园区内项目土地房屋征收。

（黄小姣）

白云铝及铝加工基地

【概况】 白云区铝及铝加工基地是中共贵阳市委、市人民政府规划建设的10个产业园区之一，省级一类工业园区培育区，是白云区“三路三片三园”开发建设重点项目之一。基地地处白云片区东北部，规划总面积12922.05亩，在贵阳市“三环十六射”骨架路网中，交通和区位优势明显，实现白云片区工业与贵阳高新沙文生态科技产业园相连，是贵阳市产业布局乃至黔中产业带布局中重要组成部分。园区依托中国铝业贵州分公司、贵州铝厂等龙头企业，以高新技术产业为核心，以铝及铝加工产业为重点，规模化发展高端铝及铝合金坯锭、新型高强度铸造铝合金材料、铝板带材箔、汽车轮毂等产业，形成产业集群。2012年，基地深入实施“工业强省”战略，突出“转型、升级、提速”的主题，提升服务质量，奋力推进园区建设。铝兴路、排洪大沟、南海路全面完成，“一横两纵”路网基本形成，提前1年实现“七通一平”。

1.全年，基地累计完成工业总产值112.90亿元，同比增长23%；完成固定资产投资68.12亿元，同比增长91.8%，其中完成基础设施投资26.94亿元，完成产业项目投资41.17亿元。完成融资15.01亿元。

2.基地设施趋于完善。铝兴路、排洪大沟、南海路A段于6月全面完成，南海路B段总工程量完成91%，云环中路主路于年底建成通车。电力建设完成110千伏鸡斑线7—16号及鸡五Ⅱ回83—86号电力线路迁改，完成10千伏云庄线延伸供电，保障先期试产企业生产用电和在建企业临时施工用电，刘庄变电站项目于12月开工建设。储备容量为150万立方米的燃气站，建成并投入使用。

3.产业项目快速推进。截至年底，基地入驻企业21家。铝城铝业、赛诺管业、金苹果铝棒等企业于年内相继点火投产。贵州中铝铝业15万吨铝板带、华科高性能铝合金、永吉印务、众飞科技、合润铝扁管、贵州金龙铜铝业、今飞轮毂、金苹果铝棒、煜兴车轮、贵州远隆等10家企业建成投产，新增产值47亿元以上。

4.完成多项招商参展等活动。3月28日至31日，基地组团参加“中国·重庆第十二届金属冶金展览会”推介铝及铝加工基地建设。6月17日，迎接“全省项目建设现场观摩会”的参会嘉宾，并展示园区建设推进情况。7月28日至8月3日，参加“贵阳市10大工业园区建设成果展暨项目推介会”。9月18日至22日，接待参加“全国有色金属加工工业行业技术进步产业升级大会暨贵州省有色金属加工产业发展研讨会”的嘉宾到基地参观。

（杨正春）

白云铝及铝加工基地展示厅

【创建党建特色工作“帐篷精神”】 2012年，园区党委以基层组织建设年活动为契机，逐步完善园区党员活动中心配套设施，设立图书室、电子阅览室、党员培训中心、户外篮球场、室内乒乓球场等文化娱乐休闲设施。逐步探索并最终确立“帐篷精神”作为推进基层组织建设年

贵阳国家高新区沙文生态科技产业园内正在建设的贵州科学院高新技术产业创新基地

活动的载体和党建品牌，通过组建“帐篷干部”入驻项目，推动园区建设发展高效运转，“帐篷精神”得到时任省委副书记的陈敏尔副书记的亲笔批示和赞扬。全年，共组建党支部8个，党小组3个，党员人数92人，基层党组织架构基本形成。党委下派党建指导员10人，针对性地指导非公有制企业党组织开展工作，加强园区党建规范化建设，推进党建工作理论创新和实践创新，得到省市组织部门及领导肯定。园区党委获得市级创先争优先进基层党组织称号，“帐篷精神”和“背包精神”被评为贵阳市组织工作“十佳”特色工作之一。

（杨正春）

贵阳国家高新区沙文生态科技产业园

【概况】 贵阳国家高新区沙文生态科技产业园属贵州省一类工业园区，国家新型工业化产业示范基地，贵阳市十大工业园区之一。园区位于贵阳城区北部，处于贵阳“三环十六射”环城路网的核心位置，市域快速铁路贯穿其中，交通便捷。园区以新能源新材料、高端装备制造、生物医药、软件与信息、光电产业五大产业为主导，打造贵阳国家高新区“产业聚集圈”。至2012年底，已引进并集聚中电振华、中航工业、顺络电子、皓天光电、贵州科学院、贵州科技城、国检中心等一批重大产业项目和公共服务平台。园区配套日臻完善，建有城市综合体“绿地·新都会”及职工公寓、便利中心等，被国家工信部评为“国家新型工业化产业示范基地”。

（石传斌）

党政机关

GUI YANG BAI YUN
NIAN JIAN 2013

中国共产党白云区委员会

综 述

【概况】 2012年，白云区委坚持以科学发展观为指导，全面贯彻落实中央精神和省、市一系列决策部署，紧扣“两加一推”主基调，沿着“坚持走科学发展路，加快建生态文明市”总路径，抢抓〔国发〕2号文件历史机遇，锐意进取、扎实苦干，经济、政治、文化、社会、生态文明和党的建设取得新成绩。

全面学习贯彻党的十八大和省、市党代会精神。党的十八大和省第十一次党代会、市第九次党代会召开后，区委把学习、宣传、贯彻会议精神作为首要政治任务来抓，精心组织、周密安排、及时部署。通过召开区委中心组学习会、举办培训班、组织宣讲会、开设专栏、开展群众主题文化活动等多种形式，全区掀起学习贯彻热潮。在做好“基本”功课的同时，努力做好创新文章、创新阵地。组成由区领导领衔的“讲、访、帮、促”服务队，以“摆家常”方式，深入田间地头、生产一线、建设工地、学校课堂、园区党建活动室，讲精神、访民情、办实事；创新主体。将先进人物、老党员、老上访户、网格管理员、优秀企业家等群体纳入宣讲主体，提高宣讲针对性；创新形式。通过各种文艺节目和文学作品宣传十八大精神，树立高度文化自觉和文化自信。认真落实省、市部署，要求全区所有单位以“十破十立”为主题开好民主生活会，要求领导干部逐一认真对照检查，查找差距和不足，实现思想观念和思维方式新突破、工作作风和工作方法新转变、工作能力和工作成效新提高。

按照市委统一部署，区环保局、区林绿局进行整合，组建生态文明建设局，并将区精神文明办、区发改局、区工信局、区住建局等涉及生态文明建设相关职责划转并入。生态文明建设局作为区政府工作部门，负责全区生态文明建设统筹规划、组织协调和督促检查等工作，增强生态文明建设整体性、系统性。

抢抓机遇，经济持续较快增长。抓住经济建设这个中心不动摇，着力破解难题，奋力抢抓机遇，全力加快发展，经济发展呈现出速度加快、位次前移的局面。

1.综合实力持续增强。2012年，全年地区生产总值完成101.86亿元，增长18.1%。其中，一产增加值完成3.22亿元，增长9.5%；二产增加值完成57.13亿元，增长19.9%；三产增加值完成41.5亿元，增长16.1%。财政总收入完成15.93亿元，增长22.42%；公共财政预算收入完成8.96亿元，增长38.5%；公共财政预算支出13.13亿元，增长41.3%。金融机构存贷款余额分别达205.12亿元、218.38亿元，增长31.7%、29.8%。城镇居民可支配收入21796元，增长12.39%；农民人均纯收入达10256元，增长15.4%。

2.经济结构不断优化。工业加快转型。推进铝及铝加工基地和沙文生态科技产业园、贵州省环保生态产业园、贵阳综合保税区建设，园区产业承接力不断提升。铝及铝加工基地和沙文生态科技产业园在建项目53个，总投资400亿元，贵州省环保生态产业园已与省环保厅签署合作共建协议，贵阳综合保税区在海关总署支持下申建并获得优惠政策。引进燕京啤酒、美国岱高、拜特药业、贵州泉等一批国内外知名企业落户，铝城铝业、娃哈哈4期、新疆广汇、赛诺管业等一批投资达亿元以上工业项目点火投产。规模以上工业总产值270亿元，同比增长26%；规模以上工业增加值51亿元，同比增长27%。新增规模以上工业企业24家，总数达127家。服务业做大做强。强力推进贵州黔龙中润物流建材城、浙江紫衫集团北部新城CBD及轻工产品生态展示中心、西部化工（仓储）物流配送中心、合力购物配送中心等一批大型专业批发市场和物流项目加快建设，四通八达的商贸流通服务体系逐步形成。依托牛场“蓬莱仙界”乡村旅游、贵阳欢乐世界、西普陀寺等资源，全力加快旅游业发展。农业健康发展。以贵州省现代农业展示区为龙头，大力发展高效特色现代农业，成功举办新奇特现代农业观光月和新奇特农产品推介会、奇瓜异果拍卖会等活动，农业现代化水平不断提升；加快推进贵州省食用菌产业示范园（白云园区）建设，贵州海曼、贵州高山、贵州贵食源等食用菌企业入驻，食用菌产业快速发展；完成罗格肉水库除险加固主体工程、冬修水利建设工程，修复渠道防渗28.9千米，解决2.25万人饮水安全问题，农田水利建设全面加强。落实惠农政策，实现脱贫5700人。强化农村富余劳动力培训，实现转移就业2141人，新增6个农民专业合作社，缓解农产品销售难问题，农民增收渠道进一步拓宽。

3.项目建设快速推进。“背包干部”入驻项目和园区，对新落地企业搭建帐篷搞服务，对厂房竣工企业打起背包搞服务，与企业一道“大雨小干，小雨大干，无雨拼命干”，缩短项目和园区建设时限，得到省委副书记陈敏尔充分肯定并批示。全区投资1000万元以上项目160个，开工建设145个。列入省、市35个重点项目，实现开工建设31个。

4.城乡建设展现新貌。城乡规划实现全覆盖。高起点、高水平地谋划城市发展布局，即将完成《贵阳市白云区控制性详细规划》最终成果，编制完成《黑石头片区控制性详细规划》和《贵阳白金片区一期开发范围修建性详细规划》。城市功能进一步完善。新210国道、麦沙大道一、二标段加快推进，云环中路、南湖东路建成通车，路网结构更趋合理；黑石头片区、程官摆拢片区、白金片区建设全面推进，完成龚家寨污水提升站、艳山红农贸市场周边下水道管网改造工程等建设，区委党校、污水处理厂2期、七彩湖上下游排污沟等项目快速推进。城乡环境进一步提升。投入2000余万元对城区市容市貌进行全面整治提升，不断巩固提升创卫成果。牛场布依族乡示范小城镇建设、3个文明村寨整治和3个文明社区建设工作有序开展。

5.高新白云深度融合。认真贯彻市委、市政府决策部署，切实发挥“上合下分”体制优势，继续沿着“融合·共赢”路径向前迈进。通过开展巡回法庭进园区、检务进园区、警务进园区、法制宣传进园区、治安防范进园区、矛盾纠纷排查进园区和维稳信访进园区等“七进园区”活动，做好社会治安、征地拆迁、化解矛盾、维护稳定等工作，发挥“大后方”作用，高新区沙文园区建设。出台《高新区党工委、中共白云区委关于推动新型工业文化大发展大繁荣的实施意见》，大力推动两区新型工业文化融合发展；两区与省环保厅签署合作共建协议，共同打造贵州省环保生态产业园区；两区共同协作，完成全省第二轮第一次项目建设现场观摩会各项任务，得到省、市领导肯定；两区合力举办2012年全国有色金属加工行业技术进步产业升级大会暨贵州省有色金属加工产业发展研讨会，成功签约16个项目，签约总额200亿元，产业发展后劲逐步增强。民生优先，和谐程度明显提高。

（1）社会事业协调发展。加大民生工程投入，财政累计投入民生资金6.8亿元，占公共财政预算支出61%。教育方面，坚持教育优先发展，建成白云职校、白云六中、白云七中综合教学楼并投入使用，完成固定资产投资1亿元；启动新建南湖中学、异地新建白云五小和白云一中运动场建设，在全省基建项目建设增比进位中，排名从65位上升至12位；推进义务教育均衡发展，全力解决进城务工人员子女入学问题，招生8519人，进城务工人员子女占全区中小学新入学学生50.3%；全区中考成绩总平均分和及格率在贵阳市位居第二，比2011年上升7个位次。住房保障方面，实施“住有所居”行动计划，完成麦架、沙文、艳山红、沙子哨监狱、七冶大坝5个廉租房项目，1064套廉租房；推进车辆厂2期廉租房，以及14万平方米公租房建设；对2357户家庭实施保障，廉租住房保障工作实现应保尽保、适时保障。社会保障方面，落实各项社保政策，社保面不断扩大，社会保障体系进一步完善。采取开发公益性就业岗位等措施扩大就业，继续保持“零就业家庭”动态为零，城乡统筹就业22932人，城镇登记失业率保持在3.19%。医疗卫生方面，率先在全省实行“先看病，后交钱”诊疗服务，病人满意度达96%，公共卫生服务体系逐步完善。在全市首家荣获“全国社会主义新农村建设档案工作示范县”称号。宗教、移民、老龄、残疾人、工青妇等工作全面建设发展。

（2）社会大局和谐稳定。社会治安成效显著。深入开展“雷霆行动”和社会治安综合治理攻坚战，始终保持严打高压态势，城区设置治安卡点26个，沙文生态园区新建治安卡点4个，并设置动态武装盘查卡点，实行卡点间的联片巡逻，形成城区动静结合、点片互补防控网。全区刑事案件破案数与立案数实现“一升一降”，公众安全感达87.39%，同比提高1.34%。矛盾纠纷化解有力。定期分析研究信访维稳形势，坚持县级领导干部下访，落实领导包案责任制，完善应急处置工作机制和预案，成功处置精英幼儿园事件、三占集团事件，确保全国“两会”、省十一次党代会等重要会期和敏感节点时期的社会稳定，实现党的十八大期间信访维稳工作“六个零”目标，为党的十八大胜利召开营造良好稳定社会环境。截至11月30日，接访群众583起2644人次，办结483起，办结率82.9%。省、市交办信访积案124起，办结113件，办结率91.1%。建成沙文生态科技产业园和铝及铝加工基地园区和谐促进会，维护社会稳定的“第三方”力量发挥作用。安全生产责任到位。抓好安全生产、食品药品监管等工作，完善突发事件应急机制，遏制重特大事故发生，全力保障人民群众生命财产安全。

（3）生态环境不断改善。深入开展创建国家环境保护模范城市活动，白云区污水处理厂2期工程建成后全区达到日处理6万吨污水规模；启动北郊水库二级水源保护区生活污水分散处理工程，完成牛场乡蓬莱村、兴家田村、大山村人工湿地工程建设，完成都拉乡小河村、上水村污水处理工程；区环境监测站通过实验室资质认定评审，获得实验室计量认证证书和监测收费许可证，环境保护能力建设达到国家标准化建设要求；开展对建筑施工噪声、营业性文化娱乐场所边界噪声等专项整治行动，不断改善居民生活环境；加大对重点工业企业监管力度，确保实现污染物排放稳定达标；加大对长坡岭国家森林公园的保护，联合省、市完成《长坡岭国家森林公园总体规划》（修编），将黑石头村从公园范围内调出，新增谷立景区，加大植树造林和城市绿化建设力度，完成营造林3.2万亩，退耕还林恢复经营375亩。完成云峰大道、白云中路等城市主干道景观改造绿化建设，补植补种各类苗木30多万株，提升道路绿化效果。全区森林覆盖率39.2%，建成区绿化覆盖率37.4%。

凝心聚力，民主政治向前发展。

1.人大工作水平不断提高。区人大常委会坚持围绕服务全区工作大局，更加注重加大监督力度，增强监督实效，促进“一府两院”依法行政和公正司法，服务全区改革发展稳定大局。对白金片区、黑石头片区、程官摆拢片区和铝及铝加工基地等重大项目建设推进情况进行检查，听取项目建设单位相关情况报告，切实加强对重大项目的监督。对政府实事项目推进、社区改制、提升公众安全感满意度、医保社保、就业再就业、关心困难群众生活等方面的工作进行检查，并督促有关单位和部门加大力度，加快进度，改进工作，着力推动保障和改善民生。坚持以人大信访工作为密切联系人民群众的“窗口”，了解民情，反映民意，努力为民排忧解难，维护法律尊严。进一步加强和改进代表工作，保障人大代表依法行使职权。

2.人民政协工作不断加强。支持人民政协履行政治协商、民主监督、参政议政职能，发挥协调关系、汇聚力量、建言献策、服务大局的作用。先后就农田水利建设、重点项目建设、“创文”“创卫”成果巩固、重大项目协调服务专题协商。邀请区政协各界委员30余人就全区2013年建设项目初步安排召开民主协商会，并提出19条重要的意见建议。对全区农田水利设施状况、石漠化治理、城市体制改革、农村基层组织建设情况、群众文化建设、教育教学质量等进行视察，并撰写视察调研报告。主动参与社会治安管理工作监督，选派50名政协委员参加“保平安、促和谐”人大代表、政协委员监督团，对政法机关执法人员履职情况、平安包保、治安卡点等工作进行监督检查，提升公众安全感、满意度。

3.民主团结局面不断巩固。加强同民主党派、工商联团结与合作。支持工会、共青团、妇联等人民团体依照法律和章程独立开展工作。重视党管武装工作，加强人民武装和国防后备力量建设，人武工作多次获上级党委和军事机关肯定。搞好双拥共建活动，促进军政军民团结。重视宗教、侨务和对台工作，推进民族团结进步事业。深化厂务公开、政务公开、村务公开和公共企事业单位办事公开，扎实推进基层民主政治建设。

繁荣文化，软实力进一步增强。

1.精神文明建设深入推进。在全市率先建成覆盖全区机关、学校、企业、社区和农村的102家“道德讲堂”和32支学雷锋“绿丝带”志愿者服务队，开展“做文明有礼白云人”“迎十八大、讲文明、树新风”“身边好人”评选等一系列全区性主题活动，公民道德建设进一步加强。巩固全国文明城市创建成果，大力实施市容环境、窗口服务质量提升等专项整治，努力建立起覆盖城乡、结构合理、功能健全、实用高效的公共文化服务体系，不断提升精神文化活动水平、城市公共文明指数、市民生活幸福指数和文明城市品位。开展“做一个有道德的人”“祖国好·家乡美”“酷中国项目—低碳小管家”等主题实践活动，未成年人思想道德建设进一步深化。建成18所乡村少年宫和1所城市学校少年宫，白云三小被列为贵阳市2012年市级乡村学校少年宫示范点、白云二小被列为贵阳市2012年城市学校少年宫。以背街小巷、城乡结合部、小区院落综合整治为重点，打造3个文明示范小区、改造提升3个文明示范村寨，基层精神文明活动阵地进一步建强。

2.文化事业产业稳步发展。文化事业方面，先后举办“高新白云迎新联谊会”文艺演出、“三下乡”广场文艺演出、“春节”灯会庙市白云专场展演等文化活动，其中，“海纳百川·激情跨越”白云周末大舞台群众文体活动展演，举办46场广场文艺演出和社区露天电影放映活动，参演的群众文艺爱好者3000余人次，观众近4万人次。成功举办2012“俊发杯”全国山地自行车邀请赛和“大川白金城”白云欢乐动漫嘉年华COSPLAY大赛等大型体育文化活动，城市知名度和美誉度进一步提升。文化产业方面，完成黔艺方文化创意产业园和荷塘月色文化传播有限公司贵阳音乐城初步选址工作。加大对贵阳数字内容产业园扶持力度，一批有前景有潜力的企业和项目落户园区，并取得良好社会效益和经济效益。其中，贵阳睿游公司开发的网络游戏《趣贵州》全面完工。

3.新闻宣传舆论不断加强。坚持正确舆论导向，按照团结、稳定、鼓劲、正面宣传为主的方针，着力加强重大主题宣传，宣传党的十八大及省、市、区党代会精神。加强对全省工业项目建设观摩会、加强和创新社会管理、贵阳避暑季、2012亚洲青年动漫大赛、全国山地自行车邀请赛等重点工作的社会宣传和氛围营造工作。重视做好热点舆论引导，健全舆情预警、分析和研判机制，制定出台《白云区互联网舆论事件专项应急预案》《白云区加强和创新社会管理宣传舆论引导方案》等文件，健全完善网络舆情研判导控工作。加强对就医、就学、就业、住房、社会保障、征地拆迁等事关群众切身利益的政策解读宣传，做好突发公共事件舆论引导，争取群众对各项工作的支持。

执政为民，党的建设全面加强。

1.选人用人方式不断优化。稳妥推进干部人事制度改革，加大竞争性选拔力度，采取“公推直选”和“两推一选”方式竞争性选拔新型社区26名班子成员，公开遴选2名团区委领导班子成员，面向全国公开招考4名硕士研究生担任机关事业单位科级领导干部。采取公开遴选方式选拔科级后备干部，注重组织推荐把关，对报名人选民主推荐票达60%以上，方可作为后备干部推荐人选，实现好中选优、优中选强。注重对考核评价办法的创新，创新运用“反向测评”方法对领导干部进行测评，这一方法被评为市委组织部“十佳”特色工作和全省干部人事制度改革创新项目。大力引进急需紧缺人才，全年引进高层次人才36名。充分利用新材料基地中32家企业技术（工程）中心、实验室和数字内容产业园的动漫产业，实行“人才+项目”培养模式，培育创新人才团队。

2.基层组织建设不断加强。全面启动农村党建“夯基石·强堡垒·争先锋”行动，着力在都拉村打造在群众中树立正气、在发展致富中走正路、在选班子中公道正派，群众工作能力强、发展集体经济能力强、助推发展能力强的“三正三强村”，促进全区基础组织战斗堡垒作用进一步发挥，得到李军书记充分肯定。全面开展争创“五型先锋”活动，将“帐篷精神”作为园区党建的亮点和品牌重点打造，对重点项目成立专门服务队实行24小时服务。扎实开展干部下基层定点挂帮工作，帮助群众办理实事4554件，落实帮扶资金1228万元，广大党员干部在深入基层、服务群众、推动发展中作风和本领进一步增强。加强后进党支部整顿转化，采取“一支部一策”“一对一”结对帮扶，开展集中整改提高，全区培育51个不同类型不同层次的基层党组织先进性建设工程示范点，其中省级示范点9个、市级示范点13个、区级示范点29个；组建非公组织和社会组织党组织123个，组建率达100%。

3.基层管理体制不断创新。率先在全市完成新型社区挂牌和组建工作，网格化服务、居政分离等领域进行有益探索，涌现出铝兴社区“全天候”网格化星级服务管理等一批典型亮点，得到中央综治委、贵阳市委肯定，李军书记明确指示上升为全市层面的经验加以推广。强力推进社区网格化管理工作，将全区划分为195个网格，配备195名网格社工，实现全区新型社区网格化管理全覆盖；成立白云区城区经济发展办公室，全面承接城区经济职能，确保城区经济与民生、经济责任与社会责任统筹兼顾；提前做好全区195个网格管理员的报酬落实，统一待遇标准，调动网格管理员工作积极性；解决新型社区办公场所问题，截至年底，各社区办公面积达800平方米以上，其中艳山红社区、大山洞社区、白沙关社区均达2000平方米以上。探索社区区域化党建，整合资源建立社区“大党委”、突出特色成立片区（或网格）大支部、搭建平台设立楼栋（或小区）党小组“两大一小”新模式。根据群众满意指数、工作评价指数和干部辛苦指数“三大指标”出台《白云区城市社区综合指数考评办法（试行）》，从考核机制上确保社区提升服务群众能力和水平。农村社区管理和服务能力显著提高，荣获民政部“全国农村社区建设实验全覆盖示范单位”称号。

4.党风廉政建设不断深入。深入推进党风廉政建设和反腐败斗争，着力加强惩治和预防腐败体系建设，挂牌成立4个纪工委（监察分局），并在全区26个重点部门增设26个纪检组织，扩大和充实纪检监察干部队伍，为扎实推进党风廉政建设和反腐败工作提供有力组织保障。强化效能监察和执法监察工作，查办14

件领导批办破坏软环境建设案件。涉案金额300余万元，挽回经济损失200余万元。强化项目督查，对全区107个重点项目进展情况进行明察暗访和专项督查，强力推进重点项目建设和各项工作落实。继续巩固党务公开工作，推进党务政务公开有机结合，以廉政文化“六进”活动为载体，在西南国际家居博览城开展党务公开、廉政文化进非公企业工作。查处各类违纪违法案件，2012年，全区纪检监察机关初步核查违纪违法线索10件14人，双开1人，开除1人，记大过1人。（王　丽）

重要文件目录

1.（白党发〔2012〕7号）《中共白云区委常委会2012年工作要点》。

2.（白党发〔2012〕1号）中共白云区委关于印发《白云区关于提高行政效能建设人民满意政府的若干规定（试行）》的通知。

3.（白党办发〔2012〕31号）中共白云区委办公室　白云区人民政府办公室关于印发《白云区加强和创新社会管理“十二五”规划纲要》的通知。

4.（白党办发〔2012〕60号）中共白云区委办公室　白云区人民政府办公室关于印发《白云区工作目标管理实施意见（试行）》的通知。

5.（白党发〔2012〕8号）中共白云区委　白云区人民政府关于加快残疾人事业发展的实施意见。

6.（白党发〔2012〕15号）中共白云区委关于进一步加强新形势下老干部工作的意见。

7.（白党发〔2012〕5号）高新区党工委　中共白云区委关于推动新型工业文化大发展大繁荣的实施意见。

8.（白党办发〔2012〕36号）中共白云区委办公室　白云区人民政府办公室关于印发《白云区“十二五”保密事业发展规划》的通知。

党的建设

【概况】　2012年，在全省县（市、区、特区）领导班子和领导干部履行党建和干部工作职责满意度调查中，白云区满意度平均分值98.65分、全市排名第4，与2011年相比分值提升3.66分、排名上升3位。全区基层组织建设年活动取得成效，党建工作展现出好的经验、做法，得到省委、市委有关领导相关批示11次；园区党建“帐篷精神”被评为2012年贵阳市组织工作“十佳”特色工作之一。（易　鑫）

【领导班子和干部队伍建设概况】　2012年，区委调整任用干部93人次，其中提拔52人，交流23人，其他18人，提拔干部中，正科级16人，副科级36人，交流干部中，正科级12人，副科级11人，试用期满正式任职50人。截至2012年底，全区374名在职科级领导干部平均年龄42.3岁，其中正科级领导干部平均年龄44.3岁，副科级领导干部平均年龄41.1岁。大学本科学历285人，占76.2%，研究生学历22人，占5.9%。经济类90人，法学类99人，管理类52人，文学类44人，理学类27人，工学类25人，农学类21人，医学类15人。（盛健　顾贤）

【竞争性选拔干部工作】　2012年，白云区采取“公推直选”和“两推一选”方式竞争性选拔新型社区26名班子成员；公开招考4名硕士研究生担任机关事业单位科级领导干部；加大政法干部队伍建设，采取“两推三评一述一考”方式在区法院、检察院选拔一批副科级领导干部；通过实施“四差额”（差额推荐报名、差额考察、差额酝酿、差额票决）方式，公开遴选2名团区委领导班子成员，使干部选拔从量的竞争转化为质的竞争；采取“双推双考”（群众推荐、组织推荐、素质测试、差额考察）方式，面向全区成功选拔120名科级后备干部（其中，正科级后备干部40名，副科级后备干部80名），120名科级后备干部中，80后干部63人，85后干部35人。女干部51人，党外干部23人，少数民族干部35人，学历均为大学本科以上，其中研究生9名。

（盛 健 顾 贤）

【完善考核评价办法】 制定《辛苦指数测评的实施办法》等制度性措施。创新运用“反向测评”方法对领导干部进行测评，将测评结果作为干部调整重要依据，这一做法入选中组部《乡镇党委换届人事制度改革100例》。在区政府工作部门届末考察中，对反向测评法进行有针对性的完善，全面运用，根据测评情况有针对性进行调整。2012年，反向测评法被贵阳市委组织部评为“十佳”特色工作第一名。7月，被省委组织部评为全省干部人事制度改革创新项目之一。

（盛 健 顾 贤）

【基层党组织和党员概况】 2012年，白云区有17个基层党（工）委、30个党总支、387个党支部，有党员7186名。与2011年相比，党委增加3个，党工委减少2个，党总支增加7个，党支部增加9个，党员增加250名；发展党员119名。

（罗 欢）

【农村党建】 在全区开展农村党建“夯基石·强堡垒·争先锋”专项行动，突出以“四制”（议事规程制度化、监督管理制度化、教育培训制度化、考核评比制度化）基础体系建设为抓手，打造树正气、走正道、讲正派的“三正村”和做群众工作能力强、集体经济发展能力强、服务推动发展能力强“三强村”。2012年2月，制定出台《关于开展“夯基石·强堡垒·争先锋”行动建强农村基层党组织的实施方案》《白云区村党支部、村委会工作运行规程（试行）》《白云区农村基层党组织建设“夯基石·强堡垒·争先锋”行动考核办法》《关于建立农村干部“三级一化”教育培训体系的办法（试行）》等文件；8月，制定出台《白云区村干部报酬保障和激励管理办法（试行）》《白云区村干部考核办法（试行）》等文件。全年，投入资金近1000万元，按照“两个高于”（高于全省、全市村干部待遇平均水平）标准，提高和规范村干部补贴待遇（1800元/月），为村干部交纳社会保险，激发村干部干事创业激情。活动开展以来，消灭集体经济“空壳村”9个。《人民日报》《中国组织人事报》《贵州日报》等中央和省、市主流媒体对“三正三强村”进行报道。6月13日，省委常委、市委书记李军对白云区打造“三正村”的做法作出批示“很好。”

（罗 欢）

【城市社区区域化党建】 2012年3月，在全市率先全面完成街道办事处改制工作；4月，完成新型社区领导班子公推直选工作，所有组织提名人选均高票当选。6月11日、7月6日，李军先后2次对白云区新型社区“网格化星级服务”作出肯定批示。（罗 欢）

【园区党建】 围绕通过组建以党员干部为主题“帐篷干部”入驻项目，在在建项目设置“党员项目专员办公室”，在已建成项目工厂和车间上设置“党员先锋岗”“党员标兵”等标识标牌，在征地拆迁工地上搭建“帐篷”，对园区所有建设项目实行项目专员“一对一”服务制，对重点项目成立服务队实行24小时服务，“大雨小干，小雨大干，雨停加班加点干，党员干部带头干”，得到省委副书记陈敏尔和省委常委、省委组织部部长孙永春批示和肯定。同时，研究制定以加强园区党的建设实施意见为主，以园区党建工作规范化制度、园区“大党委”运行机制、园区“帐篷干部”管理考核办法、园区党建督查工作为辅的“1+4”园区党建工作机制，选派项目专员22名、党建指导员10名，帮助成立党支部13个、党小组3个，实现园区党建工作全覆盖，并建设1500平方米党员活动中心。白云区园区党建“帐篷精神”被评为2012年贵阳市组织工作“十佳”特色工作之一。

（罗 欢）

【后进党组织“123爬楼梯”提升行动】 运用党支部分类定级结果，实现“三个百分百”（整顿改造百分百、提升档次百分百、党群满意百分百）为目标，在全区后进基层党组织中大力开展“123爬楼梯”提升行动。对评定为先进党支部进行挂牌管理，实行重点跟踪培育，出现艳山红镇刘庄村党支部、大山洞村党支部等先进典型。对评定为“差”和“一般”党支部实行倒排工期整顿办法，定期定目标进行整改，采取“一支部一策”，实行区委常委、区人大常委会主任、区政协主席和区委党建工作领导小组成员“一对一”结对帮扶，通过选派干部任支部书记等方法，加强后进党支部整顿转化。活动开展以来，全区第一批13个、第二批11个后进党支部均全部成功转化晋级，转化率达100%，出现如都拉布依族乡都拉村等以打造“贵州华西村”为目标、从“后进”变“先进”的典型。2012年11月，贵阳市后进党支部整顿转化现场会专门到都拉布依族乡都拉村参观。

（罗　欢）

【干部下基层挂帮工作】 2012年9月，第一批挂帮工作结束后，及时从区直机关选派第二批86名挂帮干部，与省、市选派的干部一起进驻全区56个村、32个居委会挂职帮扶，确保挂帮工作不断档，实现挂职帮扶全覆盖。全年，全区各级挂职干部深入基层走访群众140201人次，撰写民情日记44512篇，帮助制定发展规划或发展目标805个，帮助解决困难或问题2345件，帮助办理实事4326件，排查矛盾纠纷2678起，化解矛盾纠纷2312起，落实帮扶资金1420万元。先后组织召开2次挂帮工作总结表彰会，表彰5个先进挂帮单位和21名优秀挂职干部，并以区委、区政府名义对15名优秀挂职干部进行嘉奖；3名优秀挂职干部被市委组织部记三等功，9名优秀挂职干部受市委组织部嘉奖。

（罗　欢）

【人才队伍建设】 截至2012年底，全区有党政人才1060人，企业经营管理人才7033人，农村实用人才4234人（其中农业科技人才102人），专业技术人才1049人，技能人才29687人。

组织实施创新社会管理、城市基层管理、工业经济、项目建设等重要专题培训班10期，专题讲座10期，培训各级干部3400余人次。选派3名干部到乡（镇）挂职锻炼，从高新区选派2名干部到工业建设和拆迁任务重的乡（镇）挂任副镇长，从乡（镇）选派1名副科级领导干部到省委组织部挂职锻炼。选派3名中学校长参加北京西城区教委“初中校长培训班”和“北京大学贵阳市教育领导力高级研修班”；选派13名基层卫生技术人员到贵阳市妇幼保健院进修学习儿科和6名基层医疗单位的中医执业医师参加省中医药管理局举办的中医类别全科医师培训。实行“人才+项目”培养模式培养专业技术人才，充分利用位于全区32家企业技术（工程）中心、实验室和数字内容产业园的动漫产业等科研平台加大培育创新团队，新材料基地与贵州大学联合培养近100名材料学专业硕士研究生。完成新一轮农民技术培训1100余人，开展农村劳动力转移和“绿色证书”培训100余人次。

采取简化程序方式引进5名硕士生到区环保、学校工作，面向全国公开招考4名硕士研究生担任事业单位副科级领导干部，向上级部门协调引进4名博士研究生挂任区政府副职和园区办副主任。按照要求选择科级岗位参加上级人才引进计划。按照全市“135”人才引进计划，面向社会公开招考10名硕士研究生担任区属中学教师。以项目建设引进30名高层人才到新材料基地、贵州拜特制药有限公司、贵州华科公司工作。贵州华科铝材料工程技术研究有限公司、南方汇通股份有限公司通过项目和企业引进3名高层次人才。

立项支持贵阳铝材料工程技术领域院士专家工作站和先进聚合物基复合材料院士工作站建设资金各20万元。贵阳永青仪电科技有限公司、贵州凯科特材料有限公司2家企业获市创新创业资助14万元，贵州威顿晶磷电子材料有限公司、贵州大自然科技有限公司等5家企业获贵阳市创新型企业称号，贵州大自然科技有限公司总工程师陈宗勇等7人获市创新人才计划青年人才补助61万元。推荐18名初步人选参与市管专家评选，大自然公司李渔黔、大自然公司总工程师林坚和三占集团总工程师何江华等3人入选第二批市管专家。组织召开白云区2012年“中秋”“国庆”高层次人才座谈会，邀请区挂职干部、引进到机关事业单位工作以及在企业从事经营管理以及科研技术方面高层次人才代表30余人参加座谈。（罗应军）

【远程教育】 白云区有65个党员干部现代远程教育终端站点，其中村级终端站点59个，含乡（镇）居委会终端站点3个，新型社区远程教育服务站6个。2012年度全市远程教育综合考评中，白云区获一等奖；全市“在学习党的十八大精神中创先争优网络知识竞赛”活动中获组织奖。艳山红镇远教办负责人王丹被市委组织部授予全市“十佳乡（镇）远教专干”称号，青山村赵高平、摆拢村孙欢、马墓村余江勇、冷水村蒲菊兰、阿所村范乾宽5人被授予全市“优秀站点管理员”称号，鸡场村周武喻、小桥村周阳忠、斑竹村王以琴、奔上村罗江华、蓬莱村罗启红、黄官村金世贵6人被授予全市“学用标兵”称号，都拉村、蓬莱村被市远教领导小组授予第四批“五星级站点”称号，冷水村、阿所村、四方坡村被授予第四批“四星级站点”称号，创建市级党员教育短期实践培训基地1个—蓬莱村党员教育短期实践培训基地。同时，完成“1234”宣传报道任务（即在中组部各类工作简报刊发1次以上、在中央主流媒体宣传报道2次以上、在省委组织部各类工作简报刊发3次以上和在省级主流媒体刊发4次以上），在全省、全市率先成立5个乡（镇）党员干部群众现代远程教育协会，远程教育工作受到省远程办专职副主任、省委组织部党员教育中心主任宋洪宪和市委常委、市委组织部长刘俊多次批示肯定，尤其是刘俊部长批示“可将白云做法（《白云区党员干部现代远程教育终端站点分类定级工作动态管理办法<试行>》）在市里推广”。

《金黔在线》《贵州基层党建网》《贵州先锋网》《贵州希望网》等网络媒体，对白云区远程教育工作进行多次宣传报道。

（吴学中）

【城市基层管理体制改革】 白云区2012年3月30日撤销全部街道办事处，正式挂牌成立6个新型社区，共划分195个网格，配备195名网格社工。按照“四个纳入”要求，将6个社区服务中心明确为区财政全额拨款事业单位，将3个社区服务中心设为正科级、3个设为副科级，机构级别、领导职数和人员编制均控制在市规定限额内。改革前原街道办事处人员编制、科级领导职数分别为117名、27名，改革后新型社区人员编制、科级领导职数分别为110名、18名，分别减少了7名、9名。4月底完成新型社区领导班子公推直选工作，让“辛苦指数”测评结果高的干部得到重用，所有组织提名人选均高票当选；6月底制定出台《社区服务中心经费保障方案》，采取“大包干”（经费总额包干）与“部门预算”管理两种模式，探索社区经费保障有效途径。制定出台《城市基层管理体制改革划转到区职能部门工作职责明细表》《城市基层管理体制改革新型社区承担服务管理职责明细表》，将原街道办事处承担的15类38项行政管理及委托执法职能，按照各部门三定方案归口相应的工作部门；将原街道办事处去经济职能、去行政委托执法职能的42类103项服务管理职责明确由新型社区承担，并明确有关工作要求和社区新增工作内容准入制度。制定出台《白云区城市基层管理体制改革后城市基层工作职责明细表》，进一步理清居委会职责。白云区改革前居委会承担工作主要有139项，改革后独立承担工作有11项、协助社区服务中心工作有55项。根据《贵阳市社区管理暂行办法（试行）》等精神和区委、区政府安排，将社区党委和服务中心工作考核纳入区年度目标考核范围。制定并下发《白云区新型社区综合评价指数考核办法（试行）》，采用指数化综合评价方法，以年度为单位对社区进行指数量化考核，客观综合评价各社区工作成效。（吴学中）

群众工作

【机构建设】 2012年，区委群众工作委员会、区群众工作中心（区信访局）实有在岗人员24人（区委副书记、区委群工委书记1名，不占区委群工委编制）。其中，中共党员15名，占62.5%。在岗工作人员中，有研究生文化程度1名,占4.14%；大学本科文化程度17名，占70.83%；大专文化程度6名，占25.03%。

全区建立“1+4”工作体系。“1”是一个领导机构，即区委群众工作委员会。“4”是四级工作网络：建立区群众工作中心；设立乡（镇）群众工作委员会、群众工作中心，社区服务中心成立群众工作部，区直部门设立群众工作室54个；各村（居）设立群众工作站77个；各村（居）民组设立群众工作点926个，形成完整群众工作体系。

区委群工委在制度建设、经费保障、硬件设施建设上狠下功夫。制定《白云区推进社会管理创新工作实施方案》，对社会管理创新工作目标任务进行细化量化，形成横向到边，纵向到底，一级对一级负责工作责任体系。出台《白云区加强和创新社会管理“十二五”规划纲要》《区委社情民意反映制度》《区委常委联系和服务群众制度》《区委社会管理和群众工作责任制度》，明确全区“十二五”期间社会管理创新工作总体要求、发展目标和保障机制，进一步提升社会管理工作水平。根据统筹谋划群众工作、完善社会服务管理、受理调处信访问题、排查化解矛盾纠纷等职责，先后建立健全“两规定、一规则、两办法、十制度”等规章制度，拟定《白云区群众工作中心2012年加强和创新社会管理1—6月重点工作实施方案》《2012年群众权益保障1月至6月重点工作实施方案》《白云区2012年矛盾纠纷排查预警及协调处置1—6月重点工作实施方案》《市、区两级处理信访突出问题及群体性事件经常性沟通制度》《市、区两级共同排查、共同化解、共同处置信访突出问题及群体性事件工作制度》《白云区关于对违反信访工作纪律实行约谈、诫谈和通报制度的暂行规定》《群众（信访）工作一月一排查、一月一交办、一月一督办、一月一通报工作制度》《关于维护信访秩序坚决杜绝非正常上访的实施意见》等工作制度，完成区、乡（镇）、社区服务中心、区直部门三级视频约访系统建设，建成群工中心视频会议室。（任　涛　莫德春）

【引导社会力量参与柔性调处社会矛盾】 2012年，“和谐白云促进会”团结动员社会各界人士践行“与党和人民同心”的理念，切实增强社会责任意识，充分发挥联系面广、资源丰富等优势，紧紧围绕影响社会和谐的突出问题，帮扶困难群众，促进阶层和谐，解决社会问题，化解社会矛盾。调动社会力量参与社会管理，柔性调处社会矛盾，努力打造维护社会稳定“第三方”。全年，新培育社会组织5家，使全区社会组织达106家。全区62家规模企业已建立工会，22家企业建立共青团组织，48家企业建立妇女之家。

同时，区委群工委把强化宗旨意识、做好群众工作，维护社会稳定放到总体工作布局中谋划，确保白云经济发展与和谐社会建设同步推进。

1.抓好矛盾纠纷排查化解。坚持每月一次的矛盾纠纷常规排查，研究制定矛盾纠纷排查预警及调解处置的办法措施，省第十一次党代会、党的十八大期间，对重点不稳定事件和重点人员，全面实行领导包案制，进一步明确责任和任务，做到领导到位、人员到位、工作到位、保障到位，开展化解和稳控工作。解决一批疑难复杂问题，做到群众赴省、到市集体访、重复访、非正常访“三下降”，案件办结率、满意率、息访率“三提高”，实现省第十一次党代会期间进京非访和集体访为零的目标和“十八大”期间“六个零”的工作目标，营造和谐稳定社会环境。

2.畅通群众诉求表达渠道。结合区“三个建设年”“效能提升年”“四帮四促”（即帮助学习领会精神，促进思想统一；帮助理清发展思路，促进科学发展；帮助解决实际问题，促进增比进位；帮助化解矛盾纠纷，促进和谐稳定）活动安排部署，开展好“县级领导干部约访”“领导干部集中下访”“书记大接访”和百名群工干部“回访”百名信访群众、干部职工“走访”活动，畅通信访渠道，规范信访秩序，确保群众诉求及时就地反映和得到解决。特别是党的十八大期间，制定《党的十八大期间白云区县级领导干部接访群众工作方案》，全区60名（次）副县级以上领导到区群工中心接待群众，解决群众反映问题25个。

3.多渠道调解，主动解决问题。构建点线面结合矛盾纠纷大调解格局。面上：区群众工作中心发挥“三级调处”及与人民调解、司法调解、行政调解联动调解作用。线上：以行政调解为突破口，组建完善医疗纠纷、道路交通运输纠纷、环境保护、土地纠纷、林地纠纷、城建物业纠纷、劳动争议纠纷调解委员会等7个行政调解专业调解委员会。点上：组建完善综治维稳、派出所、司法所参与的调解室。通过点、线、面结合，着力形成多层次、全覆盖调解体系，促进社会和谐。

全年，使用中央特殊疑难信访问题专项救助资金11万元救助信访人员3户3人；使用市级社会力量救助资金9.78万元救助信访人员5起5人；使用区级信访救助专项资金67万元救助信访人员24起41人，使用区级社会力量救助资金111.7万元救助信访人员13起18人。（莫德春　文露鑫）

【全面推行重大事项社会稳定风险评估】 2012年，区委群工委制定印发《白云区重大事项社会稳定风险评估工作实施细则（试行）》《白云区重大事项社会稳定风险评估考核办法》，从源头上预防和减少重大事项决策、执行、实施过程中影响社会稳定的隐患，维护和谐稳定的发展环境。截至年底，对99个重大决策和项目进行风险评估，变事后处置为事前防范，增强维稳工作前瞻性、针对性和实效性。

（高　飞　莫德春）

【社区网络化管理】 2012年3月30日前，白云区撤销全区街道办事处，成立6个新型社区，形成以社区为基本单元，扁平化、综合性的城市基层社会服务管理网络。按照“管理理念人性化、管理对象多样化、管理范围科学化、管理队伍多元化、管理职责明晰化、管理手段数字化、管理方式流程化、管理形式市场化”开展社区网络化管理。

全区划分195个网络，配备195名网络社工，对社区基础数据进行采集，实现全面覆盖，网络社工以“全科医生”方式采集基础数据、收集社情民意、化解矛盾纠纷、服务居民群众等工作；实行居民工作代理服务制，对办事不便或不需要居民本人亲自办理的事项由网络社工代理。

在全市率先理清新型社区、区职能部门、居委会之间的职责。制定实施新型社区综合考评指数考核办法，采用指数化综合评价方法考核社区干部。特别是以铝兴社区为试点开展“全天候”星级网络化服务，初步形成符合中央精神、具有贵阳特色和白云做法的“小网络、大服务，小投入、大成效”白云社会管理网络化工作模式，得到中央、省、市相关领导高度肯定和人民群众认可。（莫德春）

【建立“公众参与”城市管理体制】 2012年，白云区全面推进数字城市化管理二期建设，整合资源，创新社会管理，搭建社区网络化管理信息平台，将“12319”专线延伸至社区，形成市、区、社区三级平台互联互通。年内完成步行街、动感广场、塔山公园等视频监控点安装100个，完成数字城管指挥中心操作平台系统全面升级，安装网络监控安全模块并全面投入使用，完善平台操作认证系统。全年接处案件912件，回复率100%，结案率72.84%，在5月—7月贵阳市城市管理数字城管指挥中心综合考评中连续排名第一。

（莫德春）

【“四围绕一开展”凸显社会管理工作亮点】 2012年，白云区“围绕平安建设、围绕服务农村农民、围绕农村基层组织建设、围绕民生建设，开展巡回法庭进项目”，提升社会管理工作水平。

围绕“平安建设”，开展技防入户工程

在红云社区时代新居探索实施“4321”模式（坚持四抓，三制保障、两项落实，建好一个平台），全面开展技防工程，提高群众安全感满意度。1.坚持

“四抓”（抓宣传发动推进技防入户、抓巡逻防范配合技防入户、抓地企联动共建技防入户、抓专业打击支撑技防入户），强化工作进度。2.落实“三制”（坚持治安例会制度、干部包保制度、干部带班巡逻制度）保障，确保工作推进。平安包保单位每周一召开例会，共同分析治安状况、研究防范措施，与社区委员一道进家入户，重点宣传发动技防入户工作。3.落实“两项保障”（落实巡逻人员保障、落实经费投入保障），加大工作力度。4.建好一个平台，提升技防水平。时代新居内现建成“平安e家”和移动G3报警双平台。

围绕服务农村农民，建强农村群众工作平台

加强群众工作中心服务管理规范化建设，使乡（镇）群众工作中心更好地承担起社情信息掌控、矛盾纠纷调处、群防群治指挥、流动人口服务管理、法制宣传教育、维护和谐稳定六大功能，筑牢社会管理服务屏障。4月，沙文镇将社会管理服务延到村、入到户，做到“创新社会管理、受益一方百姓”。在镇设立群众工作中心、各村设置群众工作站基础上，按照方便群众、分片设立和相对集中原则，为较远村寨增设7个村级群众服务中心，将原应在镇政府和镇便民利民服务中心办理的6项与群众生产生活紧密联系地事务下放到村级群众服务中心，最大限度地方便群众就近办理事务、最大限度为民代办、最短时间化解矛盾、最近距离宣传解答，通过干部多下村、多入户、多奉献，实现群众少花钱、少走路、少上访。

围绕农村基层组织建设，开展“夯基石·强堡垒·争先锋”活动

区委制定《关于开展“夯基石·强堡垒·争先锋”行动建强农村基层党组织的实施方案》，通过推进“四制建设”（村级组织规程制度化建设、农村“三位一体”管理制度化建设、农村“三级一化”教育培训制度化建设、农村党建“双考双评”制度化建设）和强化“两个保障”（强化农村党员干部奖励激励机制保障、强化以促进作用发挥为重点的组织保障），达到农村基层民主建设更协调稳固农村党的基层组织更坚强有力、农村经济社会发展环境更和谐优化的目标。同时配套制订《白云区农村基层党组织建设“夯基石·强堡垒·争先锋”行动考核办法》《白云区村党支部、村委会工作运行规程（试行）》《关于建立农村干部“三级一化”教育培训体系的办法（试行）》等文件，确保活动取得实效。

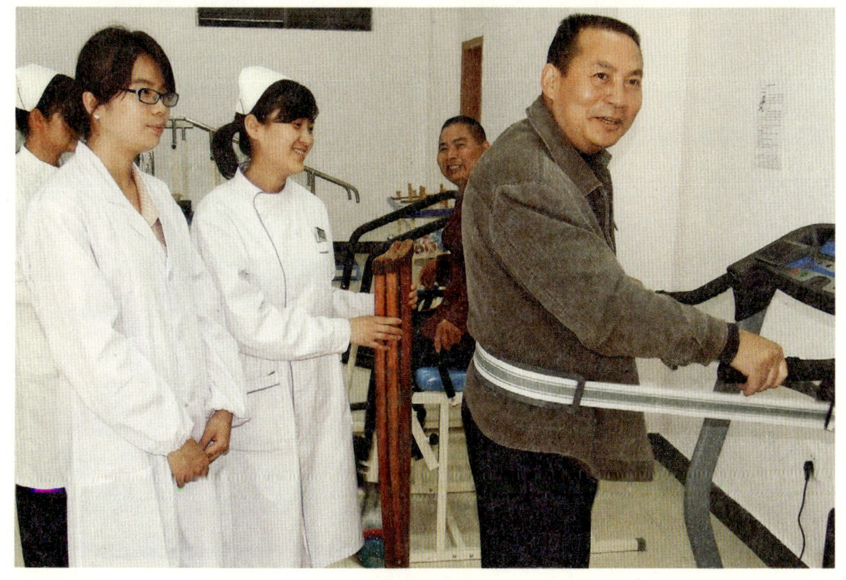
康复治疗

围绕民生建设，探索医疗卫生服务新途径

从4月1日起，以区第一人民医院为试点，率先在全省开展“先看病，后交费”诊疗服务新模式。对符合条件的患者全部实行住院“零押金”，开通“绿色通道”，确保患者在第一时间内得到安全有效治疗，为群众提供安全有效、方便周到医疗卫生服务。具体做法：1.开通“绿色通道”，破解群众“看病难”。凡贵阳市内参加城镇职工基本医疗保险的员工和参加城镇居民基本医疗保险的居民，以及参加新兴农村合作医疗的白云区农民，到该院治疗均可享受此项服务，使群众就医实现“零”门槛，优化就诊服务流程，方便群众住院治疗。2.实施医疗救助，破解群众“看病贵”。针对家庭困难患者，出院结算时难以一次性结清，可提供低保证、五保供养证、低收入认定证明、抚恤定补优抚对象医疗证等有效证件，与医院签订《住院治疗费用延期（分期）还款协议书》，并可根据《白云区城乡居民医疗救助实施细则》规定比例实施救助。对家庭特别困难，确实无法支付医疗欠款的，还可给予适当减免，尽最大努力减轻病人经济负担。3.公开服务明细，破解群众“看病惑”。通过发放宣传单等形式明确实施范围、服务措施、工作流程，同时每天给病人打印出前一天费用清单，使患者在就医过程中明明白白看病，清清楚楚花钱。

开展“巡回法庭进项目”活动，为项目建设保驾护航

建立“五个一”（1个项目、1个工作队、1个巡回法庭、1个责任法官、1包到底）工作机制，针对全区36个重点项目，组建10个巡回法庭，明确1名审判员任巡回法庭负责人，审判员审理案件时担任审判长，由10个巡回法庭分片包干。同时，后勤保障、新闻宣传等相关工作及时跟进，为重点项目建设提供法律咨询服务及其他协调服务，做好项目建设司法保障，并向区委、区政府提出意见和建议。全年，“巡回法庭进项目”活动联系项目40余次，提出涉及土地征拨补偿、拆迁补偿、企业劳动管理、市容环境建设等方面意见建议9条，解决实际问题8个；通过速裁、速调、速执等手段成功调处各类纠纷16起，重大纠纷3起；配合协调处理挡工堵路、强买强卖、强揽工程等现象9起。

（任　涛　莫德春）

区直机关党建

【概况】　截至年底，区直机关党委有基层党组织61个。其中，党总支13个，直属机关党支部48个，党员1638人。全年发展新党员23名，转正27名，组织79名入党积极分子进行培训，组织23名新党员参加入党宣誓仪式，转接党组织关系102人。（彭佳秀）

【思想建设】　2012年，区直机关党委认真落实中央、省、市、区关于加强党的建设总体部署和要求，把思想政治建设作为机关党建重要内容。督促各机关单位主要领导切实履行第一责任人职责，把加强思想政治建设作为推动机关党建工作动力工程。探索和创新思想政治建设活动载体，增强思想政治建设实效性。坚持思想政治建设与其他业务工作“双结合、共促进”，增强基层党组织凝聚力和战斗力。以建设学习型党组织为载体提升机关党建工作整体水平，坚持把抓好学习作为提高党员干部思想素质和工作能力重要保证。全年组织举办“党的纯洁性”“白云区区直机关学习贯彻党的十八大精神讲座”等专题理论辅导讲座8期，区直机关59个基层党组织书记为党员上党课。（彭佳秀）

【组织建设】　2012年，区直机关党委举办1期“党务干部培训班”，对59个基层党组织书记和组织委员110余人进行培训；指导基层党组织进行换届选举和增补选举，指导新组建单位按程序成立党组织，理顺基层党组织隶

2012年区直机关党建工作暨基层组织建设年活动部署会

属关系。在基层组织建设年活动中，党委通过对基层党组织调研和整改，转化后进基层党组织2个，提升一般基层党组织9个。

（彭佳秀）

【“五好”党组织创建】 2012年，“五好”党组织创建中，区直机关党委有4人次和4个基层组织获上级党委表彰。其中，区环卫站张丽获省级优秀共产党员称号，区一医、区计生局、区委组织部、区委宣传部等4个党支部获市级创先争优先进基层党组织，区群工中心张科、区卫监局杨丽、区蔬菜中心陈雪3人获市级优秀共产党员称号。

同时，区直机关党委31家基层党组织被命名为区级“五好”基层党组织，区国税局、商务局、区委办、区委组织部、区计生局、区财政局、区人社局、区旅游文广局等8个党组织被表彰为区级创先争优先进基层党组织，37名党员被表彰为优秀共产党员。（彭佳秀）

宣传工作

【理论宣传】 2012年，中共白云区委宣传部制定并下发《白云区2012年党员干部理论学习安排》《关于进一步加强党的群众工作理论学习的通知》，拟定《中共白云区委中心学习组2012年理论学习计划》，区委中心学习组开展12次学习。同时举办全区理论宣讲骨干培训班，对贯彻落实〔国发〕2号文件、加强和创新社会管理工作进行培训，全区理论骨干132人参加并撰写学习心得11篇。区委宣传部组织“贯彻落实〔国发〕2号文件、加强和创新社会管理”宣讲团，到各乡（镇）、办、社区服务中心开展为期1个月集中宣讲，举办9场宣讲报告会；举办省第十一次党代会精神和《中共贵州省委关于大力加强党的纯洁性建设，确保全省后发赶超、跨越发展的决定》宣讲报告会。全区“转型、升级、提速”主题征文演讲比赛历时2个月，入围征文作品47件，13件作品分获特等奖和一、二、三等奖；全区10个演讲比赛分赛场100余人参加初赛，18名选手分获一、二、三等奖及优秀奖。

在“林城读书月”活动中全区收到读书征文作品216篇，捐赠图书1000余册、播放科普教育片21场次。在参加贵阳市学习贯彻落实〔国发〕2号文件和省第十一次党代会精神征文活动、贵阳市“学习马列经典、坚定理想信念、推动跨越发展”征文比赛中，收到副县级以上领导征文11篇；全省学习贯彻省第十一次党代会精神知识竞赛白云区有73家机关单位、企事业单位参加，并获贵阳市“学习贯彻省第十一次党代会精神知识竞赛活动”二等奖；“回顾辉煌历程、喜迎党的十八大”读书竞赛活动收到各单位工作方案13个，活动小结、简报各10条，心得体会75篇；在全市党员干部学习统一考试中白云区81家单位、4786人参加。贵阳市宣传思想文化系统《选编贵阳市县级党委（党组）中心学习组2011—2012年度理论调研文集》中。白云区入选8项调研课题。征订《中共共产党章程》（普及本）《十八大报告辅导读本》《十八大文件汇编》《党的十八大文件学习辅导百问》《党委中心组学习》等学习资料700余本。向全区广大党员干部群众发放《认真学习领会胡锦涛同志重要讲话精神—人民日报重要报道汇编》《贵阳发展研究》《2012理论热点面对面》《贵州省第十一次党代会精神学习辅导材料》等学习书籍5000余册。

（施尚俊　甘孝伟）

【新闻宣传】 2012年，全区新闻宣传工作以营造全区干事创业精神氛围为中心，《白云快讯》重要版面先后推出《春节 我们坚守在一线》《高新区白云区工业项目巡礼》《高新区白云区27个重点项目集中开工项目展示》《白云区铝及铝加工基地全面提速项目建设综述》《贵阳白云铝及铝加工基地建设掠影》《贵阳国家高新区沙文生态科技产业园建设走笔》《贵阳国家高新区谋篇布局推动发展大跨越写实》《我区挂帮干部深入基层办实事解民忧》《我区全力提升两基水平促进义务教育均衡发展综述》《我区积极促进就业创业工作纪实》等新闻稿件，并先后摄制《预祝全省全市项目建设现场观摩会圆满成功召开》《真情挂帮暖民心》及黑石头片区、白金片区项目建设等宣传片10余部。全年，《白云快讯》刊发147期，发稿（含图片）4000余篇（幅）。《白云新闻》累计播出213期、完成新闻报道2100余条及各类专题节目340余期。

全年省、市新闻媒体（含互联网）刊发白云区新闻稿件、理论文章498条（篇）。其中《方便送到家门口服务暖在心窝上——贵阳市白云区探索社区服务中心网格化管理见闻》《倾注人文关怀打造和谐园区——白云区铝及铝加工基地保障民生工作纪实》《党旗映红小康路——白云区创新基层党建工作见闻》《标准厂房上的“老板梦”——白云区建设农民创业园为失地农民谋出路小记》《垂直管理破解职能划转——白云区城市基层管理探索一瞥》《“网”出来的凝聚力——白云区铝兴社区推行“网格化星级服务”体制管理小记》《“守”出来的加速度——贵州中铝铝业年产15万吨铝板带项目建设走笔》《逐梦“中国制造”，从攻克世界难题开始——贵州铝城铝业原材料研究发展有限公司的“变废为宝”路》《白云区政法系统推行“一二七五”机制保障重点项目》《为老工业基地腾飞插上双翼——白云区打造现代交通和壮大服务业助推区域经济发展扫描》《工业劲舞促跨越增比进位结硕果——白云区发展区域经济纪实》《白云区切实推进城市基层管理体制改革，实行“一清理四统一”为新型社区“减负”》等稿件分别在《人民日报》《中国组织人事报》《贵州日报》《贵阳日报》等新闻媒体刊发。在省市新闻媒体发稿100余条。加强精神文明建设、加强和创新社会管理、提升群众安全感满意度等内容的宣传成为全区新闻宣传亮点。白云电视台在省、市主流新闻媒体发稿216条。其中《双轮驱动促发展工业化与城镇化比翼齐飞》《把群众的表情作为第一信号》《高新区白云区以项目为载体 全力以赴抓落实》《白云区积极筹备项目 助推经济快速发展》及白云区铝及铝加工基地驶入发展快车道6期系列报道《落实国发2号文 强力推进园区建设》《思路决定出路创新促进发展》《服务理念转换带来发展先机》在《贵阳新闻联播》头条、提要播出。《白云区成立新型社区》《白云一医率先在全省推行先看病后付钱》等新闻稿件在贵州广播电视台《贵州新闻联播》《百姓关注》《法制第一线》等栏目中播出。

在党的十八大和全省工业项目建设观摩会、贵阳避暑季、2012亚洲青年动漫大赛、全国山地自行车邀请赛等重大活动社会宣传和氛围营造上，区委宣传部一方面利用社会LED大屏及楼宇电视播放宣传片；另一方面在城区各主次干道制作安装各类宣传标语78幅、大型户外广告92块、绿化小品标语180余处。

（施尚俊　高　燕　甘孝伟）

【舆论引导】　2012年，区委宣传部制定出台《白云区互联网舆论事件专项应急预案》《白云区加强和创新社会管理宣传舆论引导方案》《白云区网络服务管理工作组工作方案》《关于调整贵阳市白云区网络信息安全工作领导小组的通知》等文件，健全完善网络舆情研判导控工作。同时，抓好网络舆情常规监控，及时报送相关信息。全年编制《白云舆情快报》202期，收集整理舆情信息947条（正面信息818条、负面信息129条），配合做好精英幼儿园事件、步行街奶粉事件、“九·一八”等重要节点网络舆情监控。加大正面信息发布。通过腾讯“微白云”微博和天涯社区、贵阳论坛，发布全区各类正面信息240余条上报市委宣传部舆情信息111条，《国民高度关注奥运会》等2条信息被中宣部采用。　（施尚俊　甘孝伟）

【宣传人才培养】　2012年，区委宣传部建立人才工作专题会议制度，每个季度在部长办公会上专题研究1次宣传文化系统人才工作；建立领导联系优秀人才制度，要求宣传文化系统乡科级正职领导干部分别对应联系优秀人才；组织开展宣传思想文化系统人才资源统计，摸清和掌握全区宣传思想文化系统人才资源现状；对民间文化人才进行调查，初步统计，全区有民间文化人才7人，其中非物质文化遗产传承人1名（蓬莱布依族地戏），自由文学作家2人，自由音乐人2人，民间文艺表演人员2人；做好“四个一批”人才推荐评选和优秀民族民俗文化传承工作，推荐区旅游文体广播电视局文化馆馆长唐红琳为“四个一批”人才人选，支持牛场布依族乡《云雾天地间》一书编印和出版经费2万元，支持白云三中、沙文中学、白云民中、沙文镇吊铺小学等12所中小学建立“乡村少年宫”争取中央、省、市专项建设资金20万元；做好宣传思想文化系统优秀中青年干部培养工作，开设“突发事件的媒体应对”“公共事件的媒体应对及新形势下传媒工作的运用”等专题讲座和派人参加由省委、市委宣传部举办的新闻业务、理论研究、网络舆情研判、对外宣传等业务知识技能提升培训，参训人数270余人次。全区宣传思想文化系统中青年干部分别赴省委党校、市委党校参加各类培训11次，参训人员40余人次，培训范围扩大到各乡（镇）、街道党委（党工委）宣传委员、文化站（精神文明活动中心）负责人、社区文化工作骨干和文学艺术界专门人才。（施尚俊　甘孝伟）

统战工作

【民主党派参政议政】　2012年，白云区委统战部坚持政治协商原则，组织各民主党派支部（支社、小组）负责人和有关方面代表人士参加区委、区政府召开的各类民主协商会、情况通报会、座谈会5次，就区委、区政府重要工作部署、重要人事安排、加强社会管理创新等开展民主协商、征求意见，促进决策民主化、科学化。同时，组织民主党派成员学习贯彻党的十八大精神，开展政治交接学习教育活动和社会主义核心价值体系学习教育活动，协助民主党派加强成员培训，推荐各党派班子成员、基层骨干成员参加省、市、区有关培训，培训民主党派成员120余人（次）。

支持各民主党派支部（支社、小组）加强自身建设，提高参政议政、民主监督能力和水平。各民主党派围绕全区重点工作和关系民生热点、难点问题开展调研、建言献策。全年形成调研报告12个，在区人大、政协会上提出提案、建议36件。各民主党派发展成员9人，其中本科以上学历人员占80%；利用全区统战工作会议及季度联席会议及时传达上级文件精神、通报区情，加强各民主党派的交流学习；发挥民主党派人才智力优势，组织开展“参政为民、议政兴区”建言献策活动；支持民主党派开展智力支边、文化医疗下乡、贫困慰问、技术指导、捐资助学、扶贫济困等活动。年内组织民主党派赴沿海发达地区考察学习，协调帮扶项目13个，组织义诊活动8次，资助困难学生6人，对240人进行专业技术、技能培训，捐款、捐物折款、协调项目资金24余万元。各民主党派参加对口联系部门活动24次，12名成员被聘为有关部门特约人员。（石　伟）

【经济统战工作】　2012年，白云区非公有制经济组织群众工作得到加强。区委统战部努力做好非公有制经济人士思想政治工作，举办非公有制经济人士学习座谈会，在非公经济人士中开展“致富思源，富而思进”教育和光彩事业活动，落实非公有制经济代表人士的政治安排、实职安排和社会安排工作。全年，区非公有制经济人士中3人担任市政协委员、1人担任省人大代表、32人担任区政协委员。

区工商联参与服务民营经济的“三年倍增计划”“万户小老板创业计划”和微型企业发展工作，促进民营企业综合服务体系和放宽民营企业准入机制的落实。同时，区委统战部努力引导非公有制企业开展党组织建设，对全区65名非公有制经济组织党建工作者开展党务知识培训和知识产权保护专项培训，引导企业和基层党组织开展“企业增收、党旗增光”“我为企业献良策”等创先争优活动，增强非公有制经济组织中党组织的凝聚力和战斗力。至2012年底，全区有5名党外人士担任县处级以上领导职务，区人大安排党外代表56名、党外常委6名；政协安排党外委员110名、党外常委20名，全区有科级以上党外干部38人，党外科级后备干部21人。（石　伟）

【和谐促进会参与社会管理】　2012年，区委统战部充分发挥统一战线联系面广、资源丰富的优势，通过广泛宣传、重点动员、典型引导等方式，引导社会各领域更多有代表性人士加入和谐促进会，加强促进会组织建设。和谐白云促进会相继召开会长（扩大）会议、第二次会员代表大会，举行“促稳定、促和谐”捐赠仪式，会员总数达168名，捐款资金从77万元增加到540.9万元，捐款人士涵盖非公有制经济、宗教、民主党派及社会阶层等多个领域。7月19日，白云区召开“促稳定、促和谐”表彰暨捐赠大会，区委、区人民政府授予贵州优品道发展有限公司等39家企业和2名个人“构建和谐社会贡献奖”荣誉称号。

同时，区委统战部指导和谐促进会将捐赠资金重点用于符合情理的信访事项补偿、扶持因访致贫信访人恢复生产、实施大额医疗救助、投入信访事项密集区公共设施建设，实施供水改造、亮丽工程、文化建设以及学校教学设施投入、农村道路改造等系列惠民利民工程。截至年底，调处各类社会矛盾40余个，投入帮扶资金200余万元，惠及群众8200余人。 （石 伟）

党史研究

【概况】 2012年，区党史办先后完成《中共共产党白云区历史大事记》初稿撰写，配合区委组织部，收集、整理建区以来在白云区任县级以上干部的人事名录，更新政府网站关于区情简介中自然、历史沿革等长期公开的信息内容。“七一”期间，联合贵州省电影放映公司组织全区党员干部集中收看《守望明天》《没有共产党就没有新中国》等党史教育电影。8月，派人参加由市党史办组织开展的全市党史工作联系会，撰写关于白云区历史发展的调研文稿1篇被《贵阳党史》采用。 （赵小平）

政策研究

【概况】 2012年，区委政策研究室完成《贵阳建设生态文明城市年鉴》（2012）中有关白云区内容的文稿撰写，参与省委政研室关于白云区经济社会发展情况相关30余项经济指标统计及报送。全年接待省市领导对白云区经济、社保、小康社会建设等相关内容调研5次。 （赵小平）

老干部工作

【概况】 截至2012年底，区委离退局管理服务的离退休干部216人，其中，离休干部23人、退休干部170人、1952年参加工作的老干部20人、代管老干部3人；享受副厅级离休干部2人、享受副县级离休干部17人、无职务离休干部7人、正县级（含享受）退休干部5人，副县级（含享受）退休干部34人、科局级退休干部131人。 （杨 欣）

【切实落实老干部2项待遇】 政治待遇方面：1.定期组织全体老干部政治学习，及时传达中央、省、市及区委、区政府重要会议精神。学习中就离退休干部

全区老干部工作会

关注的医疗、物价等问题，有针对性地做好解疑释惑工作，帮助老同志了解发展形势和大局，引导他们正确看待改革攻坚时期显现的社会现象，切实维护老干部队伍稳定。2.坚持由区领导向离退休干部通报区情工作制度。1月12日在区老干部新春团拜会上，区长黄昌祥向全体老干部通报2011年区情。5月7日，区委组织部部长仇玮通报组织工作情况；6月29日，区委书记宗文向老干部通报上半年区情；3.组织离退休干部通过实地考察、调研等方式使科学理论与实践有机结合，改革和创新举措深入离退休干部内心。组织离退休干部参观全区经济社会发展新成绩、新成果。5月8日，组织实职县级退休干部到赤水调研；7月30日，组织实职县级退休干部及部分离休干部到中天会展城参观“贵阳市十大工业园区成果展”；9月13日，组织全体老干部参观铝兴社区建设以及牛场乡现代农业科技园等。4.围绕市、区中心任务和工作大局，开展形势政策宣传教育，通过召开学习座谈会，发放辅导教材等形式为离退休干部学习创造条件，增强学习的吸引力、感召力和实效性。

生活待遇方面：高新区党工委书记、白云区区委书记宗文为离退休老干部解决用车问题，提高老干部增量、建立特殊困难离退休干部及遗属帮扶基金；高新区党工委书记、白云区区委书记丁雄军到任即对5名老干部代表进行慰问；区委主要领导及分管老干工作的领导多次征求老干部的意见和建议，收集老干部们反映的意见和问题，解决门球场建设、提高老干部生活补贴、成立老干活动中心等问题。6月29日，在区委统一安排下，召开全区老干部工作会议，出台《中共白云区委关于进一步加强新形势下老干部工作的意见》，强化老干部工作。协助有关部门做好老干部医改、疾病治疗等方面的工作，解决有关老干部的生活困难、生活待遇等方面的问题。2012年，向9名特殊困难老干部及遗属发放帮扶基金2万元；8月份组织一年一度老干部体检工作；10月份，聘请区第一人民医院有关专家给老干部讲授健康知识讲座。（杨　欣）

关心下一代工作

【概况】 2012年，新型社区成立后，区关工委指导全区5个乡（镇）、5个社区，区委政法委，区教育局成立关工委组织。1月，区关工委被评为全省精神文明建设工作先进单位。11月，白云区8名老同志被市关工委评为基层优秀“五老”（老干部、老战士、老专家、老教师、老模范）。（王心婷）

【“祖国好·家乡美”主题系列活动】 3月6日，全省中小学“祖国好·家乡美”主题系列活动启动仪式在白云三中举行。全区各中小学先后开展“在党旗下成长”诗文大赛、“颂歌献给党”歌唱大赛，“中华经典优秀童谣”诵读大赛、“名诗名言”书法大赛、“多彩家乡”摄影绘画大赛5项活动。5万余名中小学生参与系列活动，收集学生作品126件。7月1日，在区行政中心广场举行“颂歌献给党”歌唱大赛，从各中小学选拔15个节目参与比赛。7月31日，“中小学‘祖国好·家乡美’中华经典优秀童谣诵读比赛”在妇儿活动中心演艺厅举行，白云一小、白云一中等21所中小学近300名学生分别参加小学组和中学组比赛。（王心婷）

【“五老”关爱宣讲团】 区关工委在“法制教育宣讲团”基础上，于2012年3月底正式成立白云区“五老”关爱宣讲团，充分发挥老同志在政治、经验、威望、时空、亲情等方面独特优势。宣讲团成员7人，全部是白云区退休领导干部，老同志们紧紧围绕社会主义核心价值体系、“五心教育”、革命传统教育、思想品德教育、法制宣传教育等内容，自选主题撰写宣讲材料。全年，先后在白云一中、白云八中和白云五小开展3次宣讲活动，贵阳电视台、白云电视台、《白云快讯》等媒体均进行报道。（王心婷）

【“六一”慰问活动】 2012年儿童节期间，区关工委组织老同

"6·1"儿童节，区委副书记、区长黄昌祥（右三），区政协主席卢瑞礼（右二）到学校慰问学生

志们到白云八小看望学生，并赠送价值1000余元的篮球、足球、羽毛球、乒乓球、跳棋、象棋、跳绳、文具盒、水彩笔、油画棒等学习和体育用品。同时，组织留守儿童、进城务工子女、农民工子女及残疾人子女18548名儿童分批次在新光影院开展"红领巾心向党—我们的节日"免费观看电影活动。"六一"期间，区关工委各成员单位深入到各小学及幼儿园慰问少年儿童，慰问53所小学、35所幼儿园、1所启智学校，慰问金及慰问品价值金额5万余元。（王心婷）

【贫困大学生入学资助】2012年7月初，区关工委启动贫困大学生入学资助工作。经材料审核、入户调查、媒体公示等程序，确定9名资助对象。根据录取院校不同，每人资助3000元至5000元，发放入学助学金39000元。（王心婷）

【区关工委组成关爱帮教团赴贵州省少年犯管教所开展帮教关爱活动】11月27日，区关工委联合区政法委、区离退局等单位组成关爱帮教团前往贵定县贵州省少年犯管教所，看望白云籍学员。帮教团成员给学员们介绍家乡现状，希望他们吸取教训，加强思想改造，加强学习，早日回到家乡，参与家乡建设，并向每一位白云籍学员赠送生活及学习用品。（王心婷）

【爱心助学捐赠】11月18日，区关工委、区民政局、区电视台联合在区文化宫广场举办"温暖上学路·白云区关爱贫困留守儿童爱心助学捐赠活动"，收到米兰春天、周大生、老凤祥、好日子酒楼等企业捐款10000元，用于农村贫困留守儿童购买棉衣棉鞋等生活用品。（王心婷）

【社会关爱行动】12月25日，区关爱下一代行动暨中泉电气有限公司、贵州亚太医疗用品有限公司捐赠仪式在区启智学校举行，为区启智学校捐赠柜式空调3台，学习用品（书包、笔、削笔刀、橡皮擦等）26套。（王心婷）

对台工作

【对台交流】1.以市台办承办国务院台办两个重点交流项目—"筑台两地中小企业发展研讨会""台湾青年菁英来筑考察交流"活动为契机，带领50余名台湾菁英参观考察贵阳国家高新技术产业园区。2.为提升"爽爽的贵阳—中国避暑之都"城市品牌在台湾的知名度和影响力，市台办特邀请台湾主流媒体—台湾东森电视台《生活接力棒》栏目组来筑专题拍摄贵阳市丰富的旅游文化资源，区台办配合做好对贵州民族民俗博物馆的拍摄工作。3.2012年10月31日，为台胞杨占鳌老先生举办百岁寿辰宴。（龙莉萍）

党校教育

【概况】2012年，贯彻落实中央和省、市、区委关于党校工作和干部教育培训工作系列决策部署，以邓小平理论、"三个代表"重要思想和科学发展观等重大战略思想为重点，不断丰富和充实培训内容。举办国发〔2012〕2号文件即《国

务院关于进一步促进贵州经济社会又好又快发展的若干意见》学习研讨班、“工业经济专题培训班”“农村两委干部培训班”“城市社区干部培训班”“学校党务干部素质提升培训班”“非公有制企业、社会组织党务干部素质提升培训班”“基层组织建设年专题讲座”等8期主体班和3期专题讲座，培训人数2000余人次。（陈　丹）

【党校新校舍项目】　3月29日，党校新校舍建设项目举行开工典礼。至12月党校综合楼主体工程基本完工。综合楼建筑面积8047.64平方米。其中，教学行政用房面积4023.82平方米，学员宿舍4023.82平方米；室内外运动场所面积700平方米，食堂及报告厅建筑面积1026平方米。（陈　丹）

【函授教育】　2012年，区委党校有贵州广播电视大学开放教育和自学考试2类学历班在读生87人。在此期间，区委党校组织贵州广播电视大学开放教育期末考试2次，办理毕业证2次，毕业73人。组织自学考试报名4次，办理毕业证2次，毕业4人。（陈　丹）

中共白云区纪律检查委员会

【区纪委八届二次全会】　2012年3月9日，中国共产党白云区第八届纪律检查委员会第二次全体会议在白云区召开，区纪委常委会主持会议。会议深入学习贯彻十七届中央纪委七次全会、十届省纪委七次全会、九届市纪委二次全会和区八次党代会精神，回顾总结2011年全区党风廉政建设和反腐败工作，研究部署2012年反腐倡廉工作任务。全会审议通过区委常委、区纪委书记马钊代表区纪委常委会所作的《围绕主战场、唱响主旋律、打好主动仗、争当主力军，为白云大发展大跨越提供坚强的政治保证》的工作报告和《中国共产党白云区第七届纪律检查委员会第六次全体会议决议》。（蒙代丰）

【党风廉政建设】　2012年，白云区纪委坚持把党风廉政建设和反腐败工作纳入全区经济社会发展和党的建设总体规划中，坚持党委统一领导，纪委组织协调，部门各负其责的反腐败领导体制和机制，紧紧抓住组织领导、责任落实、考核检查3个关键环节。

建立和完善党风廉政建设责任制。区委建立以区委书记为组长，区委副书记、区长，区委副书记，区委常委、区纪委书记为副组长，其它常委及区委办、区政府办，区公安、区检察院、区法院等有关部门负责人为成员党风廉政建设责任制领导小组，同时，建立《中共白云区常务委员会党风廉政建设责任制》，明确区委常委对所分管部门党风廉政建设负总责，层层签定目标责任书，为党风廉政建设责任制落到实处提供组织保证。召开中共白云区八届纪委二次全会，传达贯彻中央、省、市纪委全会精神，安排部署全区党风廉政建设和反腐败工作。由区委书记、区政府区长与各单位党政“一把手”签订党风廉政建设责任书，做到任务明确到部门，责任落实到个人。坚持将党风廉政建设作为重要工作目标进行考核，注重半年和年终考核检查，并将考核结果纳入年终目标兑现奖惩。（蒙代丰）

【党风党纪教育】　2012年，区

百姓到区纪委献锦旗

纪委继续加强反腐倡廉理论教育。区委常委会、区委中心组学习（扩大）会议、区政府常务会传达学习中央、省、市有关党风廉政建设的重要会议精神和党风廉政建设重要法规，及时掌握中央、省、市关于反腐倡廉建设工作部署和要求，使中央、省、市各项决策部署在白云得到有效贯彻落实。同时，加强示范和警示教育。坚持以领导干部为重点，以树立正确权力观为核心，以廉洁奉公为主题，以执政为民为目标，加强反腐倡廉教育常态化。区分不同教育对象，充分运用廉政文化教育基地、勤政廉政先进典型事迹、典型案例开展示范教育、警示教育和岗位廉政教育，举办党员领导干部家属“廉内助”警示教育活动，组织全区88个村（居）党支部书记、主任到沙子哨监狱接受警示教育。创新廉政文化“六进”活动载体，在西南家俱城开展廉政文化进非公有制企业试点，创建省级廉政文化进农村示范点。（蒙代丰）

【重大案件查处】 2012年，区纪委查办破坏软环境建设案件14件（调查答复6件，梳理违纪违法线索12件17人，涉案金额300余万元，挽回经济损失200余万元）；采取“双规”措施1件1人，双开1人，开除1人，记大过1人。（蒙代丰）

【行政监察】 2012年，区纪委继续对全区投资额500万元以上政府投资和使用国有资金投资的在建工程项目情况进行清理。同时，加强土地卫片（卫星相片）执法检查、环境监察，及时纠正企业环境违法行为，立案查处环境违法案件17件，罚款金额34.09万元。在开展违法建筑专项打击行动中，累计拆除违法违章建筑面积10余万平方米，节约行政拆迁成本数千万元。（蒙代丰）

白云区人民代表大会及其常务委员会

【概况】 2012年，白云区人大常委会在中共白云区委的领导和上级人大常委会指导下，以邓小平理论和“三个代表”重要思想、科学发展观为指导，坚持党的领导、人民当家作主、依法治国的有机统一，围绕区委工作大局行使职权、开展工作。全年组织召开区第十届人民代表大会第一次会议，召开10次人大常委会主任会议，7次人大常委会。在人大常委会上作出决议、决定10项，补选区十届人大代表8人。听取审议区人民政府、区人民法院、区人民检察院27个工作报告以及常委会相关工作委员会相应的跟踪调查报告，检查5部法律法规实施情况。办理代表建议129件，决定和批准任免国家机关工作人员36人次。任命区人民法院人民陪审员10人，免去区人民检察院人民监督员5人。（卢小梅）

【十届人大一次会议】 1月4—8日，白云区十届人大一次会议在白云区会议中心举行。应出席会议代表154人，实到代表154人。法定列席和相关部门负责人等125名及出席政协白云区九届一次会议的委员列席会议。会议听取和审议区长黄昌祥所作的《白云区人民政府工作报告》，作出关于政府工作报告的决议。会议审查《白云区2011年国民经济和社会发展计划执行情况及2012年计划（草案）报告》和《白云区2011年全区及区本级财政预算执行情况和2012年全区及区本级财政预算（草案）报告》，主席团通过财经审查委员会《关于白云区国民经济社会发展情况和财政工作情况的审查报告》。大会通过《关于白云区国民经济和社会发展情况的决议》《关于白云区财政工作情况的决议》。会议听取和审议区人大常委会主任张朝栋所作的《白云区人民代表大会常务委员会工作报告》，作出关于白云区人民代表大会常务委员会工作报告的决议。会议听取和审议《白云区人民法院工作报告》《白云区人民检察院工作报告》，会议批准了两个报告。会议根据大会通过的选举办法进行选举，于1月8日选举张朝栋为白云区人民代表大会常务委员会主任，高贤荣、罗泽惠（布依族）、赵晶（女，满族，民进党）、吴继红（女）、杨建柳（女，侗族）、韦成文、周炳坤为白云区人民代表大会常务委员会副主任。选举王在新、卢小梅（女，无党派）、李玉（女，无党派）、李永发、吴建、张书军、欧阳知戎、施京（无党派）、曹平（女）、曹跃清、夏红阳（女，无党派）、唐光意、彭健超（女）为白云区人民代表大会常务委员会委员。选举黄昌祥为白云区人民政府区长，张民建、邱斌、李云（女）、王益彬、王斌、董智为白云区人民政府副区长。选举冯清明为白云区人民法院院长，丁泽军为白云区人民检察院检察长。选举22名白云区出席贵阳市第十三届人民代表大会代表。会议通过议案审查委员会的《关于议案的审查报告》，会议期间，收到代表10人以上联名提出的议案3件。其中，属于建设交通方面2件，文教卫生方面1件，转为代表建议、批评和意见办理。另收到代表建议、批评和意见126件。会议设立大会主席团和财经审查委员会、议案审查委员会。（卢小梅）

【补选区十届人大代表】 11月22—12月20日，按照区委统一部署，区人大常委会按照《组织法》《选举法》《代表法》《贵州省选举实施条例》等有关法律法规规定，充分发扬民主，严格依法办事，开展补选工作，及时制定补选工作方案，通过相关选区努力，完成补选8名区十届人大代表任务。补选举结果：丁雄军（参加投票选民1531人，获赞成票1531票）、冯建军（参加投票选民1391人，获赞成票 1374票）、徐昊（参加投票选民470人，获赞成票 462票）、袁岵（参加投票选民2996人，获赞成票2972票）、陈忠友（参加投票选民1066人，获赞成票1054票）、廖光力（参加投票选民1465人，获赞成票 1448票），邹平（参加投票选民744人，获赞成票724票），庞东江（参加投票选民 3007人，获赞成票2996票）。8个选区登记选民12745人，选民参加投票的12670人，参选率99.41%。（卢小梅）

【财经工作】 1.加强计划财政执行情况监督。对白云区2012年1-6月国民经济、社会发展计划执行情况和财政预算情况进行调查，对项目建设情况、拆迁安置房建设、实事办理力度和增加财政收入情况提出切实可行的审议意见；对白云区2011年财政决算情况进行调查，经审查，财经工委认为："2011年，区人民政府及财税部门贯彻落实财政政策，大力组织财政收入，努力做好财政增收节支，优化支出结构，提高财政支出绩效，保证农业、教育、科技投入的法定增长，重点建设项目得到保障，民生投入力度不断加大"；对白云区2011

年财政预算执行和其他财政收支审计情况进行调查，提出“进一步扩大对部门预算执行情况审计面，特别是重点关注重点行业和资金使用量大的项目，促进规范管理。”的审议意见；对白云区2012年财政预算调整情况进行调查，在区十届人大常委会第六次会议上作了调查报告。

2.加强重大项目和实事办理监督。对区人民政府2012年重大项目推进和实事办理情况以及“三路三片三园”建设情况进行专题视察，视察白金片区、燕京啤酒、拜特药业、铝及铝加工基地、云环东路等“三路三片三园”建设推进情况，听取项目建设单位相关情况汇报；对白云区2013年重大项目及十件实事征求人大代表意见，代表在听取区发改局和区政府相关部门汇报后，提出意见和建议：“在2013年重大项目安排初步设想中，区政府要考虑项目建设连续性，在新增项目中，要在资金、土地方面经过测算，切实可行，才列入重大项目。对于实事办理，要以解决民生问题为主，建议政府将当前白云区面临的交通通畅、村级道路修建和完善社区基础设施建设列入2013年十件实事”。（卢小梅）

【教科文卫工作】 2012年，区人大常委会教科文卫工委于2012年9月，对区政府贯彻实施《中华人民共和国义务教育法》情况进行执法检查，提交关于检查《中华人民共和国义务教育法》实施情况的调查报告；2012年3月上旬，调查全区巩固“创卫”工作，撰写调查报告，指出存在的问题；在2012年3月调查全区巩固“创文”工作中，区人大常委会提出3条建议；专题调查全区食品药品安全工作。7月，专项巡查全区道德领域（食品、学校）突出问题，撰写巡查报告。2012年9月，调研《贵阳市城市社区工作条例》立法工作，调研组先后深入区教育、科技、卫生局和大山洞、红云、艳山红、白沙关、铝兴社区等，广泛征求收集社区工作立法意见和建议，撰写巡查报告。还围绕工委联系部门的主要经济和社会指标，深入基层，对文教卫部门涉及的区政府实事完成情况进行监督。参加市人大教工委组织的10个区、县人大工作联席会议，完成《新时期对加强人大监督工作的探讨》和《对创新社区管理工作的思考》2篇经验交流材料。 （吴　建）

【法制工作】 2012年，区人大常委会法工委开展执法检查，促进依法治区。1.5月、7月分别对区人民政府贯彻执行《信访条例》《中华人民共和国残疾人保障法》情况进行执法检查，及时撰写《关于白云区人民政府贯彻执行〈信访条例〉情况报告的初审报告》《关于白云区人民政府贯彻执行〈中华人民共和国残疾人保障法〉情况报告的初审报告》，报告在充分肯定成绩的同时，指出存在的问题，并针对存在的问题提出意见建议，供人大常委会议审议参考。

2.专题视察区人民政府2012年“元旦”“春节”期间贫困村（居）民生活安排情况、安全生产及安全保卫情况，撰写专题视察报告提交区人大常委会会议与区人民政府专项专告一并审议，形成审议意见，对存在的问题要求区人民政府相关部门抓好落实整改；专项视察区人民政府开展平安建设工作，撰写《关于白云区人民政府开展平安工作情况的视察报告》，并在区人大常委会会议上进行通报；专访调查区人民政府“六五”普法工作，撰写《关于白云区人民政府“六五”普法工作开展情况的调查报告》；专项调查区人民政府“三创一保”开展情况，撰写《关于白云区人民政府开展“三创一保”工作情况报告的初审报告》，提交区人大常委会审议，并形成审议意见。

3.进一步加强法律监督、不断促进司法公正。8月，对白云区人民检察院和白云区人民法院开展“三创一保”工作情况进行调查，调查中听取区人民检察院和区人民法院对开展此项工作情况的专题汇报，并深入园区、企业、村（居）实地走访群众，通过广泛征求意见，撰写调查报告。针对存在的问题提出合理化建议，并提交区人大常委会审议。

4.完成省市人大交办的各项法规条例（草案）征求意见工作。2012年，先后完成省人大交办的《贵州省开发区条例（草案）》《贵州省促进供销合作社会发展条例（草案）》《贵州省城市公共交通条例（草案）》《贵州省村居民委员会选举办法修正案（草案）》《贵州省实施〈中华人民共和国村民委员会组织法〉办法修正案（草案）》《贵州省食品安全条例（草案）》《贵州省流动人口服务管理条例（草案）》《贵州省扶贫开发条例（草案）》《贵州省劳动保障监察条例（草案）》和市人大交办的《贵阳市建筑节能条例（草案）》《贵阳市促进生态文明建设条例（修正案）》等法规条例（草案）征求意见工作，得到省、市人大法规处充分肯定。（唐光意）

【选举任免联络工作】 2012年，选任联工委加强与人大代表的联系。1.坚持常委会领导联系代表、走访代表制度。人大常委会主任、副主任通过走访所联系代表，了解代表在执行职务过程中遇到的困难和问题，听取代表对人大工作及全区改革、发展和维护稳定的意见和建议。2.坚持邀请代表列席常委会会议制度。区人大常委会每次举行会议，都邀请部分人大代表列席，并请列席代表围绕议题表达意见，至年底，先后邀请区人大代表和乡（镇）人大主席40余人（次）列席常委会会议，提高常委会会议审议质量和扩大代表知情知政范围。

充分发挥闭会期间代表作用。为代表做好服务。1.安排代表参加执法检查等活动。区人大常委会组织代表参加对法律法规贯彻执行情况的检查，为相关部门提出建设性意见和建议20余条。

2.引导代表自学。给代表订阅《人大论坛》《人大工作》、寄送常委会会刊、人大工作资料等，努力为代表自学创造条件。3.围绕全区经济社会发展和群众关心的热点难点问题开展视察、执法检查和调研活动。分别组织代表对重点项目建设、十件实事办理、招商引资以及《土地法》《义务教育法》等实施情况进行视察、调研和执法检查。

3.组织代表小组活动。各代表组集中听取区人民政府上半年国民经济和社会发展计划执行情况以及区“十件实事”进展和重大项目建设推进情况的政情通报，并结合本区域内重点项目和实事办理情况以及公众安全感满意度工作情况开展视察，提出意见和建议。

认真督办代表议案和建议，切实提高办理质量。2012年十届人大一次会议期间，收到代表建议、批评和意见126件。加上议案转为代表建议办理的3件，共计129件全部转区人民政府办理。截至8月31日，人大代表对所提建议、批评和意见办理满意率98.45%。（王在新）

【市区人大代表联组视察活动】 1.5月16日，贵阳市十三届人大代表和区十届人大代表开展第一次代表活动，市十三届人大白云代表组全体代表，区人大常委会副主任，白云区部分人大代表视察城市基层管理体制改革新型社区工作运转情况和创文、创卫工作情况，听取白云区人民政府关于城市基层管理体制改革工作情况汇报和白云区巩固创文、创卫成果工作情况汇报。

2.12月4日，贵阳市十三届人大代表白云代表组和白云区部分人大代表开展第二次代表活动。4日上午，市人大选任联委办公室主任晏友芳到会，对代表建议、批评和意见等相关内容进行专题辅导。会后，代表先后实地察看中泉电气、燕京啤酒、云环中路、210国道和15万吨铝板带项目，区政府及其相关部门负责人向代表们汇报项目建设进展情况。区人大常委会主任张朝栋还传达学习党的十八大会议精神，并就视察情况发言。

（王在新）

区人大常委会主任张朝栋（中）调研农村基础设施建设

白云区人民政府

综　述

【概况】　2012年，区人民政府在市委、市政府和区委的坚强领导下，全区上下抢抓国发2号文件实施的历史性机遇，认真贯彻落实党的十七大、十八大、省第十一次党代会、市第九次党代会和区第八次党代会精神，经济社会呈现“总量扩大、增速加快、活力增强、社会和谐、民生改善”的良好态势，迈上率先建成“全面小康区”和加快建设“生态文明示范区”新征程。全区生产总值101.86亿元，比上年增长18.1%，首次突破百亿元大关（其中，第一产业增加值完成3.22亿元，比上年增长9.5%；第二产业增加值完成57.13亿元，比上年增长19.9%；第三产业增加值完成41.50亿元，比上年增长16.1%）；财政总收入15.93亿元，比上年增长22.5%；公共财政预算收入8.96亿元，比上年增长38.5%；金融机构存贷款余额分别达214.58亿元和213.04亿元，比上年分别增长28.3%和13.9%。城镇居民人均可支配收入21796元，比上年增长12.4%，净增2402元；农民人均纯收入10256元，比上年增长15.4%，净增1369元。发展方式加快转变，产业发展迈出新步伐。三次产业结构调整为3.2：56.1：40.7，工业方面，规模以上工业总产值260.35亿元，比上年增长23.2%；规模以上工业增加值51.5亿元，比上年增长24.6%。工业投资97.96亿元，比上年增长68.8%。新增规模以上工业企业24家，总数达127家。“三园”建设取得明显进展，铝及铝加工基地实现“10+3”工作目标，23个在建项目快速推进，总投资达60亿元，被列为省级“511”百亿级特色产业园区。铝及铝加工产业延伸实现重大突破，形成粗加工铝原料发展到高强度铝合金、铝板带、铝轮毂等精深加工产业链，铝工业实现产值157亿元，占全区规模工业总产值的58%。贵阳综合保税区经国务院批转到海关总署办理，一期开工建设9个项目。贵州省环保生态产业园已入驻年产40万吨燕京啤酒、贵州拜特制药生产基地、美国岱高汽车橡胶制品等重点企业。三产方面，旅游业快速发展，接待游客471.74万人次，比上年增长25%；实现旅游总收入31.98亿元，比上年增长62.9%。完成蓬莱仙界66平方千米旅游规划，被评为国家3A级旅游景区。成功举办贵阳避暑季系列活动之白云“六月六”布依歌会暨“蓬莱仙界”新奇特现代农业观光月活动。采取BOT模式完善贵阳欢乐世界服务设施，建成白云公园旅游接待服务中心。房地产业稳步发展，伊顿公馆、恒大城等28个重点房开项目开工建设面积达133.7万平方米，完成投资37.5亿元，销售面积50.2万平方米，成交金额20.9亿元。商业市场呈现“购销两旺”态势，社会消费品零售总额27.00亿元，比上年增长18.2%。新增9家商贸企业，总数达28家。及时兑现家电下乡补贴，发展家电下乡备案销售网点30家。农业方面，全年实现农业产值3.76亿元。特色现代产业加快发展，提升改造一批水利设施，完成“三环”内退粮进经果树改种工程，新增果树面积1570亩，食用菌生产3005万袋，蔬菜总播面积7.41万亩次，“聚特灰树花”“海曼杏鲍菇”成为该区现代农业走向全市、全省乃至全国的特色名片。贵州省现代农业展示区荣获“全国休闲农业与乡村旅游示范点”“全省旅游观光农业产业化扶贫实训基地”称号。重点项目加快建设，后发优势增添新动力。2012年实施投资1000万元以上项目160个，开工145个，开工率达90%。其中，35个区级重点项目，开工33个，建成16个，完成投资61.98亿元；18个省（市）级重点项目，建成9个，完成投资54.9亿元。全社会固定资产投资218.83亿元，比上年增长60.9%。围绕国家、省、市政策投资方向，谋划申报重点项目129个，计划投资总额850亿元。年产40万吨燕京啤酒、贵州拜特制药生产基地、美国岱高汽车橡胶制品、贵州金平果铝棒等项目快速推进，铝城铝业电解铝废料无害化处理、娃哈哈技改扩能四期、新疆广汇工业能源天然气LNG项目、赛诺管业新建生产基地、贵州华科、贵州中铝、贵州金龙铜铝等一批投资亿元以上项目提前点火投产。建成标准厂房5万平方米，投入使用2万平方米，引进世界500强企业荷兰（皇家）飞利浦LED生产基地入驻标准厂房。成功承办2012年全国有色金属加工行业技术进步产业升级大会暨贵州省有色金属加工产业发展研讨会，完成全省第二轮第一次项目建设现场观摩会任务。

充分发挥工投、城投等融资平台作用，促成贵阳银行、国开行、农商行、工行等金融机构支持白云经济建设。全年政府平台融资保障建设资金7.4亿元，省内外金融机构对区域企业和个人信贷支持资金45.7亿元。参加“贵州·香港贸易活动周”招商、贵阳市十大工业园区展示暨项目推荐会等省、市组织的大型商贸活动13场，接洽企业200家，项目集中签约500余亿元，新引进各类投资项目328个；其中，投资3000万元以上项目139个，亿元以上项目37个，十亿元以上项目14个，百亿元以上项目3个。全年招商引资实际利用外资4830万美元，比上年增长103%；市外到位资金150.27亿元，比上年增长84.09%。实施“3个20万元”工程，投入资金3400万元补贴340户微型企业。大力发展非公经济，非公经济占GDP比重比上年提高2.4%。

2012年白云区社会管理不断创新，改革开放取得新进展。撤销街道办事处，组建6个新型社区服务中心，成立城区经济发展办公室承接原街道办事处城区经济发展职能，城区经济发展和社区服务水平实现“双提升”。推行城市社区网格化服务、居政分离等改革，社区网格化管理在全市首家完成全覆盖。率先在全省全面统筹城乡社区建设，荣获“全国农村社区建设实验全覆盖示范单位”称号。2012年，安排区级科技计划项目立项48项，其中工业类项目24项，农业类项目6项，其他项目18项，安排应用技术研发资金1423万元。创新平台和载体建设持续推进，培育省级企业技术中心1家，省级高新技术企业1家、省级重点实验室1家、省级创新型企业1家、市级创新型企业5家。获国家中小企业创新基金5项，省科技计划项目31项，市科技计划项目27项，共争取资金1775万元。争取项目数量和资金额度分别比上年增长65.79%和43.84%。

社会事业全面进步，改善民生取得新成效。累计投入民生资金7.7亿元，占公共财政预算支出60%以上。全区年平均常住人口27万人，出生2199人，人口出生率11.17‰，出生性别比为104.9。进一步改善办学条件，全面启动幼儿园、农村寄宿制学校建设，全年完成全区学校校舍改扩建（改造）面积58000平方米。全年累计投入800.78万元为学校添置图书、课桌椅、多媒体教学系统、电脑等教学设备设施。多渠道补充新教师，招聘、引进111名教师。全区高中专任教师取得大学本科及以上学历比例达99.30%，比上年提高6.64%；初中专任教师已取得大学本科及以上学历比例达79.74%，比上年提高5.09%；小学专任教师已取得大学专科及以上学历比例达87.69%，比2011年提高7.82%；幼儿园专任教师已取得大学专科及以上学历比例达94.32%，比上年提高6.18%。进城务工人员子女入学问题得到有效解决，2012年，全区有19510名外来适龄儿童、少年在白云区义务教育阶段学校就读，其中在公办学校就读人数1187人占全部外来学生60.88%。秋季，全区小学招生4075人，其中进城务工人员子女2295人，占56.3%；初一招生4688人，其中进城务工人员子女2234人，占47.7%。强力推进卫生基础服务设施建设，建成艳山红、大山洞社区卫生服务中心、白云医院重症监护室，率先在全省实行“先看病、后交钱”诊疗服务。2012年度公共卫生服务经费按人均补助25.8元的标准，执行到位资金598.8万元，已拨付480万元。升级数字城管平台，新增107个监控点。建成4个全民健身工程、5个乡（镇）综合文化站、3个居委会公共电子阅览室。开展周末大舞台、送戏下乡、广场汇演、露天放影等系列文化活动100余场次，成功举办2012“俊发杯”全国山地自行车邀请赛暨“大川白金城”白云欢乐动漫嘉年华COSPLAY大赛。2012年白云区区本级城镇职工养老保险、失业保险、城镇职工医疗保险、工伤保险、生育保险参保人数分别达32807人、13606人、21140人、16904人、17221人。新型农村社会养老保险参保总人数达32459人，其中60周岁以上8301人,发放新农保养老金87236人次，发放金额1242万元。城镇居民养老保险参保总人数达1810人，其中60周岁以上1644人，发放城镇居民养老金15398人次，发放金额149.65万。完成廉租房项目建设5个、1064套、5.32万平方米，全区2357户家庭享受住房保障。

2012年，白云区基础设施不断完善，城市管理再上新水平，打造南湖东路生态景观示范街拓宽改造工程，云环路全线建成通车。完成大人山广场新建、大人山公园品质提升和周边环境整治工程，完成七彩湖上下游排污沟治理、51.39平方千米小流域石漠化治理、艳山红农贸市场周边下水道管网改造等项目；加快推进白云配水管网改造、污水处理厂二期工程、北郊水库二级水源保护区生活污水分散处理等工程。完成《长坡岭国家森林公园总体规划》修编，造林3.02万亩，补种苗木30万株，新增城市绿化面积10万平方米。进一步加大土地一级收储和片区组团开发，白金片区完成房屋征收5.7万平方米，投资12亿元，启动一期安置房、市政1、2号道路、一期115万平方米商品房等项目建设；黑石头片区完成房屋征收4万余平方米，投资6.5亿元，“一横一纵一立交”项目加快建设；程官摆拢片区完成房屋征收6.4万平方米，投资1.1亿元。整治城区房屋立面1.5万平方米、门头牌匾装饰1000余处、重要建筑物亮化5000平方米，修补城市破损道路3.2万平方米、乡村公路170千米。拆除违法建筑265户、17.24万平方米。“整脏治乱”综合考核中，位列全省第4位、全市第2位。2012年该区列为省（市）重大工程和重点项目18个，其中：计划新开工项目10个，续建项目6个，收尾项目2个，投资目标34.9亿元。2012年累计完成投资54.92亿元，完成省市下达全年目标的157.4%。安排区级重点项目35个，总投资129.74亿元，年计划投资50.21亿元。开工33个项目，开工率达

2012“俊发杯”全国山地自行车邀请赛暨“大川白金城”动漫嘉年华大赛

94.29%，完成投资63.43亿元，项目累计完成投资111.5亿元。

（姜 蓓）

【政府文件目录】 1.《关于抓好“三环”以内及高速公路可视范围种植业结构调整工作的实施意见》（白府发〔2012〕1号）

2.《关于印发<关于加强和改进白云区政府投资建设项目审计评审工作的意见>的通知》（白府发〔2012〕15号）

3.《关于印发<关于加强和改进白云区政府投资建设项目审计评审工作的意见>的通知》（白府发〔2012〕15号）

4.《关于印发<白云区关于贯彻落实<市人民政府印发关于做好被征地农民就业和社会保障工作的意见的通知>的实施办法>的通知》（白府发〔2012〕24号）

5.《关于做好2012年度高龄老人长寿补贴发放及管理工作的通知》（白府发〔2012〕36号）

6.《关于大力扶持微型企业发展的意见》（白府发〔2012〕39号）

7.《关于印发白云区城乡居民收入倍增计划的通知》（白府发〔2012〕42号）

8.《关于印发<白云区全民科学素质行动“十二五”规划>的通知》（白府发〔2012〕50号）

9.《关于印发<白云区农村土地承包经营权确权登记颁证试点工作方案>的通知》（白府发〔2012〕66号）

10.《关于做好2012年淘汰落后生产能力有关工作的通知》（白府发〔2012〕69号）

11.《关于印发<白云区儿童发展规划>的通知》（白府发〔2012〕85号）

12.《关于印发<白云区妇女发展规划>的通知》（白府发〔2012〕86号）

（胡亮亮）

【政府办文件目录】 1.《关于印发<白云区人民调解员调解纠纷补贴标准和管理办法>及<白云区人民调解员调解纠纷以奖代补补贴发放实施细则>的通知》（白府办发〔2012〕5号）

2.《关于转发<市人民政府关于贯彻落实中华人民共和国行政强制法的实施方案的通知>的通知》（白府办发〔2012〕6号）

3.《关于印发<白云区开展打击私屠滥宰强化肉品卫生安全专项治理行动方案>的通知》（白府办发〔2012〕7号）

4.《关于加强出租屋、“三合一”场所集中排查整治和“老弱病残妇幼酒”等七类人员消防安全管理的通知》（白府办通〔2012〕11号）

5.《关于转发<市人民政府办公厅关于印发贵阳市商贸批发市场规范布局调整暨清理搬迁工作方案的通知>的通知 》（白府办发〔2012〕13号）

6.《关于转发<市人民政府办公厅关于进一步加快推进固定资产投资重大工程和重点项目建设工作的通知>的通知》（白府办发〔2012〕14号）

7.《关于印发<白云区城乡低保户粮油供应工作方案>的通知》（白府办发〔2012〕20号）

8.《关于转发<省人民政府关于大力扶持微型企业发展的意见>的通知》（白府办发〔2012〕23号）

9.《关于印发<白云区名牌发展战略实施意见>的通知》（白府办发〔2012〕28号）

10.《关于印发<白云区2012年安全生产工作安排意见>的通知》（白府办发〔2012〕31号）

11.《关于印发<白云区打击非法行医专项行动工作实施方案>的通知》（白府办发〔2012〕32号）

12.《关于进一步严肃政府系统会议纪律端正会风的通知》（白府办发〔2012〕33号）

13.《关于印发<白云区关于进一步做好农民工培训工作的实施办法>的通知》（白府办发〔2012〕35号）

14.《关于印发<贵阳市白云区“十二五”名牌发展专项规划>的通知》（白府办发〔2012〕36号）

15.《关于印发<白云区关于落实大力发展微型企业工作实施方案>的通知》（白府办发〔2012〕39号）

16.《关于对全区民办幼儿园安全工作开展联合检查执法的通知》（白府办发〔2012〕40号）

17.《关于加强政府门户

网站信息报送及更新工作的通知》（白府办发〔2012〕41号）

18.《关于印发<贵阳市白云区矿山环境保护与治理规划（2009年-2020年）>的通知》（白府办发〔2012〕42号）

19.《关于印发<白云区户外广告专项整治工作实施方案>的通知》（白府办通〔2012〕30号）

20.《关于下达2012年全区工业经济目标的通知》（白府办发〔2012〕45号）

21.《关于印发<白云区扶持微型企业发展实施办法>的通知》（白府办发〔2012〕46号）

22.《关于印发<白云区集中开展安全生产领域“打非治违”专项行动工作方案>的通知》（白府办发〔2012〕49号）

23.《关于印发<白云区2012年义务教育阶段薄弱学校改造工程项目实施方案>的通知》（白府办发〔2012〕52号）

24.《关于印发<白云区城市基层管理体制改革单位债权债务清理工作方案>的通知》（白府办发〔2012〕55号）

25.《关于印发<2012年白云区应急管理工作要点>的通知》（白府办发〔2012〕56号）

26.《关于转发<省人民政府办公厅关于印发贵州省促进创业投资加快发展的指导意见（试行）的通知>的通知》（白府办发〔2012〕57号）

27.《关于印发<白云区全民科学素质行动计划纲要实施方案>的通知》（白府办发〔2012〕59号）

28.《关于印发<白云区农贸市场专项整治工作方案>的通知》（白府办发〔2012〕60号）

29.《关于印发<贵阳市白云区村民住宅确权工作方案>的通知》（白府办发〔2012〕63号）

30.《关于印发白云区2012年食品安全重点工作责任分解表的通知》（白府办发〔2012〕65号）

31.《关于印发<白云区继续深入扎实开展安全生产年活动实施方案>的通知》（白府办发〔2012〕72号）

32.《关于加强白云区重要经济目标防护工作的通知》（白府办发〔2012〕73号）

33.《关于转发<省人民政府办公厅关于进一步推进扩权强县工作的实施意见>的通知》（白府办发〔2012〕77号）

34.《关于建立火灾隐患举报投诉中心有关事宜的通知》（白府办通〔2012〕39号）

35.《关于清理整顿学前教育、义务教育阶段非法民办学校的通知》（白府办通〔2012〕41号）

36.《关于印发<贵阳市白云区村民住宅确权工作实施细则>的通知》（白府办发〔2012〕79号）

37.《关于印发<白云区就业专项资金审核工作联席会议制度>的通知》（白府办发〔2012〕81号）

38.《关于转发<市人民政府印发贵阳市关于进一步加强政府投资项目概算管理的意见的通知>的通知》（白府办发〔2012〕82号）

39.《关于印发<白云区关于加强人口计生队伍建设提高计生临聘人员和村（居）计生专干补贴待遇的实施方案>的通知》（白府办发〔2012〕83号）

40.《关于印发<2012年白云区乡镇农产品质量安全监管公共服务机构建设实施方案>的通知》（白府办发〔2012〕87号）

41.《关于印发<白云区乡、镇（社区服务中心）消防安全网格化管理工作实施方案>的通知》（白府办发〔2012〕91号）

42.《关于转发<省人民政府关于进一步深化农村金融体制改革的指导意见>的通知》（白府办发〔2012〕94号）

43.《关于转发<市人民政府关于批转<贵阳市国有企业重大事项管理暂行规定>的通知>的通知》（白府办发〔2012〕96号）

44.《关于印发白云区义务教育均衡发展工作实施方案的通知》（白府办发〔2012〕99号）

45.《白云区关于落实<关于进一步加快贵州贵阳国家农业

科技园区建设与发展的意见>的实施意见》（白府办发〔2012〕101号）

46.《关于印发<白云区消防志愿服务活动实施方案>的通知》（白府办发〔2012〕102号）

47.《关于印发<白云区社区基础设施建设及公益事业专项资金管理办法（试行）>的通知》（白府办发〔2012〕108号）

48.《关于印发<白云区2012年度城镇退役士兵安置工作方案>的通知》（白府办发〔2012〕111号）

49.《关于印发白云区城区少数民族流动人口服务管理体系建设试点工作实施方案的通知》（白府办发〔2012〕113号）

50.《关于印发白云区文明示范村寨实施方案的通知》（白府办发〔2012〕114号）

51.《关于转发<市人民政府印发关于推进保障性安居工程和棚户区城中村改造及重点项目建设的若干措施（试行）的通知>的通知》（白府办发〔2012〕115号）

52.《关于印发白云区贯彻落实质量发展纲要2011—2020年全面推进质量兴区工作实施意见的通知》（白府办发〔2012〕116号）

53.《关于转发<市人民政府关于印发贵阳市市政公用事业特许经营招标投标监督管理制度的通知>的通知》（白府办发〔2012〕117号）

54.《关于印发<白云区应征入伍高等学校学生奖励优待暂行办法>的通知》（白府办发〔2012〕123号）

55.《关于印发<白云区消除燃煤污染型氟中毒危害项目后期管理

方案>的通知》（白府办发〔2012〕124号）

56.《关于印发白云区2013年全面推进质量兴区工作目标责任分解表的通知》（白府办通〔2012〕62号）

57.《关于进一步明确煤矿安全包保责任的通知》（白府办通〔2012〕65号）

58.《关于印发<关于建立社区工作准入制度的意见（试行）>的通知》（白府办通〔2012〕66号）

59.《关于进一步加强控辍保学工作的紧急通知》（白府办通〔2012〕68号）

60.《关于印发<贵阳市白云区国家卫生城市长效管理考核办法（试行）>的通知》（白府办发〔2012〕130号）

61.《关于印发白云区节能减排财政政策综合示范工作推进方案的通知》（白府办发〔2012〕131号）

62.《关于印发白云区“十二五”节能减排综合性工作方案的通知》（白府办发〔2012〕132号）

63.《关于转发<市人民政府办公厅关于印发贵阳市推进当前服务业增长明显提速十条措施的通知>的通知》（白府办发〔2012〕133号）

64.《关于印发<白云区2012年环境保护工作目标和任务分解表>的通知》（白府办发〔2012〕137号）

65.《关于印发<白云区促进开发区工业园区健康快速发展意见

责任分解表>的通知》（白府办发〔2012〕139号）

66.《关于进一步加强农村自办宴席食品安全管理有关工作的通知》（白府办发〔2012〕141号）

67.《关于印发白云区2013年春节期间烟花爆竹安全管理工作实施方案的通知》（白府办发〔2012〕142号）

68.《关于进一步加强流浪未成年人救助保护工作的通知》（白府办发〔2012〕143号）

69.《关于印发<白云区开展禁止非法使用童工专项行动实施方案>的通知》白府办发〔2012〕144号

70.《关于印发<白云区预防和解决企业工资拖欠应急周转金制度的实施方案>的通知》（白府办发〔2012〕145号）

（胡亮亮）

综合工作

【办理区人大代表建议】 区十届人大一次会议后，区政府收到区人大常委会交办的代表建议、批评和意见（以下简称建议）129件，其中农林水方面38件，占收到代表建议总数（下同）29.4%；建设交通方面33件，占25.6%；教育、卫生、文广方面16件，占12.4%；城管方面11件，占8.5%，国土方面9件，占7%，公安方面6件，占4.7%，其他方面16件，占12.4%。经过3个月办理，已经解决或基本解决代表建议55件，占总数42.6%。列入逐步解决的代表建议44件，占总数34.1%。暂不能解决代表建议30件，占总数23.3%。办理情况不满意代表建议2件，占总数1.6%。（高　杨）

【办理区政协委员提案】 区政协九届一次会议期间，区政协委员提出提案和建议（以下简称提案）90件。经过3个月办理，提案所提问题已经解决或基本解决44件，占承办总数48.9%。正在解决或列入计划逐步解决29件，占承办总数32.2%。因资金、政策等条件限制暂时不能解决，留待以后研究有17件，占承办总数18.9%。政协委员对办理结果表示满意和基本满意90件，无不满意件，满意率100%。（高　杨）

【年度实事完成情况】 1.完成白云六中改造、白云职校改扩建，均已交付使用。

2.完成城乡统筹就业11577人。

3.完成朝晖路公厕改造，新建1座南湖新区公厕带垃圾转运站、1座龚家寨片区公厕带垃圾转运站，均已投入使用；为沙文镇、都拉乡、牛场乡分别配置垃圾转运车2辆。

4.完成南湖东路建设并投入使用；完成大养路、华恒机械厂、白云北路、同心路大十字广场等主次干道破损路面进行零星维修26020平方米，更换、增设人行道板6220平方米；完成都拉至北郊水厂水库、二都路、普唐关至大土、龙潭至凤凰哨等破损道路修复19850平方米；完成普大线、小沙线、牛尖线、落三线等20余条农村破损公路修复。

5.完成七彩湖上下游排污沟1000米；完成艳山红农贸市场周边下水道官网改造工程。

6.完成新建、提升、改造节水灌溉项目2个，总投资500万元；山塘整修6座、饮水工程5处、提灌站更新7站。

7.完成51.39平方千米范围内小流域石漠化治理工程。

8.完成改造大山洞社区服务中心、艳山红社区服务中心、麦架镇、都拉乡4个就业和社会保障服务设施。

9.完成白云医院重症监护病房建设并投入使用。（姜　蓓）

【政府法制】 1.科学安排，依法行政工作有序推进。制定《依法行政年度工作要点》，深化行政管理体制改革、完善行政决策机制、加强规范性文件管理、规范行政执法行为、强化行政监督等工作，各行政部门根据区政府《依法行政年度工作要点》拟定部门工作计划，做到有计划、有重点、有总结。2.广泛听取各界建议，提高民主决策水平。依照白云区《政府工作规则》，关系全区经济社会发展重大决策和人民群众切身利益重要事项，都采取专家论证会和听证会方式，或邀请人大代表、政协委员、科技界、法律界、工商企业界人士和老干部、社区居民、农民代表，召开论证会和听证会，广泛征求意见，听取民意，确保行政决策可行性、科学性和合法性。3.推行政务公开，提高政府公信力。区政府及各部门所做出各项决策制度，除法律、法规规定必须保密事项外，通过区政府网站、新闻媒体向社会公开，让百姓共享信息化成果，以行政服务中心为平台，落实政务服务工作。4.建立健全领导干部学法制度，提高依法行政法律意识。健全政府全体会议、常务会议学法制度，加大法律学习、宣传、培训力度，邀请法学专家，对全区副科级以上以及执法单位股所级干部进行培训，提高领导干部和执法人员依法行政意识和能力。2012年7月，省政府法制办王彤处长为全区副科级以上领导干部举办行政强制法讲座。同时，还组织部门骨干参加全省行政强制法培训学习，提升干部依法行政能力。5.完善依法行政考核制度，提高依法行政效力。定期或不定期开展对区属部门依法行政评议考核，重点对执法依据、执法程序、执法时限、执法责任等方面进行考核，并将考核情况向政府常务会进行专题汇报，对存在的不足，明确整改时限和责任人。通过行政职权严厉考核，推进各执法单位执法水平提升。

坚持规范性文件管理，提升制度建设标准。1.为政府决策把好关。围绕区政府重大工作决策和中心工作，搞好法制审查，发挥参谋助手作用。2012年，对区政府出台的“白金片区、黑石头片区、程关摆拢片区开发建设”等10余项工作政策措施进行审查把关，推动各项工作规范实施。2.搞好合同审查。配合三路三片三园开发建设，参与沙文园区、白金片区等一大批招商引资和建设项目合同，及时会同区法律顾问进行法律审查。重点从土地、税收、行政事业收费、行政审批、行政强制、行政征收等方面开展合法性审查，先后审查各类合同50余件次。3.严格规范性文件审核。对各部门规范性文件进行审查，确保规范性文件合法有效。

推进行政监督与行政调解工作相结合，促进社会和谐稳定。区政府成立白云区行政调解协调指导委员会，指导各有关执法部门的行政调解工作，将监督与调解工作有机结合，全区7个执法单位建立行政调解专门委员会，建立有效化解行政争议新渠道。各行政调解专门委员会挂牌并配备专职人员和场所，成功开展行政调解事项16件，有效化解矛盾促进社会和谐。

行政复议与行政应诉。2012年，区政府法制办接受行政复议等法律咨询30余件次，受理行政复议案件3件（维持原具体行政行为2件，中止1件），发挥行政复议解决行政争议、化解人民内部矛盾、维护社会稳定作用。行政应诉3件（其中2件原告撤诉，1件终审判决维持区政府的行政决定）。（高　杨）

【督办督查】 2012年，区政府督查室1.按照国务院和省、市人民政府重要工作部署和指示精神，对省、市各项工作落实情况开展专项督查；2.根据区人民政府全体会议、常务会议、区长办公会议、有关专题会议精神，加大对会议决定重要工作部署和重大事项督办，及时报告执行情况，编发《督查通报》《督查专报》；3.加大对市、区“10件实事”跟踪督查力度；4.完成办理上级转办件和区长交办件、批示件以及重大决策、工作部署督查落实工作，并及时回告办理结果；5.根据全区经济运行情况及各项工作进展情况，编发《督查月报》。全年，编发《督查通报》45期，《督查专报》46期，《督查月报》12期，下发《督办通知书》18份。（张雪莲）

【政务服务与政务信息】 2012年，白云区政务大厅各窗口受理事项9071件，办结9000件，办结率99.22%。进驻大厅各项行政许可、非行政许可、服务类事项承诺办结时限平均为13.43个工作日，所有事项实际办结时限平均为5.78个工作日，实际办结时限比承诺办结时限缩减56.96%。政务大厅各窗口行政审批电子监察系统情况运行正常，未出现一例黄牌、红牌事项。

截至年底，全区6个社区、5个乡（镇）便民利民服务中心完成网上审批系统建设，进入试运行阶段。（黄　茜）

档案·方志

【城建档案管理】 2012年，区城建档案馆作为全省首家区（县）级城建档案馆完成档案整理1056卷，馆藏量12720卷。（曹华翁娜）

【白云区获“社会主义新农村建设档案工作示范县”称号】 2012年，白云区获得国家档案局、民政部、农业部联合授予“社会主义新农村建设档案工作示范县”称号。成为贵阳市首家、贵州省第二家获此殊荣的单位。（罗体竹）

【档案信息化建设】 2012年，区档案馆加强馆藏数据库建设，对土地延包档案、基建档案、农房档案、婚姻档案等利用率较高档案进行全文数字化扫描。扫描馆藏档案75900页。（罗体竹）

【档案整理】 1.区档案局着力做好档案指导工作，对全区机关、企事业单位档案进行指导。2012年，开展档案业务指导267

人次，全区各单位立卷归档率100%。2.规范城乡低保档案整理工作，编制《城乡低保档案目录》，区档案局、区民政局联合下发《关于加强城乡低保档案规范化整理的通知》（白档通字〔2012〕3号）文件。3.区档案局配合区林业绿化局开展重新规范整理集体林权制度改革档案工作，对乡镇、行政村重新整理林改档案3671件。4.举办1期全区档案人员业务培训班。（罗体竹）

【档案利用】 2012年，对外接待群众查阅档案826人次，提供利用档案662卷次。服务政治建设、经济建设，民生建设、房地产、金融、教育、婚姻、社会保险、民事诉讼等领域。

（罗体竹）

【农业农村档案工作】 区委、区政府将档案工作列入全区社会主义新农村建设总体规划，制定《贵阳市白云区社会主义新农村建设专项规划》，出台《加强档案工作的意见》《关于白云区创建“全国社会主义新农村建设档案工作示范县”实施意见》。区档案局对全区农业农村档案工作进行业务指导和监督检查，深入区各涉农部门、乡（镇）、行政村开展业务指导，举办培训班，全面推进创建工作开展。区档案局对各成员单位业务指导889次。下拨39000元用于改善乡（镇）档案保管条件，为56个行政村匹配85个档案铁皮柜，价值61500元。在区涉农部门、乡（镇）、社区服务中心建立示范点。实现全区涉农部门档案工作100%达标，5个乡（镇）、56个行政村，建档率100%。（罗体竹）

【档案接收】 2012年，区档案馆接收原大山洞街道办事处、原龚家寨街道办事处、区国土局、区财政局档案1428卷、19618件。（罗体竹）

【档案宣传工作】 2012年2月23日，《中国档案报》记者赴区开展社会主义新农村建设档案工作“基层行”采访活动，记者一行先后前往全区各乡（镇）、行政村就档案工作建设情况进行调研采访，《中国档案报》记者深入村民家中了解村民对档案工作知晓情况。2012年3月9日，在《中国档案报》头版头条报道《为了一个共同的心愿—贵阳市白云区老中青三代档案员坚守一线工作见闻》。2012年，区档案局利用白云电视台、《白云快讯》等新闻媒体，制作电视专题片《情系兰台》《白云档案掠影》。（罗体竹）

【《白云区志》编纂】 2012年，草拟《白云区志》二轮修志纲目草和资料收集等工作。

（罗体竹）

区档案局接收区国土局档案点卷现场

【《白云年鉴》编纂】 5月，完成《贵阳市白云年鉴（2008-2011）》编撰、出版、发行。全书1300千字，16开本，设有20个类目，彩页28版，照片73张。

（罗体竹）

【《中华人民共和国政区大典（白云卷）》编纂启动】 3月7日，白云区召开《政区大典（白云卷）》编纂工作动员会，成立编纂委员会，制订《〈中华人民共和国政区大典〉（白云卷）编纂工作方案》，拨付专款20万元。7月30日，完成30余万字《政区大典（白云卷）》送审样书。8月23日，邀请市民政局领导和省市专家史继忠、刘隆民、刘正绪初稿评审。（黄进宝）

机构编制管理

【概况】 2012年，区编委办完成党政机构改革事项10起，完成事业单位改革事项11起，新设立事业单位15家，严格执行《事业单位登记管理暂行条例》《事业单位登记管理暂行条例实施细则》及有关法律法规，全区事业单位登记为法人单位154家，新设立登记事业单位法人单位11家，办理变更登记单位12家，证书遗失补领单位1家，对应参加法人年检154家事业单位法人进行年检，合格95家。（陈晓莹）

【党政机构改革】 1月29日，白云区统计局业务二科加挂第三产业调查科牌子；3月5日，区委政法委内设机构规范调整为5个，均为副科级，核定内设机构领导职数5名（副科级）；3月5日，贵阳市白云区检察院内设机构调整为5个；3月28日，根据省编委办《关于在全省开展机构编制核查工作的通知》（省编办字〔2012〕12 号）和贵阳市编办《关于转发<关于在全省开展机构编制核查工作的通知>的通知》（筑编办通〔2012〕6号）要求，印发《白云区关于开展机构编制核查的工作方案》（白编办字〔2012〕19号），完成全区机构编制核查验收并开展机构编制实名制网络管理软件使用培训及数据录入，为各单位核发新机构编制管理证；3月30日，中共贵阳市白云区委群工委加挂“中共贵阳市白云区委社会管理综合治理委员会”牌子；4月24日，白云区政府办公室增设领导职数1名；6月15日，根据省编委办《关于为基层司法所增加政法专项编制的通知》（省编办发〔2011〕41号），经市编委会议研究，白云区基层司法所增加政法专项编制3名；7月27日，为中共贵阳市白云区委群工委增加内设机构社会管理科，增加内设机构领导职数1名；7月27日，区政协办公室增加内设机构2个，增加内设机构领导职数2名；7月27日，贵阳市白云区人民法院增加内设机构2个；12月11日，根据《中共贵州省委贵州省人民政府关于市（自治州、地区）、县（市、区、特区）政府机构改革的指导意见》（黔党发〔2009〕8号）及贵阳市编委办《关于组建白云区生态文明建设局的批复》（筑编发〔2012〕64号）精神，组建白云区生态文明建设局，加挂白云区环境保护局、白云区林业绿化局牌子。白云区环境保护局、白云区林业绿化局行政管理职责，整合划入白云区生态文明建设局，为白云区人民政府工作部门，其内设机构6个，机关行政编制11名（从原区环境保护局划转5名、原区林绿局划转5名、区工信局划转1名），领导职数1正3副，内设机构领导职数6名。（陈晓莹）

【事业单位改革】 1月10日，贯彻落实《中共中央国务院关于分类推进事业单位改革的指导意见》（中发〔2011〕5号）精神，根据中央、省、市编委关于开展事业单位清理规范工作要求，区编委办印发《贵阳市白云区开展事业单位清理规范工作方案》（白编办字〔2012〕1号），通过清理规范，全面掌握事业单位机构编制执行情况。2.2012年1月29日，区政府办公室下属政府采购中心及政务服务中心各增加事业编制3名；1月29日，区蔬菜生产技术服务中心增设办公室与业务科2个内设机构，增设内设机构领导职数2名；2月1日，根据《省人民政府办公厅转发省编委办等部门关于加强和完善中小学幼儿园教职工编制管理意见的通知》（黔府办发〔2011〕79号）精神，结合白云区中小学及幼儿园实际，重新核定全区中小学及幼儿园事业编制2362名，其中中学1086名、小学1058名、幼儿园218名；2月7日，白云区统计局下属社情民意调查中心更名为乡镇统计管理办公室，升格为正科级；3月5日，白云区铝兴社区服务中心升格为正科级；4月24日，区委宣传部下属事业单位“会展经济办公室”职责划入白云区投资促进局，区投资促进局加挂会展经济办公室牌子，增加副科级领导职数1名；7月27日，区卫生和食品药品监督管理局下属白云区农村合作医疗管理委员会办公室升格为副科级；7月27日，区机关事务局增加内设机构1个，增加内设机构领导职数1名；7月27日，白云区卫生和食品药品监督管理局下属区第二人民医院（艳山红镇卫生院）更名为白云区中医医院，“白云区艳山红镇卫生院”作为第二名称继续保留；7月27日，乡（镇）农业综合服务中心加挂农产品质量安全监管站牌子；9月26日，区科协下属区科技咨询服务中心更名为白云区科技服务管理中心，加挂“白云区科技咨询服务中心”牌子；12月11日，区交通运输局所属区交通运输管理所经费形式由自收自支变更为全额拨款。（陈晓莹）

【新设行政事业单位】 2012年，新成立的事业单位有：6月7日,成立区城乡农贸市场管理办公室，为区政府直属正科级事业单位；2月7日，成立区棚户区城中村改造办公室，为区政府直属正科级事业单位；2月7日，成立区人口和计划生育督查执法大队，为区计生局下属副科级事业单位；3月5日，成立区城区经济发展办公室，为区政府直属正科级事业单位；4月24日，成立区流动人口服务管理办公室，为区计生局下属正科级事业单位；5月4日，撤销艳山红街道办事处、大山洞街道办事处，成立艳山红社区服务中心、大山洞社区服务中心和红云社区服务中心，都拉营街道办事处更名为都拉营社区服务中心，明确相关机构编制事项，对原街道办事处职责进行划转。5月9日，成立区教育局会计核算中心，为区教育局下属股级事业单位；7月26日，成立区党代表联络服务工作办公室，为区委组织部下属正科级事业单位；7月26日，成立区社会救助局为区民政局下属副科级事业单位；7月27日，成立区数字化城管监督指挥中心，为区城管局下属副科级事业单位；7月27日，成立区婚姻登记管理中心，为区民政局下属股级事业单位；8月27日，成立区节能减排监察大队，为区发改局下属股级事业单位；8月27日，成立大山洞社区卫生服务中心、艳山红社区卫生服务中心，为区卫生和食品药品监督管理局下属股级事业单位；9月6日，成立区奖励扶助办公室，为区计生局下属股级事业单位；9月11日，成立区老干活动中心，为区委离退局下属副科级事业单位。（陈晓莹）

人事管理

【人才引进】 2012年，全区引进人才172人。其中，硕士研究生13人，教育部直属师范大学免费师范毕业生5人。（刘　燕）

【公务员管理】 2012年，全区录用公务员（参公人员）25人；公务员（参公人员）年度考核992人；新进公务员初任培训39人。（刘　燕）

【事业单位招考】 2012年，全区面向社会公开招考聘用事业单位人员106人。（刘　燕）

【职称管理】 2012年，全区推荐评审通过高级职称资格12人、中级职称资格26人、初级职称资格1人、初聘62人。年审专业技术职务资格证书562个。其中，高级50个、中级197个、初级315个。（刘　燕）

【人才队伍建设】 2012年，区人社局贯彻公务员法等政策法规，加强干部队伍建设；严格按照《事业单位公开招聘暂行规定》《贵阳市事业单位公开招聘工作人员暂行办法》，开展事业单位公开招聘工作人员工作；加强专业技术人才队伍建设，完成七冶职工医院移交地方政府管理工作，对符合政策规定146人人事关系进行划转，批准辞职6人、辞退2人、开除1人；开展人才培训。对专业技术人员、管理人员开展工业强省战略学习培训，参加培训人数3172人；制定并实施《白云区区属机关、事业单位在职人员攻读学历学位、晋升专业技术职称、考评国家级职业资格证及技师以上技工等级进行资助奖励暂行办法》，全年，资助奖励8人，资助奖励金额133765元。（刘　燕）

【工资改革】 2012年，全区启

动公务员津补贴和事业单位绩效工资第二步改革，将年人均标准从2.6万元提高到3.2万元。同时，将退休人员工资补贴比例从按在职人员的70%提高到按在职人员85%。全区涉及此次改革机关及参公单位在职人员1214人，离退休人员385人，事业单位在职人员3297人，离退休人员1209人。（代克其）

白云区接受民政部全国农村社区建设实验全覆盖示范单位评估汇报会

民政事务

【概况】 2012年，区民政局内设办公室、综合业务科2个内设机构，新增副科级事业单位白云区社会救助局、股级事业单位白云区婚姻登记管理中心、白云区老年学校，与原白云区双拥工作办公室、白云区地名委员会办公室、白云区殡葬管理所、贵阳市白云区社区建设指导办公室共7个下设机构。2012年，白云区被民政部授予"全国农村社区建设实验全覆盖示范单位"，创建"全国村务公开民主管理示范单位"工作全区5个乡（镇）均通过省级验收，殡葬改革工作被评为贵阳市先进区，同时优抚安置及社会组织管理获贵阳市民政考核单项奖。（张艺严）

【村务公开】 全区56个村建立村务监督委员会和村务公开民主管理领导小组，制定出台《关于进一步加强村务公开民主管理工作的意见》《村务公开的内容和要求》《关于村务四议两公开的制度》等文件，在56个村全面推开点题公开，确保村民知情权、决策权、民主管理权。同时，每季度由区纪委、区监察、区民政、区审计、区财政、区生态文明局等部门组织村务公开民主管理检查组对全区村务公开民主管理工作进行检查，并公开通报，纳入区政府年终目标考核。8月，艳山红镇、麦架镇、沙文镇、都拉布依族乡、牛场布依族乡被省民政厅命名为"贵州省村务公开民主管理示范单位"。（黄作国）

【基层自治组织建设】 2012年，区民政局制订《白云区关于加强居民委员会自治能力建设的实施方案》，明确居民委员会职责，健全日常工作制度，建立完善居委会议事协调机制、民主管理制度、工作体系，建立居委会建设经费保障机制和递增机制。全年发放居委会离职退养老居干生活补助款25.35万元，政府购买服务补助费、工作经费及社区工作者补助经费376万元，村干部基本报酬补助金526.43万元。（黄作国）

【新社会组织培育】 2012年，区民政局制订《白云区2012年1至6月整体推进社会组织培育发展创新工作实施方案》，成立区整体推进社会组织培育发展创新工作领导小组。全年培育发展符合经济社会发展需求各类社会组织15家。截至2012年底，全区社会组织115个，75家社会组织通过年检。5月4日，全区启动城乡社区社会组织备案工作，全年备案城乡社区社会组织13家。5月18日，全市首家农村党员干部现代远程教育协会在牛场布依族乡成立。（刘明旺）

【未成年人救助】 加强流浪未成年人救助监管工作。印发《白云区人民政府关于进一步加强流浪未成年人救助保护工作的通知》，完善区流浪未成年人救助机制，成立区流浪未成年人救助保护工作领导小组，实行领导24小时带班值班制，加强对流浪未成人救助保护工作和巡查收救力度。救助其他流浪人员12人，发放临时救助金190元，棉被4床、棉衣4件；救助流浪未成年人19名，其中救助社会弃婴6名，送儿童福利院安置；依法办理收养登记2人，为9名孤儿发放基本生活保障补助金8.64万元；对1名留守未成年人进行妥善安置，发放慰问金1300元，米25公斤、油4.5公斤。（罗永亮）

【特殊人群救助】 2012年，区民政局救助社区戒毒康复人员37户40人，发放各类救助保障金12218元；救助刑释解教人员31户31人，发放各类救助保障金8046元。（彭海欧）

【地名区划】 9月13日，大山洞社区服务中心南山居委会、小河沟居委会、小山坝居委会、沙农居委会移交麦架镇管理，完成原大山洞街道办事处“飞地”社区划转移交工作；配合完成白云区城市基层管理体制改革后6个新型社区服务中心区划调整工作。（黄进宝）

政协白云区委员会

综　述

【政协九届一次会议】 区政协第九届委员会第一次会议于2012年1月4日至7日举行。会议审议通过区政协主席卢瑞礼作工作报告；审议通过区政协副主席张汝昌作提案工作情况报告，协商讨论黄昌祥作《政府工作报告》和其他报告，完成换届工作任务。会议收集委员提案93件，审查立案86件，提案作为技术建议转有关部门参考7件。（何正柏）

【政治协商】 1.组织例会协

政务环境治理主席约谈会现场

商。2012年，组织召开区政协全会1次、政协党组会议8次，常委会议4次、主席会议12次。在区政协九届一次全会上，就涉及全区经济社会发展重大问题和人民群众关心热点、难点问题开展协商讨论，针对治安环境、政务效能、基层组织建设、项目建设、经济科技、“创文”“创卫”成果巩固、民族宗教、文化教育卫生、公益事业、社会保障等方面提出85条意见建议。2.开展专题协商。区政协就区农田水利建设、“三路三片三园”开发、重大项目协调服务等工作进行专题协商。在“政务环境治理”“白云区历史遗留户籍问题”主席约谈会上，提出16条意见和建议。组织区政协各界别委员30余人就区2013年建设项目安排意见召开民主协商会，提出19条意见建议。组织各界别委员30余人就垃圾焚烧发电项目召开民主协商会，提出6条意见建议。3.开展专委会与有关工作部门对口协商。就预防职务犯罪、民间文化传承与开发、工业经济发展等专题与相关部门进行对口协商。（何正柏）

区政协主席卢瑞礼率区政协委员视察白云区城市体制改革

【民主监督】 1.组织区政协委员就白云区政法机关保驾护航促发展、文明城市、卫生城市长效管理等进行走访座谈和视察。2.对区廉租房分配过程进行民主监督，组织区政协委员参加区法院“两抢一盗”案件审判监督，参加贵阳市人民检察院、金西监狱等工作监督30余人次。3.参与社会治安管理工作监督，选派50名区政协委员参加全区“保平安、促和谐”人大代表政协委员监督团。2012年，对全区社会治安综合治理工作进行监督20余次 150人次，提出意见建议60余条。4.向区委、区政府报送《政协信息》12期，提出意见建议200余条。（何正柏）

【参政议政】 1.协调推进“娃哈哈四期、五期”“白金片区”“环保产业生态园”等重点项目，解决征地、拆迁等问题10余个。2.深入贵阳西部化工、台农企业施工现场、塑力集团、银星化工、家和嘉公司、贵州汇新科技发展有限公司等企业座谈调研，帮助企业协调解决问题18个。3.对“三路三片三园”开发建设、村级组织建设等工作进行专题调研，撰写《“三片”开发建设调研报告》《白云区村级组织建设调研报告》。4.对农田水利建设、石漠化治理、城市基层管理体制改革、“创文”“创卫”成果巩固、教育教学质量、群众文化建设、贯彻落实《残疾人保障法》、政法机关保驾护航促发展情况等工作进行视察，与民进贵阳市委联合开展水资源保护农村垃圾处理情况视察，撰写《关于白云区农田水利设施建设状况的视察报告》《对白云区石漠化治理的视察报告》《关于白云区开展农村基层组织建设情况的视察报告》《关于白云区城市体制改革的视察报告》《关于白云区群众文化建设的视察报告》《关于白云区教育教学质量的视察报告》《白云区贯彻实施〈残疾人保障法〉情况的视察报告》《政法机关保驾护航促发展》等8篇专题报告。丁雄军在《关于白云区城市体制改革的视察报告》上批示：“报告总结成绩、分析问题、提出建议，很有针对性和可操作性，请区委区政府分管领导采取切实可行办法逐步解决相关问题”；在《关于白云区教育教学质量的视察报告》上批示："报告有情况、有问题、有建议，很好！"同时，区政协民主党派成员撰写《对白云区生态旅游建设的调查与思考》《关于白云区人口老龄化问题的调查报告》《白云区城市基层管理体制改革：社区服务中心运行情况引发的思考》《白云区县级公立医院运行情况调研报告》等9篇调研报告。（何正柏）

【智力支边工作】 1.区政协协调配合市政协争取到香港小平教育基金会向白云二中100名贫困学生捐资30万元。2.协调农工党贵阳市委开展"同心·助成长"系列活动，向白云二中高二年级10位品学兼优的学生每人资助1200元，合计12000元。3.协调致公党贵阳市委，争取致公党浙江省宁波市委向区牛场乡10名贫困学生继续开展结对助学，提供资助每人每年1200元，直至完成高中学业。4.邀请贵阳二十三中副校长、心理咨询师吴晓东到白云二中为区70多名教师作《教师职业倦怠及心理调适》专题讲座，邀请贵阳九中物理学科高级教师栾英到白云二中开展高一物理《动能与动能定律》课堂示范教学。5.联合市九三学社、区卫生局、区红十字会共同向区67名乡村医生举办培训。联合市侨联组织贵阳市友好医院内科、外科、五官科、儿科、妇科等专家在沙文镇开展送医下乡活动。接受群众咨询和提供义诊达200余人，赠送药品合4000余元。6.2012年，区支边联系小组成员单位开展各种形式培训37000余人次。（何正柏）

【提案工作】 1月17日，区委、区政府召开提案交办会，区政府与承办单位签订了提案办理责任书，现场进行提案交办。组织修订《政协贵阳市白云区委员会提案工作条例》。截至2012年12月，区政协九届一次会议上93件提案建议全部办理答复完毕，委员满意率100%，解决涉及教育、医疗、社会治安、环境卫生、市场管理等民生问题。（何正柏）

民主党派与工商联

中国国民党革命委员会贵阳市委员会白云支部

【概况】 2012年，民革贵阳市委白云支部支委根据《中共中央关于深化文化体制改革、推动社会主义文化大发展大繁荣若干重大问题的决定》精神，组织党员走访白云区文化局、文化馆及部分乡（镇），就全区文化工作进行调研，撰写调研报告《对白云区群众文化工作的调研》。在市、区"两会"上，支部中的人大代表、政协委员撰写代表建议和提案 13 件。同时，支部积极开展助学支教活动，对鸿鹄学校、精英学校进行帮扶，资助5000余元教学用具，党员李宗经对学校教师进行专题培训。支部还参加区统战部组织的助学捐赠活动，捐赠助学款1000元。

（石　伟）

中国民主同盟贵阳市委员会白云支部

【概况】 2012年，民盟贵阳市白云支部有盟员26人。其中，具有副高级专业技术职称的21人，中级技术职称的5人。在职有14人，退休12人。

支部组织盟员学习十八大精神，结合工作实际谈心得，谈感想，参与单位建言献策活动，参加社会调研和社区活动。盟员业自觉深入街头、社区，了解民情，撰写调研报告，年内完成研究课题3个，撰写提案6份，并在人大、政协联组会上发言。 （石 伟）

中国民主同盟贵阳市委员会白云一中小组

【概况】 2012年，民盟贵阳市委白云一中小组有盟员5人。白云一中小组坚持学习，加强自身建设，组织全体盟员学习党的方针政策，传达民盟贵阳市委、中共白云区区委有关重要会议精神。学习《贵阳盟讯》《群言》时事政治等。胥群秀委员提交《关于调整白云区专业技术职务结构比例控制标准的建议》《关于落实教师待遇，调动教师积极性的建议》《关注教师心理，淡化成绩考核的建议》等提案。2012年，白云一中盟小组参加区统战部捐资助学活动，捐资700元。 （石 伟）

中国民主同盟贵阳市委员会贵州铝厂支部

【概况】 2012年，民盟贵铝支部召开4次组织生活会，组织盟员学习和讨论〔国发2号〕文件精神、十一届全国人大五次会议和全国政协十一届五次会议精神、贵州省第十一次党代会精神、中共贵阳市第九次代表大会精神、贵阳市政府工作报告、区政情等；向区政协提交《加强对渣土车在运输路途上的管理》《新形势下规范中职学生行为习惯的途径与方法》调研报告，提出“加强对人行道地砖的维护，避免雨天给行人的行走带来不便”“建议在大山洞路口增设简易钢结构的人行过街天桥”“建议增加大山洞至山林路公交车”3条提案。年内，支部盟员参与捐资助学捐款500元， （石 伟）

中国民主建国会贵阳市委员会白云支部

【概况】 2012年，民建白云区支部有会员36人。其中，女会员13人，非公经济组织会员7人，大专以上学历会员34人，中级以上专业技术职称会员22人。会员中担任区政协副主席1人，区政协常委1 人，和谐白云促进会副会长1人、荣誉会长1人、理事1人，区政协委员5人，市政协委员2人。市、区“两会”期间，支部中的市、区政协委员撰写提案14件，其中市政协重点提案1件，区政协重点提案1件。1月14日，民建白云区支部在白云区夏日康桥酒店举行迎春联谊会，应邀出席联谊会市、区领导有贵阳市人民政府副市长，民建贵阳市委主委余维祥、副主委石洋、

民建白云支部、七冶支部联谊会

调研员盛桂芝、秘书长徐朝刚，区政协主席卢瑞礼，区委常委、区纪委书记张朝栋、常务副主席、区委统战部部长高贤荣，副主席张汝昌、李桂平及区属各民主党派支部负责人。5月，民建贵阳市委白云支部主委徐仁烈出席中国民主建国会贵州省第八次代表大会。年内支部开展7项为社会服务、智力支边和帮贫济困等工作。1月，给大山洞社区、云晖社区、建安社区10户贫困户及残疾人（户）各送去大米10公斤、食用油5公斤、猪油2公斤、鸡蛋30个、干面条2.5公斤、水果5公斤、酱油5包等过年物资。“六一”儿童节前，会员孟强为贵阳市第十一幼儿园捐资3000元。支部会员为区委统战部“助学基金”捐资5200元。会员捐资25000元于12月25日为白云启智学校送去3台热空调取暖，为全校26名学生赠送书包及学习用品。为牛场民族中学举办1期中学英语口语基础教学培训。为沙文镇对门山村培训指导种植花卉苗木。在牛场布依族乡蓬莱村举办辣椒种植技术培训。（石　伟）

中国民主建国会贵阳市委员会七冶支部

【概况】　2012年，民建七冶支部认真抓好对会员的政治思想教育，组织会员深入学习胡锦涛在中共十八大上的报告、中共十七届六中全会精神和《中共中央关于深化文化体制改革、推动社会主义文化大发展大繁荣若干重大问题的决定》等，深刻领会“同心”思想内涵，教育会员树立“参政为民”理念，将“三信”（信念、信心、信用）意识作为思想政治工作的具体目标。同时，努力建设学习型参政组织，完善和落实支部中心学习小组学习制度。全年支部组织集中学习5次。开展读书活动，参与民建市委组织的“喜迎十八大、争创新业绩”主题征文活动。（石　伟）

中国民主建国会贵阳市委员会贵州铝厂支部

【概况】　2012年，民建贵铝支部有会员29人。其中，具有高级

农工党义诊

专业技术职称8人（高级工程师3人、高级教师3人、高级会计师1人、副主任医师1人，中级专业技术职称人员11人），区第九届政协委员1人，民建市委会委员1人。会员多数为贵州铝厂退休职工，其中55岁以上会员17人，占总会员58.6%，会员年龄结构偏大。会员谢洁明撰写的提案《关于改造白云南路的建议》获区政协优秀提案表彰。（石　伟）

中国民主促进会贵阳市委员会白云支部

【概况】　2012年，民进白云支部有会员19名。年内支部坚持政治学习，全年安排集中政治学习5次，向民进市委会报送宣传信息6篇、学习体会文章1篇，向区政协和区统战部分别报送信息5篇。支部把健全组织会议、组织生活等工作制度，坚持开展组织生活，与开展集中思想政治学习相结合，全年召开组织生活会3次，完成区委统战部专题调研论文2篇，向民进市委会报送提案原案1件，调研论文转化为提案1件。（石　伟）

中国民主促进会贵州省委员会七冶直属支部

【概况】　2012年，民建七冶支部有会员24人，主要以教师为主。年内支部围绕党和政府中心工作，就群众关心的热点、难点问题做好调查研究，反映社情民意。6月，2名会员参加省委民进组织的建党90周年活动征文比赛；发表文章2篇。7月，支部组织会员撰写题为《开展进步性建设，努力提高区域参政议政能力》的理论文章。（石　伟）

中国农工民主党贵阳市委员会白云支部

【概况】　截至2012年底，农工党白云支部有党员23名，分别来自卫生、教育、环保、工会、社区等部门。支部主要开展参政议政、智力支边、社会救助及弱势群体帮扶等工作。在区“两会”上发好言、提好案，反映社会关注的热点和难点问题；组织部分党员深入调查研究，走访有关部门，广泛听取人民群众意见和建议，提交《关于强化学校心理教辅机制，关注学生心理健康的建议》《建议重视发展农村职业教育，提高农民素质》《关于进一步加强学派工作的建议》等3个政协提案；定期开展对牛场布依族乡、沙文镇乡村医生培训；长期资助1名残疾人员；在农工市委及区委统战部组织下开展对贫困学生救助；参与区和谐促进会的社会捐赠及社会救助。（石　伟）

九三学社贵阳市委员会七冶支社

【概况】　2012年，九三学社七冶支社把社员学习提高、组织发展、支社活动作为组织建设着力点，坚持保证质量、优化结构、严格程序，稳步推进组织发展，对申请入社的积极分子开展思想交流、邀请参加支社活动等方式进行培养。5月31日，支社召开入社积极分子座谈会，对入社积极分子进行社章、社史学习和教育。组织骨干社员学习全国两会精神，履行参政职能，围绕白云经济建设建言献策，围绕新型农村社区建设开展调研，于6月撰写完成调研报告。利用政协会议平台，参政议政，报送的《关于加快开发白云文化旅游的建议》等3项建议被社市委确定为上报市政协地提案。全年支社向社市委、区委统战部报送社情民意信息5条，调研报告3篇；向区政协、区委统战部报送其他信息6条。6月，支社主委田光忠当选第七次代表大会代表。12月，支社获九三学社市委组织的“学习践行社会主义核心价值体系”活动先进集体二等奖。（石　伟）

九三学社贵阳市委员会贵铝支社

【概况】　截至2012年底，九三

学社贵铝支社社员55人，其中具有高级专业技术职称41人，占总数74.5%；具有中级专业技术职称14人，占总数25.5%。社员中从事医卫工作7人、从事教育工作6人、从事技术工作42人。年内支社新发展社员2名。11月，支社获得九三学社贵阳市委授予“学习践行社会主义核心价值体系活动先进集体”称号；12月，支社获九三学社贵州省委授予“九三学社建社65周年优秀基层组织”称号。主委冯海华获“2012年九三学社贵州省委优秀社员”。全年，支社向有关部门提交《关于进一步加强贵阳市铝土矿资源开采监管的建议》《关于禁止“楼上楼”、“房上房”等违法违规建房用于商业出租的建议》等2篇调研报告。（石　伟）

区工商联

【概况】 2012年，区工商联组织25家企业参加区委组织道德教育宣讲大会；有100家企业代表参加区工商联与区委组织部联合邀请浙江大学教授孙家良开设“宏观经济环境与企业策略选择讲座”；组织5家企业参加习水县政府、贵阳市工商联（贵阳）招商推介会；组织10余家非公有制企业的知识产权、科技管理干部及技术人员参加“企业如何掌握现有技术”培训班；组织10余家非公有制企业高级管理人员参加市委统战部组织学习十八大研讨会。年内区工商联发展会员26家，补选区商会第五届副会长1人。开展会长活动8次。非公有制企业中人大代表、政协委员在区“两会”期间提交17件提案。5月14日，区工商联、区总工会、区人力资源与社会保障局、区教育局联合举办民营企业招聘周活动。活动吸引省内外61家非公有制企业进场招聘，提供1826个岗位。招聘现场向群众发放《农民工进城务工必读手册》《劳动合同法》《失业保险政策》等宣传资料2000余份，提供政策咨询1200余人，报名登记人员1300人，达成意向协议401人。

（邓召斌）

【社会捐助】 2012年。区工商联协助区委统战部动员非公有制经济人士加入和谐白云促进会，发挥非公有制企业经济优势，参与化解社会矛盾，共同构建和谐社会。在区“两会”召开前，动员拟推荐担任区人大、区政协有关职务非公有制经济代表人士16人加入和谐白云促进会，捐助资金48余万元。7月底，全区168家企业向和谐白云促进会捐赠资金561万元。

5月，区工商联召开全区“万家企业联村助村帮扶活动”推进会，把“万企助村”活动作为参与社会管理、构建和谐社会的重要载体，发挥非公有制企业经济优势，采取一企帮一村、一企帮多村或多企帮一村形式，通过联村助村帮村帮扶全区56个行政村。贵州西南国际家居装饰有限公司出资近10万元用于“重阳节”期间慰问艳山红镇尖山村五保户和资助尖山村考上专科以上院校学生；贵阳市白云区红湖休闲度假旅游有限公司“六一”儿童节期间捐赠扁山小学笔记本电脑2台；隆标矿粉厂资助扁山村党建工作经费12.7万元；贵阳西部化工有限责任公司协调解决新村村附属工程运输问题，方便企业与群众出行。贵州崇益土地开发有限公司扶持大山村发展花卉苗木产业，建立花卉苗木基地，打造花卉苗木村，已种植苗木270多万株，售出30多万株，为农户创造经济收入30余万元；崇益公司出资对大山村60岁以上老人每月发放生活补贴。贵州金泰科技有限公司利用自身生产农机具优势，向牛场布依族乡捐赠价值7.8万元13台实用旋耕机。贵州攀月农业发展有限公司总经理王荣华近期捐赠100吨高效有机农家肥、价值22万余元，帮助农户改善春耕条件。（邓召斌）

社会群众团体

GUI YANG BAI YUN NIAN JIAN 2013

总工会

【概况】 2012年，区总工会全面完成各项工作任务。

1．创新社会管理加强工会工作。5月前，完成5个新成立社区服务中心工会工作委员会组建，明确社区工会工作委员会工作职责，实现原街道办事处总工会工作向社区工会工作委员会平稳过渡。

2．完成“二普”（第二次经济普查）和2009年后新增企业及机关事业单位、社会团体和新社会组织台账及会员花名册建立。全区“二普”企业695家，其中不具备建会条件企业179家，完成台账录入695家，建会503家。2009年后新增企业299家，完成台账录入299家，建会299家。工资集体协商应签802家，实签645家，签订率80.4%；完成台账录入645家，录入率100%。集体合同应签802家，实签645家，签订率80.4%；机关、事业单位、社会团体和新社会组织总数241家，建会241家，建会率100%；完成台账录入241家，录入率100%；发展会员34669人。规模以上非公企业71家，建会67家，建会率94.4%。新型社区5个，100%建会。全年组建基层工会组织17个，发展会员215人；指导18个基层工会完成换届改选。召开白云区总工会五届五次全委（扩大）会议，补选产生区总工会主席和副主席，健全区总工会领导班子建设。

3．开展创建劳动关系和谐企业，和谐工业园区活动。

4．“春风行动”组织74家企业参与，提供就业岗位3666个（外区企业10家，提供就业岗位206个），报名登记人员达800余人，达成就业意向协议200人。“民营企业招聘周”活动组织61家企业参与，提供就业岗位1826个（参与外区企业3家，提供就业岗位20个），报名登记人员达1300余人，达成就业意向协议401人。

5．举办白云区2012迎十八大、庆祝建国63周年全民健身职工运动会。

6．对乡（镇）办总工会、基层工会、系统工会以及困难企业485名困难职工和农民工进行走访慰问，发放慰问金18.91万元。对包保村“一帮一”结对帮扶的11名困难村民及困难优扶对象开展走访帮扶，发放帮扶金3300元。对区司法局、区公安分局及贵阳柏丝特化工有限公司、合金熔铸厂5名身患重病困难职工进行慰问，发放慰问金5000元。走访慰问17名生病劳模，发放慰问金8.5万元。“金秋助学”发放助学金6.2万元。补助因意外致家庭困难的白沙关社区居民1人，金额5000元。

7．组织246家单位24016名职工、322个班组参加“安康杯”安全生产竞赛，贵州亚港气体有限公司、白云区疾病预防控制中心和贵州塑力线缆有限公司被市总工会评为优胜企（事）业单位。 （喻绍琮）

共青团白云区委员会

【概况】 2012年，共青团白云区委开展以“我是共青团（少先队）员，我为团（队）旗添光彩”“团员社区先锋行”“抗旱救灾我行动”为主要内容的团(队)员教育和实践活动；开设2

团员青年庄严宣誓

期团员执行力讲座，培养团干部“比实干、求实效、当先锋、做表率”的工作作风。创新基层团组织建设，指导5个新型社区服务中心成立团委，探索新型社区团组织活动方式，成立“爱在社区”学雷锋志愿服务站；指导22家非公有制企业建立团支部，中泉电气、娃哈哈饮料、双胞胎饲料3家企业成为团省委和团市委领导非公有制企业建团联系指导点，通过团中央对非公有制企业团组织建设工作进行检查调研。（付宇一）

【青年志愿者活动】 2012年，共青团白云区委联合区计划生育部门广泛招募计生志愿者，开展“生育关怀—青春健康”活动，邀请计生专家为1000余名青少年授课，并在全区开展计生宣传、义诊、发放计生用品等活动。组织500余名青年志愿者开展“学习雷锋精神、共建平安白云”大型青年志愿者服务活动；组织100余名青年志愿者开展“在祖国生日·为社会做奉献”主题实践活动，活动中解答群众提问2000余人次，帮助老弱群众160余人次；开展春晖进校园、春晖关爱农民工子女、驻区大学生春晖感恩教育等系列主题活动，聘请春晖使者15人，义务支教10余次，受教学生300余人。

（付宇一）

【青少年思想教育】 2012年，共青团白云区委对青少年思想教育上，开展18岁成人仪式教育、青年文明礼仪教育等活动，“永远跟党走”党史教育宣讲，“红领巾心向党—学先锋，找榜样，争四好”主题队日活动，邀请专家进校园开展感恩教育，培养少年儿童党、团、队衔接组织意识和常怀一颗感恩之心面对生活和学习，组织30余名中小学生到西安、延安等地参观学习。

（付宇一）

【服务青年就业创业】 2012年，共青团白云区委联合区人事劳动部门开展35岁以下青年技能评比和培训，举办SBY小老板培训班2期，培训35岁失业城乡青年30人。创建10个青年创业培训和见习基地，资助创业带头人资金5000元。完善青年小额贷款工作，协助青年获得创业贷款350余万元。推荐3名农村优秀青年加入贵阳市青年商会。

（付宇一）

【法制教育“三进”活动】 2012年，共青团白云区委围绕“预防青少年违法犯罪，维护青少年合法权益”的主题，联合区综治委各成员单位开展法制教育“三进”（进学校、进农村、进社区）活动，以“学法律、讲权利、讲义务、讲责任”为主要内容，聘请6名工作经验丰富的政法工作者组成讲师团，以学校为主阵地，乡（镇）、社区服务中心、辖区派出所组织社会闲散青少年参加，开办讲座8场，覆盖全区青少年1600余名。

（付宇一）

妇女联合会

【概况】 2012年，区妇联被省纪委、省监察厅授予贵州省廉政文化进家庭示范点、贵阳市妇联系统创建全国文明城市先进集体、2001—2010年贵阳市实施妇女儿童发展规划先进集体、贵阳市优秀妇女之家、贵阳市先进妇联组织荣誉称号。全年全区发放妇女小额信用担保贷款16笔，发放金额275万元。区妇联向全国妇联争取帮扶资金2万元，帮助2名“两癌”贫困患者治疗。5名唇腭裂患儿获嫣然天使基金“天使之旅—把爱传出去”医疗救助行动救助。为区小太阳幼儿园（民营）争取帮扶资金5000元用于基础设施维护，发放维权解困资金17000元。全区6个新型社区评选出300户“平安家庭”进行表彰。“六一”期间，区妇联还走访慰问小学52所、幼儿园38所、启智学校1所，慰问物品价值50000余元。全年，区妇联接待来信来访52人次，来信来访处理率达100%。（余　雁）

归侨侨眷联合会

【概况】 2012年，全区登记归侨侨眷近300人，归侨来自印度尼西亚、马来西亚、新加坡、柬埔寨、朝鲜、越南、泰国、缅甸；侨眷和港澳同胞眷属的亲人分布在22个国家和地区。

（王　蓉）

【侨法宣传】　2012年，区归侨侨眷联合会在区政府网站上开展《中华人民共和国归侨侨眷权益保护法》《中华人民共和国归侨侨眷保护法实施办法》《贵州省实施〈中华人民共和国归侨侨眷权益保护法〉办法》等侨务法律法规普及宣传，在区文化广场设立宣传点集中开展爱侨助侨宣传活动，发放“5271”爱侨助侨活动倡议书2000余份，侨法宣传资料1000余份，同时，通过新闻媒体、悬挂宣传标语、黑板报等形式宣传侨法知识。（王　蓉）

【维护侨益】　2012年，区侨联接待来信来访来电16人次。区侨联协调相关部门解决所反映的问题，并根据侨眷考生升学照顾加分政策，为2名侨眷考生办理侨眷身份证明书。（王　蓉）

【侨界活动】　2012年，区侨联利用中华民族传统节日和重大节日，开展送温暖、送爱心等活动。1月12日至17日，区委、区人大、区政府、区政协分管领导，深入基层走访慰问重点归侨侨眷、侨眷知识分子160户，困难侨眷15户，发放慰问费28500元。1月17日，市侨联副主席张孟一行深入长山居委会贫困侨眷潘财源和塔山居委会贫困侨眷汪耀芳家中进行慰问。以“5271”活动为载体，将爱侨助侨、爱心送温暖落到实处，分别慰问龙德卫、周雅凤、韩效明等3名困难侨眷，发放慰问费1500元。“圣诞节”“元旦节”前夕，向全区归侨、侨眷及其海外亲人和有关部门赠送、赠寄圣诞卡、新年贺卡300余份，进一步加强与归侨、侨眷和海外华侨、华人的沟通和联系。9月27日，区侨联与区委统战部联合在区行政中心二楼多功能厅举行“白云区2012年统一战线各界人士迎国庆贺中秋电影招待会”，区政府副区长赵子铱代表区委、区政府向区各民主党派、工商联、台胞、台属、归侨、侨眷、宗教界和少数民族等致以亲切的问候和节日的祝贺！区归侨、侨眷代表和驻区企事业单位分管侨务工作的领导80余人参加招待会。（王　蓉）

残疾人联合会

【概况】　2012年，全区有残疾人16953人，2547名残疾人办理第二代《中华人民共和国残疾人证》。其中，视力残疾283人，听力残疾171人，言语残疾76人，肢体残疾1478人，智力残疾207人，精神残疾255人，多重残疾77人。

（刘新春　邓朝红）

【残疾人康复】　2012年，全区按人均1元落实康复工作经费，按辖区不少于人均0.15元安排残疾人社区康复经费。

全年，区残联为低视力者配用助视器15个，培训低视力儿童家长10人；盲人定向行走训练25人；设低视力康复部1个（白云一医）；新收训聋儿10人，培训家长10人；肢残儿童机构康复训练1人，肢体残疾人社区、家庭康复训练3人，智残儿童康复训练6人，智残儿童家长康复训练6人。开展“百台轮椅进社区，辅助器具进家庭”活动，为各乡（镇）、社区发放9台轮椅、4副腋拐；为残疾人发放5台坐便椅、5个盲杖、2个防褥疮气垫圈；发放贫困残疾儿童“辅助器具适配”假肢、矫形器2个，轮椅、坐姿椅、站立架、助行器11个。

区残联切实落实贫困精神病人住院补助政策，为40名贫困精神病人补助住院治疗费4万余元，为贫困精神病患者免费提供3.3万余元治疗药品。补助892名农村残疾人合作医疗2.23万元。开展“百万光明行—白内障复明工程”公益活动，为50名白内障患者免费施行复明手术。完成省残疾人康复重点工程：0—7岁贫困听力言语残疾儿童抢救性康复训练2名，贫困自闭症残疾儿童抢救性康复训练2名，15岁以下贫困脑瘫残疾少年儿童抢救性康复训练6名，贫困肢体残疾少年儿童矫治手术4例，贫困智力残疾少年儿童抢救性康复训练6名；贫困听力障碍残疾人验配助听器10台，贫困下肢缺肢者安装普及型小腿假肢4具、大腿假肢4具；完成国家“残疾儿童康复救助七彩梦行动计划”；完成1—6岁听力残疾儿童助听器验配与康复训练2名，7岁以下肢体残疾儿童矫治手术1例，脑瘫残疾儿童康复训练2名；贫困孤独症儿童康复训练3名。

（刘新春　邓朝红）

【残疾人就业】　2012年，全区新增残疾人就业19人，127名残疾人在公益性岗位工作。为自主创业残疾人1人发放3000元创业扶持金，为贵阳市斯普特节能环保科技有限公司发放康复扶贫贷款贴息补助3.15万元。录入就业年龄段城镇户口各类残疾人和职业培训状况调查登记数据。征收残疾人就业保障金289万元。

（刘新春　邓朝红）

【残疾人劳动技能职业培训】　2012年，区残联投入8万元举办7期残疾人实用技术培训班，655人次参加培训（农村实用技术培训2期531人次，城镇残疾人职业技能培训5期124人次），培训内容涉及无公害农产品生产技术、现代养猪技术、计算机操作、丝网花工艺制作、棒针编织、钩针编织等，培训期间学费、教材费、食宿费全免。同时，还组织11名残疾人参加全市残疾人手工培训，2名残疾人参加省残疾人摄影培训，3名盲人参加市盲人初级按摩培训。

（刘新春　邓朝红）

【残疾人教育】　2012年，区残联设立助学奖学基金10万元，对参加成人高等教育、自学考试、远程教育并完成大专以上学业，取得文凭的残疾人、贫困残疾人家庭子女给予适当奖励。年内为58名高中和高等教育阶段贫困残疾人学生、残疾人子女发放就读补助3.9万元，向残疾大学生黄德春发放助学补助2000元。

（刘新春　邓朝红）

【残疾人帮扶】　2012年，区残联帮扶贫困残疾人2000人次，发放帮扶款物41万余元。为181名残疾人发放2011年度居家托养费9.05万元，为170名残疾人发放2012年度居家托养费8.5万元。投入32.84万元(含省市补助款7.14万元）帮助17户农村贫困残疾人完成危房改造。

（刘新春　邓朝红）

【残疾人文体活动】　2012年，区残联组织小品、舞蹈、器乐、诗朗诵等6个节目参加贵阳市第八届残疾人文艺汇演，获1个二等奖、4个三等奖、1个优秀奖，区残联获组织奖二等奖。组织16幅书法、绘画、刺绣、手工艺作品参加全国、省、市展览和书画赏析交流活动。推荐17名残疾人运动员参加省、市残疾人运动员选拔。组织开展第6次全国特奥活动，利用“助残日”开展特奥宣传，组织残疾人开展跳绳、乒乓球、跳棋等体育活动。

（刘新春　邓朝红）

【残疾人组联维权】　2012年，区残联全力指导各乡（镇）、社区残联、村（居）残协开展换届工作，至6月，全面完成88个村（居）残协换届；9月，完成5个乡（镇）残联换届和6个新型社区服务中心残联组建。在非公有制企业贵阳白云银星化工厂、贵州金磨科工贸发展有限公司建立残疾人协会。12月16日—17日，白云区残联第五次代表大会召开，115名代表参会，省残联副理事长揭晓东，市残联理事长陈光勇，区委副书记、区委群工委书记刘继东，区人大常委会副主任罗泽惠、吴继红，副区长李云，区政协副主席蒋晓红出席会议。各区（县、市）残联及区群团组织负责人应邀出席开幕式。会议听取和审议第4届主席团工作报告，明确残疾人事业发展战略、工作方针和主要任务；选举产生新一届残联主席团：李云当选主席团主席，廖燕、李轶男、刘新春当选副主席；推举廖燕任执行理事会理事长，管伟良任副理事长；通过5个专门协会主席：盲人协会主席夏凡，聋人协会主席曾海蓉，肢残人协会主席黎发文，智力残疾人及亲友协会主席庄惠宗，精神残疾人及亲友协会主席安祺；聘请区委副书记、区委群工委书记刘继东为名誉主席，人大副主任罗泽惠、政协副主席蒋晓红为名誉副主席；提出《中国残疾人联合会章程》修改意见；对2007年—2012年度残疾人工作成绩突出的32家扶残助残先进集体、11名残疾人自强模范和27名残疾人工作先进个人进行表彰。全年组织残疾鉴定6次，为176名残疾人办理第二代《中华人民共和国残疾人证》。对艳山红镇摆拢村、白沙关社区服务中心龚西居委会2个监测点35名残疾人状况进行监测，12月5日省、市残联组织交叉检查，白云区监测数据零差错，获省、市残联肯定。8月20日在区老干活动中心举办2012年残疾人工作者政治理论、业务知识暨残疾人法律法规骨干培训班，各乡（镇）、社区残联主席、理事长、残疾人工作者，各专门协会主席及残疾人专职委员120人参加培训。为177名残疾人办理《白云区残疾人免费乘车证》，残疾人凭此证免费乘坐区域内1、2、3、4、18、19、29、30路公交车；为264名残疾人办理贵阳市免费乘车卡，残疾人凭此卡免费乘坐市区1—75路公交车（55、58、60路除外），社区公交车301—315路。为55名下肢贫困残疾人发放残疾人机动轮椅车燃油补贴1.43万元。投入8000余元为3户贫困残疾人家庭开展无障碍改造，安装热水器、坐便器各2个。实行理事长接待日制度，接待来信来访32件73人次，办结32件，办结率100%；接待电话咨询180余次均详细答复，答复率100%。开展残疾人专用车摸底调查登记工作，备案登记残疾人专用车36辆（四轮车16辆，其中辖区户籍残疾人10辆，流动人口残疾人6辆；排量150毫升以上三轮残疾人专用车14辆，其中辖区户籍残疾人10辆，流动人口残疾人4辆；排量150毫升以下残疾人专用车6辆）。

（刘新春　邓朝红）

【扶残助残活动】　2012年，全国助残活动期间，区政府残疾人工作委员会领导走访慰问乡（镇）、社区22户残疾人贫困户，每户慰问金200元；乡（镇）、社区党政领导走访慰问辖区5户以上残疾人贫困户。区残工委成员单位开展帮扶活动，投入经费2万余元，帮助结对帮扶残疾人贫困户解决生产生活困难。5月18日，在区文化宫广场开展第22次“全国助残日”宣传活动，开展残疾人法律法规有奖知识宣传，发放《中华人民共和国残疾人保障法》《残疾人就业条例》等宣传资料4000余份，奖品200余份；组织残疾人进行乒乓球、羽毛球、象棋、弹子棋等体育运动项目比赛；邀请文艺工作者与爱好文艺的残疾人同台表演舞蹈、歌曲、诗朗诵、乐曲演奏等文艺节目。同时，区残联做好“春节”期间贫困残疾人走访慰问，副省长慕德贵率省、市有关领导在白云区走访慰问3户残疾人贫困户，为每户送去1000元慰问金及1床被褥。全区走访慰问796户贫困残疾人，发放慰问金28.59万元，发放大米632户19552公斤、食用油492户2224升、棉衣棉被43户99件。同时，慰问区精神病防治康复站62名病人及医务人员，发放慰问款物折合人民币7000元。“六一”期间，区残联到区启智学校看望慰问全体师生，送去慰问金1000元。计划生育“三结合”帮扶活动中，区残联为艳山红社区长山居委会3名帮扶对象送去帮扶资金1950元。

（刘新春　邓朝红）

文学艺术界联合会

【概况】　区作家协会、区书法家协会、区美术家协会、区摄影家协会、区音乐家协会、区舞蹈家协会、区曲艺家协会和区民间文艺家协会等8个协会属白云区文联团体会员，至2012年底，有会员500余名。区文联紧跟时代发展步伐，抓好协会建设。2012年，区文联组织召开摄影家协会第四次会员代表大会，选举新的协会领导成员。全年，区文联组织全区文艺工作者深入农村、企业、学校、社区、园区开展送春联、送书法、送文艺、送摄影等文艺交流活动20余次，还慰问牛场布依族乡包保贫困户。区文联参与白云区迎接中央文明办文明城市指数测评迎检工作，配合完成“白云周末大舞台”首场文艺演出工作，完成贵阳避暑季之白云“六月六”布依歌会暨“蓬莱仙界”新奇特现代农业观光月活动展示园区游园解说词拟写等工作。2012年，区文联组织参加贵阳市禁毒书画展，举办“高新·白云书画摄影展”“喜迎白云区人大政协两会书画摄影展”“白云区第三十届迎春征联活动”“白云区少儿舞蹈才艺大赛”“俊发杯”全国山地自行车邀请赛摄影比赛。协办贵阳避暑季之白云“六月六”布依歌会暨“蓬莱仙界”新奇特现代农业观光月活动楹联征集比赛，组织书法家为蓬莱村群众书写对联200余幅。（刘　毅）

政法

综　述

【社会治安综合治理】 2012年，白云区社会治安综合治理委员会以开展“平安白云”创建活动为载体，全面推进社会治安综合治理。全区上半年公众安全感实现“达标进位”后，区财政继续拨付1000万元专项资金，高新技术产业开发区管委会新增500万元综治专项经费，确保社会治安综合治理工作开展。同时，以政策支持为保障，加强对重点地区排查整治。2月初，区综治委下发《关于继续深入推进社会治安重点地区排查整治工作的实施意见》，8个治安乱点被列为区级整治对象，每月开展专项重点整治；强化校园及周边治安综合治理；加强对流动人口管控工作，建立全区流动人口中10—18岁、21944名未成年人信息系统。

区综治委以依靠群众为出发点，全面开展平安创建宣传。各级各部门开展平安包保工作，形成区委常委包片，县级领导包乡（镇）、社区，科级领导包村（居）工作格局。采取各种宣传形式，增强群众参与综治工作热情。

以创新管理为突破口，加强社会管控力度。继续把防范“两抢一盗”违法犯罪行为作为提升公众安全感首要任务，开展“强综治、创平安、保发展”活动；与“三防”工作结合，挤压流动人口中违法犯罪分子活动空间；技防入户工程采取市场化运作，实现政府效应、企业效应和社会效应有机统一。

以完善制度为支撑，扩大综治工作督检范围。建立完善社会治安综合治理目标管理责任制和“一票否决”、领导责任查究办法等工作机制，把严格问责作为提高群众安全感满意度重要手段，对不作为、不尽职单位和干部严格问责。

全区年内立刑事案件数、“两抢一盗”及入室盗窃案件数分别为1727件、1437件、602件，与2011年相比分别下降13%、16.21%和21.31%；破获刑事案件598件，破案率34.63%，同比上升7.43%；年度安全感测评达87.39%。（田　原）

乡镇干部清查流动人口

【维护社会稳定】 2012年，中共白云区委政法委员会以矛盾纠纷排查化解为抓手，夯实维稳工作基础。围绕全区开发建设、重大工程项目、土地房屋征收和违建房屋拆除等易引发矛盾的现状，深入开展矛盾纠纷排查化解活动，实行灵活有效报告制度。全区年内发生民间矛盾纠纷641件，成功调处640件，调处率99.84%。各类涉稳矛盾118件，化解51件，全市135件重大突出矛盾和问题中涉及白云区8件得以化解。发挥区“和谐促进会”化解社会矛盾中的作用，协调社会力量及社会资金帮助困难群体解决实际问题，全年，动用各类资金199.48万元化解各类矛盾45起。

以源头防范风险为要求，强化重大事项社会稳定风险评估。3月22日，区委政法委组织召开社会稳定风险评估工作安排部署会议，严格督促各部门成立风险评估领导小组，制定部门社会稳定风险评估实施细则，对不同项目进行社会稳定风险评估，明确责任主体和协助主体，明确风险评估报告提交时限，其中评定为三级风险8个，评定为四级风险33个。省交办贵阳市178个重大项目社会稳定风险评估涉及白云区18个项目全部完成，其中三级风险项目3个、四级风险项目15个。至2012年底，审核各类风险评估报告81份。

以稳控工作为重点，推动维稳工作社会管理创新。区委政法委把维护好重大活动、节日庆典、重要时段的社会政治稳定作为维稳工作的重点。做好国家政策宣传解释，引导群众通过合法渠道依法表达意见和诉求。

以信息收集和处理群体性事件机制为支撑，快速妥善处置突发性涉稳事件苗头。对发生在区内各类突发事件、群访事件，一律由党委、政府统一领导，各部门协作配合，群策群力，增强维稳“第一责任人”意识，为事件快速处置提供有力保障。完善工作机制，建立应急处突机制与队伍，快速启动应急预案，坚持“三早”(早发现、早报告、早控制)预警，快速反应，及时处置，提高工作效率。（田　原）

【禁毒工作】 2012年，区委、区政府把禁毒工作作为“一把手工程”来抓。1.解决区禁毒办公室机构编制，明确为正科级机构并配备副科级专职副主任1名，禁毒办工作人员3名。各乡（镇）、社区服务中心社会治安综合治理办公室加挂禁毒委员会办公室，承担相关工作职责；按照20：1标准，配备社区禁毒专职干部，禁毒工作全面强化。2.加大禁毒经费投入，实行财政单列，保证人员、经费、装备三到位。3.制订实施《白云区禁毒工作包保方案》，县级干部包乡（镇）、社区服务中心，禁毒委员会成员单位包村（居），禁毒工作责任分解到全区各机关单位、落实到人。同时，实施“防火墙”工程，遏制新吸毒人员滋生。区禁毒委完善《白云区16—35周岁非吸毒人员保护联系办法》，将可能涉毒而尚未涉毒的重点高危人群保护起来。同时制定保护联系人工作责任制度，将联系工作纳入考核，兑现奖惩，确保保护联系对象无1人涉毒。

白云区“6·26”禁毒宣传

对吸毒人员，区禁毒委实施“阳光工程”，使吸毒人员重获新生。为此，区委禁毒委制定下发《白云区关于深入开展社区戒毒社区康复‘阳光工程’建设实施方案》，建立“白云区阳光就业安置中心”，安置中心下设“阳光和谐之家·铝兴安置点”和“阳光绿化基地”。截至年底，区“阳光就业安置中心”集中安置戒毒人员就业261人（“阳光和谐之家”在贵州铝厂安置86人，铝兴安置点安置25人，“阳光绿化基地”拟集中安置15人、分散安置24人），自谋职业100人，帮助5人创业，公益岗位安置就业6人。区禁毒委实施“守门员”工程，严惩全区毒品违法犯罪，强化吸毒人员管理，做好药物替代治疗，全力压缩毒品市场。全年破获贩毒案件76起，缴获毒品海洛因198.4克，抓获犯罪嫌疑人80人。

（王柚又）

【政法干部队伍建设】 2012年，区委政法委以政法干警核心价值观教育实践活动为载体，强化政法干部队伍建设，引导政法干警深刻理解“忠诚、为民、公正、廉洁”深刻内涵。以平安创建为载体，举办“2012年人民满意十佳平安卫士”评选活动。评选出10名“十佳平安卫士”，并通过晚会形式对其进行表彰。落实对照《贯彻落实中共贵州省委关于贯彻落实〈建立健全惩治和预防腐败体系2008—2012年工作规划〉的实施意见》责任分解表，促进政法机关公正廉洁执法，推进党风廉政建设和反腐败工作。加强学习教育，5月7日至8日，组织为期2天基层政法工作培训班，全区70余人参加培训。

（田　原）

【“三创一保”活动】 2012年，区委政法委继续在政法系统开展以“政法干部下基层，保驾护航促发展”为载体的“三创一保”活动。区委政法委制定《白云区政法系统“保驾护航创平安、又好又快铸辉煌”活动实施方案》，明确“1257”（“1”，围绕为企业营造良好的治安环境和发展环境一条主线；“2”，依法严厉打击“两抢一盗”刑事犯罪和打击挡工堵路、强包强买、强揽工程等不法行为两个重点；“5”，抓实政法班子成员联系项目、维稳信访进驻项目、警力警务保障项目、2区携手共推项目、地企联动共建项目“五个环节”；“7”，推进警力警务、法制宣传、巡回法庭、检察业务、矛盾纠纷排查化解、维稳信访、治安防范7项工作进园区、库区、矿区、林区）工作重点和工作措施，保障项目建设。2012年，全区投资1000万元以上项目160个，其中，续建88个，新建72个，新建项目实现开工48个，开工率66.7%。列入全区34个重点项目，开工建设25个，开工率74%，完工投产4个。新引进项目258个，其中投资亿元以上项目34个，到位资金82.43亿元，同比增长76.14%。区委政法委成立由区委常委、区委政法委书记任组长，区法院、区检察院、区公安分局、区司法局主要负责人任副组长的活动领导小组，负责包保高新沙文园区、铝及铝加工基地（以下简称“一园区一基地”）的29个已落地项目及16个拟选址项目。全区三级92个调解组织成功调解涉及山林水土、婚姻家庭、邻里纠纷、生产经营等各类纠纷325起，调解成功率100%；解决群众反映问题87个，办结率90.63%。34个重点项目全部纳入社会稳定风险评估范围，25个项目经风险评估顺利实施，9个经评估后因涉及土地征拆及手续等事项暂缓实施。园区内刑事案件大幅下降，强买强卖、强包工程、挡工堵路等影响企业生产（施工）的现象明显好转。区委政法委多次深入企业开展调研，针对“两抢一盗”案件高发多发、流动人口及特殊人群管理等突出问题进行协调解决，在不断总结经验的基础上，完善白云区政法系统《“保驾护航创平安、又好又快铸辉煌”活动实施方案》，将“三创一保”活动由“一园区一基地”延伸至“三路三片三园”（三路：云环东路、麦沙大道、210国道；三片：白金片区、程官摆拢片区、黑石头片区；三园：白云西部环保生态科技产业园、沙文生态科技园区和白云铝及铝加工基地、都拉产业园），投入近30万元安装新怡小区（含七冶廉租房和白云区廉租房）路灯54盏，相继维修尖山路、老育才路、建设路、建设北路路灯20盏，新安装老育才路路灯1盏，维修通化路口交通信号灯，维修云峰大道华灯电缆150米，抢修金苏大道四标段控制系统并加强夜间路灯巡视工作。全区安装小区单元防盗门1483扇，覆盖率达50.96%；超B级防盗锁芯更换2841户，累计安装报警电话21950台，覆盖率达39.66%，铝兴社区、艳山红社区和都拉乡1期远红外探头完成安装并投入使用。3月6日，省委副书记陈敏尔到白云区调研，充分肯定白云区“三创一保”活动工作成效。

（田　原）

公　安

【“110”报警服务】 2012年，白云区110报警服务台受理有效报警14634起，其中刑事案件1513起、治安案件1172起、火灾事故1起、交通事故6起、纠纷2148起、公民求助990起、走

1月10日，白云区举行“110”宣传日活动

失寻人27起、其他8777起；编写《信息专报》72篇，《公安简报》537期。

（何 跃 李 敏）

【重大活动安全保卫】 2012年，白云区公安分局完成安全保卫任务65起，涉及天数172天，动用警力5720人（含应急待命警力）。其中，重要会议保卫6起、重大活动保卫38起、领导调研保卫18起、重大仪式保卫3起。（何 跃 李 敏）

【创新社会治安管理】 2012年，区公安分局精选110快速接处警机制等7项工作，推进社会治安管理创新。龚家寨派出所运行“网格化”新型警务模式，打掉入室盗窃团伙2个，侦破案件50余起；打掉抢劫学生犯罪团伙1个，破获抢劫学生案件8起，查处治安案件18起。在高新技术开发区沙文园区实施“警务进园区”“警务进项目”，采取印发简报、制作展板、LED显示等宣传方式，强化防范宣传。实施“流动人口居住证信息系统平台，创新流动人口服务管理体系”项目，为群众办理居住证56521个。全年，帮助基层排查整治治安乱点63个，深入走访基层群众1700余人，大山洞派出所户籍室被省公安厅授予“文明户籍室”。

（何 跃 李 敏）

【刑事侦查】 2012年，区公安分局侦破各类刑事案件932起（含毒品案），抓获各类犯罪嫌疑人508人，出勘各类现场258起，抓获网上逃犯76人。其中，外省逃犯28人。

1. 命案侦破。全区发生命案13起，侦破11起，命案破案率84.6%。

2. 打黑除恶。全区打掉黑社会性质犯罪团伙1个，打掉恶势力团伙6个。

3. 打击“两抢一盗”。全区立抢劫案233起，侦破115起；补立年前案18起侦破21起；破外区案28起。立抢夺案93起，侦破15起，另破年前案2起。立盗窃案1077起，侦破232起，侦破外区案109起。

公安特警街面巡逻

4．打拐工作。全区立拐卖人口案件27起，销案6起，破案12起，解救18名被拐卖妇女。

5．追逃工作。区公安分局涉案在逃犯70人并全部上网追逃，上网率100%。抓捕当年网上在逃人员60人。全年，抓获网上逃犯76人。

6．经侦工作。全年，办理经济案件7起，其中合同诈骗3起、非法经营1起、职务侵占1起、非法集资1起、非国家工作人员受贿1起，刑事拘留9人，涉案金额2200万元。

7．禁毒工作。全年破获贩毒案件76起。缴获毒品海洛因198.4克、冰毒30克、麻谷1014克、地西泮146毫升，抓获犯罪嫌疑人80人。吸毒人员录入上网率100%。（屈植平　曹　艺）

【户籍管理】　1．户口和户政管理。截至2012年12月31日24时，全区有56810户，194771人。其中，男性98772人，女性95999人；非农业人员121306人，农业人口72280人，未落常住户口人员1185人，（其中出生未落户口人员1006人，师大学生持迁移证未落户179人）；18岁以下37934人，18—35岁52414人，35—60岁77445人，60岁以上26978人。2012年全区出生人口2019人（其中，男1136人，女883人），死亡人口1431人（其中，男842人，女589人），迁入人口7275人（其中，省内迁入6480人，省外迁入795人），迁出人口13159人（其中，迁往省内10226人，迁往省外2933人），2012年多统计303人。2012年，审批入户户籍材料1543户2368人。审批户籍错漏项538件、审批解决计划外出生无户口人员130人。审批大学生毕业分配、退役军人、招聘人员入户79人。

2．颁发二代居民身份证工作。第一代居民身份证自2013年1月1日起停止使用，区公安分局2012年4月份起开展为持一代居民身份证换发第二代居民身份证工作。至2012年底，制发二代居民身份证19967个。

3．人口普查工作。2012年，区公安分局重点开展注销户口专项行动。全年排查1人多户84人，排查发现61人属1人多户，其中，注销12人，另有49人需注销外辖区户口；排查应销未销常住户口284人，排查发现有197人属应销未销，已解决应销未销常住户口人数197人。其中，死亡应销未销195人，服现役未注销2人；已纠正户口登记项目差错61人。其中，姓名纠正42人，出生日期纠正7人，民族纠正12人。

4．流动人口管理。2012年，开展6次大规范清查整治，出动警力804人次，车辆65台次，清查流动人口1538人、出租屋964户，盘查可疑人员17人，收缴管制刀具4把。抓获入室盗窃犯罪嫌疑人3名，诈骗他人钱财犯罪嫌疑人1名，查获卖淫嫖娼违法案件1起，查处殴打他人案件1起，抓获违法嫌疑人3人，行政拘留3人。查获制假酒窝点1处，已移交工商部门。取缔黑网吧1家，砸毁小型赌博游戏机5台，收缴淫秽光碟150张。截止2012年12月31日，全区办理居住证62470个。（刘燕娜）

【民爆危险物品管理】　全年，区公安分局组织开展民爆物品专项行动4次，检查全区民爆物品使用单位117家次，出动警力236人次，车辆142台次，检查中查处涉爆单位2家，罚款25万元人民币，依法行政拘留2人；下发整改通知书2份，督促完成整改2家。贵州利安爆破工程有限责任公司安全配送炸药1653872公斤，管类498233发。全年，检查烟花爆竹经营销售点116家次，出动警力234人次，出动检查车辆124台次，查获非法销售烟花爆竹摊点5家次，查获非法储存烟花爆竹3家，收缴烟花爆竹667件。（刘燕娜）

【特种行业管理】　2012年7月13日，区公安分局组织全区137家旅店业业主在夏日康桥酒店七楼会议室召开2012年旅店业安防管理工作会议，会议通报相关情况，并对管理工作突出的派出所和规范经营旅馆进行表彰。2012年，开展专项检查和专项整治136家次，出动车辆386余台次，参加行动力量2030余人次，收缴（含群众主动上交）枪支15支、弓弩3把、子弹3004发、迫击炮弹2枚、管制刀具670把、炸药10公斤，涉枪案件2起、刑事拘留2人、取保候审2人。2012年，白云保安公司客户服务点增至208

个，在岗保安员833人。

（刘燕娜）

【出入境工作】 2012年，区公安分局接待群众咨询120余人次，录入临时住宿登记境外人员37人（台湾10人、越南14人、香港1人 、德国5人、美国2人、日本3人、加拿大1人、丹麦1人），常住境外人员信息建档8人。 （吕 黔）

【“三电”案件侦破】 2012年，全区“三电”（电力、电信、移动设施）立案32起（电力28起、电信4起），造成财物损失96.2万元。全年破案6起，缴获涉案金额折合人民币11.5万元，抓获犯罪嫌疑人12人（7人年龄未满18岁）。 （吕 黔）

【监所收押情况】 2012年，区戒毒所收戒吸毒人员145人，均为男性，其中，强制隔离戒毒130人（其中白云公安分局送戒81人，息烽县公安局送戒29人，修文县公安局送戒20人），自愿戒毒15人。出所戒毒人员113人，其中，提前解除42人，转社区戒毒8人，转三江强制隔离戒毒所18人，转贵州省中八司法强制隔离戒毒所17人，自戒康复出所15人，转刑事拘留13人。全年，拘留所收拘748人,出所771人（到期释放639人，提前释放8人，转刑事拘留7人，转劳教3人，转强制戒毒98人，转社区戒毒16人），年末剩余25人。

（袁明星 孔祥俊 李顺序）

【互联网管理】 至2012年底，全区有网吧30家。区公安分局组织清查网吧245家次，行政处罚1家，警告15家次，停业整顿1家。同时，协助贵阳市公安局网监支队对全区所有网吧二代证刷卡器和龙管家收银系统进行管理，与区工商局、区文化局联合查处“黑网吧”5家。全年还建设167个监控摄像头，启用38个。 （汪少全）

【巡逻防范】 2012年，区公安分局巡逻（特警）大队开展日常巡逻20880人次，抓获犯罪嫌疑人69人，破获刑事案件42起、行政案件5起，收缴作案工具镊子25把、万能钥匙4把、起子2把、手电筒1把、毒品约2.2克、遥控干扰器1个、刀片2片、卡刀3把、小刀1把、长刀10把，为群众挽回直接经济损失现金15847.8元，追缴手机13部、笔记本电脑2台、黄金项链2条（2.6克、9.2克）、铂金项链1条（5.2克）。

（顾 丰）

检 察

【反贪污贿赂】 2012年，区检察院受理贪污受贿犯罪案件举报线索15件，初查15件，初查率100%。经初查后，立案侦查各类职务犯罪案件14件18人。其中贪污案件1件5人，行贿案件6件6人，单位行贿案件2件2人，受贿5件5人，所立案件均为大要案。侦查终结12件16人，移送审查起诉12件16人，经法院审理后均作有罪判决。办理案件规模方面，查办科级实职领导干部1件1人，处级实职领导干部2件2人，涉案总金额达1564.88万元，向发案单位发出《检察建议》12份，协助省内外检察院开展跨地区侦查5次。

（范思力）

【职务犯罪查办与预防】 2012年，区检察院受理渎职侵权犯罪案件举报线索5件5人，初查5件

白云区召开预防职务犯罪工作座谈会

5人，初查率100%。立案侦查1件1人，协助公安机关查处非法买卖土地使用权案1件1人。职务犯罪预防方面，区检察院开展案例剖析、预防咨询、预防调查26次，向有关单位提出对策建议15份；深入重点行业、部门宣讲预防职务犯罪法制85次；开展行贿犯罪档案查询微机录入，受理行贿档案查询41件次。区检察院与云岩区检察院筹备成立盐沙路重点工程预防职务犯罪工作室、与黑石头森林休闲旅游工程项目指挥部筹备成立黑石头森林休闲旅游工程预防职务犯罪工作室、与白云区农水局筹备成立水源工程预防职务犯罪工作室。

（范思力）

【刑事检察】 2012年，区检察院受理提请批准逮捕案件527件866人，其中受理未成年人犯罪案件87件176人。依法批准逮捕477件794人，其中依法批准逮捕未成年人犯罪案件77件153人；不批准逮捕44件61人，其中不批准逮捕未成年人犯罪案件10件23人；建议公安机关撤案6件11人。受理移送审查起诉案件625件1074人，其中受理未成年人犯罪案件83件163人；依法提起公诉579件983人，其中依法提起公诉未成年人犯罪案件82件162人；不起诉15件22人，其中不起诉未成年人犯罪案件1件1人；移送贵阳市人民检察院办理28件63人；建议公安机关撤案3件6人。适用普通程序出庭支持公诉456件，占起诉案件数78.76%。适用简易程序不派员出庭支持公诉123件，占起诉案件21.24%，向人民法院提出量刑建议412件，法院采纳量刑建议336件，采纳率81.55%。（范思力）

【诉讼监督】 2012年，区检察院对侦查机关刑事立案和侦查活动进行监督。全年监督公安机关立案3件4人、监督追加逮捕29人、追加起诉12人、追诉漏罪38件，改变侦查机关原认定罪名错误10起，向公安机关发出《纠正违法通知书》36份、《提供法庭审判所需证据材料意见书》115份，排除非法证据3份。

对法院刑事审判活动进行监督中，全年向法院发出《纠正违法通知书》37份，提出抗诉1件1人。（范思力）

【监所检察】 2012年，区检察院在刑罚执行及监管活动监督方面，开展以维护在押人员合法权益、维护监管稳定、确保监管安全为重点的日常检查、专项检查和安全检查，实行超期羁押预警告知制度，杜绝超期羁押发生。全年纠正监管活动中违法行为5次，发出检察建议2份，与在押人员谈话74次，列席看守所管教会8次。（范思力）

【民事行政检察】 2012年，区检察院受理各类不服人民法院判决、裁定的民事申诉案件14件，结案13件。经审查决定建议提请抗诉6件，市检察院采纳4件，省检察院采纳其中3件市检察院的抗诉建议，提交省高级法院再审改判1件；向法院提出《再审检察建议》2件，法院对其中1件启动再审程序；终止审查5件，终止审查后申诉人均表示息诉服判。受理不服人民法院判决、裁定的行政申诉案件3件，1件终止审查，申诉人均表示息诉服判；建议提请抗诉2件，市检察院采纳2件。（范思力）

【控告申诉检察】 2012年，区检察院受理各类举报、控告54件，开展初查、初核11件，初查、初核后立案2件。接待来访群众90件次（含检察长接待日接待25件次），其中登记转办处理46件次，接受相关咨询、未进行登记直接答复44件次；开展举报宣传12次（含举报宣传周）。受理刑事申诉案件6件，其中3件为不服人民法院判决的申诉，3件为一般申诉案件；受理刑事赔偿案件1件，为该院批准逮捕后建议公安机关撤案，赔偿申请人4万余元；办理刑事被害人救助案件3件，与区统战部、区和谐促进会、沙文镇政府联合发放救助金12万元；对举报有功人员进行奖励2件，发放奖励资金1万元。

（范思力）

【服务地方经济建设】 2012年，区检察院紧紧围绕区委“三创一保”（即园区创环境、社区创平安、农村创和谐，确保全区经济社会实现又好又快发展）和区云环中路、210国道、麦沙大道，白金片区、黑石头片区、程官摆拢片区，沙文生态科技产业园和铝及铝加工基地，青山—景宏—新材料产业园、都拉产业园等重点工程建设，切实履行举报、控告申诉、预防职务犯罪、民事行政检察职能作用，成立以控告申诉、职务犯罪预防、民事行政检察等部门为主的检务巡访工作组，深入园区、社区、农村进行调查走访，为群众提供法律帮助，解决实际困难。全年与园区项目企业联系400次，深入园区走访20次，先后帮助群升集团、南方汇通、刘庄经济实业有限公司等27个重点项目顺利开工，为群众提供法律咨询等帮助50人次，帮助群众解决各类民事纠纷10件。（范思力）

【创新工作机制】 2012年，区检察院根据《刑事诉讼法》《人民检察院刑事诉讼规则》规定，开展逮捕、犯罪嫌疑人羁押的必要性审查，建立审查逮捕与审查起诉相衔接的工作机制。全年不批准逮捕案件件数同比上升120%、人数同比上升84.4%，工作周期平均缩短7个工作日。（范思力）

【案例】 一、原白云区都拉乡副乡长王某某受贿案。2003年3月，因中国南车集团贵阳车辆厂子弟学校扩建，贵州省朝晖房地产有限责任公司（以下简称“朝晖公司”）与中国南车集团贵阳车辆厂（以下简称“车辆厂”）达成意向，由该公司负责该项目的土地（包括部分都拉村土地）征用赔偿、拆迁等一系列相关工作。为保证工作顺利进行，朝晖公司总经理邵某某（另案处理）经人介绍认识时任都拉乡开发办主任、车辆厂子校扩建工程征地领导小组副组长、都拉村党支部书记的被告人王某某。被告人王某某与邵某某见面后，二人私下协商约定以下事项：1.由朝晖公司出资为村里购入一辆桑塔纳2000型轿车；2.车辆厂子弟学校扩建工程由王某某儿子王某提供地材（沙石、水泥等）及负责运输；3.由王某某负责保证朝晖公司在都拉村的征地拆迁工作顺利进行，防止因补偿问题引发村民挡工堵路。后被告人王某某按朝晖公司总经理邵某某要求的请托事项，利用其担任车辆厂子校扩建工程征地领导小组副组长、都拉村党支部书记的职务便利，为朝晖公司谋取利益，事后收受请托人朝晖公司83万元贿款。2009年10月，因邵某某被有关部门调查，被告人王某某将所得受贿款中的70万元返还给邵某某，2012年1月由于都拉村民上访，被告人王某某又将其余受贿款13万元还给邵某某。

被告人王某某在担任车辆厂子校扩建工程征地领导小组副组长、都拉村党支部书记期间，利用其职务之便，为负责子校扩建工程征地拆迁事宜的朝晖公司谋取利益，非法收受朝晖公司83万元，其行为已触犯《中华人民共和国刑法》第385条之规定，犯罪事实清楚，证据确实、充分，应当以受贿罪追究其刑事责任。根据《中华人民共和国刑事诉讼法》的规定，白云区检察院依法对被告人王某某提起公诉。

二、原青山村村委会主任陈某某聚众扰乱社会秩序、非法转让、倒卖土地使用权案 。1.聚众扰乱社会秩序罪。2011年7月15日，被告人陈某某为获非法利益，以青山村村委会主任的身份指使朱某某等人以青山村村委会的名义违法下达《停工通知书》给贵阳市白云区麦架镇青山铝矿，后由朱富全等10余人将《停工通知书》带至矿上，期间与矿山工作人员发生争执。贵阳市白云区麦架镇青山铝矿为避免纠纷扩大，故暂时停工10天，给矿山的生产经营造成经济损失。

2011年7月25日至26日，贵阳市白云区麦架镇青山铝矿因无法承受损失而复工，被告人陈某某知道后唆使青山村哨上组村民陈某某、王某某、陈某某等30余人以原土地赔偿标准低为由，采取堵工、给货车轮胎放气等方式致使贵阳市白云区麦架镇青山铝矿无法施工，给矿山的生产经营造成经济损失。

2011年9月24日，被告人陈某某唆使麦架镇青山村潮水河组村民文某某、靳某某、靳某某等20余人，以贵阳市白云区麦架镇青山铝矿不雇其挖矿为由将贵阳市白云区麦架镇青山铝矿道路堵住，致使该矿山无法正常施工6个小时，给矿山的生产经营造成经济损失。

2011年9月28日14时许，被告人陈某某见贵阳市白云区麦架镇青山铝矿在施工，于是纠集桑某某、童某某等20余人对贵阳市白云区麦架镇青山铝矿的施工道路进行堵工并将正在施工的1台挖掘机强行开走，进而与矿山方面发生纠纷，给矿山的生产经营造成经济损失。

上述堵工使贵阳市白云区麦架镇青山铝矿无法正常施工,经鉴定，造成该矿山在堵工期间损失机械设备租赁费568666.66元，工资费用112886.67元，土地租金15342.46元。

2.非法转让土地使用权罪。被告人陈某某在没有与原赵家山承包人赵某某以及转包人江某某、刘某签订赵家山林地转包合同的情况下，私自占用该地，后以自己在赵家山已种林木，是赵家山的合法承包人为由，要求青山铝土矿合伙人戴某某、李某某、李某某在已属矿山矿区的赵家山内，补偿征占自己在赵家山承包的林地150亩造成的损失，否则就不给戴某某、李某某、李某某在其合同上加盖村委会公章。后戴某某、李某某、李某某迫于无奈于2011年8月5日与被告人陈某某签订《征占用林地补偿协议》，约定支付林地补偿费300万元，并在协议签订后支付100万林木补偿款给被告人陈某某。

被告人陈某某身为青山村村委会主任，为获非法利益，唆使、指挥青山村村民以违法下达通知书、堵工等方式致使贵阳市白云区麦架镇青山铝矿无法正常施工，给其造成了严重的经济损失；被告人陈某某在没有实际取得赵家山土地承包权的情况下，非法占用该地并以他人使用自己承包林地为由，将赵家山150亩林地私自转让给他人并从中获利，情节特别严重，其行为已触犯《中华人民共和国刑法》第228、290条之规定，犯罪事实清楚，证据确实、充分，应当以非法转让土地使用权罪、聚众扰乱社会秩序罪追究其刑事责任。根据《中华人民共和国刑事诉讼法》的规定，白云区检察院依法对被告人陈某某提起公诉。

（范思力）

审　判

【概况】　2012年，区人民法院受理各类案件2804件，比上年多受理175件，同比上升6.66%；结案2758件，比上年多结案193件，结案率98.36%，同比上升1.36%。（罗　颖）

【刑事审判】　区人民法院严格落实“该宽则宽，当严则严，宽严相济，罚当其罪”的刑事审判政策，2012年受理刑事案件492件，审结489件，结案率99.4%，比上年提升0.16%。判处罪犯780人，其中判处拘役45人，判处3年以下有期徒刑342人，判处3—10年有期徒刑249人，判处10年以上有期徒刑130人。全年审结“两抢一盗”案件262件477人，占刑事案件总结案数53.25%，其中盗窃案件198件340人，抢劫案件46件99人，抢夺案件18件38人。适用简易程序审理刑事案件202件，当庭宣判175件。在刑事审判中促成17件刑事附带民事诉讼案件当庭赔偿43万余元。启动未成年人违法和轻罪记录封存工作，加强对未成年人的特殊保护，依法对80人判处“免、管、缓”，配合开展社区矫正工作，落实回访、帮教措施。

（罗　颖）

【民事审判】　2012年，区人

群众向区法院赠送锦旗

群众向区法院赠送锦旗

民法院坚持“调解优先、调判结合、案结事了”的民商事案件审理原则，受理各类民商事案件1530件，审结1490件，结案率97.40%，诉讼标的额2.423亿元。收案比上年减少80件，结案率与上年持平。

同时，区人民法院将调解工作贯穿于立案、审判、执行、信访等各环节，全年调撤民商事案件857件，调撤率达58.11%，比上年提高11%。设立“速调速裁速执办公室”，全年速调案件136件，速裁速执财产保全案件64件。

区人民法院加强对基层调解组织指导，采取巡回办案方式，巡回审理案件435件。

坚持以人为本，妥善审理民生案件，重点加强对征地补偿、拆迁安置、劳动争议、婚姻家庭纠纷等案件的调处，全年审结此类案件550余件。　　（罗　颖）

【行政审判】　区人民法院坚持监督、维护、协调有机统一的行政审判原则，融洽“官民”关系。2012年受理行政案件14件，行政非诉执行案件50件，结案率100%，比上年提高3.4%。全年协调化解行政争议案件7件，协调和解率达50%。

区人民法院探索行政首长出庭应诉制度，向区委、区政府、区委政法委提交《关于推进行政案件行政首长出庭应诉报告》，优化行政审判司法环境，提升行政机关依法行政意识。针对行政案件审理中发现的问题，通过制作行政审判白皮书、开展法律进机关活动等方式，促进行政机关提高行政执法水平。

在审查行政非诉执行案件中，区人民法院在严格监督行政执法程序的同时，有力支持行政决定的执行，并有针对性的向相关行政机关提出司法建议，促进行政执法活动的规范和完善。在观山湖区、白云区、高新区各项建设征地、房屋征收补偿等重大决策过程中，为政府依法行政把好法律关，提供法律服务和司法保障。　　（罗　颖）

【审判监督】　2012年，区人民法院成立“审判管理办公室”，制定《关于加强审判管理工作实施办法》《案件流程管理办法》，实现对案件的立案、开庭、评议、宣判、结案、归档全流程监管，充分发挥审判流程的审限跟踪、审限预警和绩效监管功能，切实加强审限管理和岗位目标管理。完善《审判委员会议事规则》，严把重大案件、疑难案件质量关，促进审判效率和案件质量全面提升。扎实开展以庭审评查和裁判文书评查为主的“两评查”活动，进一步提高庭审规范化水平、裁判文书质量及干警审判业务能力。

区法院还建立数字化法庭审判管理信息系统，实现审判管理电子化和网络化，提升法院科学管理水平。落实“信访首问责任制”“领导接访日制度”“重大案件风险评估制度”，制定“处置非正常上访事件及群众性突发事件工作预案”，完善矛盾纠纷排查机制。全年办理各类涉法涉诉信访案件35件，接待群众来访3000余人次，其中领导接访1000余人次；配合相关部门化解和解决上访纠纷120余件次；排查、稳控各类案件43件。

区法院自觉接受区人大及其常委会的监督，严格执行区人大及其常委会各项决议、决定，听取人大代表的意见、建议。向区人大常委会专题报告“三创一保”（园区创环境、社区创平安、农村创和谐，确保全区经济社会又好又快发展）工作开展情况；按照审议决定制定工作措施，及时办理区人大常委会交办的信访案件；接受区政协和社会各界监督，邀请政协委员、人民群众旁听重大案件庭审；接受检察机关的法律监督，对改变定性、拟判无罪等案件邀请检察长列席审判委员会，听取检察机关意见。（罗　颖）

【审判执行】　2012年，区人民法院加强执行规范化建设，完善执行权的内部监督机制，重点解决执行兑现率等突出问题，受理执行案件650件，案件标的额2.068亿元，执行到位标的额1.587亿元，已结金钱案件标的到位率76.75%。

区法院加强与各部门的沟通协作，寻求各方支持，及时处理好天林花园二期项目等一批影响面广，涉及群众切身利益的复杂、疑难案件。加强执行和解工作，减少当事人对抗情绪，促使债务人自觉履行义务。开展反规避执行专项活动，对一些有钱不还的“老赖”，采取限制高消费、限制离境等强制措施，顺利执结一批借贷纠纷案件。

区人民法院新一届党组提出争创“无执行积案先进法院”工作目标，打造速执平台，降低保全门槛，引导当事人进行诉前和诉讼保全，努力提高执行兑现率。年内执行案件全部办结，实际执结率76%，执结标的到位率76.75%，自动履行率57.02%，涉执行信访案件息访率100%。（罗　颖）

司法行政

【依法治区】　2012年，白云区从5个方面切实推进依法治区工作。1.分别与全区87个单位签订《依法治区工作目标责任书》。2.区十届人大常委会第三次会议对区人民政府“六五普法”工作开展情况进行审议，提出3点审议意见：加强企业“六五普法”，加强学校法制副校长工作力度，加强“六五普法”工作宣传教育力度。3.举办全区领导干部“法制专题讲座暨法治骨干培训班”，邀请省政府法制办公室行政执法监督处处长王彤主讲《行政强制法》，全区副科级以上干部400余人参加培训。4.成立以分管副区长为团长的区普法依法治区工作宣讲团，组建区普法专业人才库，组织区国土、城管、房屋征收等单位专业人员及区司法局普法宣讲队，深入基层，重点宣讲与挡工堵路、非法上访、打击违章建筑等相关法律法规。全年宣讲团到基层开展宣讲活动3次，到机关开展宣讲活动2次，区司法局普法宣讲队开展宣讲活动67次。5.5月10日，组织全区4570名公职人员和基层组织工作人员参加《行政强制法》的学习考试；10月31日，组织全区18542人参加学法用法统一考试，参考率99.49%，及格率99.8%，优秀率93.2%。（文爱娟）

【律师队伍建设】　至2012年底，全区有律师事务所1家（名恒律师事务所），执业律师5名（其中中共党员2人），实习律师3名，行政辅助人员2名。全年办理各类法律事务84件。区司法局年内组织律师参加全省律师业务培训；制定《律师、公证质量监督检查、执法执纪检查工作方案》，对名恒律师事务所开展质量、监督、执法执纪检查，未发现违法违规案件；组织律师参与区涉法信访工作，健全律师参与涉法信访工作制度，要求律师在信访接待中认真记录，提高涉法信访工作质量。

全年组织律师学习8次，深入农村、社区开展法律咨询7次。名恒律师事务所参与区涉法信访工作5次，办理法律援助案件40件，免费办理残疾人案件3件。（文爱娟）

【公证服务】　2012年，全区有公证机构1个（贵阳市南湖公证处），公证员2人。南湖公证处年内办理公证案件766件，较上年增长60.3%，办理国有土地使用权挂牌出让现场公证52件。参与办理违法建筑拆除证据保全、土地丈量、违章大棚等144户，解答来电来访咨询9700余人次。3月19日，区林业绿化局和麦架镇人民政府向南湖公证处申请办理证据保全公证，公证处对“燕京啤酒项目”所涉及到麦架镇下堰村万亩花卉园区内3家苗圃花卉苗木进行证据保全。7月6日、9日，南湖公证处先后接到艳山红镇人民政府、区住房和城乡建设局申请对艳山红镇80套廉租房及区住建局32套廉租房抽签进行现场监督。（文爱娟）

【法律服务与援助】 2012年，全区有法律援助机构1个，法律援助人员4人。基层法律服务所2家，注册基层法律服务工作者22人，办理各类案件47件。

法律服务方面，区司法局与白云法律服务所和艳山红镇法律服务所签订《基层法律服务所工作目标责任书》，争取都拉布依族乡司法所创建“省级规范化司法所”，4月底进行申报，9月中旬，省司法厅党委书记吴跃一行到白云区都拉布依族乡司法所调研，对该所工作予以充分肯定。9月25日，“贵阳市司法所规范化”建设推进会在白云区都拉布依族乡司法所召开。11月6日，省司法厅人事警务处处长卯向东率“省级规范化司法所”考评组对都拉乡司法所进行考评，12月，白云区都拉布依族乡司法所获得“省级规范化司法所”荣誉称号。组织执业人员学习省、市关于加强基层法律服务管理的精神及有关法律法规并组织22名新申请办证法律服务工作者参加市司法局组织的“国发2号文件、省第十一次党代会精神与基层法律服务、基层法律服务工作者职业道德和执业纪律”培训。全区两个基层法律服务所及15名基层法律服务工作者全部通过相关年检注册，7名新申请办证人员申办执业证。全年基层法律服务工作者代理诉讼47件，代写法律文书179件，解答法律询问2084人（次）。

法律援助方面，区司法局与区人民检察院共同制订《关于加强民事行政检察监督和法律援助工作联系的意见》，提高法律援助的受援面。法律援助工作站（接待室）接待来访法律咨询500余人，提供无偿法律咨询1200余件，办理法律援助案件261件（民事107件、刑事29件、法律援助与人民调解相结合案件109件、公证16件），同比增长68%，代写法律文书538份。“148”法律服务专线电话接待来访来电法律咨询701人次。（文爱娟）

【安置帮教】 2012年4月，区政法委主持在全区范围内开展“两劳人员结对子”活动。对“结对子”的57名刑满释放和解除劳教人员明确帮扶部门和帮扶责任人（综治责任单位和平安包保责任单位的工作人员），明确区综治委将此项工作纳入年终对综治责任单位和平安包保责任单位的综治目标考核。57个“结对子”对象中5人落实最低生活保障，3人落实临时救助，5人推荐就业，4人自主创业，1人取得挖掘机驾驶证，2人解决廉租房，提供法律帮助1人次。

7月2日，区司法局召开全区安置帮教工作业务培训会议，邀请省司法厅基层处副处长牟治国讲授安置帮教相关业务，全区安置帮教工作领导小组成员单位分管领导，各乡（镇）、社区主要负责人、政法委书记、综治办主任、公安派出所所长、司法所所长，各村（居）党支部书记（主任），区安置帮教工作领导小组办公室工作人员等180余人参加培训。

全年全区刑释解教人员在册在教数为401人（刑释人员281人，解教人员120人），需要重点帮助教育的未成年犯在册数为5人，需要重点关爱的服刑在教人员未成年子女在册数为79人。年内累计接到监所拟释放刑释解教人员148人，实际登记接收145人（刑释人员107人，解教人员38人），签订帮教协议书145份，帮教623人（次），安置39人（城镇籍6人，农村籍33人），帮教率和农村籍刑释解教人员的安置率均达100%。区司法局向贵阳市三江劳教所推荐王洪国、杨永兴等13名安置帮教对象到三江就业安置基地工作，并与白云区电视台合作制作《安置帮教促和谐—白云区司法局到三江帮助“两劳人员”寻就业》等法治宣传短片进行广泛宣传。（文爱娟）

【社区矫正】 2012年，全区累计接收（历史数据）社区服刑人员88名，其中累计解除矫正的31名矫正对象已转入安置帮教阶段，1人重新犯罪，年末在册57名。在册社区矫正对象中（男性50名，女性7名）缓刑18名，假释15名，剥夺政治权利21名，暂予监外执行3名。7月2日，区司法局召开全区社区矫正工作业务培训会议，邀请省司法厅社矫处副处长胡玉黔讲授《社区矫正实施办法》，全区社区矫正工作领导小组成员单位分管领导，各乡（镇）、社区主要负责人、政法委书记、综治办主任、公安派出所所长、司法所所长，各村（居）党支部书记（主任），区社区矫正工作领导小组办公室工作人员以及全区社区矫正公益性岗位工作人员等180余人参加培训。全年未出现社区矫正对象脱管、漏管问题。

（文爱娟）

司法宣传

【普法宣传】 2012年，全区开展送法下乡活动1457次、送法进社区活动1011次、送法进学校活动233次、送法进企业活动760次、送法进机关活动220次、送法进单位活动369次、其他主题宣传活动177次，发放宣传资料1697166份，解答法律咨询14658人（次），展出法制宣传展板493块，更新法制宣传栏455期，上法制课651次，96477人接受法制教育。（文爱娟）

【人民调解工作】 2012年，区司法局制定《“三调联动”工作计划》，明确工作措施和工作要求。机构改革后，各社区服务中心成立调解组织，调配调解人员，及时对全区95个人民调解委员会629名人民调解员备案，确保由社区服务中心和各居委会构成的二级调解组织网络健全。各级各部门先后举办调解培训班20期，培训调解员500余人。其中，全区性培训2次，分别是：4月27日，在白沙关社区服务中心举办人民调解主任、人民调解员培训班1期，邀请市司法局基层处冯键从调解工作要求、技巧等方面为原龚家寨街道办事处辖区人民调解员、调解主任50余人进行培训；7月2日，举办全区人民调解主任及骨干培训，邀请省司法厅基层处副处长牟治国讲授《人民调解法》等法律法规，全区各“村（居）两委”主要负责任人、调解主任、普法骨干180余人参加培训。自10月起全区恢复专职人民调解员固定补贴，并由原来每人每月80元提高到每人每月120元。同时，对成功调解纠纷并形成规范化卷宗的案件实行以奖代补，每件补贴70元（50元补贴人民调解员，20元补贴司法所）。

区司法局还在区文化宫广场、白沙关社区服务中心等地通过设置宣传点、悬挂横幅、发放学习资料、解答咨询、调解现场法制宣讲等方式方法宣传贯彻《中华人民共和国人民调解法》《贵阳市人民调解条例》等法律法规。

全年各级调解组织调解“三调联动”案件77件，调解成功76件。调解纠纷781件（排查纠纷229件，即调即解纠纷272件，达成书面协议505件），调解成功777件，调解率达100%，成功率达99%。同时防止纠纷激化1件1人，防止民间纠纷转化为刑事案件1件2人，防止群体性事件9件515人。调解成功的纠纷中，涉及婚姻家庭纠纷109件，邻里纠纷109件，房屋宅基地纠纷14件，合同纠纷4件，生产经营纠纷5件，损害赔偿纠纷118件，劳务争议纠纷1件，山林土地纠纷327件，道路交通事故纠纷2件，物业纠纷4件，其他纠纷88件。

（文爱娟）

军事

GUI YANG BAI YUN
NIAN JIAN 2013

人民武装部

【概况】 2012年，区人武部严格依据《军队基层建设纲要》和《成都军区加强县（市、区）人武部全面建设要则》抓建设谋发展，围绕“扎实打基础、反复抓建设、全面求突破”的工作思路和奋斗目标，紧贴使命任务，完成艳山红镇基层武装部规范建设试点任务，民兵骨干分队参加省军区军事比武荣获团体第三名，区人武部被省军区表彰为“全面建设先进团级单位”，被省人社厅、省军区司令部、省军区政治部、省军区后勤部表彰为“民兵工作先进单位”，被贵阳警备区表彰为“军事训练先进单位”“安全稳定工作先进单位”。（周生礼）

【党委班子建设】 1. 抓好党务公开试点。区人武部党委以党务公开试点为指引，贯彻落实民主集中制，着力在集体领导、科学决策、依法决策上强制度、抓规范，营造“公开、公平、公正”集体领导氛围。2. 加强党委风气建设。学习贯彻《〈军队党员领导干部廉洁从政若干规定〉实施意见》，主官带头践行廉政刚性措施，坚决贯彻“三个从严”要求，秉公用权，廉洁从政；组织开展“三互”活动和谈心交心活动，日常工作生活中，坚持严格的一日生活制度，有效促进单位风气建设和作风良性转变。3. 扎实开展倾向性问题整治。解决工作干劲不足，精神面貌不好，责任心弱化等问题，按照省军区、警备区统一安排部署，严肃纠治开军车违章、请销假不严格等方面存在的问题，四个秩序逐步正规。4. 提升决策统揽能力。着眼推进乡（镇）基层武装部规范化建设和社区武装工作重难点问题，开展蹲点调研和当兵锻炼，区人武部党委班子成员分3个工作组到5个乡（镇）和6个社区进行蹲点调研和当兵锻炼，开展走访帮带工作，加强对重难点问题统筹统揽，研究解决，完成艳山红镇武装部规范建设试点观摩活动，考察选配10名社区专武干部，成立5个社区武装部并挂牌运行，基层武装工作质量提升。

（周生礼）

社区服务中心武装部成立

【思想政治建设】 1. 抓好主题教育，组织干部、职工和民兵骨干分队集中授课8次，为每名干部、职工购买《浴血荣光》《中国共产党为什么能？》《长征系列》等书籍，广泛开展学党史、军史读书活动，开展读书心得交流4次，撰写学习心得体会36篇。组织干部、职工和民兵42人次参观军史馆、荣誉室和贵阳市城乡规划馆活动，强化官兵职责意识、使命意识。2. 认真搞好专题教育，围绕强化干部、职工政治意识、大局观念、守纪意识，组织专题教育理论辅导6次，组织时事政策教育4次，组织干部、职工党员党性分析2次，开展对照检查和整改2次。坚持开展“每月一课”法纪教育，统一官兵思想，确保与党中央、中央军委保持高度一致。3. 注重搞好特色教育，围绕解决部分干部、职工中存在“三气”现象，按照省军区统一部署，广泛开展树立正确比较观活动，通过组织开展集中教育、讨论辨析、对照检查等活动，让干部、职工找到合理参照系，正确定位自己，解决一些现实思想问题。4. 深入学习贯彻党的十八大会议精神。组织官兵学习胡主席"7·23"重要讲话精神，以召开党委会、支委会、党员大会等形式认真学习讨论十八大报告原文，营造浓厚的学习、宣传、贯彻十八大氛围，把官兵思想统一到十八大精神上来。5. 做好宣传和新闻报道工作，围绕大项活动和重大教育活动展开宣传和新闻报道工作，完成艳山红镇武装部规范化建设试点宣传和氛围营造工作，协调贵阳电视台制作1期反映民兵骨干分队比武《国防时空》专题报道，对民兵参加维稳、执勤和参建参治活动以及年度征兵、民兵调整改革等工作进行宣传报道，2012年，区人民武装部在中央级媒体上发表文稿7篇，区级8篇，省市级媒体发表文稿15篇。 （周生礼）

【军事训练】 紧贴使命任务，狠抓年军事训练。认真贯彻新颁布的《战备工作条例》，狠抓民兵军事训练，稳步提升民兵队伍多样化军事任务的能力。全年党委议训10次，完成首长机关训练、体能训练和民兵年度训练任务，训练率100%，合格率100%。坚持党委议训。认真研究训练工作形势，深入2乡3镇8个民兵连、3个专业分队调研，摸清年度民兵训练底数，制定切合实际的训练计划，并在经费、物资、器材、场地、教学、生活等方面给予优先保障。2012年投入训练经费60余万元。7月份，白云区民兵骨干分队参加省军区军事比武竞赛，在16支代表中荣获团体第3名。对各类方案进行补充修订，完善各类抢险救灾预案，结合所担负应急维稳、抢险救灾职能任务，坚持每月组织一次预案演练，提升民兵应急队伍紧急出动、维稳处突能力。加强重大节假日和敏感时期战备值班、执勤，参加省市党代会、重大庆典活动安保执勤，维护驻区社会大局稳定。经常组织开展时事政策和战备形势教育，确保官兵思想高度集中统一，始终保持良好战备状态。 （周生礼）

【正规化建设】 1. 完成艳山红镇基层武装部规范化建设试点任务。3月，按照省军区、警备区部署安排，以《成都军区加强县（市、区）人民武装部建设要则（试行）》《贵州省县（市、区）人民武装部全面建设要则》为依据，狠抓艳山红镇基层武装部规范试点建设。3月—6月，军地累计投入200余万元，全面改造艳山红办公大楼，镇武装部办公室、器材室、战备资料室和青年民兵之家，修订完善9大类22本工作资料，制作完成4份多媒体动画演示预案，建成触摸屏武装工作系统，全力打造镇武装部军营文化氛围。区、镇两级人武部干部、职工和民兵骨干近170余人，围绕高空速降、废墟救援、煤气抢险等科目观摩演示集中训演练36天，完成试点观摩活动任务。总结基层武装部规范化建设的经验路子，试点成果得到省军区副司令员艾虎生和省市地方领导高度评价和充分肯定，5月份，区人武部被省人力资源保障厅、省军区司令部、政治部、后勤部表彰为民兵工作先进单位。2. 顺应城市基层管理体制改革，成立社区人民武装部。5月，区人武部牵头与区委组织、人事部门完成5个社区10名专武干部选拔任用。8月，区委、区政府和区人武部隆重举行社区武装部成立暨授牌仪式大会，全区5个社区武装部成立并挂牌运行。8月中旬，新选配社区专武干部与乡（镇）专武干部11人参加贵阳市专武干部集训，取得理论考核第二名。 （周生礼）

【征兵工作】 健全完善激励措施，修订出台《白云区应征入伍高等学校学生奖励优待暂行办法》，按照一本线1.7万元，二本线1.6万元，三本线1.5万元标准奖励入伍在校大学生，给予入伍大学生父母一次性奖励5000元。2012年，全区报名应征青年364名，其中在校大学生189名，占报名数52%，大学生报名参军比例全市排名第一。规范征集程序，抓住宣传发动、体检、政审和审批定兵等关键环节，严格实行"一站式集中封闭"体检，坚持进行集体会审会诊，杜绝身体不合格青年应征入伍。把牢政审关卡，落实三级政审和区域联审制度，准确掌握应征青年政治基本情况，严格实行责任追究制度，按照谁签字、谁负责原则，层层签订责任书，确保不发生任何问题。严肃征兵纪律，坚持依法廉洁征兵。征兵全程坚持公开征兵条件、公开廉洁征兵纪律、公开举报电话和举报箱；公布预征对象、公布体检政审双合格人员名单、公布新兵名单。区纪检监察部门全程参与征兵全过程，定期了解相关情况，对发现和群众反映的问题，及时进行查处，确保依法征兵、廉洁征兵，完成年度征兵任务。 （周生礼）

【参建参治】 突出参建参治，投身地方经济社会建设，巩固军政军民关系。1. 积极参与农田水利基本建设。按照警备区统一部署安排，在区委、区政府领导下，组织民兵200人次修建灌溉水渠4500米，加固小水库3座，为牛场布依族乡小山村修建蓄水池1座解决100余人饮水困难问题。2. 投身“平安”白云建设。2012年，为提升白云区人民群众安全感满意度，坚持每天组织30人治安执勤，全年，出动民兵3000余人次。人武部副县级领导分别承担乡（镇）、社区“平安包保”工作，组织基层民兵近1000人次投入省、市党代会和十八大期间安保执勤，协调地方维护社会大局稳定。3. 担负急难险重和抢险救灾任务。2012年，承担各种急难险重任务。春节期间，组织民兵骨干分队和基层武装部民兵100余人次完成贵阳市赋予“观山湖庙会”安保执勤；6月份，组织民兵60人骨干分队投入牛场布依族乡塘湾村水库抢险；9月份出动民兵200人次参加白云区“三迎一创”卫生整治。组织民兵参与绿丝带志愿者活动，为白云区生态文明城市作贡献，努力树立白云民兵良好形象。 （周生礼）

公安消防白云区大队

【消防管理】 2012年，公安消防白云大队组织检查单位消防安全3675家次，发现火灾隐患4161处，整改完成省、市、区三级政府挂牌督办重大火灾隐患单位8家，下发《责令改正通知书》2001份，督促整改火灾隐患4222处，实施消防行政处罚87起，临时查封单位46家。 （熊江春）

【执勤处突】 2012年，公安消防白云大队接出警228次，出动车辆487台次，出动官兵2903人。其中，接到各类火警出动56次，出动车辆159台次，出动官兵939人次；参加社会救助及抢险救援83次，出动车辆121台次，出动官兵728人次，抢救及保护财产价值474万元，救出人员43人，疏散人员1074人。

（熊江春）

【军事训练】 2012年，白云大队“打基础、苦练基本功”，全面打造消防铁军。1.练理论，官兵在“练”中求“学”，在“学”中促“练”，加强对《公安消防部队执勤战斗条令》《抢险救援勤务规程》《作战训练安全管理要则》等安全基础理论知识的学习。2.练装备，实现人与装备最佳结合。开展多项现有器材装备应用技术训练，强化对各种装备器材性能的熟悉与掌握。3.练体能，把体能训练作为部队战斗力生成的基础。营造“比、学、赶、帮、超”训练氛围，组织官兵开展力量、耐力、灵活性、爆发力、协调性训练，开展俯卧撑、仰卧起坐、杠铃、综合体能训练、100米负重、5000米

区消防大队驻白云铝及铝加工基地社会消防服务点成立

负重跑等项目训练，以适应各种灭火救援任务需要。4.练协同，提升官兵整体作战能力。一方面，组织官兵对辖区道路、水源和重点单位，易燃易爆、人员密集场所、高层、地下建筑进行熟悉，水压测试，对出现漏水、压力不足、锈蚀等问题的消火栓做好登记，保证发生火灾官兵能迅速到达现场，投入战斗；另一方面，组织全体官兵对所有装备器材进行细致检查保养和清点，认真核对装备数量，做好统计，对于损坏、需要保养、更换的器材进行详细登记。同时，所有驾驶员对车辆的刹车、油路、气压、灯光等设备进行调试，认真检修，及时排除各种故障和不安全因素，对车辆水泵系统、发动系统、制动系统进行清洗，更换机油，加注润滑油等综合保养，确保所有车辆器材装备处于最佳状态。大队先后获得全省消防部队双百日全岗位大练兵“先进大队”、全市公安消防部队“先进基层党委班子”、安全工作“五无”创建先进单位、思想政治教育“先进单位”等称号。

（熊江春）

【火灾事件】 1．2012年2月28日15时16分，白云区污水处理厂后门废弃民房发生火灾。中队接到支队119指挥中心调度命令后，立即出动1辆抢险救援消防车、2辆水罐消防车及18名消防官兵赶往现场。15时33分，中队官兵到达现场，现场浓烟滚滚，火焰不断蹿出。中队指挥员立即勘察现场。知情人告知：火灾源于一拾荒老人家里，家里堆满大量易燃废弃物。起火房屋为砖木结构，楼顶为瓦片覆盖。火势蔓延很快。中队指挥员下令，调2支水枪，对火势进行夹攻，防止火势蔓延。经过20多分钟紧张救援，中队官兵将火势控制。中队指挥员下令：前后水枪集中射水，消灭顽固火源。明火熄灭后，屋顶仍有多处冒烟，因为瓦片覆盖，里面多处隐燃，难以完全被扑灭。中队指挥员立即派遣1名攻坚组成员登上屋顶，利用火钩将冒烟地方瓦片掀开，然后再用水枪将其彻底扑灭。经过2个多小时战斗，最终将火灾完全扑灭，确定无复燃危险后，中队官兵撤离现场。

2．2012年3月1日5时17分，中队接到支队119指挥中心调度命令：白云区金园路夜市一门面发生火灾，中队立即出动1辆抢险救援消防车、2辆水罐消防车及18名消防官兵赶往现场。5时28分，中队官兵到达现场。现场浓烟滚滚，火星缭绕。中队指挥员立即勘察现场，发现现场有多个液化气罐，并存在漏气现象，其中1个液化气罐喷出1条火舌挡住入口位置。附近居民称：门面里面有3人被困，其中1名被困人员是一个刚满月婴儿，他曾试图进去对被困人员实施救援，但3名被困人员均已昏迷，最后迫于火大，不得已退出来。中队指挥员立即下令：攻坚组人员佩戴空气呼吸器进入火场，对被困人员实施救援。1号车人员出1条干线1支水枪掩护攻坚组人员；2号车人员使用火钩等工具将铁皮等遮挡移除火场，方便水枪手找出火点。约2分钟过后，中队攻坚组成员将被困人员救出，移交给现场民警。随后返回火场，将6个液化气罐移置安全地带，并用水枪对其冷却。经过25分钟救援，中队官兵最终将火灾完全扑灭，仔细检查现场，确定无复燃危险后撤离现场。

3．2012年3月18日凌晨4时45分，白云消防大队同心路中队接支队119指挥中心调度命令：白云区育才路岭秀阳光小区1栋5楼发生火灾，有4人被困，令中队火速前往救援。中队立即出动1辆抢险救援消防车、3辆水罐消防车18名官兵赶赴现场。4时50分中队官兵到达现场，发现小区1楼房5楼窗台处有4名被困人员，其中1名婴儿和1名7岁女孩，2名妇女正在挥手求救。由于火灾现场入口在小区内部，消防通道被小区私家车堵塞，消防车无法靠近，且火灾现场防盗门被反锁。中队指挥员果断下令：攻坚人员带齐破拆工具对防盗门实施破拆并准备进入火场搜寻被困人员，1台水罐消防车尽量靠近火场进行长距离供水，立即切断现场电源。5时05分，中队官兵成功破拆防盗门，火势将客厅与卧室完全封堵，浓烟透过门缝进入卧室，被困人员随时会有生命危险，特别是婴儿与小孩，吸入过多浓烟，后果不堪设想。消防官兵立即组成搜救组佩戴空气呼吸器深入火场内部实施救援，战斗班利用水枪进行掩护。火场内部温度较高、烟雾太大，救援十分艰难，搜救官兵在水枪阵地掩护下不顾高温浓烟危险迅速排除障碍推进至卧室门口寻找到被困人员，首先将婴儿与小女孩抱出，随后2名妇女也在官兵引导下脱困。经120医生检查，4名被困人员除吸入较多烟雾外，均未受伤。救出被困人员后，消防官兵全力发动总攻，大火10分钟后被全部扑灭。

4．2012年5月8日19时45分，白云消防大队接到指挥中心命令：中国铝业贵州铝厂突发大火，白云大队立即出动力量前往扑救。大队出动1辆抢险救援车、泡沫水罐消防车、8吨水罐消防车、18米高喷车，28名消防指战员，火速赶赴现场。19时52分，白云消防力量到达起火建筑物地点时。猛烈燃烧的建筑物内不明物体突然发生小爆炸，部分建筑碎片不断往外飘散，火焰一度窜高。经询问，指挥员果断下令：由特勤二班4名战士组成疏散警戒小组，立即对围观职工进行疏散并划定安全区域做好火情安全观察、警戒，遇突发情况立即发出紧急撤离命令；特勤一班组成侦查小组，立即对现场环境、火情进行勘察，寻找最佳进攻地点并预先展开战斗；战斗一班战士迅速占领水源地域，保障全车供水顺畅、有力。同时向119指挥中心请示，紧急调派增援力量赶赴现场协同作战。指挥员利用下大雨有利时机，根据现场天气、地形和火势等多重因素考虑，决定利用高喷车、水泡向火源点进行远程进攻，将扑救工作重心放在阻止火势向邻近天然液化气罐蔓延。白云消防大队和铝厂专职消防队官兵在恶劣天气及火源点不间断小爆炸中坚守各自指定区域，等候增援！随后，在云岩、乌当、金阳、特勤等6个消防中队增援力量赶到，在统一指挥下，大火得到有效抑制、直至被扑灭。（熊江春）

人防战备

【法规宣传进社区提升居民战备意识】 区人防办组织开展纪念《中华人民共和国人民防空法》颁布实施16周年纪念活动。进入红云社区进行宣传和普及《人民防空法》《贵州省人民防空条例》《贵阳市结建防空地下室维护管理规定》《贵阳市人行地下通道管理规定》《贵阳市人民防空通信警报实施管理规定》《贵阳市人民防空工程建设管理办法》等人防法律法规宣传教育活动，发放宣传资料2000余份，为近千余人提供相关咨询。

（周　琼）

【警报器维护管理】 2012年，区人防办增设电声警报器，提高警报器鸣响覆盖区。（周　琼）

【人防知识教育】 2012年，组织白云三中等学校教师参观省军区军史馆及市人民防空建设图片展。（周　琼）

【防空地下室建设和易地建设费征收】 区人防办加强对房开企业的法律法规宣传，提高人防意识，抓好以建为主，以收促建。2012年，易地建设费征收1000余万元。（周　琼）

国防教育

【“国防万映”】 2012年，白云区完成白云、金阳2个片区放映任务，被“国防万映”贵州办事处认定为“贵州省优秀放映队”（全省唯一）。同时，白云放映队还专门为区委统战部、区公安分局、区消防中队安排专场放映。国庆期间，区国教办联合区民政局、区双拥办到驻区部队专场放映。（张国栋）

【国防教育进社区】 10月份，区国教办邀请市国防教育讲师团张秋涛到艳山红社区开展题为“当前国家安全形势”专场讲座，社区群众80余人参加。

（张国栋）

【国防教育活动】 全区开展《国防教育法》纪念日、领导干部军事日、“全民国防教育日”活动。7月16日，区国教办专门组织区委宣传部、区人武部、区双拥办、区教育局、区人防办等单位和部门参观市“保利爱国主义教育军工文化展”。（张国栋）

经济管理与监督

GUI YANG BAI YUN NIAN JIAN 2013

国有资产监督管理

【行政事业单位国有资产管理】 2012年，全区行政事业单位产权登记年检登记面达100%。行政事业单位国有资产产权登记年检汇总情况显示：2011年度，全区136家单位资产总额153390.57万元，负债总额84287.98万元，资产负债率54.95%。资产总额中固定资产41649.1万元，占资产总额的27.15%。国有资产总量68352.73万元，比上年增加19927.54万元，增长41.15%。主要原因是行政事业单位固定基金、结余增加形成。固定资产中房屋构筑物面积451572.74平方米，价值19675.7万元，占固定资产总额的47.24%。其中，办公用房137114.61平方米，价值4547.69万元；业务用房182094.98平方米，价值10977万元；其他用房132363.15平方米，价值4151.01万元。固定资产中有各种车辆637辆，车辆价值8179.75万元，占固定资产总额的19.64%。其中，轿车303辆，价值4249.02万元。

（邵　伟）

【国有资产经营管理项目】 截至年底，区国有资产管理公司经营管理项目12个，其中区国资委授权项目8个，自行投资项目4个。大山洞农贸市场项目于2012年3月与原项目委托方南湖商贸公司对接，收回该资产，结束资产长期闲置状态，由公司自行招商经营，已初步产生收益。

（余亚群）

表：国有资产经营管理项目一览表

单位：万元

序号	项目名称	原资产状况	现资产状况	项目内容	备注
1	贵铝三电解投资项目	900	764	公司占托管方投资比例4.896%	授权管理
2	白云同心石油经营有限责任公司	38.9	46.08	公司占投资比例36%	授权管理
3	白云氟化盐有限责任公司	2050	2400	公司占投资比例50%	授权管理
4	海南冯家湾度假中心	100	117	与原贵顺房开公司联营	授权管理
5	海南贵州大厦	100	100	以贵州驻海南办事处名义投入	授权管理
6	贵阳水泥有限责任公司	2036.7	待处理	以土地作价入股，投资比例为17.65%，市政府牵头已改制	授权管理
7	北京农业区划楼	8	待处理	原合作方已撤出，无法联系，项目物管费已超出投资额	授权管理
8	天源山庄		286.4	项目占地60.69亩，原承租户2007.4月租赁期满，未退场	授权管理
9	水井山矿山土地		827.84	土地面积70.55亩，转让款827.84万元	自行投资
10	贵阳银行入股		502	200万股	自行投资

续上表

序号	项目名称	原资产状况	现资产状况	项目内容	备注
11	大山洞农贸市场		185.6	投资已折算为产权，折算建筑面积为1324平方米	自行投资
12	金阳宾馆		待处理	公司贷款投资，工程一、二期建设投资4348.33万元。该项目已整体转让，后续工作正在办理。	自行投资

（余亚群）

【主要项目经营情况】 1.贵铝三电解项目：受中铝整体经营影响，项目截至年底，公司未收取股利收益。2.白云同心石油经营有限责任公司：2012年初，项目收取承包费90万元整。3.水井矿山土地转让项目：截至年底，未收到转让款项。（余亚群）

统　计

【工业统计】 2012年，全区127家规模以上工业企业累计完成工业产值260.35亿元，同比增长23.2%；实现工业增加值51.50亿元，同比增长24.6%，增速高于贵阳市2.5个百分点，在全市12个区县市中居第二；实现工业销售产值234.74亿元，同比增长39.2%。全年新增规模企业24家。全区规模企业生产稳定，累计净增产值25.99亿元，拉动全区127家规模工业企业工业产值增长12.9个百分点。（蒋鄰潇）

【固定资产投资统计】 2012年，全区全社会固定资产投资完成218.83亿元，同比增长60.9%，完成市下达确保目标107.3%。其中，城镇固定资产投资完成213.98亿元，同比增长58.3%；农村固定资产投资完成4.85亿元，同比增长5倍。一产累计完成投资3.40亿元，同比增长2.1倍，占全区全社会固定资产投资比重1.6%；二产累计完成投资99.52亿元，同比增长75.9%，占全区全社会固定资产投资比重44.8%；三产累计完成投资115.91亿元，同比增长48.0%，占全区全社会固定资产投资比重53.0%。工业投资增长迅猛。全区工业投资累计完成97.96亿元，同比增长68.8%。全区民间投资累计完成93.50亿元。（胡承贵）

【贸易统计】 2012年，实现社会消费品零售总额27.00亿元，比上年同期增长18.2%，增速居全市第二位。其中，限额以上商贸企业实现社会消费品零售额11.69亿元，比上年增长1.5倍。（刘显武）

【农村统计】 2012年，农业产值5.18亿元，同比增长9.7%，增加值为3.22亿元，同比增长9.5%。（宋苏松）

【人口与社会科技统计】 2012年我区城镇非私营单位从业人员为5.40万人，同比增长3.8%；城镇非私营单位从业人员劳动报酬总额22.79亿元，同比增长22.0%；城镇非私营单位在岗职工年平均工资42923元，同比增长16.8%。（吴惠珍）

【国民经济统计】 2012年，全区生产总值101.86亿元，比上年增长18.1%。其中，第一产业增加值3.22亿元，增长9.5%；第二产业增加值57.14亿元，增长19.9%；第三产业增加值41.50亿元，增长16.1%。第一产业、第二产业、第三产业增加值占生产总值比重分别为3.2%、56. 1%和40.7%。与去年比，第一产业比重降低4%，第二产业比重上升1.2%，第三产业下降0.8%。

（熊翠琳）

审 计

【概况】 2012年，区审计局完成审计项目16项，审计事项12个，政府投资评审项目411个。提出审计建议、意见74条，查出违规违纪资金128821万元。其中，管理不规范资金128485万元，违规资金336万元。对违规违纪资金进行处理或收缴入库。收缴应缴未缴财政收入24万元。上交罚没收入7 万元，催缴财政资金909万元。全年报送审计信息112篇，被省、市、区采用100篇次。

（陈举华）

【专项资金审计和审计调查】 2012年，区审计局开展2011年度水库移民后期扶持基金专项审计调查、公共卫生经费专项资金审计调查、全国有色金属加工行业技术进步产业升级大会年会经费使用情况审计，区农水局2008年度社会主义新农村养殖基地基础设施建设项目调增部分补助资金补充审计等5个项目专项审计和审计调查。对区2010年至2012年度中小学校舍安全工程项目执行情况进行跟踪审计。配合市审计局审计组，自2月21日至4月25日，对区社会保险基金、社会救助资金和社会福利资金等社会保障资金进行审计。（陈举华）

【财政性资金投资项目评审和政府投资审计】 2012年，区审计局分别对区平山水库项目决算、区消防营防工程竣工决算，2007年与2008年社会主义新农村养殖基地基础设施建设项目补助资金、2011年—2012年冬春水利建设补助资金、2009年中央贫困林场项目补助资金、蔬菜办冷链加工项目、白云二中食堂及白云九小教学楼竣工财务决算、白云区校舍安全工程跟踪、区属国有公司工程建设项目欠款清理、2008年白云食用菌温控车间建设项目等财政性资金投资和政府投资进行审计。全年，完成政府投资审计项目411项，比上年净增344项；送审金额145522万元，比上年增长6.45倍；审定金额127191万元，比上年增长6.97倍；审减金额18714万元，比上年净增14302万元，审减率12.86%。

（陈举华）

【区为民拟办10件实事专项审计评审】 2012年，区审计评审中心完成区为民拟办10件实事审计评审。分别是：白云六中改造拦标价、南湖新区公厕带垃圾转运站拦标价、南湖东路道路工程拦标价、交通标线工程预算、南湖东路夜景照明工程拦标价、道路绿化建设工程拦标价、岩土工程勘察结算、街景整治拦标价及刘庄村、下堰村、印台山节水灌溉项目3个，山塘6座，饮水工程18处，提灌站设备更新7座等项目预算、结算评审。

（陈举华）

【经济责任任中审计】 2012年，区审计局受区委组织部委托，审计5家单位经济责任。审计项目中，领导干部离任审计1家，任中审计4家；被审计单位中，区直机关2家，镇政府1家，事业单位2家；被审计人中，正科级5人。审计查出问题资金2103万元，其中违规资金335万元,管理不规范资金1767万元。提出整改意见和建议20条，均被审计单位采纳，下达审计决定2条。（陈举华）

【社会审计组织（事务）管理】 2012年，区审计局整合审计资源，利用社会中介审计力量，参与政府投资审计评审，委托中介机构开展投资建设工程项目审计101项，审减金额12446 万元。（陈举华）

质量技术监督

【概况】 2012年，区质量技术监督局增强监管和服务能力，落实政府、部门、企业3个责任，抓好质量、标准、计量、认证认可4项工作。增设区质量技术监督局稽查队，为直属副科级事业单位，核定事业编制6名，由财政全额预算管理。全年，办理组织机构代码证1314个，年审944个，录入数据信息17000多条。其中，免费为小微企业办证447个，免收办证费近5万元。全区有9家企业的15个标准登记备案。其中，国家标准登记2个，

企业标准备案13个。再次启动产品标准备案登记，要求企业必须按备案标准组织生产，严禁无标生产。同时在市技术标准信息服务平台录入企业标准数据。全年，办结食品及产品质量、特种设备安全违法案件14件，收缴罚没金额37万余元。受理质量安全投诉12起，涉及投诉群众400多人。（陈　兴）

【质量监管】 2012年，区政府制订并实施《白云区贯彻落实质量发展纲要（2011—2020年）全面推进质量兴区工作实施意见》《白云区区长质量奖管理办法》《白云区2013年全面推进质量兴区工作责任分解表》，对全区产品质量、工程质量、服务质量、生态和环境质量进行战略规划和部署，对质量兴区工作成员单位年度工作任务进行分解，对区长质量奖产生、管理、奖励、评选等作出规定。召开区第一次质量兴区工作联席会议，全面推进质量兴区工作。全区除食品生产以外有26家企业获得工业产品生产许可证，12家企业获国家强制性“3C”认证证书48个。全年，抽检工业产品161批次，合格152批次，合格率94.4%，高于全市工业产品质量抽检合格率。对抽检不合格企业全部按时完成整改。制定《工业产品风险应急排查工作方案》，按照《工业产品风险应急排查工作方案》抓好产品风险信息收集、上报、处置和预警应急工作，推进产品质量状况分析。全年，报送产品质量状况分析报告2份，对辖区2家机动车安全技术检验机构加强监督检查，确保机动车检验数据安全可靠。（陈　兴）

【计量监管】 2012年，区质量技术监督局重点对医疗机构和眼镜配制商店开展计量监督检查，检查医疗机构3家、眼镜配制商店7家。检查重点餐饮单位8家、大型超市5家、农贸市场5个，并对1400余台（次）计量器具进行免费检定。检查加油站14家、加油机77台件，对辖区内3个收费站使用的15个公路汽车衡进行计量检定。制定能源计量年度工作方案，召开专题工作会议对工作进行安排部署，开展能源计量监督检查10家（白云区9家，金阳新区1家），按照《节约能源法》要求配备三级能源计量器具，建立能源计量器具管理制度，要求其建立计量器具网络图和能源计量器具台账。（陈　兴）

【特种设备安全监察】 2012年，区质量技术监督局强化监管确保全年无特种设备安全事故发生、无人员伤亡和经济损失。1.与10家重大危险源单位签订目标责任书，实行定时定点巡查监管，确保重大危险源安全。2.协调和组织特种设备检验所检验起重机械302台，锅炉78台，场内机动车辆24台，电梯156台，设备定期检验率达98%以上。3.强化特种设备安全季度分析，查找和解决特种设备安全问题。4.出动执法人员86人次，检查单位43家次，检查特种设备236台次，下达《特种设备安全监察指令书》6份，查处隐患6起，督促整改6处，责令拆除自行安装3吨电动葫芦1台。（陈　兴）

【食品安全监管】 2012年，区质量技术监督局监督检查已建档的31家食品企业和6家食品加工小作坊，完成15家食品生产企业24个申证单元产品期满换证、新证申请现场审查，并将信息逐一录入动态监管系统。以白酒、调味品（酱油、食醋）、肉制品、食用植物油、面条、米粉为重点开展专项整顿，检查各类食品生产加工单位200余次，办理完结食品类行政执法案件2起。加强对全区食品加工小作坊、前店后厂基本卫生条件检查，联合区相关执法部门对3家无法进行改造的小作坊进行取缔。重点对辖区内3家“三重”（重点企业、重点产品、重点部位）单位加大检查、抽查频次。严厉打击使用非食用物质和滥用食品添加剂违法行为。组织实施省、市、县级监督抽查，对乳制品、饮用水、饮料、茶叶、调味料、大米、挂面、豆制品、白酒等产品进行监督抽查，监督抽查食品52个批次，合格50批次，抽查合格率达96.15%。做好食品质量安全监管情况定期报告工作。利用“3·15”、食品安全周等开展食品安全宣传活动，发放宣传资料800余份。对辖区内38家食品生产加工单位负责人开展食品安全法律法规和食品安全知识培训，创建贵阳娃哈哈饮料有限公司和贵阳沁园食品有限公司2家区食品安全示范企业。

（陈　兴）

【名牌战略】　2012年，贵州金杨油脂有限公司（菜籽油）、贵州中泉电气集团有限公司（铠装移开式户内交流金属封闭开关设备、低压成套开关设备和控制设备、高压/低压预装式变电站、“黔中泉”户内金属铠装移开式开关设备)、贵阳长乐钢铁有限公司（热扎带肋钢筋）3家企业获贵州省名牌产品称号。贵州中泉电气集团有限公司获贵阳市（推荐）名牌产品称号。

（陈　兴）

食品药品监督管理

【概况】　2012年，全区药品生产企业4家，药品批发企业2家，药品经营企业162家；医疗器械经营企业28家；保健食品生产企业1家，经营企业122家；化妆品生产企业1家，经营企业219家。全年，区食品药品监管部门对食品药品生产、流通、使用各个环节实施全程监管，集中开展专项整治40余次，对影响食品药品安全行业单位进行严管重罚，严格执行食品安全责任制和责任追究制，保障全区食品药品安全，成功有效处置白云区精英幼儿园群体事件。（商　莉）

【药品医疗器械监管】　2012年，区食品药品监督管理部门在开展日常监管工作的同时，重点开展铬超标胶囊、含麻黄碱类复方制剂药品、非药品冒充药品等16个方面专项整治。全年出动车辆 156车次，执法人员385 人次，监督检查药品（医疗器械）经营企业、使用单位556家次，监督覆盖率100%。查处违法案件6件，办结6件，结案率100%，罚没8.1万元。完成新开办8家药品经营企业GSP认证，80家药品零售企业GSP跟踪检查与认证。上报药品（器械）不良反应监测报告234例。完成基本药物品种中50个批次药品抽检任务，抽检合格率100%。启动实施药品电子监管系统管理。（商　莉）

白云区委副书记、区长黄昌祥（右三）走访慰问基层群众

【保健食品　化妆品监管】　2012年，区食品药品监督管理部门出动执法人员196人次，检查车辆123台次，检查保健食品生产经营单位122家次，化妆品经营单位90家次。（商　莉）

【食品安全监管】　2012年，开展食品安全专项整治及联合执法检查20次，出动执法人员5000余人次、车辆2000余台次，开展蔬菜农残检测7142批次，抽样送检蔬菜24批次、水产品35批次、畜产品74批次；快速检测蔬菜和水果730批次，“瘦肉精”快速检测2940多头、合格率100%；抽检食品生产企业108个批次，合格105批次，抽查合格率达97.2%。检查食品生产企业123家次，食品小作坊26家次，取缔5家不符合生产条件小作坊。检查食品经营户1033户次，查获假冒伪劣食品54公斤。检查餐饮服务单位4500家次，覆盖率100%。检查酒类商品经营户1357户次，超市50家次，酒类批发户60家次，屠宰生猪252959头，检出病害猪及不可食用生猪产品2637头，无害化处理100%。食品案

件立案28起，罚没款29.4万元。全区无重大食品药品安全事件发生。（商　莉）

安全生产

【概况】 2012年，全区发生生产安全事故10起，死亡9人（其中交通事故9起，死亡8人；工矿商贸事故1起，死亡1人），事故起数和死亡人数比上年分别降低37.5%和40%，占市控制指标数81.8%，未发生较大以上事故。全年亿元GDP死亡率0.11，工矿商贸10万从业人员死亡率1.2，道路交通万车死亡率2.5，各类矿山、危化、特种设备、旅游景区景点、消防、铁路等行业（领域）未发生死亡事故。

（张志强）

【安全宣传教育】 2012年，区安监局组织开展“全国安全生产月”集中宣传咨询日、“安康杯”知识竞赛等活动，发放宣传资料2万余份，展出各类展板90余块，签订《安全生产诚信企业承诺书》168份，贵州亚港气体有限公司、白云区疾病预防控制中心和贵州塑力线缆有限公司被评为市“安康杯”优胜企业。同时在烟花爆竹销售点发放安全燃放宣传资料，组织学校对学生开展烟花爆竹安全燃放知识教育；组织开展《职业病防治法》等法律法规宣传贯彻活动；培训危险化学品、非煤矿山、烟花爆竹等行业企业主要负责人、安全员、特种作业人员、从业人员750余人。都拉布依族乡、白沙关社区、白云三中、南方汇通有限公司等4家单位完成安全文化创建工作。（张志强）

【执法检查】 2012年，区安监局开展安全生产大检查4次，检查企业6926家次，查出隐患2902条，督促整改2847条，整改率98.1%；治理市挂牌督办重大隐患5处，整改率100%。打击各类安全生产违法违规行为1219起，收缴各类非法营运车辆467辆；拆除违章建房228户14.45万平方米；炸封填埋非法采煤窝点26个，收缴非法盗采矿产资源90余吨；查处3起非法运输、存储、销售烟花爆竹行为，收缴非法烟花爆竹530余件；对各类违法违规行为实施警告23次，责令改正、限期整改、停止违法行为252起，行政拘留19人；罚款68.2万元。（张志强）

【非煤矿山安全监管】 2012年，区安监局检查非煤矿山企业107家（次），下达执法文书117份，排查治理隐患48条。9家非煤矿山企业完成3级标准化建设，全区86%非煤矿山企业达到标准化建设等级要求。督促斗蓬山铝土矿1、2号矿井完成“六大系统”建设并验收备案。督促3家在建矿山按照安全设施“三同时”规定进行建设。全区22家露天矿山基本实现中深孔爆破和液压二次破碎技术，机械开采率100%；基本实现按《开采设计方案》进行自上而下分台阶或分层开采，工作面台阶高度、宽度、边坡角符合安全管理规定；收缴安全风险抵押金530万元。按重大危险源管理规定对中国铝业贵州分公司赤泥库建立危险源档案，开展日常检查及汛期例检14次（汛期7次）。（张志强）

【危险化学品安全监管】 2012年，区安监局检查企业113家（次），下达执法文书22份，排查隐患89条，督促整改85条，整改率95.5%。10家危险化学品生产企业、1家烟花爆竹批发企业完成标准化建设，26家危险化学品经营企业开展标准化建设。对区域内1家新申请办理《危险化学品经营许可证》企业及5家申请办理《危险化学品经营许可证》延期企业进行严格审查，办理相关证照。督促易制毒化学品、易制爆化学品、剧毒化学品企业落实出入库台账、销售流向登记档案、“五双”管理等工作，督促1个重大危险源单位完成危险化学品重大危险源备案，督促全区危险化学品企业建立应急预案，将危险化学品综合应急预案是否备案作为安全生产许可证颁证或延期换证必要条件。（张志强）

国土资源管理

土地资源管理

【概况】 2012年，贵阳市国土资源管理局白云区分局有局领导6人，其中局长1名（副处级），党组书记1名（享受副处级待遇），副局长3人，其中1人挂任科技副局长，局党组成员、纪检监察员1名。内设机构17个，其中1个科级机构，16个股级机构有职工85人，其中正式职工47人，临时工30人，退休8人；中共党员39人。（林廷武）

地质灾害防治宣传

【土地利用现状】 截至年底，白云区行政区域总面积404286.6亩，其中耕地113449.2亩、园地9623.1亩、林地151795.65亩、草地19175.1亩、城镇村及工矿用地77343.15亩、交通运输用地16519.8亩、水域及水利设施用地5802亩，其他土地10578.6亩。（林廷武）

【农村土地承包经营权确权登记颁证试点】 2012年8月27日，白云区农村土地承包经营权确权登记颁证在牛场布依族乡试点。（林廷武）

【土地登记发证】 2012年，区国土分局完成国有土地使用权登记337宗，面积29997.96亩。其中，开发区范围内57宗，面积3716.61亩；开发区范围外280宗，面积26281.35亩。完成土地他项权利登记82宗，其中开发区范围内22宗，开发区范围外60宗。完成农村宅基地发证164宗；完成城镇住房土地分割登记5556宗，面积110.94亩。（林廷武）

【国有建设用地供应情况】 2012年，全区供应土地57宗，面积3384.05亩。其中，挂牌出让27宗，面积2189.65亩，划拨用地30宗，面积1194.4亩。（林廷武）

【国有建设用地申报】 2012年，全区申报保障性安居工程建设用地面积2428.866亩；申报城市建设用地第一、二批次，面积5549.634亩；单独选址用地申报2宗，面积1154.163亩；申报中心城区外用地2宗，面积137.622亩。（林廷武）

【农村村民建房】 2012年，全区审批农村村民建房用地60宗，面积11.46645亩。其中，稻田3.0855亩、旱地8.01645亩、建设用地0.1695亩、荒地0.195亩。（林廷武）

【招标拍卖挂牌出让国有土地使用权】 2012年，全区招拍挂出让土地使用权签订出让合同57宗，面积3452.92365亩。其中，高新区30宗，面积1722.558亩，成交金额53855万元（26422.5万元缴入高新区财政）；白云区27宗，面积1730.36亩，成交金额171570.52万元，已有79748.76万元（出让金13977.68万元，成本65771.07万元）缴入区财政。（林廷武）

【查处国土资源违法案件】

2012年，区国土分局开展土地、矿产执法监察动态巡查98次，发现并制止国土资源违法行为135起。查处国土资源案件10宗，已结案10宗；移送乡（镇）拆出非立案处理违法用地案件74宗，处以罚款5宗，罚款10.1万元；配合乡（镇）政府组织拆除12000余平方米。（林廷武）

矿产资源管理

【概况】 2012年，区国土分局完成麦架镇青山铝土矿、沙文镇斗篷山铝土矿、兴旺矿场等3个铝土矿山储量动态监测和重要矿产资源（铝土矿）开采回采率、采矿贫化率、选矿回收率调查与评价。《白云区矿山环境与保护治理规划》经白云区政府发布实施。督促矿山企业足额缴纳矿山环境恢复治理保证金338.9万元。按照应收尽收原则收缴矿产资源补偿费22.762万元。完成《白云区矿业权设置方案》（草案）的制订并征求相关部门意见。（林廷武）

【打击非法盗采矿产资源行为】

2012年，区国土分局配合镇政府炸封填埋非法采煤窝点26处，取缔、制止非法盗采铝土矿点14个，查扣非法运输车辆4台、挖机3台，协助抓获非法开采盗采人员15人，移送公安机关拘留15人，没收非法开采矿产品90余吨，拆除非法盗采工棚1个。（林廷武）

【土地矿产卫片执法检查】

2012年，全区土地矿产卫片执法检查疑似违法图斑有9个，经核实7个在沙文镇靛山村豆腐田，为非法盗采铝土矿点，作非立案处理，由区国土分局配合沙文镇在6月30日前依法取缔；1个为已关闭曹关村廖家山砂石厂，属于违法开采，已依法取缔；另1个为卉富红兴砖厂修建厂区道路，不属于违法开采，属于伪变化图斑。

（林廷武）

工商行政管理

【概况】 区工商行政管理局根据省编办发〔2012〕292号《关于同意在市县两级工商行政管理局（分局）增设微型企业发展监督管理科（股）的批复》，于2012年12月增设“微型企业发展监督管理（股）科”（简称微企科）使内设机构增为“1中心”（信息中心）、“1大队”（执法大队）、“2室”（办公室、纪检监察室）、“6科”（人事科、法规科、注册科、消保科、市场科、微企科）、“4分局”（大山洞分局、龚家寨分局、艳山红分局、沙文分局）。全年全区新增企业826户，办理企业变更登记1236户，新办个体工商户1775户，办理变更登记653户。工商行政管理应检企业2306户，网上年检2089户，网上年检率90.6%；人工年检126户，未年检和待年检企业91户，企业年检率92.4%。同时，帮助企业解决融资难，办理股权出质登记28件，出质股权金额20381.5万元，被担保金额22360万元；办理动产抵押登记42件，主债权金额32257万元。（李开祥）

【扶持微型企业发展】 2012年4月，区政府下发《白云区扶持微型企业发展实施方案》（白府办发〔2012〕39号），成立“发展微型企业领导小组”，办公室设在区工商局。同月，区政府办下发《白云区扶持微型企业发展实施办法》（白府办发〔2012〕46号），并于5月成立“白云区扶持发展微型企业评审委员会”（白微企发〔2012〕1号）。全年全区发展微型企业340户，申请注册资本3490万元，注入指定银行账户资金3470万元，带动劳动就业1735人，财政补助资金到位2584万元（省、市级资金1054万元、区级资金1530万元）。重点扶持行业有加工制造业31户、民族工艺品加工业19户、特色食品加工业15户、软件开发20户、科技创新24户、创意设计29户，占微型企业总数40.6%，创业人员中返乡农民工创办9户、高校毕业生创业19户、退役军人创办2户、失业人员创办13户、其他

人员创办297户。（李开祥）

【流通环节食品安全监管】

2012年，区工商局组织食品经营户进行食品安全相关法律法规培训，组织各种培训8次，参训企业、个体经营户235户（次）。完成对饮料、酒类、蔬菜、水产品、腌腊制品、肉制品等食品480个批次快速检测，对60个批次重点食品进行定向抽检并送贵州省理化中心进行检测，发现1起二氧化硫超标竹笋，依法对该经营户罚款2000元。同时，区工商局还加强学校食品安全监管，开展专项整治21次，取缔无照经营39户，查处假劣食品案件14件。（李开祥）

【商标管理】 2012年，区工商局引导七冶压力容器制造有限责任公司申请“七力QLLI”等6个注册商标，并得到国家商标局受理。同时推荐贵州金杨油脂有限公司“金黔灵”、贵州意通医药有限公司“意通”、贵州西南国际家居装饰博览城有限公司图形注册商标、贵州百佳厨房设备有限公司“黔阳厨具”等4个注册商标申报贵州省著名商标认定，并引导贵州三占集团股份有限公司等申报著名商标延续申请；推荐7个注册商标申报贵阳市知名商标认定。（李开祥）

【维护消费者权益】 2012年，区工商局发布消费警示或消费提示5次，受理投诉166件。受理投诉与去年同期相比增长36.06%，已调解166件，调解率100%。为消费者挽回经济损失360776元，与去年同期相比增加98.24%；支持消费者起诉1件，占投诉量0.06%。接待来访咨询375人次，与去年同期相比增长25.64%。

（李开祥）

物价管理

【价格监督检查】 2012年，全区查处价格违法案件2件，没收价格违法所得242272元。针对居民生活价格指数不断上涨的实际，区物价管理部门采取措施，加大价格监管力度，严厉打击囤积居奇、哄抬物价等价格违法行为，维护广大消费者合法权益，切实保持市场物价稳定。同时，开展涉企涉农收费、医药卫生服务价格、教育收费、商品房明码标价、驾校收费等专项检查。

（赵咏莉）

【收费管理】 2012年，区物价局年审《收费许可证》81个，年审率达100%。全区行政事业性收费总额15684.26万元。核定涉及教育、民爆物品管理等收费项目2项。联合区财政局开展全区行政事业性收费项目清理，取消卫生、林业部门收费2项，降减卫生、质监、有线电视等部门收费9项。（杨　静）

【价格服务】 2012年，区物价局全面推行中心地段明码标价超市5家、商场12家、药店38家、宾馆及山庄6家、房开企业11家，明码标价覆盖面达90%以上。为国家机关及纪律检查、仲裁机构、公安、检察、法院、司法等部门受理各种刑事、民事、经济、行政案件中涉及的财产（土地、房产、资源性资产、理赔物、抵押物、拍卖物、应税物、无主物、事故定损以及其他各种有形、无形财产）进行价格鉴定，出具价格鉴证145件，价格鉴定标的120万元。

（杨　静）

【价格监测预警】 2012年，全区价格监测范围覆盖主要农贸市场、大型超市及部分生产企业，涉及重要消费品和服务、生产资料、能源、粮食、经济作物等5个方面，实施常规监测11类67个品种。全年报送市、区价格监测357期，居民生活必需品监测分析报告4期。（杨　静）

财政·税务

GUI YANG BAI YUN
NIAN JIAN 2013

财　政

【全区财政预算执行情况】　2012年，全区完成财政总收入159344万元，同比增长22.42%，增收29182万元；完成公共财政预算收入89588万元，为人大批准调整预算106.18%，同比增长38.52%，增收24913万元。　（邵　伟）

【区本级财政一般预算收支完成情况】　2012年，区本级公共财政预算收入68244万元，加上级各项补助54184万元、上年滚存结余6537万元和乡（镇）上解收入10588万元，减去体制上解、各项专项上解16720万元及补助乡（镇）支出1964万元，累计可支配财力120869万元，区本级公共财政预算支出115133万元，预算结余5736万元（其中，专项结余430万元，省、市转移支付补助结余275万元，净结余5031万元），区本级财政收支平衡，略有结余。区本级财政收支完成情况：原街道办事处剥离经济职能，其收支数据全部含进区本级（下同）。区本级公共财政预算收入完成68244万元，为预算106.36%，比上年增长38.9%。其中，1.增值税收入完成5000万元，为预算96.15%，比上年下降18.02%；2.营业税收入完成20539万元，为预算91.1%，比上年增长36.42%；3.企业所得税收入完成3507万元，为预算95.82%，比上年增长38.67%；4.个人所得税收入完成1779万元，为预算134.77%，比上年下降10.02%；5.资源税收入完成69万元，为预算86.25%，比上年增长130%；6.城市维护建设税收入完成2590万元，为预算75.95%，比上年下降6.02%；7.房产税收入完成2323万元，为预算88.66%，比上年增长9.11%；8.印花税收入完成1017万元，为预算75.9%，比上年增长0.69%；9.城镇土地使用税收入完成1537万元，为预算85.39%，比上年下降65.21%；10.土地增值税收入完成1538万元，为预算121.1%，比上年下降34.47%；11.车船使用和牌照税因市地税局清算分配未完成，收入未实现；12.耕地占用税收入完成8087万元，为预算117.71%，比上年增长13倍；13.契税收入完成9649万元，为预算201.02%，比上年增长262.61%；14.行政事业性收费收入完成5574万元，为预算116.13%，比上年增长68.4%；15.罚没收入完成1077万元，为预算107.7%，比上年增长38.97%；16.专项收入完成2931万元，为预算101.77%，比上年增长5.66%；17.国有资源有偿使用收入完成1027万元，为预算293.43%，比上年增长109.59%。区本级公共财政预算支出完成115133万元，减市下专款26822万元（实际下达26909万元，支出26822万元，结余87万元），加下乡（镇）专款1385万元，实际支出89696万元，为预算100%，比上年增长37.97%。其中，1.一般公共服务支出完成19434万元〔减市下专款1407万元，加下乡（镇）专款181万元，实际支出18208万元〕，为预算100%，比上年增长42.02%；2.国防支出完成181万元，为预算100%，比上年增长23.13%；3.公共安全支出完成10714万元（减市下专款612万元，实际支出10102万元），为预算100%，比上年增长32.61%；4.教育支出完成42608万元（减市下专款7588万元，实际支出35020万元），为预算100%，比上年增长38.04%，高于财政经常性收入增幅，生均教育事业费比上年提高，生均公用经费按照小学500元、初中700元足额安排；5.科学技术支出完成2072万元，为预算100%，比上年增长39.72%，其中，技术研究与开发支出完成1825万元，占公共财政预算支出比重达2.05%以上；6.文化体育与传媒支出完成1517万元（减市下专款167万元，实际支出1350万元），为预算100%，比上年增长41.07%，高于财政经常性收入增幅；7.社会保障与就业支出完成5986万元〔减市下专款3104万元，加下乡（镇）专款669万元，实际支出3551万元〕，为预算100%，比上年增长49.45%；8.医疗卫生支出完成5961万元（减市下专款2037万元，加下乡（镇）专款19万元，实际支出3943万元），为预算100%，同口径比上年增长20.02%；9.节能环保支出完成2744万元（减市下专款1927万元，加下乡（镇）专款13万元，实际支出830万元），为预算100%，同口径比上年增长28.28%；10.城乡社区事务支出完成6978万元（减市下专款2435万元，加下乡（镇）专款2万元，实际支出4545万元），为预算100%，比上年增长48.43%；11.农林水事务支出完成11579万元（减市下专款5866万元，加下乡（镇）专款480万元，实际支出6193万元），为预算100%，比上年增长38.86%，高于财政经常性收入增幅；12.交通运输支出完成1150万元（减市下专款761万元，实际支出389万元），为预算100%，比上年增长12.75%；13.资源勘探电力信息等事务支出完成2050万元（减市下专款670万元，实际支出1380万元），为预算100%，比上年增长5.9倍，主要是增加企业技术改造资金；14.商业服务业等事务支出完成670万元（减市下专款162万元，实际支出832万元），为预算100%，比上年增长152.12%;15.国土资源气象等事务支出完成421万元（减市下专款1万元，加下乡（镇）专款20万元，实际支出440万元），为预算100%，比上年增长3.36倍，主要是增加防雹经费及矿业治理经费等；16.住房保障支出284万元（减市下专款10万元，加下乡（镇）专款1万元，实际支出275万元），为预算100%，比上年增长43.23%；17.粮油物资储备事务支出完成370万元，为预算100%，比上年增长30.74%；18.国债还本付息支出完成15万元，为预算100%，主要是支付地方政府债券利息，与上年持平；19.其他支出完成399万元，主要是省市强县贴息补助。

（邵　伟）

【区及区本级基金收支情况】

2012年，全区（即区本级，下同）基金预算收入完成180809万元，加上年滚存结余3050万元和中央、省、市财政下达区专项补助9030万元，减基金预算支出185933万元，基金预算结余6956万元。基金预算收支完成情况：全区完成基金预算收入180809万元，为预算126.43%，比上年增长2.71倍。其中，1.地方教育附加收入完成1613万元，为预算115.21%，比上年增长21.64%；2.国有土地使用权出让金收入和农业土地开发资金收入完成177274万元，为预算126.62%，比上年增长2.93倍；3.残疾人就业保障金收入完成289万元，为预算160.56%，比上年增长53.72%；4.政府住房基金收入完成27万元；5.城镇公用事业附加收入完成800万元，为预算100%，与上年持平；6.城市基础设施配套费收入完成806万元，为预算134.33%，比上年下降40.52%。全区完成基金预算支出185933万元，减市下专款7108万元（实际下达9030万元，支出7108万元，结余1922万元），实际支出178825万元，为预算99.98%，比上年增长2.61倍。其中，1.地方教育附加支出完成1484万元（减市下专款84万元，实际支出1400万元），为预算100%，比上年增长3.47%；2.国有土地使用权出让金支出和农业土地开发资金支出、新增建设用地有偿使用费完成176989万元（减市下专款1742万元，实际支出175247万元），为预算100%，比上年增长2.84倍；3.残疾人就业保障金支出完成314万元（减市下专款6万元，实际支出308万元），为预算99.35%，比上年增长101.31%；4.政府住房基金支出完成5万元，用于廉租房正常维修，为预算16.67%，主要是部分廉租房维修资金待支付；5.城市公用事业附加支出完成806万元，为预算100%，比上年增长0.75%；6.城市基础设施配套费安排支出完成800万元，为预算100%，比上年下降38.46%；7.彩票公益金安排支出完成639万元（减市下专款380万元，实际支出259万元），为预算100%，比上年增长0.78%；8.新菜地开发建设基金支出完成27万元、森林植被恢复费安排支出完成605万元、资源勘探电力信息等事务完成20万元、中央水利建设基金支出完成20万元、其他政府性基金支出4224万元（企业电价补贴等）。（邵　伟）

【财源建设】 1.成立区财源建设领导小组，定期召开经济运行形势分析会，拟定相关措施。2.加大财政投入，多渠道筹集资金，围绕“三路三片三园”等重点项目建设，加大财政扶持力度，从财政政策、资金等方面对参与开发建设项目单位予以支持，重点项目建设进展顺利；3.借全省项目建设现场观摩会在区内召开契机，统筹协调近2000万元对道路进行绿化，对各类标识标线和道路两侧围墙进行新建和维修，改善城区面貌，提升城市品位；4.加大工业园区建设项目扶持力度，拨付工业园区建设经费2180万元；安排中泉电气、燕京啤酒等企业技改资金、技术研究与开发资金及节能补助等5000多万元，拨付中铝贵州分公司区级电价补贴1433万元，并帮助其争取上级电价补贴1.03亿元；5.加大对微型企业扶持力度。制定《白云区新办微型企业财政补助资金实施细则》，协调落实微型企业“3个20万元”政策，对符合条件340户微型企业拨付3400万元扶持资金；6.加大对投融资平台建设支持力度。投入1500万元成立贵阳白云蓬莱城乡发展有限公司，推进企业投资担保公司和村镇商业银行组建，拓宽融资渠道。7.落实招商引资企业优惠政策和各项奖励措施，加大对引资企业扶持力度，提高对财政收入贡献率。（邵 伟）

【财政支出管理】 1.突出民生保障。1—9月全区民生支出4.2亿元，占公共财政预算支出61%，保障两节期间困难群众生产生活及帮扶救助资金，以及省十一次党代会、市九次党代会期间维稳资金；2.足额安排教育资金。2012年，安排公共财政预算教育支出22270万元，比上年增加25.46%，截至9月底拨付19037万元，完成预算任务85.5%。推进白云六中改造、白云职校综合教学楼修建工作；3.支持农林水事务发展。2012年，区本级预算安排投入农业农村资金6452万元，截至9月底拨付5052万元，完成预算78%，推进农业展示区建设和一事一议、农业综合开发项目等农业基础设施建设；4.落实惠农政策。完善区农补网数据库，完成农业综合直补和种粮补贴334.49万元发放工作，惠农7.23万人；落实家电下乡优惠政策，1—9月通过“一折通”兑付家电下乡产品3265台，补贴金额91.85万元，兑付摩托车下乡产品53台，补贴金额0.75万元；5.支持医疗卫生事业发展，安排医疗卫生资金4612万元，截止到9月底拨付3708万元，完成预算80%，推进全区基层医疗卫生改革和医疗卫生事业发展。6.确保干部职工工资、津补贴、目标奖励，经区委、区政府批准调整区本级部门预算单位公用经费定额标准。（邵 伟）

【会计事务管理】 及时办理会计从业人员登记、变更、调转等会计事务；完成区属行政事业单位无证会计人员从业资格考试培训，合格人员达55人，占培训班人数63.22%；完成2011年、2012年会计人员继续教育，培训1200人次；实施网络模式开展继续教育培训。（邵 伟）

【财政支农】 1.2012年，投入专项资金8000多万元用于“三农”发展。其中，2012年争取上级农业资金6589.49万元（含转移支付20万元），重点项目工程主要有水利及安全饮水建设资金2345万元、基层农技推广服务体系建设100万元、森林植被恢复费551万元、林业产业化发展专项资金70万元、森林补偿及退耕还林补助资金140万元、市场保供蔬菜生产821万元、扶贫发展资金518万元，环城绿化经费110万元，拨付上级资金6492.49万元（含市级匹配30万元石漠化经费），项目管理单位有序地推进项目实施，区财政按照工程进度拨付资金，确保工程项目开展。2.项目投资效益情况。加大对农村产业结构调整。新增蔬菜种植面积1.3万亩、种植番茄0.1万亩、实现香葱总产量3.12万吨、完成辣椒种植0.3万亩、食用菌种植0.3万袋 、“三环”以内种植业结构调整全区完成蔬菜种植1.5万亩、果树种植0.2万亩、完成山头绿化0.05万亩；完成标准化养殖场建设1个，新增生猪出栏5万头，推进二元种猪、娃娃鱼种苗等特色养殖。加大对农村基础设施建设投入。完成山塘整修6座，饮水工程5处，提灌站更新7站；完成罗格凼水库除险加固项目。完成兰家山河坝整治，解决灌溉面积550亩；完成牛场乡兴家田村、蓬莱村基本农田基础设施建设项目总工程，修建机耕道5781米、生产便道4178米、灌溉渠7690米、排洪沟800米。3.加大兑现惠农政策补贴，通过农民补贴网“一折通”，发放农作物（水稻、玉米、油菜）良种补贴、农业机械购置补贴328.76万元。完成农村劳动力技能培训1463人（阳光培训300人、绿色证书1100人、退耕还林技能63人）。4.巩固退耕还林成果。完成用材林500亩，经果林400亩、贵州省现代农业展示园建设100亩绿化美化任务，实施高速公路景观整治白云段177亩造林任务。5.完成农村综合改革“一事一议”工作。2012年，申请并获批“一事一议”财政奖补项目29个,申请各级财政奖补资金900万元，涉及都拉布依族乡、麦架镇、沙文镇、牛场布依族乡15个村。建设内容主要是：22个道路硬化项目，4个水利项目，1个文体项目、2个环卫项目。2012年，申请并获批“一事一议示范村”项目村4个，财政奖补建设项目115个，申请各级财政奖补资金738万元，涉及麦架镇摆茅村、牛场布依族乡阿所村、蓬莱村、兴家田村。 （邵　伟）

【行政事业单位国有资产管理】 组织完成全区行政事业单位产权登记年检工作，登记面达100%。全区2011年度行政事业单位国有资产产权登记年检汇总情况显示：136个单位资产总额153390.57万元，负债总额84287.98万元，资产负债率54.95%，资产总额中固定资产41649.1万元，固定资产总额占资产总额27.15%。国有资产总量68352.73万元，比上年增加19927.54万元，增长41.15%。主要原因是行政事业单位固定基金、结余增加形成。固定资产中主要资产：房屋构筑物面积451572.74平方米，价值19675.7万元，房屋构筑物占固定资产总额47.24%。房屋构筑物中，办公用房137114.61平方米，价值4547.69万元；业务用房182094.98平方米，价值10977万元；其他用房132363.15平方米，价值4151.01万元。各种车辆637辆，车辆价值8179.75万元，占固定资产总额19.64%。其中，轿车303辆，价值4249.02万元。

（邵　伟）

【政府采购】 与区采购中心实行采管分职履责。参与组织全区政府采购，逐步扩大政府采购范围，完成批准采购项目。全年，组织采购165次，采购金额4498.11万元，节约资金811.72万元，节约率15.29%。大宗采购涉及“三园三片”服务项目、公厕管理、主次干道清扫、公务车配置和统保等。其中，对区行政事业单位424辆公务车保险，支付保费140万元，实行国库集中支付。 （邵　伟）

【社保资金管理】 自2001年起建立区社保基金财政专户，将基金收入和支出分别进行管理。1.完善适应区情、保障制度规范化、管理服务社会化劳动保障体系。2.依法扩大社会保险覆盖范围，城镇国有、集体、外商投资、私营、个体工商户、自由职业人员和灵活就业人员参保，将国家机关事业单位编制外聘用人员和在城镇灵活就业的农业户籍人员等各类企业及其员工（含农民工）全部纳入企业职工基本养老保险统筹范围；建立健全农民工社会保险关系转移和续接机制；原国有集体企业家属工、临时工以及小集体企业退休人员参保，32807人参加城镇职工基本养老保险。3.2008年建立新型农村养老保险制度，出台白云区被征地农民养老保险政策，实现新被征地农民养老保险制度全覆盖。32459人参加新型农村养老保险。其中，60周岁以上人员参保8346人。发放养老金87236人次，发放金额1242万元。

（邵　伟）

【国库集中支付】 2012年，纳入国库集中支付行政事业单位108家（含二级单位）。下达国库集中支付计划94724万元，单位实际使用资金90198万元，结余在国库资金4526万元。

（邵　伟）

【财政专户管理】 执行教育系统高中以上学费、住宿费继续纳入财政专户管理，所有政府性非税收入纳入预算管理。2012年，财政专户1074万元，财政专户支出1069万元，专户结余148万元。（邵　伟）

税　务

国家税务

【优化税收环境】 2012年，区国税局采取措施优化办税服务厅建设，完善国地税联合办税一体化服务模式。

1. 争取政府支持，完善大厅硬件和软件环境，及时领取有关税收票证，保证征收工作开展。

2. 梳理纳税服务制度，将首问负责制、一次性告知制和限时办结制作为各岗位基本服务准则，组织学习13项涉及纳税人主要权利实现方式和涉税事项办理时限承诺。

3. 加强与地税部门沟通和协作，完善应急机制管理，处理好联合办税服务厅应急事件。

4. 加大培训力度，加强业务培训、知识更新培训、全程办税工作培训。

5. 建立窗口工作人员考评办法和纳税服务明星评比办法，进一步规范窗口工作人员执法行为。

6. 邀请各行业企业代表开展纳税服务交流日活动，请纳税人建言献策，为大厅建设提出合理化建议。

7. 9月，邀请中国税务报驻贵州记者站参观考察，提升窗口宣传。区国税局联合办税服务厅获贵阳市国税局颁发“雷锋式示范窗口”荣誉称号。（艾　丹）

【税收服务】 2012年，区国税局办理纳税申报27136户次，认证增值税专用发票88777份、金额1278438万元；认证运输发票5578份、金额53979万元；发售发票6075户次，办理税务登记1306户（单位纳税人790户、

区国地税联合办税一体化服务大厅工作人员合影

个体工商户516户）；代开增值税专用发票397份2115万元、税额63万元，代开普通发票2025份4981万元、税额149万元，受理各类税务文书2005户次。

（艾　丹）

【税收情况】　2012年，区国税系统完成税收收入68715万元（含教育附加），同比增长7.76%，增收4948万元。区本级收入完成11290万元，同比增长0.79%，增收89万元；加上教育附加区本级收入12682万元，同比增长9.64%，增收1115万元。组织入库“两费”收入2407万元（教育费附加1444万元、地方教育费附加963万元），同比增长287.6%，增收1786万元；代征价格调节基金1256万元，同比增长44.2%，增收385万元。

（艾　丹）

【创新税源控管模式】　2012年，区国税局以税源专业化管理为载体，对原有税源控管模式进行优化重组，建立税源控管新模式，提升税源管理质量和效率。

1．突出行业加规模的税源分类，实施风险管理。打破地域界限，按照纳税人经营规模和行业地位，把现有纳税人分为重点税源、一般税源、小规模税源3类，建立分类管理机制：对重点税源，主要以准确掌握经营趋势变动、强化个性服务和落实上级风险监控指引为工作重点；对一般税源，主要以规范申报行为、重点监控评估、促进税收遵从为工作重点；对小规模税源，逐步推行社会化管理，以堵塞漏征漏管、合理核定、公平税负为工作重点。

2．实施税收风险管理。实施分行业风险信息归集、风险分析识别、风险排序、风险应对和绩效评估，推动税源管理从“普管制”向“风险管理”转变。

3．突出职能与事项分工，提高管理精度。合理划分办税大厅与管理分局职能分工，将审批职能移至大厅后台。办税服务厅分为前台和后台，将纳税人需办理涉税事项分为即办事项、非即办事项、依职权事项。所有涉税事项均由大厅前台统一受理统一出件。即办事项、非即办事项和部分依职权承办事项直接由后台审批或办理。将原有4级行政审批缩减为2级审批，办税服务厅前台与后台传递即办事项和非即办事项，后台与相关部门传递非即办事项和依职权事项，相关部门之间传递依职权事项均须在“传递账册”签字。

4．严格内部流程管理，实施派工制度。实行“派工单”制度，凡需要调查、核实、处理的非即办事项和依职权事项，由大厅后台和数据处理中心以“派工单”形式安排管理实施，必须有反馈、有证明、有签字、有审核。实行“事项到人”，每个人责任和工作落实情况一目了然。

5．管理分局内部按专业事项设置专业岗位。将涉税事项分成基础事项、专业事项和风险应对事项三类。其中，基础事项包括户籍管理、认定管理、发票管理、欠税管理、漏征漏管户清理、催报催缴、文书送达等；专业事项包括资格认定、税收优惠后续管理、企业所得税汇算清缴、注销检查等；风险应对事项包括通过纳税评估、日常检查等方式对涉税风险点进行处理等。并据此设置管理分局内设机构，成立数据管理、日常检查、纳税评估、综合业务等小组。通过按职能与事项分工，促进管理效率与管理精度提升。　（艾　丹）

【税务检查】　2012年，区国税局重点开展增值税与所得税收入差异异常企业、长亏不倒企业、收入增长税收下降企业、微利企业、享受税收优惠企业、发生资产损失企业纳税评估与核查工作，发现问题企业28户，初步查补增值税119万元，查补企业所得税303万元，减亏422万元，收取滞纳金10万元。

（艾　丹）

【依法治税】　2012年，区国税局采取两大举措加强依法治税。

1.加强企业所得税优惠备案管理。建立相应管理办法,对列入企业所得税优惠管理的各类企业所得税优惠进行分类,对不同优惠政策在优惠方式和资料报送上提出不同要求，对各环节职责、时限及文书流转进行明确，要求在受理纳税人税收优惠备案后7个工作日内完成登记备案，提高纳税人办税效率。

2.注重企业所得税季度申报预缴，确保预缴税款及时足额入库。制止企业年度申报与第四季度合并申报，把第四季度预缴税款放到年度申报缴纳，延缓税款入库时间。全年年度申报预缴率92.87%，达到国家税务总局预缴率大于70%的要求。全区年内享受增值税优惠政策纳税人105户（不含未达起征点2837户），涉及11类减免税16834万元。其中，饲料生产经营企业减免16户4727万元，资源综合利用企业减免3户538万元，福利企业减免5户199万元，军品生产企业减免1户3588万元，修车厂减免1户6275万元，农产品生产企业减免68户547万元；经汇算清缴享受减免税企业18户2162万元，减免所得税882万元。（艾　丹）

地方税务

【税收完成情况】　2012年，全区地方税务两项税收累计入库84402万元，同比增长36.89%。其中，区本级收入 68686万元，同比增长43.30 %。

主体税种地位突出、增势强劲。营业税同比增长47.2%，企业所得税同比增长154.47%，资源税同比增长74.44%，契税同比增长262.61%，耕地占用税同比增长1203.99%。

从产业税收完成情况看，第三产业税收增速高于第二产业。税收增长主要因素有三方面：1.受固定资产投资快速增长影响；2.省地方税务局下划大企业税收管辖权致使企业所得税增收；3.区地税局引入第三方力量加大部分行业税收清理力度成效显著。减收主要原因是个人所得税工资薪金扣除标准提高、个体工商户起征点提高以及增值税附征的城市教育费附加改由国税征收。

（姚　远　张龙芬）

【税务稽查】　2012年1—8月，区地方税务局稽查局税收专项检查查补入库各类税款、滞纳金6.87万元，办理案件3件，查补税款、罚款、滞纳金1000元；清理欠税企业8户，催缴入库税款2668.4万元。9月，因地税机构改革，区地方税务局稽查局撤销，实行“一级稽查”。（黄　河）

【依法治税】　2012年，辖区依法治税情况良好。税法宣传主要以办税窗口为阵地，开展各种宣传活动。区地方税务局还完成《纳税服务指南》编辑、印制，出资4000元创作完成《陈哥住村帮扶记》漫画第一集，首次尝试用漫画形式反映地税工作者帮扶农村群众脱贫致富情况。同时，落实税收优惠政策，为2011年度享受企业所得税减免税收优惠企业3户（比上年减少1户）减免企业所得税额9.98万元（比上年增加0.28万元），自行弥补亏损的9户企业弥补金额1592633.48元，无申报财产损失税前扣除项目。（姚　远）

金融

GUI YANG BAI YUN NIAN JIAN 2013

银行业

中国建设银行股份有限公司贵阳金阳支行

【概况】 2012年3月10日，中国建设银行股份有限公司贵阳金阳支行（以下简称建行贵阳金阳支行）所辖世纪城支行开业营业，支行网点由原来9个拓展为10个。截止2012年底，建行贵阳金阳支行一般性存款余额69.73亿元，比年初新增7.52亿元，增幅10.78%。对公贷款余额448425.32万元，比年初减少51219.64万元；个人贷款余额122827.94万元，比年初增加13421.29万元。实现中间业务收入4634.52万元。（曾令斌）

【支持企业发展】 2012年，建行贵阳金阳支行提出“抓好大型客户、稳定中型客户、挖掘小型客户”三管齐下工作思路，以支持大企业为业务发展主攻方向，以支持中小企业发展培养新业务增长点，提高支持地方经济发展水平。全年为区内多家企业提供各项流动资金贷款、银行承兑汇票等超过3亿元。（曾令斌）

中国工商银行股份有限公司贵阳白云支行

【概况】 2012年末，中国工商银行股份有限公司贵阳白云支行各项存款余额36.71亿元，其中，对公及同业存款余额16.42亿元，储蓄存款余额20.39亿元。各项贷款余额23.08亿元，其中，公司贷款余额14.18亿元；个人贷款余额8.91亿元。（吴 谕）

【新增业务】 2012年，工行贵阳白云支行新增金融服务项目主要包括小企业网贷通、商品融资、国内贸易融资、订单融资、保理等公司业务和贵金属递延、品牌金积存、手机银行、企业网银收费站、总行级现金管理、牡丹交通卡、安邦个人财产保险等个人金融业务。成功办理省内首笔国内信用证项下卖方融资业务、辖内首笔小企业担保公司保证贷款、省内首笔提单背书业务。（吴 谕）

中国农业银行股份有限公司贵阳白云支行

【机构调整】 2012年6月，贵阳市三马片区营业网点（和尚坡分理处、三桥分理处、金关支行、马王分理处、贵黄分理处、金华分理处）划入农行贵阳白云支行。（乔 文）

【业务发展持续向好】 至2012年12月31日，农业银行贵阳白云支行本外币存款余额35.94亿元，比年初净增5.15亿元。其中，个人存款余额27.29亿元，比年初增加4.67亿元。各项贷款余额80.64

建行金阳支行员工为客户提供优质服务

农行白云支行营业室晨会

亿元，比年初增加8.26亿元。其中，个人贷款余额70.02亿元，比年初增加9.18亿元；实现拨备前利润2.04亿元，比去年同期增加8979万元。 （乔 文）

交通银行股份有限公司贵阳白云支行

【概况】 交通银行股份有限公司贵阳白云支行（简称交行白云支行），系交通银行贵州省分行下辖直属支行。截止2012年末，交行白云支行存款余额20372万元，贷款余额31080万元，个人贷款余额13572万元。

（田 雷）

贵阳银行股份有限公司白云支行

【概况】 贵阳银行股份有限公司白云支行下设网点分布白云区、高新区、观山湖区。2012年末，白云支行存款27.5亿元，营利10000万元，连续10年被贵阳市工商行政管理局评为“市级守合同重信用单位”，连续4年被贵州省工商行政管理局评为贵州省守合同重信用单位，分别获得贵阳银行“合规建设”征文活动优秀组织奖、贵阳银行“效益贡献”评比一等奖、贵阳银行“储蓄存款组织”评比二等奖、贵阳银行“资金组织”评比三等奖、贵阳银行分支行先进单位评比三等奖。市国资委授予支行党支部“先进基层党组织”称号，贵阳银行授予支行李文仓“优秀党务工作者”称号、邹琅琅同志“共产党员”示范岗称号。

（黄壁强　李文仓）

【举办加载金融功能的社保IC卡产品介绍与推广会】 2012年7月，白云支行与区社保中心在区政府会议中心联合举行加载金融功能社保IC卡产品介绍与推广会，区教育局、区建设局等130多家行政事业单位参加。区社保中心负责人和社会保障卡业务人员介绍加载金融功能社保IC卡发行的重要意义和社保账户相关知识。支行营业部工作人员分别介绍IC卡相关业务知识，对有关问题进行解答。

（黄壁强　李文仓）

【王大鸣一行赴白云区考察】

2012年8月，贵阳银行党委书记、董事长、行长王大鸣，副行长杨琪一行赴高新区、白云区考察。白云区委副书记、区长黄昌祥介绍铝工业园区整体建设推进情况，着重介绍铝城铝业、赤泥生产线等项目建设情况。王大鸣表示：贵阳银行将深入研究白云区、高新区区域经济，努力做好中小工业企业金融服务；将密切关注农业产业化，对符合国家政策的农业企业给予一定金融支持；将帮助政府搭建融资平台，创造条件，缓解白云、高新区域融资压力；将大力支持符合条件的基础设施建设，与政府做好对接。（黄壁强　李文仓）

贵阳农村商业银行白云支行

【概况】 贵阳农村商业银行白云支行内设综合管理部、授信审批部、公司金融部、个人金融部、财务管理部等9个部室，下辖营业部、艳山红支行等16个经营网点。截至2012年12月31日，支行各项存款余额40.26亿元，较上年上升8.31亿元,增长26%；贷款余额25.16亿元，较上年上升4.56亿元，增长22.18%；实现利息收入2.17亿元。获得“2012年度中国银行业文明规范服务千佳示范单位”荣誉称号。年内市农商行白云支行推出“客户信用共同体”“动产抵（质）押第三方监管”等农商携手情系列贷款，“创业贷”“一日贷”“轻松贷”等农商扶持情系列贷款，“安居乐”“路路通”“成长贷”“容易贷”等农商便捷灵系列贷款。白云区沙文镇被省联社评为“信用镇”，成为继“艳山红信用镇”之后第二个“信用镇”。（王绍英）

保险业

中国人民财产保险股份有限公司贵阳市白云支公司

【概况】 2012年，中国人保财险白云支公司在售保险产品1400多种，在售保险条款5200多个。支公司现有领导班子成员3人、管理人员4人、专业技术人员10人、营销服务人员86人，全年实现保费收入4789.65万元，同比增长127%，上缴税款267.21万元，直接赔款支出3023.71万元，承保白云区人民政府、中国铝业股份有限公司贵州分公司、中国铝业股份有限公司贵州铝厂、七冶建筑安装公司等单位的相关保险项目。（曾　晶）

【保险服务进社区】 2012年5月，白云支公司建立区内第一家社区保险服务站——铝新社区保险服务站。10月，又相继建立景逸社区和金麦社区保险社区服务站。3个保险服务站的建立，让更多社区居民享受从购买保险到保险理赔一系列亲民、便民服务。白云支公司还参与政策性农险承保工作，对区内养殖、种植和园林绿化等政策性农业保险进行承保，将国家惠农政策落实到实处。（曾　晶）

城市建设

GUI YANG BAI YUN NIAN JIAN 2013

综 述

【概况】 截至年底，全区城镇化水平76.05%，住房指数84.5%，人均道路面积13.16平方米，人均住房面积24.03平方米。全年完成城建档案整理1051卷，累计馆藏档案12720卷。至年底，区委党校建设项目主体施工完成。 （曹 华 翁 娜）

城市道路与管网建设

【南湖东路改造】 截至年底，南湖东路改造项目完成。项目起于云峰大道，上跨甘冲铁路，止于长安商业步行街，全长约1000米，规划红线宽30米，两侧车行道各宽8米，人行道每侧各宽5.5米，中间分隔带3米。道路等级为城市次干路，设计车速40千米/小时，全线采用沥青混凝土路面，工程总投资约5027.45万元（含由贵州铝厂代建部分）。

（翁 娜）

【城市管网建设】 2012年底，区住建局完成七彩湖上下游排污沟1期整治工程（区政府为民办实事之一）并投入使用，项目总投资682.21万元。11月，完成艳山红农贸市场周边下水道管网改造工程并投入使用。至年底，云环东路建设项目基本完工，新建粑粑坳至黑石头片管道、水厂至白云北路管道和改造育才路、西南家居城主管工程有序推进。

（张然然 翁 娜）

建设中的南湖东路

棚户区改造

【概况】 2012年3月13日，白云区棚户区城中村改造办公室（简称“区棚改办”）成立，为区政府直属正科级事业单位，内设3个科室，核定事业编制15名。主要职责是贯彻执行国家、省、市、区有关棚户区、城中村改造方针、政策和法规；草拟全区棚户区城中村改造方案及有关配套政策；负责组织、指导、协调解决全区棚户区城中村改造有关重大问题；协调全区棚户区城中村改造有关单位和部门；制订全区棚户区城中村改造工作方案和草拟棚户区城中村改造工作总体规划、年度计划和阶段性任务；指导协调全区棚户区城中村改造项目招商引资工作等。2012年3—12月，区棚改办先后启动实施白金片区棚户区城中村改造、黑石头片区棚户区城中村改造、程官摆拢片区棚户区城中村改造、云康新城棚户区城中村改造、养护段棚户区改造5个项目，启动改造面积96万平方米，完成改造面积28.3万平方米，超额完成市下达“启动棚户区城中村改造面积80.25万平方米，完成改造面积20.5万平方米”的全年目标任务。（赵 佳 刘 佳）

【争取用地指标及支持】 2012年3月，区棚改办申报2012年保障性安居工程用地新增指标5个项目，2640亩用地全部获批。4

月25日，市长办公会研究通过《贵阳白金片区城市设计<暨修建性详细规划>》编制。同月，《贵阳二环四路城市带控制性详细规划02号功能板块—黑石头森林休闲旅游功能板块》获市政府批复，7月初完成板块城市设计方案。协助办理完成重庆大川控股集团白金片区项目各项银行融资批复。（赵 佳 刘 佳）

【10个项目列入全市棚改计划】

5月2日，贵阳市棚户区城中村改造工作联席会议第二次会议决定，白云区二环城市带黑石头功能板块（黑石头片区）项目、白金片区成片改造、铝及铝加工基地安置地块（B地块）成片改造项目、白沙关地块棚户区成片改造项目、云康新城成片改造项目、七冶项目（延安村片区）成片改造项目、麦沙（麦架镇—沙子哨沿线安置点）项目成片改造项目、程官摆拢片区成片改造项目、大山洞1号地块棚户区成片改造、养护段地块改造10个项目列入贵阳市棚户区城中村改造计划。（赵 佳 刘 佳）

【举办招商引资专题推介会】

2012年2月，区棚改办举办“白金片区”棚户区城中村改造项目招商引资专题推介会，来自省内外68家企业和8家金融单位参加。经过考察，引进重庆大川控股集团参与开发白金片区。4月28日，区委、区政府与重庆大川控股集团在区会议中心正式签订《白云区“白金片区”棚户区城中村改造项目开发建设合作框架协议书》，项目总投资约300亿元，总建筑面积约1000万平方米。2012年6月18日，在贵阳市二环四路城市带棚户区城中村改造暨产业发展项目推介会上，白云区正式与香港俊发地产集团签订黑石头片区整体开发、改造合作协议，项目总投资约100亿元，总建筑面积约300万平方米。

（赵 佳 刘 佳）

【多平台宣传推介项目】 2012年6月，市委、市政府在贵阳国际会议展览中心举办二环四路城市带棚户区城中村改造暨产业发展项目推介会，区棚改办负责二环四路城市带—黑石头森林休闲旅游板块项目展厅，得到与会省、市领导高度评价。7月25日，区棚改办承办“俊发杯”全国山地自行车邀请赛、“大川白金城”白云欢乐动漫嘉年华新闻发布会暨项目推广会活动。11月，完成贵阳市房交会“城市棚户区城中村项目图片展区”参展任务。（赵 佳 刘 佳）

【棚改项目实施情况】 2012年4月，白云区完成“程官—摆拢片区”“云康新城”“白金片区”“黑石头片区”“养护段地块”“铝及铝加工基地B地块”“七冶延安村片区”“麦沙（麦架镇—沙子哨）沿线安置点”“大山洞1号地块”“白沙关地块”等15个项目申报工作。3月9日，启动“程官—摆拢片区”“云康新城”两个棚户区城中村改造项目建设；5月19日，启动“白金片区”棚改区城中村改造项目建设；6月30日，启动“黑石头森林休闲旅游板块”（黑石头片区）棚户区城中村改造项目；11月，启动“养护段地块”城市棚户区改造项目征收工作。截至年底，“云康新城”棚

白云区零星地块改造项目专题招商推介会

市民参观黑石头森林休闲旅游板块规划沙盘

户区城中村改造项目涉及540户房屋征收工作基本完成，房屋拆除面积119000平方米，进入一期576套安置房施工阶段。程官摆拢片区一期项目涉及征收户数117户，完成房屋征收协议77户，征收面积53695.79平方米。白金片区改造项目1号路A段、2号路A段、安置点一期、展示中心等工程地块内签订征收合同646份，完成房屋征收310栋，征收房屋面积70722.28平方米，拆除面积57420.55平方米，完成迁坟212座，安置点C地块项目启动建设。黑石头片区改造项目涉及"一横一纵一立交"及安置点工程地块，完成签订房屋征收合同240户，征收面积39000平方米，拆除面积21000平方米。养护段地块改造项目征收全面启动，涉及1040户征收对象，完成签订征收合同231户。5个项目完成改造征收1774户，受益人群5676人，项目改造投资19.5亿元。

（赵　佳　刘　佳）

【贵阳市"二环四路"城市带项目推进工作现场会】 11月3日，全市二环四路城市带项目推进工作现场会在黑石头片区召开，各区、县（市）200余名代表参会。白云区代表与各区、县（市）代表就棚改项目推进工作经验进行交流。

（赵　佳　刘　佳）

【"讲、访、帮、促"活动】

区棚改办会同白金片区开发建设指挥部办公室，进一步细化制定白金片区"讲、访、帮、促"活动工作方案，并将职责明确到人到岗抓好工作落实。自2012年12月，白金片区"讲、访、帮、促"服务活动启动，各单位派遣干部遵循"走近百姓家讲透政策""贴近基层群众访民情""真帮实干排民忧解民困"和"促进和谐征收推项目"4个活动准则、步骤开展工作，组建11支服务工作队近千名干部职工开展入户走访、帮扶慰问，通过"讲、访、帮、促"推动白金片区一期项目开发范围内房屋征收工作。（赵　佳　刘　佳）

房屋征收

【征收工作】 2012年，区房屋征收局围绕"三园、三片、三路"项目（三园：青山、景宏新材料产业园，铝工业园区，高新沙文生态产业园；三片：白金片区、黑石头片区、程官摆拢片区；三路：云环中路、麦沙大道、210国道）开展房屋征收工作。

1.完成44个项目安置补偿方案拟定并报区政府审批。其中，高新区沙文园区22个、程官摆拢片区2个、铝及铝加工基地5个、白金片区3个、黑石头片区1个、白云区内其他项目11个；

2.完成43个项目征收决定、公告拟写并报区政府行文。其中，高新区沙文园区22个、程官摆拢片区2个、铝及铝加工基地4个、白金片区3个、黑石头片区3个、白云区内其他项目9个；

3.完成28个项目风险评估报告拟写并报区政法委、区群工委备案；

4.配合勘测科对部分项目进行查勘计175次；

5.审核、签订征收劳务合

同、评估合同共计20份；完成项目评估21个。

全年，对白云区、高新技术开发区范围房屋征收项目合同进行审核，审核房屋征收合同3000余份，完成房屋征收面积825010.04平方米。完成房屋征收项目5个（云环中路、南湖东路、南湖广场、燕京啤酒、大东风）。（冯 程）

【信息化工作】 2012年，区房征局开展房屋征收合同资料收集和微机录入工作。对房屋征收合同资料进行收集，对征收合同进行微机录入，实现对被征收户基本情况的电子化管理。全年，收集、录入3000余份。（冯 程）

城市规划

【概况】 2012年，区规划分局配合区综合执法局核查违法违章建筑行为338起，配合市规划监察支队开展规划批后管理及竣工规划核实等相关工作。办理各类市政项目（市政道路、防护绿地、排洪沟及垃圾站）选址意见书24宗，建设用地规划许可证26宗，工程证1宗。核发《选址意见书》36件，总用地面积970.5亩；《建设用地规划许可证》54件，用地面积2905.1亩；《建设工程规划许可证》26件，总建筑面积约61.2万平方米；提供挂牌出让地块32宗，面积2378亩。其中，商业用地12宗，面积955亩，工业用地20宗，面积1423亩。（陈艳霞）

【规划编制】 2012年，区规划分局编制完成《贵阳市白云区控制性详细规划》，并于3月8日通过市规委专家评审会审议，4月5日通过市长办公会审议，5月18日通过市规委会审议；完成黑石头片区修建性详细规划编制及城市设计；编制完成《贵阳白金片区城市设计（暨修建性详细规划）》《贵阳白金片区一期开发范围修建性详细规划》；贵阳综合保税区总体规划于6月12日通过市规委专家评审，并经市长办公会审议通过；编制完成白云区牛场布依族乡阿所村、牛场村、红锦村的规划；编制《白云区西部环保生态科技园规划》《白云大井片区及共南片区城市概念性规划方案》。（陈艳霞）

【城市规划设计】 2012年，区规划分局完成黑石头片区修建性详细规划编制工作及城市设计。黑石头片区位于白云区都拉布依族乡黑石头村，连接白云区与观山湖区，处于贵阳市“二环四路”城市带西北角。编制完成《贵阳白金片区城市设计（修建性详细规划）》《贵阳白金片区一期开发范围修建性详细规划》，出具白金片区1、2号路安置点地块规划指标。推动贵阳综合保税区规划编制：保税区总体规划于6月12日通过市规委专家评审，并经市长办公会审议通过；完成保税区控规方案编制；完成保税区修规初步方案编制。核发北京燕京啤酒项目《建设用地规划许可证》，该项目为白云区重点项目之一，总投资10亿元，建设用地约300亩，总建筑面积10万平方米，建设2条年产20万吨酿造生产线和4条年产10万吨包装生产线，形成年产40万吨啤酒生产能力。（陈艳霞）

贵阳白云城市建设投资有限公司

【概况】 2012年，白云城市建设投资有限公司完成固定资产投资50153万元，项目融资14748万元。实现利润81.1万元，同比上升211.43%。缴纳税收1609.8万元，同比增长466.6%。注册资本金增加到5000万元。完成的主要项目有：

司法局建设项目：位于白云区中环路北侧，总建筑面积2100平方米，总投资588万元，年内主体工程完工。

档案馆建设项目：位于白云区中环路北侧，总建筑面积2762平方米，总投资648万元，年内主体工程完工。

人力资源和社会保障综合服务中心建设项目：位于白云区中环路北侧，建筑面积2762平方米，总投资648万元，年内主体工程完工。

南湖东路建设项目：起于云峰大道路口，终至建设路路

白云区档案馆项目开工

口，道路全长1001米,宽30米，为城市次干道，总投资约7000万元。项目涉及南湖东路拓宽改造、周边环境整治、大人山生态公园品质提升、生态广场建设、沿线亮化、沿线添绿、沿线人行道铺装、房屋立面整治、门头牌匾整治、社区环境整治“九项工程”，年底工程全部完成。

白金片区土地一级开发项目：“白金片区”是贵阳市城市规划建设“北拓”战略中重要区域之一，地处白云区与观山湖区交界处。南接东林寺路，北面与贵州铝厂、高新沙文生态产业园相邻，东面与长坡岭森林公园相连，西面毗邻贵阳欢乐世界与七彩湖，金苏大道贯通南北、白云南路横穿东西，东接兰海高速公路和210国道，北临二环城市快速通道，规划中轻轨4号线南北贯穿白金片区。该项目贵阳市围绕“城市拓展、生态建设、功能片区有机融合”的总体发展思路规划建设的集居住、商业、金融、贸易、办公、休闲广场等为一体并相应延展的综合性城区。项目总占地面积约5000亩，建设规模超千万平方米，总投资约500亿元。年内启动一、二号道路和安置房等工程的建设。

（李藏东）

白云区党校开工

城市管理

GUI YANG BAI YUN NIAN JIAN 2013

综　述

【概况】　2012年，区城管局围绕城市基层管理体制改革、创新社会管理等目标，扎实开展“整脏治乱”，巩固“创卫”“创文”长效管理等工作，加大环境综合整治力度，提高城市管理水平，各项工作有序推进。在全省88个区县市“整脏治乱”检查评比中取得第七、全市第二的成绩，连续4年获得全区年度目标考核一等奖。区环境卫生管理站升格为副科级事业单位；7月，成立白云区数字化城管监督指挥中心（副科级事业单位）。

（彭　燕）

【综合执法】　2012年，区城市综合执法队采取集中整治、设置卡点与机动巡查等方式，实行午间、夜间、周末弹性工作制，开展占道经营、延伸占道经营、车容车貌、洗车场点、夜间施工噪声、乱倒渣土、烟花爆竹、燃气经营安全、夜市摊棚、户外广告、门头牌匾、违法建筑、马路市场、校园周边环境等市容市貌专项整治。全年开展高速公路非法加水点、金苏大桥下养犬市场、红杏巷临时市场、步行街动感广场等专项集中整治行动46次，查处各类违章行为16971起，劝阻制止不文明行为7216起。以“三园、三片、三路”为中心，区城管局6个控违中队做好重点项目周边违法建筑管控拆除工作，调查违法建筑1337户，组织大型拆违行动11次，拆除违法建筑172409.53平方米，拆违量占全市1/4，在全市10个区市县中排名第一。　（彭　燕）

【环境卫生】　2012年，区环境卫生工作坚持“全天16—20小时巡回保洁，一日四普扫”等制度，完成主次干道“门前三包”责任书签订，责任书签订率、垃圾清运率、垃圾处理率均达100%，确保城区100余万平方米城市道路环境卫生干净、整洁。全年完成铝兴、白沙关、大山洞、艳山红等社区主次干道清扫保洁接管工作，接管道路43条，面积249485平方米，接管社区移交环卫工人44人。购进自卸式垃圾车2台、清洗吸污两用车1台、强力清洗车2台、多功能清扫车3台，新建南湖新区和龚家寨片区垃圾转运站带公厕2座，升级改造朝晖路公厕1座，为沙文镇、都拉布依族乡、牛场布依族乡配置垃圾清运车辆各2辆。在全省工业项目观摩会、全国山地自行车赛及动漫大赛、创文指数测评等期间，完成主次干道清扫保洁、清洗等。全年清运垃圾50749吨，烟花爆竹垃圾10余吨，签订“门前三包”责任书7220份，开展“门前三包”督查14次，整顿占道经营3494户，粉刷卷闸门油漆1670扇。

（彭　燕）

供水和节水

【供水概况】　截至2012年12月，区自来水公司有管径75毫米以上的供水管网189.43千米，供水范围涵盖白云城区（除贵州铝厂生活区），艳山红镇、麦架镇、沙文镇和都拉乡，供水用户计36487户，服务人口25万余人，日均供水能力7.4万吨，全年供水量为2710.7万吨。

（陈舟婕）

【供水工程建设】　2012年，区自来水公司先后完成米兰春天一期B区、恒大城一期、中天8号地等9家单位722户一户一表安装工程；完成娃哈哈三、四期、燕京啤酒厂、高新区沙文生态园等25家企业的供水管道安装，铺设管径20—800毫米管道8523米。5月，投资200万元对南湖东路临时管道进行迁改；4月，投资5.4亿元建设的北部新城20万吨水厂开工；10月20日，北部新城水厂（20万吨/日）水源点选择方案通过专家评审论证，确定水源点为百花湖取水，红枫湖补水。

（陈舟婕）

【污水处理】　全年，区自来水公司处理污水1129万吨，日均处理3.1万吨，累计COD削减量1700吨。龚家寨片区污水收集系统5月投入运行，日收集量0.7万吨，污水收集系统工程投资653万元。　（陈舟婕）

【节水工作】 2012年，全区对用水大户进行计划用水审核。全区实行计划取用水单位230户（市供水计划户223户，自取水计划户7户），核定城市供水计划用水户185户，审核率达95%，核定计划用水量1200万；核定自取水计划户7户，审核率100%，核定计划取水量150万吨（不含贵州铝厂）。

（汪秀丽）

【节水宣传】 2012年5月，全区启动“全国节水宣传周”活动。活动现场设置大型节水宣传展牌，悬挂节水宣传横幅，向市民发放节水法律法规宣传资料、节水漫画、家庭节水小窍门、市民手册等5000余份。设立节约用水咨询台，解答群众关心的各类节水问题，介绍生活节水小窍门。

（汪秀丽）

供电

【概况】 白云供电局承担白云区全境及修文县中哨村和乌当区上坝村、上寨村供电任务。至2012年12月31日，供电户数75173户，管辖110千伏变电站5座（麦架变、白云变、班竹变、雨坡变、龙井变），总容量353兆伏安；35千伏变电站3座（艳山变、沙文变、都拉变），总容量43.9兆伏安。现有35千伏输电线路7条，总长45.8146千米；10千伏配电线路59条，总长512.8916千米；配电变压器共计1558台、容量460961千伏安（公用变压器663台、容量179656千伏安，专用变压器895台、容量281305千伏安）。全年售电量完成72018.75万千瓦时，同比增长率5.15%；城市供电可靠率99.90%，无安全事故发生。

（罗　西）

白云区启动“全国节水宣传周”活动

【电力设施建设】 2012年，白云供电局配合贵州电网公司、贵阳供电局做好500千伏醒贵Ⅱ回线施工，110千伏龙井变和220千伏曹关变建设项目取得贵阳市人民政府用地批复和白云国土资源分局国有建设用地划拨决定书，110千伏刘庄变和110千伏杨柳变建设项目取得建设用地规划许可证。

（罗　西）

【技术改造】 全年，白云供电局电网工程续建项目20个，计划投资2513万元。项目新建及改造10千伏线路61.83千米，低压台区0.4千伏线路15.06千米，配变改造11台，容量2395千伏安；新建项目22个，计划投资1066.3万元，新建及改造10千伏线路16.2千米。

（罗　西）

供气

【概况】 贵州燃气（集团）有限责任公司，白云燃气站（以下简称燃气公司白云站），截至年底，白云煤气用户24824户（金阳管理站于2012年6月搬迁至金阳石标路）。

（聂芬芬）

2012年白云区燃气管道建设情况

白云铝加工基地南海路A段中压燃气干线工	de315-524米
白云铝加工基地铝兴路延伸段中压燃气干线	DN400-759米
白云区云环中路中压燃气干线	DN300-3390米
白云铝加工基地LNG储配站燃气干线	DN400-385米
白云区马掌坡路燃气干线	de315-1270米
白云北路至大众橡胶厂燃气干线	de200-510米，DN400-540米
白云区麦苏西路中压燃气干线	de200-1518米
白云区苏庄东路中压燃气干线	de250-1839米
云环路接众飞中压燃气干线	de90-142米
白云区高新北路（一期）中压燃气干线	de315-1381米
白云区南海路B段中压燃气干线	DN400-446米
白云区南湖东路中压燃气干线	DN200-1130米
白金新区1#路燃气干线	de250-1696米
白金新区2#路燃气干线	de250-2346米
白云区苏庄西路中压燃气干线	de250-1633米
金干北路中压燃气干线	de315-3906
白云区沙文高新区四苏路中压燃气干线（K0+000—K1+242）	de200-1182米
	建设长度合计：24597米
	2012年投入资金：2298万元

（聂芬芬）

市政设施建设与管理

【概况】 2012年，区住建局实施区委党校建设、观摩会道路沿线环境整治，整治云峰大道、白云南路、白云北路等城市主干道沿线两侧景观，对南湖东路、艳山红农贸市场周边下水道管网改造、污水厂2期设备安装等工程。 （翁 娜）

污水处理厂

【城市基础设施建设与维护】 2012年，区住建局实施铝兴社区服务中心改扩建项目。项目新建面积318平方米，外立面改造面积1100平方米，主要建设居民多功能活动室、议事厅、图书室和办公用房等，于11月底开工建设，至年底项目扩建部分主体完工，改建部分进行外墙装饰工程。区住建局还完成白云北路、大氧路、铝兴社区、麦架工业园区道路等路面维护32000平方米、人行道板维护8000余平方米；完成迎宾大道、云峰大道、同心路、铝兴路等道牙清洗、刷油漆45000平方米；施划白云路、同心路、云峰大道、新育才路、迎宾大道、白云中路等交通标线、人行横道线、导流线、停车线45000平方米；安装道路标牌150块；完成云峰大道、朝阳路停车位施划125个；更换井圈井盖175套，水蓖子212套；清理野石头60立方米。

（翁 娜 彭 燕）

南湖东路夜景

【亮丽工程】 2012年，区住建局加强路灯亮灯及城市靓化工作，延伸管理范围，逐步增加背街小巷路灯，加大路灯设施维护管理力度，保证路灯亮灯率98%以上；督促实施亮丽工程，沿街高大建筑物安装轮廓灯、主干道安装广告灯箱及门头牌匾、户外广告安装数码管等；春节期间悬挂灯笼5500个，安装“满天星”和“流星雨”LED灯7000余串。全年维修各主次干道和背街小巷路灯、景观灯、红绿灯1473盏，恢复金苏大道、云峰大道、云环路、同心路、白云中路、通化路、七一路等损毁电缆3250余米，更换同心路存在安全隐患路灯灯臂61根，拆除云峰大道破损灯罩30盏，处理白云北路、七一路、金园路、建设路、区政府对面被撞路灯电杆5根，新安装粑粑坳和尖山小区路灯各1盏、景宏工业园中泉集团路段路灯42盏、娃哈哈集团路段路灯16盏、华恒机械厂路段路灯46盏、新怡小区路灯54盏、大山洞社区22盏、龚中社区22盏、铝兴社区安装轮廓灯150米、安装泛光灯10盏、安装景观灯3盏、安装路灯4盏、门头改造86个。

（彭　燕）

【“12319”公共服务热线】

2012年，白云区全面推进数字城市化管理2期建设。8月，区政府核定区数字化城管监督指挥中心单位及人员编制。指挥中心积极整合资源，搭建社区网格化管理信息平台，将“12319”专线延伸至社区，形成市、区、社区三级平台互联互通；完成步行街、动感广场、塔山公园等视频监控点安装100个；完成数字城管指挥中心操作平台系统全面升级，安装网络监控安全模块并全面投入使用，完善平台操作认证系统。全年公共服务热线接处案件912件，回复率100%，结案率72.84%。

（彭　燕）

公共交通

【概况】 2012年，区内有出租车120辆，客运“面包”“中巴”“城市公交”车102台。全区56个行政村“村村通公路”，53个村通客车。

（吴晓辉）

白云公交线路表

线路	经过的主要站点
1	同心路十字路口—同心路加油站—消防队—楼梯口—贵铝宿舍区—白云二小—七彩湖—贵铝文体中心—龚家寨办事处—中坝—电解铝厂—炉修厂—中坝菜场—新路口—贵铝医院—白云一中—白沙关—杨柳雅居—龚家寨菜场—龚家寨十字路口—贵铝文化宫 —贵铝文体中心—七彩湖—蓝天白云花园—鸡场街路口—泰和花园—步行街—白云车站 —同心路十字路口
2	步行街—泰和花园—鸡场街路口—蓝天白云花园—七彩湖—贵铝文体中心—贵铝文化宫—龚家寨十字路口—龚家寨菜场—杨柳雅居—白沙关—白云一中—贵铝医院—新路口—中坝菜场—炉修厂—电解铝厂—中坝—中坝十字路口—龚家寨办事处—贵铝文体中心—七彩湖—白云二小—贵铝宿舍区—楼梯口—消防队—同心路加油站—同心路十字路口—白云车站—步行街
3	贵铝医院—白云七小—龚家寨十字路口—龚家寨菜场—快巴车站—七彩湖—蓝天白云花园—鸡场街路口—泰和花园—步行街—白云车站—区幼儿园—云峰大桥—朝晖小区 —白云二中—白云区政府—夜郎古城—龙井路口—西南家具城—三矿家属区—七冶医院—白云七中—建设路—步行街—泰和花园—鸡场街路口—蓝天白云花园—七彩湖—快巴车站—龚家寨菜场—龚家寨十字路口—白云七小—贵铝医院

续上表

线路	经过的主要站点
4	白云一中—贵铝医院—中坝十字路口—龚家寨办事处—贵铝文体中心—七彩湖—白云二小—贵铝宿舍区—楼梯口—消防队—同心路加油站—同心路十字路口—通化路口—白云公安分局—云环路口—马掌坡路口—下堰—白云三中—师大白云校区
5	白云车站—通化路口—白云公安分局—云环路口—马掌坡路口—下堰—白云三中—师大白云校区—麦架小街—亮天寨—高坡村—果园村—沙农—王家院村—潘家湾—沙文车站—沙子哨上街—四方坡村—吊堡村—毛庄铺—招呼站—二都线路口—粑粑坳铁桥—粑粑坳—白云公园动漫城—白云车站
6	白云车站—白云公园动漫城—粑粑坳—粑粑坳铁桥—二都线路口—招呼站—毛庄铺—吊堡村—四方坡村—沙子哨上街—沙文车站—潘家湾—王家院村—沙农—果园村—高坡村—亮天寨—麦架小街—师大白云校区—白云三中—下堰—马掌坡路口—云环路口—白云公安分局—育才路口—健康路口—白云车站
7	白云车站—白云公园动漫城—粑粑坳—粑粑坳铁桥—二都线路口—天鹅湖—都溪林场—都溪村—奔土村—都拉营—车辆厂
8	白云车站—贵铝文体中心—中坝—粑粑坳铁桥—二都线路口—招呼站—毛庄铺—吊堡村—四方坡村—沙子哨—阿所村—平山农业产业园—蓬莱村—牛场—红锦村—黄官村—落刀村—小山村—大林村—瓦窑村
9	白云车站—云峰路口—天林花园—米兰春天　中天托斯卡纳（东）—摆拢
10	白云车站—通化路口—白云公安分局—云环路口—马掌坡路口—下堰—白云三中—师大白云校区—麦架小街—亮天寨—高坡村—果园—沙农
11	白云车站—通化路口—白云公安分局—云环路口—马掌坡路口—下堰—白云三中—师大白云校区—麦架小街—新村村—小桥—青山
12	白云车站—通化路口—白云公安分局—云环路口—马掌坡路口—下堰—白云三中—师大白云校区—麦架小街—新村村—小桥—白云公墓—杉树林—摆茅
13	白云车站—通化路口—白云公安分局—云环路口—马掌坡路口—下堰—马堰
14	白云车站—通化路口—白云公安分局—云环路口—马掌坡路口—下堰— 白云三中—师大白云校区—麦架小街—新村村—沈官村
15	白云车站—白云公园动漫城—粑粑坳—粑粑坳铁桥—二都线路口—天鹅湖—都溪林场—都溪村—黑石头村
16	白云车站—贵铝文体中心—中坝—粑粑坳铁桥—二都线路口—天鹅湖—都溪林场—冷水村—下水村—三江

续上表

线路	经过的主要站点
17	白云车站—通化路口—白云公安分局—云环路口—新堡
18	白云车站—云峰路口—白云区政府—四大队—市行政中心—八匹马—贵阳一中—金阳客车站—金阳医院—金西路口
19	延安村—白云公安分局—育才路口—健康路口—白云车站—步行街—泰和花园—白云公园动漫城—3117厂—白云南路2号—白云南路1号—粑粑坳
20	白云车站—龚家寨—中坝—粑粑坳铁桥—二都线路口—招呼站—尖坡
21	龚家寨—屠宰场—高山
22	贵铝医院—新路口—电解铝厂—机械厂
23	贵铝医院—白云一中—武警水电二支队—沙文工业园区—干田村—沙文车站
24	沙文车站—沙文下街—凉水井—斑竹园—改林—扁山村—沙田—柳丝—汤家山—范家园村—对门山村—蒙台
25	沙文车站—沙文下街—凉水井—斑竹园—金甲—新寨
26	沙文车站—戒毒所—都拉营—车辆厂
27	白云车站—云峰路口—四大队—金朱路—百花湖
28	牛场—红锦村—黄官村—落刀村—小山村—三元村—扎佐
29	云峰路口—四大队—消防学校—白云公园动漫城—步行街—白云车站
30	云峰路口—白云车站—步行街—白云公园动漫城—消防学校—四大队—云峰路口
31	白云车站—南湖新区环行
32	白云车站—南湖新区环行

（吴晓辉）

【社会客运管理】 2012年，全区客运线路36条，客运车辆222辆（的士车120辆）。全年发送旅客167.8万人次。配合区综合执法大队开展整治非法营运行动，依法暂扣非法营运车辆307余辆（二轮、三轮摩托车140余辆）。

（吴晓辉）

生态建设

综 述

【概况】 2012年12月28日，根据贵阳市编委《关于组建贵阳市白云区生态文明建设局的批复》（筑编发〔2012〕64号），白云区组建生态文明建设局，为区人民政府工作部门，加挂贵阳市白云区环境保护局、贵阳市白云区林业绿化局牌子。

2012年，全区森林覆盖率39.22%。全年完成营造林30189.5亩，退耕还林恢复375亩。其中，新造林12969.2亩，封山育林17220.3亩。完成国家林业局2004年退耕还林工程阶段验收和年度退耕还林“五个结合”工作和钱粮补助兑现。按照属地管理原则，对白云区13.12万亩天保工程实行目标责任制管理。

全年辖区内发生森林火警27次，春防期间年度森林防火过火面积、受灾面积均为零，无森林火灾发生。

区生态文明建设局组织对辖区涉木单位、市场、仓库进行检疫执法检查7次，检查涉木单位34户，检验木材829.7立方米、线盘1161个、胶合板23500张、生产包装材料654个、未发现危险性病虫害和违规调运现象。全年查处各类林业行政案件30起。

根据大气自动在线监测和在白云区建成区进行的环境质量常规监测报告显示，全年白云区空气质量一级天数64天，二级天数250天，三级天数51天，达到二级和好于二级的天数占全年天数的86%；城区大气环境质量二氧化硫年均浓度为每立方米0.056微克，二氧化氮年均浓度为每立方米0.022微克，可吸入颗粒物年均浓度为每立方米0.091微克，全区环境空气质量整体达《环境空气质量标准》（GB3095-1996）二级标准。

地表水环境质量:大瓦窑、马厂营和印台山水质指标均达《地表水环境质量标准》IV类标准，新村水质指标未达到《地表水环境质量标准》IV类标准，水质受到生活污水轻度污染。饮用水源地罗格凼水质可达到《地表水环境质量标准》III类标准，罗家寨水质未达到《地表水环境质量标准》II类标准，水质受到生活污水轻度污染。

白云区区域环境噪声平均值为54.9分贝，可达到《声环境质量标准》（GB3096—2008）2类区标准；道路交通干线噪声平均值为69.0分贝，可达到《声环境质量标准》（GB3096—2008）4类区标准。

（黄江红　李　阳）

生态环境保护

【环境执法】 2012年，区生态文明建设局加大全区排污企业环保治理设施运行情况以及建设项目环保“三同时”执行情况监察执法力度。

1.严格按照《环境监察工作制度》及污染源现场监察频次要求，对辖区企业进行现场监察，每月定检重点污染源防治设施，一般污染源每季度检查1次，并做好监察记录。全年出动环境执法人员1248人（次），出动车辆531辆（次），检查企业713家（次）。其中，环保设施现场检查375次，建设项目检查143次，

生态文明大讲堂普及市民文明礼仪

其他检查195次。

2.专项整治行动和突击检查相结合，加强对企业检查力度。向企业下达《贵州省环境监察执法通知书》90余份，对企业提出整改要求300余条，整改企业均按要求和时限进行整改；对少数环境违法严重企业，依据相关法规进行查处。2012年查处环境违法案件14件，结案14件，结案率100%，处罚款金额人民币34.09万元。

（周开成）

【建设项目环保审批】 2012年，区生态文明建设局加强建设项目环境管理，严格执行分级审批规定和环境影响评价及“三同时”制度，无越权审批。新开工项目环评执行率100%，新投产项目“三同时”执行率90%以上；依法开展规划环评。严禁在居住密集区、饮用水源保护区、环境敏感区建设污染项目。全年完成1家建设项目环境影响报告书审批，完成62家建设项目环境报告表审批，完成94家建设项目环境影响登记表审批，对15家建设项目进行验收。（李 阳）

【水污染防治】 2012年，为确保区内水质达标，区生态文明建设局建设完成白云污水处理厂2期工程。该工程日处理污水2万吨，总投资1000余万元。开展粑粑坳小湾河污水管网建设，将粑粑坳片区生活污水提升至观山湖区长岭北路市政管网，进入金阳污水厂进行处理，完成主体工程建设。启动麦架河污水处理工程，该工程委托贵州省长城环保科技有限公司编制可行性研究报告（已完成），待政府批准后实施。建设城区污水收集管网，完成龚家寨片区污水提升泵站建设和云环中路、南湖东路排污管网建设。开展城区段河道清淤和保洁，定期清运垃圾，加大城区未划定功能水体治理力度，对七彩湖周边、麦架河沿岸白色垃圾和水面漂浮物等市容市貌环境卫生进行治理。要求所辖乡（镇）形成长效管理机制，明确专人负责。（李 阳）

【大气污染防治】 2012年，区生态文明建设局采取多种措施防治大气污染。

1.开展油烟整治专项行动。安排30万元油烟专项治理资金，与中心城区内60户餐饮经营户签订油烟污染治理改造合同，完成油烟污染治理安装改造。

2.以油烟投诉为工作重点，集中打击油烟扰民违法行为。全年接到环境信访投诉45件(主要涉及大气污染投诉17件，噪声投诉11件，油烟扰民投诉2件，气味投诉9件，建设项目投诉4件，其他投诉3件)投诉处理情况回复率100%、结案率100%。

3.加强文明施工、燃煤炉灶、燃气经营监督管理力度。全年巡查在建工地24家、297家次，办理渣土准运证373个，设置渣土运输车辆检查点4处，检查车辆4146车次，处罚处理车辆污染道路235起，处理不合格及撒漏车辆376起，罚款14300元。全年清理经营性煤火炉灶79起。

（李 阳）

【噪声污染防治】 2012年，区生态文明建设局加大对全区建筑工地、各类经营店铺、商场、公共娱乐场所等噪声污染源管控，治理各类噪声污染427起。在春节、国庆、中高考等噪声敏感期间，加强环境巡察，对厂界噪声、娱乐噪声严加管制。发布《关于加强中高考期间噪声污染监督管理的通知》，对各类噪声源采取强制措施，严禁工业企业厂界噪声超标排放。出动监察工作人员40余人次，向社会公布高考期间噪声投诉电话，对考场实行强制性监控保护。（李 阳）

【固体废物与危险废物处理】

2012年，区生态文明建设局对产生固体废物与危险废物，严格按照国家对危险废弃物管理要求进行管理，同时建立、健全工业固体废物综合利用和处置去向台账。全年，全区工业固体废物处置利用率和危险废物集中处置率均为100%。（李 阳）

【饮用水源地保护】 2012年，区生态文明建设局开展辖区内饮用水源地环境综合整治，确保集中式饮用水源水质达标率100%。

1.启动北郊水库二级水源保护区生活污水分散处理工程，完成牛场布依族乡蓬莱村、兴家田村、大山村、兰家山人工湿地污水处理厂工程建设，完成都拉布依族乡小河村大寨组生活污水治理工程建设、小寨组生活污水治理工程和上水村生活污水治理工程。

2.启动一级水源保护区村民搬迁工程。 （李 阳）

【环境监测站建设】 2012年2月29日，区环境监测站通过42项监测人员持证上岗考核，4月28日通过实验室资质认定评审，6月8日获得实验室计量认证证书，6月15日获得监测收费许可证，正式开展监测业务。全年完成验收监测32家、委托监测23家、环评现状监测4家，完成空气及水质现状监测，监督性监测17家、应急监测4家，收费21.468万元。 （李 阳）

【污染减排】 2012年，区生态文明建设局对全区重点减排项目每月进行现场监察，并做好监察记录；督促中铝贵州分公司热电厂脱硫制酸项目、白云污水处理厂和比例坝垃圾填埋场渗滤液处置中心环保治理设施稳定正常运行；督促惠明养殖场和贵阳白云富华蛋鸡养殖场等畜禽养殖企业开展污染治理。出动环境执法人员230人（次）、车辆70余辆（次），检查企业70家（次），下达《违法整改通知书》10份，要求企业在规定时限内进行整改。依法处罚企业违法行为。年内建设完成白云污水处理厂2期工程、惠明养殖场出让转型，原贵阳白云富华蛋鸡养殖场（贵州攀月农业发展有限责任公司）污水收集池建设、云环中路和南湖东路管网建设。 （李 阳）

【辐射源管理】 2012年，区生态文明建设局进行使用放射源单位安全检查。通过检查，查明全区范围内有放射源46个，其中中铝贵州分公司39个（36个在使用中，3个存放于放射源贮存库中，放射源贮存库符合规范要求），贵州科达检测技术有限公司2个，贵阳白沙水泥厂有1个，贵州安特检测构件工程有限公司有4个。 （黄江红）

园林绿化

【概况】 至2012年底，全区绿地总面积500.16万平方米，绿化覆盖率38.08%，绿地率36.94%，人均绿地11.8平方米。年内区政府投资600多万元，绿化改造大坝工业园区、铝城铝业区域、贵铝热管道处及城区各主次干道等11个绿化区域，新建绿地面积1万平方米；完成云峰大道、白云中路、南湖路、中环路等7条城市主干道景观改造绿化建设，在云峰大道、白云中路、白云北路、中环路、七一路、南湖路、育才路等路段补植补种红叶石楠、金叶女贞、红花檵木、金丝桃等各类苗木30万多株。同时，全区21条主次干道采取对外承包管护管理。年内还完成外环境花卉布置70万余盆，完成党的十八、省市两会、省党代会和省市工业园区观摩会、重要节日、重大会议的环境鲜花摆放。 （黄江红）

【园林绿化工程建设】 2012年，全区完成8.86万平方米绿地建设。其中，移交和养护管理云环东路绿化工程绿地面积8700平方米、华颐·蓝天小区绿地建设4000平方米、恒大城项目绿地建设44500平方米（绿地规划面积8.47万平方米）、南窗雅舍项目绿地建设15000平方米、铝兴社区绿地建设1000平方米、麦架工业园区建设绿地5000平方米、铝城铝业建设绿地4500平方米、娃哈哈公司600平方米。南湖路新增建设绿地300平方米、南海路新增1098平方米、铝兴南路延伸段3新增400平方米、南湖东路新增3300平方米。绿化面积1.03万平方米的大人山公园完成方案设计，进入公开招投标程序。完成云环中路绿地（约1万平方米）建设工程方案设计工作。

（黄江红）

【公共绿化管护】 2012年，全区完成8条城市道路绿化管护招标工作和13条道路延期承包管护。区城管局加强承包管护路段及所辖广场、游园的督查，强化公共绿地、广场、游园及公园的管护，全区21万平方米绿地处于完全管护之中。 （黄江红）

【苗圃建设及苗木花卉生产】

2012年，区林业绿化局园林站苗圃生产基地被划拨修建区公办养老院。6月，苗圃生产基地完成搬迁工作。全年苗圃基地播种波斯菊种子3万余粒，播种三色堇、石竹、八角金盘等5万余粒。同时，建成牛场布依族乡花卉苗木产业带1132亩并成立苗木专业合作社；引进东联、云南洪尧等花卉苗木企业6家，申报省、市花卉苗木项目9个，争取项目资金300万元;优质花卉种苗生产基地建设成1036平方米炼苗车间和8000平方米大棚更新维修；红掌、蝴蝶兰、八角金盘、常春藤、红叶石楠、熊掌木、金森女贞、银边黄杨等花卉苗木生产225万株；开展花卉苗木技术培训14期，培训农户2340人次。（黄江红）

植树造林

林　业

【兑现公益林生态效益补偿基金】 2012年，全区落实公益林管护制度及生态效益补偿基金管理制度，4.3万亩国家公益林41.92万元生态效益补偿基金全部兑现。（黄江红）

【绿化造林】 2012年，全区建立营造林30189.5亩（新造林12969.2亩，封山育林17220.3亩），退耕还林恢复经营375亩。其中，石漠化综合治理完成防护林3512.25亩；经果林5254.95亩；封山育林16920.3亩。完成白云区第二次石漠化监测工作和400亩退耕还林阶段验收。巩固退耕还林成果，完成用材林500亩、经果林400亩、恢复性经营375亩。完成区级植被恢复费项目：用材林1717亩；特种用途林164亩；现代农业展示园山头绿化35亩、园区绿化1600平方米、撒播草籽、花籽1600平方米、行道树种植2050米。完成区级义务植树基地100亩，完成全民义务植树40万株。完成重点水源涵养区林业生态建设造林100亩，封山育林300亩。完成沙文生态科技园区绿化建设330亩。完成坡耕地整治100亩。完成主要通道绿化景观整治456亩。完成林分结构调整及低质低效林改造300亩。完成牛场农业展示园区“六月六”歌会环境绿化整治工作。“双百”文明村寨绿化：蓬莱村完成造林535亩，村寨道路完成绿化750米，空地绿化完成4000平方米，阿所村村寨道路绿化完成500米，花池（空地）绿化105平方米，房前屋后绿化350株，果园村村寨道路绿化350米，花池（空地）绿化120平方米。新农村建设：完成行道绿化120米，绿地及庭院绿化100平方米。（袁海滨）

【小渊基金项目】 至2012年底，该项目在白云区北郊水库周边牛场布依族乡兴家田村、大山村、蓬莱等村完成造林2700亩，栽植香樟、红花木莲、含笑、柳杉等树种19.98万株，建永久性标志性碑牌2座，管护碑牌15块，开设防火线2.5千米，修筑简易公路1千米，聘请长期护林人员2名。项目总投资600万元（人民币），日方援助资金4500万日元，中方匹配资金300万元(人民币)，区域内森林覆盖率由28%提高到45%。（黄江红）

【林地林权管理】 2012年，白云区按程序审核上报中国石化贵阳—桐梓成品油管道建设项目等11个项目征占用林地手续，占用林地125.79亩。（黄江红）

【林木采伐管理】 2012年，区生态文明建设局严格木材生产经营加工、运输管理，办理木材运输证39份，运输量723.45立方米，凭证运输办证率达100%；年审木材经营加工许可证照67户，新办4户，依法取缔违法违规加工厂13户；办理木材采伐证15份，采伐蓄积2276.4765立方米，未突破年度采伐限额。（黄江红）

【集体林权制度改革档案管理】 2012年，区生态文明建设局会同区档案局、各乡（镇）完善规范林改档案，按照市林改办《贵阳市集体林权制度改革档案工作实施意见》（〔2010〕20号）要求，整理林改档案2卷永久82件，1卷30年14件，1卷10年22件；5个乡（镇）及村级档案100卷，其中永久保存档案1692件，全部移交区档案馆集中管理。（黄江红）

【林业有害生物防治】 2012年，全区林业有害生物预测发生面积1.27万亩,测报准确率100%，无公害防治率100%，成灾率为零，松材线虫监测普查率100%。区生态文明建设局组织对辖区涉木单位、市场、仓库进行检疫执法检查7次，检查涉木单位34户，检验木材829.7立方米，线盘1161个，胶合板23500张，生产包装材料654个，无任何危险性病虫害和违规调运现象。（黄江红）

【林业企业管理】 2012年，全区有木材加工经营户80户（木材加工经营48户，木材经营23户，木材加工9户）。其中，艳山红镇49户、沙文镇18户、麦架镇8户、都拉布依族乡4户、牛场布依族乡1户。（黄江红）

【森林防火】 至11月底，全区接报森林火警27次，出警6次。

3月27日，全市视频联动森林火灾应急演练白云分会场在都溪林场马家塘举行。在区文化宫广场举办“防森林火灾、保平安清明、建绿色白云”森林防火宣传活动，发放宣传单2000余份。清明期间全区向各公墓防火卡点赠送鲜花3000支。区政府先后投入15万元，强化森林防火宣传、巡逻设卡及防火物资储备，春季防火期间，全区发放手投式干粉灭火器1270枚，二号工具580把。

秋季防火期，全区储备手投式干粉灭火器4800枚、风力灭火机12台、割灌机2台、油锯3台、二号工具600把、砍刀130把、镰刀27把，积极应对区域内可能发生的森林火灾。同时争取市级植被恢复费50余万元，开设宽20米、长5330米生物防火隔离带，布局于牛场布依族乡小山村、落刀村和石龙村。新建8米宽防火线23780米，分布于全区5个乡（镇）。（黄江红）

【天然林保护工程】 2012年，区生态文明建设局对全区13.12万亩天保工程实行目标责任制管理，落实管护人员24名，签定目标责任书，定期考核，足额发放工资。同时，配合各项目园区开展土地征收工作，完成14个重点项目912.4亩用地地上附着物补偿调查及兑现。（黄江红）

【石漠化综合治理工程】 2012年，全区石漠化综合治理主要完成防护林种植3512.25亩，经果林种植5254.95亩，封山育林16920.3亩（人工促进1060.65亩）。完成全区第二次石漠化监测，完成重点水源涵养区北郊水库林业生态建设造林100亩、封山育林300亩，石漠化综合治理方案通过省、市、区三级评审，石漠化治理营造林18000亩（人工造林3763.5亩、封山育林14236.5亩）。（黄江红）

【退耕还林工程】 2012年，全区完成400亩退耕还林验收，巩固退耕还林成果补种用材林500亩、经果林400亩、恢复性经营林地375亩。（黄江红）

【植被恢复建设】 2012年，全区省级植被恢复项目—高新技术产业区沙文生态科技园区绿化建设方案编制完成并通过省林业厅评审。同时编制市级财政专项资金营造林项目方案，拟定区级植被恢复、低质低效林改造、集中式饮用水源地综合整治等项目规划；开展牛场布依族乡贵州现代农业展示园牛角型大棚区域的调查设计，编制麦架镇果园村、牛场布依族乡阿所村、蓬莱村“双百”文明村寨绿化实施方案等。（黄江红）

农业

GUI YANG BAI YUN NIAN JIAN 2013

综 述

【概况】 2012年，国家农业部授予白云区“全国标准化示范县”荣誉称号，示范产品为蔬菜。年内白云区完成“三环”以内种植业结构调整任务，完成蔬菜种植15811亩，果树种植2000亩，山头绿化580亩。

（陈 雪 方 源）

【农民实用技术培训】 2012年，全区完成农民技术培训11361人次，阳光培训300人，绿色证书培训1100人，退耕还林成果后续产业劳动力培训63人，实现转移就业2696人。（方 源）

【农业信息报送】 2012年，全区完成报送农情调度表304张，农业生产进度36期，上报信息174条（贵州省农业信息网采用11条），及时准确地上报全年农业灾害情况及粮食产量预测和实测。 （方 源）

【农村经济】 2012年，全区完成粮食播种面积3.22万亩，实产粮食1.17万吨，同比增长18%；完成肉类产量0.55万吨，禽蛋产量0.1万吨，生猪出栏5万头，家禽出栏90万羽；完成水产品产量30吨。一产增加值完成3.22亿元，同比增长9.5%；农民人均纯收入10256元，同比增长15.4%。

（方 源）

【农村新能源开发】 2012年，全区建设大型沼气工程1个，中型常温沼气工程1个。其中，白云区小桥良种场大型沼气工程项目总投资289万元，截止12月底完成项目主体工程建设。中型常温沼气工程建设项目至12月底也已完成项目主体工程建设。区农业部门对5个乡（镇）农村沼气池后续服务网点进行抽查，督促乡（镇）农业服务中心完善辖区内沼气池后续服务工作，于9月通过市级综合验收。（方 源）

【扶贫开发】 2012年，全区坚持开发式扶贫工作方针，认真落实“领导负责、乡（镇）包保、单位包村、干部包户”的责任制，采取项目、部门、社会等多形式帮扶和低保救助，完成全区2043户5700人农村人口的脱贫目标。（方 源）

【农村土地承包经营权确权登记】 2012年，区农业部门加强对土地流转双方及时签订规范合同的指导和乡（镇）做好合同鉴证及备案工作的指导。全年流转土地116亩，签订规范流转合同35份，全部在乡（镇）备案。同时，做好农村土地承包经营权确权颁证试点，牛场布依族乡被列为2012年全市农村土地承包经营权确权颁证试点乡。（方 源）

【农业产业化经营】 2012年，全区在农业产业化经营上：1.努力发展壮大农业龙头企业。区农业部门加大对农业产业化经营企业培育，引导企业深化改革，加快建立现代企业制度，提升企业数量和质量，壮大企业规模。2012年，全区有市级以上农业龙头企业5家。2.加快农民专业合作组织发展。2012年，全区有农民专业合作社33家，在组织带动农户发展生产、促进增收等方面的功能逐步增强。全年申请省级农民专业合作经济组织专项财政补助资金10万元。 （方 源）

【农产品质量安全建设】 2012年，全区抽样送检蔬菜24批次，水产品26批次，水果49批次；快速检测蔬菜和水果680批次，水产品24批次；进行生猪“瘦肉精”检测540批次，农产品质量稳步提升。同时，区农业部门全面推进5个乡（镇）农产品质量安全监管站建设，年内完成办公设施设备配套、机构整合、人员配备等，并组织负责人参加市级培训1次、检测技术人员区级培训2次。各乡（镇）农残快速检测和畜牧兽医实验室均正常运行。 （方 源）

【惠农政策】 2012年，区农业部门认真落实各项脱贫减贫和强农惠农政策，兑现水稻、玉米、油菜良种补贴资金41.8万元，农机购机补贴资金253.5 万元（部级资金200万元，省级资金53.5万元）。同时加强对农民负担和农民专业合作社负担的监督管理，及时安排全区减负工作，确保农民负担不反弹，确保各项支农惠农政策及支农

惠农资金落到实处。（方　源）

【高标准农田建设】　2012年，全区完成农村基础设施投入6317.5万元，改造中低产田土8900亩，2011年度农村基本农田基础设施建设项目通过验收。同时，全区完成现代农业展示园区、牛场布依族乡兴家田村基本农田建设，项目总投资370万，建设规模达3426亩。还启动牛场布依族乡阿所村、大山村2个基本农田项目建设，建设规模2400亩。（方　源）

【农村市场体系建设】　2012年，区农业部门实施小桥农贸市场升级改造，建成社区生鲜直销点8个。（彭　睿）

村镇规划与建设

【村镇规划】　2012年，白云区完成牛场布依族乡阿所村、牛场村、红锦村3个村庄规划，核发《乡村建设规划许可证》99件，总建筑面积2.3万平方米；核发个人建房《竣工规划认可证》39件，总建筑面积0.58万平方米。（陈艳霞）

【农村危房改造】　2012年，全区投入农村危房资金31.8万元，完成危房改造24户。其中，牛场布依族乡17户，沙文镇1户，麦架镇6户。（郑成芬　翁　娜）

【贵遵路沿线整治】　2012年，白云区在贵阳—遵义高速公路沿线开展整治试点25户，投入资金109.58万元。其中，班竹村老街组实施示范3户，四方坡村奶牛场组实施示范22户。（郑成芬　翁　娜）

【传统村落调查】　2012年，白云区通过调查，确定牛场布依族乡瓦窑村、阿所村、大林村、石龙村，都拉布依族乡都拉营盘遗址、上水村岩脚山躲匪遗址、上水村下水石桥、长坡岭驿道遗址，沙文镇班竹村永安桥、沙文村金山寺，麦架镇小桥村新村、朱官堡沈官新桥为自然传统村落，蓬莱村为非物质文化村落。（郑成芬　翁　娜）

【文明村寨建设】　2012年，全区投入资金约200万元，完成牛场布依族乡蓬莱村、阿所村，麦架镇果园村3个文明村寨整治。牛场布依族乡阿所村文明示范村寨完成房屋立面整治11户，蓬莱村文明村示范村寨完成房屋立面整治、村寨道路建设、村寨入口广场建设等。麦架镇果园村完成排污沟800米、道路硬化1000余米、人行道铺设600余米。（郑成芬　翁　娜）

【农房确权】　2012年，全区完成5个乡（镇）示范村村民住宅确权729户，其中艳山红镇尖坡村150户，麦架镇果园村203户，都拉布依族乡冷水村80户，沙文镇靛山村60户，牛场布依族乡阿所村236户。各乡（镇）完成村民住宅确权外业调查6395户，其中都拉布依族乡991户，沙文镇607户，艳山红镇700户，牛场布依族乡3037户，麦架镇1060户。（郑成芬　翁　娜）

种植业

【概况】　2012年，全区农作物种植面积16.74万亩，其中粮食播种面积3.22万亩，粮食总产1.17万吨，创产值3750.8万元。经济作物种植面积13.52万亩，其中蔬菜7.41万亩、果树0.5万亩、油菜1.14万亩、茶叶0.09万亩、马铃薯0.943万亩、杂粮0.905万亩、花卉苗木面积1万亩。（方　源）

【良种补贴】　2012年，全区完成2011年度农作物（油菜）良种补贴面积11620亩，完成2012年度农作物（水稻、玉米）良种补贴面积23873亩。完成“三环内”农业产业结构调整果树（梨树）种植任务1000亩。（方　源）

【种子管理】　2012年，全区种子经营户登记备案29户，其中农作物种子登记备案16家、蔬菜种子送达备案13家。全区登记备案农作物种子16173公斤，其中水稻5748公斤、34个品种，玉米9165公斤、66个品种，蔬菜种子1260公斤、12个品种。全年检查种子市场15次，2012年玉米种子价格每公斤24—45元、水稻种子价格每公斤30—50元。较上年有所上涨，玉米涨幅在5—8%、水稻涨幅在7—10%。（方　源）

【推广科学施肥】　2012年，区农业部门完成“2011年度巩固退耕还林成果基本口粮田建设项目”涉及绿肥种发放，向牛场布依族乡落刀村和瓦窑村发放绿肥种3100公斤（紫云英500公斤、箭舌豌豆2600公斤）。（方　源）

【植物保护】　2012年，全区完成农作物病虫草鼠综合防治面积14.917万亩次，其中完成水稻病虫害综合防治6.727万亩次，油菜病虫害综合防治0.13万亩次，果树病虫害综合防治1.21万亩次，蔬菜病虫害综合防治2.57万亩次，化学除草3.33万亩次，农田灭鼠1万亩。全区有防治技术示范点5个，示范面积0.19万亩。其中，水稻病虫害综防示范点1个，示范面积0.05万亩；农田灭鼠示范点2个，示范面积0.1万亩，果树病虫防治示范点2个，示范面积0.04万亩。（方　源）

【植物检疫】　2012年，区农业部门在牛场布依族乡设立害虫系统监测点2个。全年发布病虫害趋势预报3期，粮食作物防治技术指导3期，蔬菜病虫害防治技术指导6期，鼠害防治1期。牛场布依族乡红锦村、牛场村、小山村，沙文镇蒙台村、王家院村设疫情监测点5个，实施重大植物疫情普查监测工作。设立柑桔小实蝇疫情治理示范点1个，示范面积6亩。对南美斑潜蝇、桑白盾蚧开展治理工作，治理面积1840亩。做好稻水象甲虫防治工作。（方　源）

【农药监督管理】　2012年，区农业部门加强农药监督管理，在节日期间农药专项检查中未发现禁用农药、限用农药，在高毒农药和植物生长调节剂专项检查中抽查植物生长调节剂6个大类，全部合格。开展蔬菜生产用药监管检查，检查走访蔬菜生产基地、合作社和种植大户6家，检查农药供应门店15家。

全年区农业部门共检查农药经营户19家68次,农药抽检4次37个品种，抽检合格率95%；农药标签20个，合格率85%,未发现生产、销售甲胺磷等5种高毒农药违法行为。（方　源）

【果树种植】　2012年，市下达白云区“三环内”农业产业结构调整果树（梨树）种植任务1000亩，实施地点位于都拉布依族乡都溪村、冷水村和奔土村。其中都溪村规划种植11300株（269亩）、冷水村规划种植11022株（262亩）、奔土村规划种植19278株（459亩）；农户自种：都溪村700余亩、奔土村300余亩。区农业部门组织编制《白云区“三环内”农业产业结构调整果树种植实施方案》报市农委备案。（方　源）

【特色产业基地建设】　2012年，全区特色蔬菜产业带完成蔬菜播种面积7.41万亩次，新增蔬菜种植面积1.3万亩，实现蔬菜总产量10.32万吨，实现蔬菜总产值2.41亿元。蔬菜平均单价每公斤2.34元。其中，香葱种植2.61万亩次，实现产量3.12万吨，实现产值7561.44万元；辣椒种植3022亩，实现产量0.619万吨，实现产值902.35万元；番茄种植1019亩，实现产量0.542万吨，实现产值609.7万元；花菜种植3013亩，实现产量3111吨，实现产值903.79万元；秋冬蔬菜面积16357亩，实现产量2.51万吨，实现产值2591万元；其他特色蔬菜种植2.4589万亩，实现产量2.3154万吨，实现产值4379.35元。

全区蔬菜生产产业化：2012年，扶持蔬菜（食用菌）龙头企业8个，分别是贵州海曼高新农业发展有限公司、贵州京黔兴农科技发展有限公司、贵州高山生物科技有限公司、贵州晨宇生态农业开发有限公司、贵州聚特工贸有限公司、武汉归农农业有限公司、贵州贵食源实业有限公司、贵州健德蔬菜食品有限公司。扶持专业合作组织5个，分别是贵阳白云兴筑蔬菜专业合作社、对门山友华蔬菜专业合作、贵州红湖种养殖专业合作社、小山蔬菜专业合作社、麦架镇摆茅蔬菜专业合作社。

先后引进食用菌企业8家，

白云区大花蕙兰种植基地

白云区牛场布依族乡阿所村草莓基地

以沙文镇扁山村、牛场布依族乡阿所村园区为核心，带动5个乡（镇）15个村200多户从事金针菇、茶树菇、灰树花、香菇、灵芝、杏鲍菇、白玉菇、毛木耳、双孢蘑菇、平菇、姬菇等食用菌生产栽培，基本形成麦架镇高坡村、果园村，沙文镇扁山村、新寨村、金甲村、对门山村，牛场布依族乡阿所村、牛场村、小山村和都拉布依族乡都溪村等食用菌产业带。食用菌工厂化生产起步，金针菇、杏鲍菇、茶树菇及白玉菇等食用菌实现四季生产和常年供应，全年共完成食用菌种植3005万袋，实现上市量902.5万公斤，实现产值7152.37万元。

花卉苗木产业新增牛场布依族乡花卉苗木产业带建设1132亩，带动乡村旅游人数171万人次，实现乡村旅游收入3861万元。引进东联、云南洪尧等6家花卉苗木企业，申报省、市花卉苗木项目9个，争取项目资金300万元；花卉种苗生产基地建设完成1036平方米炼苗车间，8000平方米大棚更新维修；生产花卉苗木红掌、蝴蝶兰、八角金盘、常春藤、红叶石楠、熊掌木、金叶女贞、银边黄杨等225万株；开展花卉苗木技术培训14期，培训农户2340人次。

（方 源 黄江红 陈 雪）

白云区红掌种植基地

2012年蔬菜（食用菌）产销情况

蔬菜品种	种植面积（亩）	产量（吨）	产值（万元）
香　葱	26100（亩次）	31200	7561.44
辣　椒	3022	6190	902.35
番　茄	1019	5420	609.7
花　菜	3013	3111	903.79
食用菌	3005（万袋）	9025	7152.37
秋冬蔬菜	16357	25100	2591
其他蔬菜	24589	23154	4379.35
合　计	74100	103200	24100

（陈　雪）

养殖业

【概况】 2012年，全区共出栏生猪5万头，出栏家禽90万羽，肉类总产量0.55万吨，禽蛋产量0.1万吨，完成水产品产量30吨。（方　源）

【畜禽品种改良】 2012年，全区通过项目实施，引进远血缘优良种猪20头，确保区小桥良种猪场和区规模养殖场种畜血缘得到有效更换，实现良种化改造，完善畜禽良种繁育体系。

（方　源）

白云区农民养鸡场

【动物疫病综合防治】 2012年，全区完成春秋“两防”工作。区农业部门加强重大动物疫病防控，保障畜禽养殖安全，全年注射猪○型口蹄疫疫苗51088头次，猪瘟疫苗51013头次，高致病性猪蓝耳病疫苗42695头次，注射牛○型口蹄疫疫苗3256头次，注射高致病性禽流感91.4万羽，耳标佩戴率达80%，畜禽应免率100%。

完成血清学监测3710头（羽）份，病原学监测320头（羽）份，免疫效价均合格。通过采取日常监测和集中监测相结合的方式对规模养殖场（企业）、养殖集中村寨、农贸市

白云区商品猪养殖场

场进行重大动物疫病病原学和血清学监测，确保全区畜禽养殖安全。（方 源）

【动物防疫监督】 2012年，区农业部门完成生猪产地检疫62093头，生猪屠宰检疫197595头，无害化处理病害生猪2305头，车辆消毒3364辆；完成“瘦肉精”监测7060头份，其中盐酸克伦特罗3390头份，莱克多巴胺3390头份，沙丁胺醇280头份；完成狂犬疫苗注射1600多头份；办理审核动物防疫合格证2个。同时，还完成两个动物检疫申报点建设工作，举办检疫员培训班4期，培训240人次。（方 源）

【渔业生产】 2012年，全区水产品产量30吨。全年巡查辖区内餐馆3次15家、农贸市场2个，参加“联合执法保护水生野生动物专项行动”检查农贸市场3个、超市1家、养殖场2个、餐馆3家；送检水产品4批次（5品种）19个样，快速检测水产品（自检）12批次40个样（7个品种），送检合格率100%、自检合格率100%。

结合养殖水域面积小等特点，区农业部门明确渔业发展主突破口为特色水产品养殖，依托麦架镇小桥村“大鲵种繁场”，在牛场布依族乡小山村发展大鲵商品养殖专业饲养小区1个，投入鱼种1000尾，建设饲养池（含饲料池）650平方米，经过近半年饲养，22户饲养户初步掌握饲养技术，大鲵长势良好，最大达0.7公斤。（方 源）

水 利

【水利建设】 2012年，全区水利建设完成罗格凼水库除险加固，牛场乡兴家田村兰家山拦河坝工程通过区级验收。石漠化水利建设配套建设项目总投资300余万元，于12月底全面完成；启动非工程防洪体系建设项目建设，项目总投资400余万元。启动小农水县项目建设总投资500万元。（方 源）

【水政水资源管理】 2012年，区水利部门积极做好全国第一次水利普查及水土保持设施情况普查，开展水保水政巡查，对全区3镇2乡（含高新技术开发区）矿山、砂石厂、各工业园区、保税区进行日常工作巡查。全年开展日常巡查80余次，查出违法项目30余家，督促各违规违法项目业主单位补办和完善相关手续。（方 源）

【水利设施建设】 2012年，全区2011年冬至2012年春农田水利基础设施建设工程完成渠道防渗28.9千米，更新提灌站7站，山塘整修7座。省现代农业展示区铺设供水管网4400米、开挖小水窖20口，与高新技术开发区共同实施19千米麦架河防洪河道整治方案。同时，省现代农业展示区和扁山2个节水灌溉项目。（方 源）

【水土保持】 2012年，区水利部门严把审查质量关，评审水土保持项目17家，方案批复17家。同时，完成沙文生态科技产业园斑竹路等11条道路工程水土流失防治范围确认，受理《云峰110

千伏变电站工程水土保持方案报告表》验收并组织专家和相关单位对建设项目开展实地查验。（方　源）

【防汛抗旱】　2012年，区水利部门加强汛前安全大检查工作及汛期24小时值班制度，保证全区水利工程安全度汛，并做好抗旱准备。区水利部门组织专业技术人员着重对全区水库、重要山塘、险工险段、在建工程、抗旱应急水源等进行检查，凡遇暴雨或长时间阵雨天气，督促落实专人对水库、山塘进行巡查，做到险情早发现、早报告、早处置，确保山塘、水库的安全运行。同时，组织开展防汛责任、防汛物资和通讯保障检查，确保抢险物资需用和通讯畅通。全年无旱情发生。（方　源）

农业机械

【概况】　2012年，全区有农机具4789台套，其中拖拉机、变型拖拉机1300余台，打砂机300台，柴油抽水机500台，微型耕整机1300余台。（方　源）

【农机安全监理】　2012年，全区开展创建"平安农机，促进新农村建设"活动，落实安全责任制，签订"包保"责任书，形成层层抓落实的工作格局。同时开展整顿行业，组织农机行政执法人员对农机修理点进行检查，对农机维修、经营点的经营行为进行规范，未发现假冒伪劣产品。为认真做好拖拉机总检及驾驶员安全教育，农机管理部门做到简化程序、主动服务、深入现场，全年检验机车800余台次，未发生安全事故。（方　源）

【农机购机补贴发放】　2012年，全区使用农机购置补贴购置农业机具774台套，落实补贴资金253.3万元。（方　源）

移民工作

【概况】　白云区无库区建设，主要为移民安置区，涉及库区安置移民有猫跳河、洪家渡、乌江渡、阿哈水库以及跨省库区移民。移民分布在5个乡（镇）、38个村、1个社区、移民人口3619人，享受后期扶持直补资金3341人。其中，猫跳河移民1874人，洪家渡移民1415人，乌江渡移民21人，阿哈水库移民12人，跨省库区移民19人。（王　照）

【移民安置情况】　2012年，区移民局根据有关政策发放"基础设施费"57户353人68万元，麦架镇下堰村、麦架村和沙文镇马墓村设立3个移民监测点，开展资料收集，建立电子档案，实施跟踪监测。根据《白云区大中型水库移民安置区2011—2015年基础设施建设和经济发展近期规划及2016—2025年中长期规划》安排，区移民管理部门加大资金整合力度，集中项目资金投入移民安置区，改善移民生产生活条件。麦架村磨子冲道路硬化项目已竣工验收，下堰村道路硬化和新村沟渠防渗等项目正在实施。至12月底，完成150万元直补资金的兑现。区移民门户网站建成并通过验收。12月中旬，对麦架镇移民开展水库移民养殖培训，培训200余人。组织实施白云区"三问三解促和谐"（问政于民、问需于民、问计于民，解民忧、解民怨、解民困，即促作风、促发展、促和谐）移民干部大走访活动。（王　照）

工业

GUI YANG BAI YUN
NIAN JIAN 2013

综　述

【工业经济效益】　2012年，全区完成规模以上工业总产值260.35亿元，同比增长23.2%；实现规模以上工业增加值51.5亿元，同比增长24.6%；完成工业投资97.96亿元，同比增长68.84%。（刘　米）

【工业项目投资】　2012年6月17日，全省观摩团到驻区贵阳华恒机械制造有限公司、贵州中泉电气集团有限公司2家企业进行观摩。2012年，向国家工信部申报产业振兴与结构调整资金支持项目3个，组织申报省技改资金补助项目11个，组织申报市技改资金补助项目14个。贵州中铝铝业有限公司、贵州中泉电气集团等4个项目获得1100万元省技改资金支持，贵阳娃哈哈饮料、贵州大众橡胶等8个项目获得440万元市技改资金支持。（刘　米）

【节能减排】　2012年，规模工业增加值能耗比上年下降5.6%，工业固体废弃物综合利用量60.2万吨，比上年同期提高10%，完成年初计划100.3%。淘汰贵阳白沙水泥厂¢3*11m机立窑生产线，淘汰落后产能10万吨。重点实施中铝贵州分公司实施炉窑余热利用节能技术改造，通过入窑余热利用节能减排改造，达到炉窑烟气余热利用和梯级利用，实现年节约重油7524吨，年节约标准煤10748吨，减少CO_2排放28160吨/年，其中“铝酸钠溶液平推流晶种分解技术研究及产业化”“新型导流结构铝电解槽技术创新及产业化”等项目实施，分别实现可降低电耗1950千瓦时/每小时和单台电解槽降低电耗约500千瓦时/吨铝的目标。贵州铝城铝业原材料研究发展有限公司电解铝固体废料环保型资源循环回用技术开发与产业化研究，其技术为国内先进。采用技术思路解决“焚烧法”“掩埋法”处理电解铝废料占土地、费钱财、污染环境难题，年处理电解铝废料6万吨，资源回收率达99%以上，实现资源回收利用，实现年销售收入达1.5亿元。（谢红勇）

【民营经济扶持】　制定《中共白云区委、白云区人民政府关于进一步加快全区民营经济发展的实施意见》，截至年底，为华恒机械、汇新科技等4家企业争取到中央预算内投资资金670万元；为中泉电气集团、贵州铝城铝业等3家争取省工业和信息化发展专项资金900万元。（张　霖）

【中小企业发展与中小企业服务体系建设】　2012年，组织燕京啤酒、大众橡胶、中铝公司15万吨铝板带项目申报资金支持。全区非公企业争取省、市中小企业发展专项资金支持559.1万元。2012年，组织连片申报万户小老板42户，获得市专项资金支持42家，资金12.6万元；获得省专项资金支持30家，资金15万元。协调贵阳银行、工行、建行等机构，为区12家企业融资10500万元。建立中小企业融资动态项目库，掌握企业融资需求。（张　霖）

【装备制造业】　2012年，全区装备制造业规模企业23家，涵盖铁路机车、企业零部件、电子仪器、建筑材料等多个细分行业。全区装备制造业规模企业全年实现产值47.49亿元，比上年增加13.84亿元，增长41.13%。（刘　米）

【重大技改项目】　1.贵阳华恒机械制造有限公司汽车铝合金关键零部件异地扩能改造项目，项目位于白云区铝加工基地，总投资1057万元。2.贵阳白云中航紧固件有限公司民用航空高温合金钛合金紧固件出口产品生产线技改项目，总投资5000万元，主要建设内容有数字化标准件研制平台；新增设备、软件163台（套），厂房适应性改造2600平方米；建成民用航空高温合金钛合金生产线。（刘　米）

【新产品开发】　1.贵州中航转向系统有限公司电动助力转向系统（EPAS）开发。电动助力转向系统可以使转向系统更先进，促进汽车行业转向系统高档化发展，符合国家中长期科学和技术发展规划纲要，填补省内空白。

产品开发计划总投入1200万元。

2.贵阳永青仪电科技有限公司YQ-GCS智能低压配电系统成果转化。实现智能低压配电系统产业化，摆脱国内智能低压配电系统长期由国外企业垄断局面。产品研发投入200万元，于2012年12月完成。（刘　米）

国有及国有控股企业

中国铝业贵州

【概况】 2012年2月，中国铝业公司调整贵州铝厂体制，贵州铝厂分离为贵州铝厂和中国铝业贵州分公司两个单位。主要经营性资产划归中国铝业贵州分公司，医院、物业、生活服务等非经营性资产划归贵州铝厂，实现“资产、机构、人员、财务”严格分开，形成“一个党委、两个行政、独立核算”构架。按照中国铝业公司对贵州分公司和贵州铝厂管理工作要求，2个企业逐步推进一体化管理工作。贵州铝厂和贵州分公司遵照中国铝业公司总体部署与工作要求，实施能源结构调整、产品结构调整和技术进步等降本增效措施，扭转被动局面，维持生产经营运转，主要产品生产保持稳定，部分主要工艺技术指标进一步优化。（金　玉）

中国铝业贵州分公司

【概况】 中国铝业贵州分公司拥有资产109亿元，下设10个机关部室、12个2级单位。截至2012年底，企业在册员工13300余人（在岗11660余人），资产总额103亿元，具备年产电解铝40万吨、氧化铝120万吨、碳素制品27万吨和多种高附加值产品设计产能。公司现有氧化铝、铝及铝制品、碳素制品、金属镓5大产品系列40多个品种。（金　玉）

【生产经营】 2012年，贵州分公司氧化铝成品产量103.75 万吨，铝锭产量40.27万吨，碳素制品总量完成 22.45万吨。铝锭综合交流电耗同比降低153千瓦时，原铝阳极块毛耗同比降低13.1 公斤，氧化铝总回收率同比提高3.23%，氧化铝综合能耗同比降低49 公斤（按照0.404折算系数计算），氧化铝矿石单耗同比降低52.45公斤，氧化铝煤耗同比降低40.45 公斤。（金　玉）

【企业管理与改革】 2012年，中铝贵州分公司不断深化企业管理，加快改革步伐。

1.加强资金管理和费用控制。采取减少大修费用支出、降低自采矿石成本、压缩库存资金占用、清收往来款项、控制资金使用风险等措施，强化资金和费用控制。

2.加快内部资源整合，创新运作模式，盘活装备、闲置房屋、物资等存量资产。

3.清理整顿对外用能。12月19日，分公司停止对下麦村、窦官村无偿供电。

4.开展检查、网上公示问题点以及经济考核和行政问责等手段，促进“无泄漏”工作开展。

5.作为中铝公司内部控制体系建设试点单位，先后完成组织访谈及调研、内部标准设计等8个阶段工作，以贵州分公司为模板的内控体系建设在中铝公司展开。

8月，分公司信息计控中心“借道”贵铝工贸实业总公司下属贵阳华控科技有限责任公司走向市场。12月14日，机械厂“借道”贵铝工贸实业总公司控股贵州华元装备工程有限责任公司走向市场。10月26日，中国铝业深化运营转型、促进矿山管理提升试点工作在矿山公司启动。（金　玉）

【基本建设与技术改造】 2012年8月31日，作为中铝贵州分公司盘活存量资产、创新投资模式的“金属镓资源综合利用扩能盘活项目”提前60天投产。麦坝矿基建工程全部完成。2012年11月29日，麦坝铝矿3个矿段之一小长冲河矿段重负荷试车成功，进入试生产阶段。猫场矿建设工作稳步推进。（金　玉）

贵州铝厂

【概况】 贵州铝厂在岗职工2558人，资产总额22.75亿元。设9个职能处室，下属9个2级单位、10个子公司。主要生产经营产品有变形铝合金、工业材和民用铝型材，电解铝用阳极碳块、阴极碳块和电极糊、铝线杆、铝基、锌基合金和铝电解用精炼剂、多品种氧化铝、铝合金门窗安装制作、建筑施工工程、压力容器、电控设备、普通和彩色印刷，以及房地产开发、餐饮住宿、交通、文体娱乐等服务行业。（金　玉）

【生产经营】 2012年，贵州铝厂下属华颐房开公司“五一”车位促销活动实现销售收入757万元，“华颐·南筑”“华颐·和苑”项目分别于4月28日、5月18日举行开工仪式。同时，贵州铝厂进一步清理低效亏损资产以及闲置房屋、办公场所、设施等，开展对外租赁经营，实现创收增效。2月，贵州铝厂熔铸生产线对外租赁经营，至年底产量超过10万吨，使贵州铝厂实现大幅减亏。（金　玉）

【企业管理与改革】 9月21日，中国铝业公司批准贵州铝厂厂办大集体实施改制。贵州铝厂成立厂办大集体改制工作领导小组，负责完成贵铝工贸实业总公司厂办大集体改革改制方案和人员安置方案起草、修改和制订，并上报中铝公司。同时，进行资产评估等工作。年内后勤中心推进后勤服务市场化、属地化改革：推进家属区电网移交地方，环卫工程与工作移交地方，盘活土地及房屋、建筑物资产，推进市场化改革。并且对合金厂型材生产线、贵铝宾馆、红福酒楼实行内部团队风险抵押承包。（金　玉）

七冶建设有限责任公司

【主要指标完成情况】 2012年，七冶建设有限责任公司实现总产值 72.64亿元。其中，实现省内产值52.11亿元，省外产值16.57亿元，国外产值3.96 亿元。新承揽工程 85.28 亿元，完成投资11.5亿元，实现利润6000万元，缴纳税金2.5亿元。（李　博）

【经营状况】 2012年，七冶建设有限责任公司先后在房开、市政道路等方面努力开拓市场。紧盯省内工业项目，与首钢贵阳特殊钢厂、贵州钢绳集团等省国资委监管企业建立联系，确保公司安装、压力容器等品牌在省内有良好发展市场。加强瓮福集团、开磷集团等企业的项目跟踪，争取在项目上有新突破。签订遵义海螺水泥工程项目，为公司持续承接该集团项目创造条件。遵义绥阳市政道路BT项目已验收交付。完成房地产开发投资2.14亿元，全年实现商品房住宅销售面积20627.47平方米，实现销售合同金额9215万元，回收房款6336.01万元；商业门面销售面积3450.18平方米，销售合同金额6032.14万元，实现资金回笼4603.14万元。与贵州盐业集团、金阳高科公司合作开发金阳博华生态城房开项目，合作成立贵州博华投资公司，加速推进项目建设进程。七冶城投公司正安项目全年完成销售合同金额1.98亿元，累计回收资金1.56亿元。六枝项目开工面积约35万平方米，销售临时接待中心已投入运营，商品房部分15万平方米已接受登记客户2000户，棚改房部分20万平方米已组织实施销售。采取股份合作方式成立七冶贵州置业公司，主要负责遵义片区房地产投融资项目。成立七冶上海分公司、贵阳分公司、海南分公司等联营合作公司，推动总公司对省内外市场开拓。（李　博）

【施工生产】 2012年，七冶建设有限责任公司在建直属项目31个，其中国内项目27个，国外项目4个。国内完成分部工程1596项，分项工程5136项，合格率100%。其中民用建筑分部工程60项，分项工程408项，合格率100%；工业建筑（包括路政）分部工程1536项，分项工程4728项，合格率100 %，优良率88%。国外工程全部为工业建筑，完成分部工程25项，分项工

程57项，合格率100%，优良率90%。全年无重伤事故，轻伤率3.8‰，无环境污染事故，无职业病发生。（李 博）

【技术创新】 2012年，七冶建设有限责任公司获得3项实用新型专利（电解槽整体移动方法、倾斜设备顶升用辅助装置、用于多嘴切割机的供气装置），获得6项省、部级工法（CK450型原料立磨安装工法、110KVGIS开关站安装工法、超大型预焙铝电解槽制作安装工法、吸附塔制造工法、管道代套管预热器制作安装工法、分解槽多台电动葫芦同步提升倒装施工工法），获得4项部优工程（哈萨克斯坦PAVLODAR年产25万吨电解铝厂220千伏送变电整流所工程、哈萨克斯坦PAVLODAR年产25万吨电解铝厂电解车间工程、青海黄河公司水电铝型材联营项目一期铝电解二车间工程、青海黄河公司水电铝型材联营项目一期铝电解整流所工程），2项国优工程（中国铝业股份有限公司广西分公司氧化铝三期工程、哈萨克斯坦PAVLODAR年产25万吨电解铝厂工程），获得贵州省2012年度优秀QC（质量控制）小组9项，获评全国优秀项目经理2人，申报并获得贵州百强企业和贵州知识产权优势企业培育企业称号。（李 博）

南方汇通股份有限公司

【概况】 2012年，南方汇通公司实现营业收入22.1亿元，比上年增长25%；实现净利润5900余万元，比上年增长1.9%。全年新造货车1660辆，修理货车9596辆，其中货车配件实现销售收入2.17亿元。新产业实现营业收入6.66亿元。（李世恒）

【特色企业建设】 2012年，南方汇通公司为实现“质量更优、效率更高、成本更低、环境更好”的特色企业建设目标，不断加大工作力度。

质量品质，控制关键工序、关键项点，落实质量整改措施，提高售后服务工作质量，产品质量稳中有升，致命缺陷、重缺陷比上年有所降低，产品无批量返厂；在铁道部实物对标、网上抽查和典型故障检查排名中取得较好成绩，实现连续22个质量安全年。

效率更高方面，货车生产平均日交车47.1辆，比上年增加5辆，劳动效率提高11.88%；货车检修平均在修周期进一步缩短。

成本控制，完善大部件分解、拆卸、修理、仓储、领用等环节的管理，制定库存配件期量标准，实现K3系统对储备配件的动态管控。优化供应商管理，密切关注市场行情，降低采购成本。物资库存周转天数为29.78天，比上年有所降低。完善物料、动能定额管理，推进物料节约、修旧利旧、节能降耗等工作。采用银行承兑汇票方式支付货款，节约利息支出646万元，增加利息收入63万元。

环境更好方面，完成车体抛丸室人工除锈噪声治理、铆拆厂房环境改造和转向架车间六抛头抛丸机除尘器改造，减轻噪声对周围环境的影响。实施汇通大

南方汇通公司主产品铁路货车车皮

道、家属区环境亮丽工程，主要道路两旁建筑、青年山、水上公园等增设彩灯，改造、美化原有绿地。加大厂区道路及公共区域保洁频次和力度，加强施工污染源头治理，提高环境整洁度。

（李世恒）

【新兴产业】 2012年，南方汇通公司多元化经营业务继续呈现稳步发展的良好态势。全年实现主营业务收入和主营业务毛利分别为30017.37万元和12785.23万元，分别较上年同期增长27%和43.45%。棕纤维项目克服外部环境带来的不利影响，实现主营业务收入和主营业务毛利分别为23593.31万元和7407.59万元，较上年同期分别增长49.11%和50.44%。钢结构产业产品需求较好，实现主营业务收入和主营业务毛利分别为13155.03万元和3380.73万元，较上年同期增长152.76%和47.46%。新产业发展和新园区建设方面，久长基地基本完成一期工程建设，沙文基地完成园区消防、人防、道路管网设计。新项目调研力度加大，先后考察调研20余个新项目，其中2个项目已投入孵化。

（李世恒）

【科技创新】 2012年，南方汇通在新产品开发上：取得C64H型敞车、GQ70型罐车、JSQ5、J6SQ型双层小汽车运输专用车等4种检修车型的生产资质，完成578型摇枕侧架、电机壳、多种型号工程机械弹簧等配件的开发。时代沃顿公司成功开发高性能海水淡化膜和抗氧化膜，大自然公司开发的护脊护颈床垫和婴儿床垫投入市场，钢结构公司开发厂房围护和泡沫水泥墙板等材料，钢丝绳公司开发压实股绳和锻打绳等产品。

技术开发和工艺改造：完成轴承一般检修线工艺改造，轴承生产效率、修复率和一次交检交验合格率得到提升；设计制作车钩组装生产线；改进铆拆工艺和作业方式，降噪除尘取得良好效果；改造新造车、检修车油漆线及转向架车间圆簧油漆烘干线，油漆质量得到进一步提升。时代沃顿公司完成刮覆膜一体机的工艺研究及设计，其运行速度达到国际先进水平；大自然公司与中国睡眠研究会、第三军医大学合作建立国内首家床垫与健康睡眠实验室；钢结构公司获得中国钢结构协会颁发的一级制造资质证书，完成二级总承包和二级钢结构专业承包资质的申报。

（李世恒）

【人力资源管理】 2012年，南方汇通公司完成全员竞聘和主任工程师（管理师）、副主任工程师（管理师）聘任，加强对后备人才管理，建立新的后备人才库。同时，加强职称评审工作的宣传引导，全年有15人获得高级职称，1人晋升为教授级高级工程师，22人获得技师资格，8人取得高级技师资格。公司修订《岗位定员管理办法》《全员绩效管理办法》《工资管理办法》3个制度，重新核定技术、管理、辅助岗位人员定额，建立灵活的用工机制，员工总量有所下降，优员增效工作初见成效。举办第三届生产技能运动会，调动员工学技术练技能的积极性。优化工时定额和计件工资制度，规范劳务用工合同，防范用工风险。全年，完成培训项目87项，培训8065人次，年人均受训3次，年培训覆盖率达96.4%。

（李世恒）

中国航空工业标准件制造有限责任公司

【概况】 中国航空工业标准件制造有限责任公司组建于1993年12月，位于白云经济技术开发区，由始建于20世纪60年代中期的原安湖机械厂和原庆文机械厂合并异地搬迁组成，现有正式职工1287人，总资产112586万元，占地面积14.6万平方米。2012年，中航工业标准件公司累计完成工业总产值（不含税）5.2亿元，同比增长21.29%。其中军品完成产值2.88亿元，同比增长23.7%；民品完成产值2.26亿元，同比增长17.7%；外贸完成产值597万元，同比增长51.79%。完成营业收入4.54亿元，同比增长9.2%。其中军品收入2.5亿元，同比增长4.85%；民品收入1.97亿元，同比增长12.62%；外贸收入624万元，同比增长108%。实现利润908

万元，同比增长75.6%；完成工业增加值951万元，同比增长75.23%。（潘成杰）

【合资合作】　2012年，中航工业标准件公司对外合作企业中航转向系统公司完成销售收入3150万元，同比增长36%；实现利润51万元（2011年亏损223万元），实现扭亏为盈。10月12日，中航工业航标检测中心与中航试金石公司签署《合作筹建中航试金石检测科技（西南）有限公司的框架协议》，向合资合作迈出第一步。（潘成杰）

【科技创新】　2012年，中航工业标准件公司《紧固件自动连续温镦成型技术研究》获得上级立项，并有3项技术获得专利受理；《航空标准件数字档案馆建设》获得贵州省科技厅立项；《钛合金螺栓涂铝技术的研究及应用》分别获得贵阳市科技局和白云区科技局立项，项目研究工作基本完成，处于应用验证过程。同时完成《螺母收口技术及装备研究》课题专家鉴定，并报送参加中航工业集团公司科技进步奖评选。

新工艺、新技术攻关方面，突破A286、钛合金双线螺栓浮动螺母组件1500次锁紧工艺技术，TB8材料工艺控制技术，1300MPa钛合金十二角头长螺纹螺栓/沉头高锁螺栓/平圆头高锁螺栓工艺技术，无铆托板螺母工艺技术，钛合金自锁螺母裂纹故障工艺技术，新材料PH13-8Mo高强度（1500MPa）螺栓工艺技术全面实施。整理完善GH141螺栓抗拉强度技术标准，开展商发标准件标准编制。3月，公司检测中心通过省质量监督局力学、金相化学、计量检测3个大项74个参数国家第三方检测资质。全年公司申请专利16项（发明专利申请10项），获得5项发明专利授权。专利《干膜润滑涂覆设备》获得贵阳市专利奖评选二等奖。公司控股企业浙江中航来宝公司获得嘉兴市市级技术中心称号并取得3项产品专利。（潘成杰）

【商用飞机及发动机标准件研制】　2012年，中航工业标准件公司承担186项商用客机及商用发动机标准件研制任务，完成156项，完成率83.9%。根据“中国商飞标准件供应商生产过程控制文件体系要求”，公司编制A286六角头螺栓、Ti-6Al-4V高锁螺栓和铝合金实心铆钉的PCD文件，接受适航当局目击检查，受到适航当局好评。（潘成杰）

【外贸拓展】　2012年，中航标准件公司加强与GE公司合作，保持成熟产品100%交付需求，并获取加拿大庞巴迪集团公司潜在供应商资格，还通过斯伦贝谢供应商资格现场评审，进入斯伦贝谢全球供应商供应链，实现批量产品交付。（潘成杰）

【高铁产品开发】　2012年12月27日，中航标准件公司同湖北博世达科技发展公司签订首批30万套锥压报紧式防松螺栓组件供货合同，标志着公司为开拓高铁市场进行的产品研制开发取得成效。（潘成杰）

【校企合作】　2012年12月，重庆大学机械工程学院与中航工业航标共同签署校企战略合作框架协议。双方将在人才培养、科技研发、设备改造、高新技术成果转化等进行全面合作。（潘成杰）

贵阳永青仪电科技有限公司

【概况】　贵阳永青仪电科技有限公司前身是贵阳永青示波器厂，是贵阳市政府国有资产监督管理委员会下属市属重点国有企业。以工程机械电子监控、节能控制系统、高低压电器成套和工业自动化控制系统为主导产品，集产品研发、生产、销售及服务为一体的高新技术企业，工程机械（特别是挖掘机械）机、电、液、信控制技术领域达到国内领先，并具有自主知识产权。贵阳永青秉承“专注赢得认可、创新引领市场”的设计理念，研发的工程机械系列产品在同行业率先通过国际标准ISO13766电磁兼容试验，特别是挖掘机电子监控及节能控制系统，国内市场占有率达70%，该产品被国家科技部等

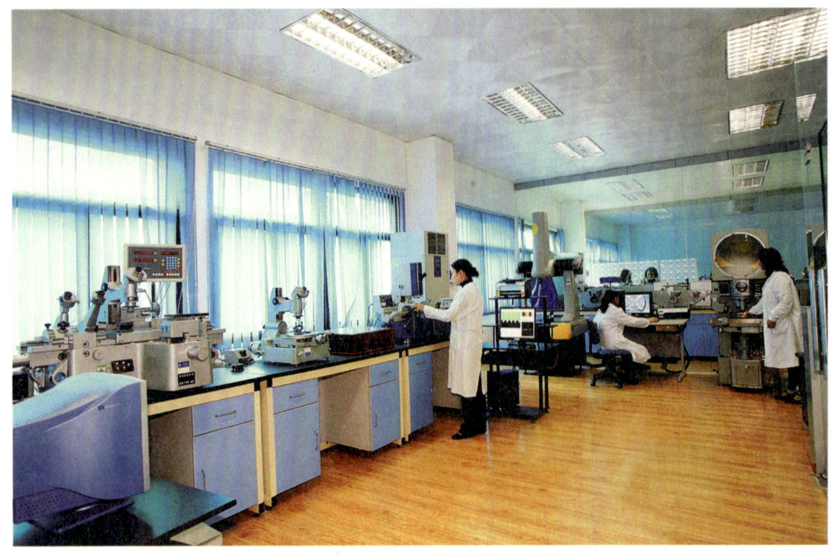

中航工业航标质控室

4部委授予“国家重点新产品证书”，是业内唯一工程机械仪器仪表最具影响力品牌。

（王 琪）

贵阳白云工业发展投资有限公司

【概况】 2012年8月，白云工投公司取得房地产开发资质，经营范围从产业园区开发、基础设施建设、土地一级开发、土地储备、国有资产经营管理及投资扩大到房地产开发经营。全年，公司实现净利润1593万元，缴纳税款1871万元，计提本年度企业所得税525万元。（曾雪源）

【投融资情况】 2012年，白云工投公司承担铝及铝加工基地、黑石头片区、程官摆拢片区内配套设施建设任务。通过争取国家、省、市工业园区项目发展资金，探索和试行合作新模式，吸引社会资金参与项目建设，做好与金融机构沟通联系，争取信贷额度，确保项目进度与资金供给不脱节。全年，筹集资金63088万元，确保铝兴路延伸段、排洪大沟、云环中路等项目顺利实施并先后完成燕京啤酒、大众橡胶、娃哈哈等19个工业项目用地的一级开发，全面推进程官、摆拢片区、黑石头片区的土地一级开发。（曾雪源）

【国有资产管理】 白云工投公司是区人民政府委托区国有资产管理委员会作为唯一出资人实施监管的国有企业。按照《公司法》有关规定，公司成立董事会、监事会，对国有资产进行监管。2012年，公司完成被法院处置的天林房开公司底层商铺资产收购以及区检察院、区法院原办公大楼资产划转和产权变更。公司采取公开招租方式对所属国有资产进行租赁，确保国有资产的保值增值。

（曾雪源）

非公重点骨干企业

娃哈哈贵阳分公司

【概况】 娃哈哈贵阳分公司始建于2003年1月，是杭州娃哈哈集团有限公司下属企业之一。贵阳基地由贵阳娃哈哈饮料有限公司、贵阳娃哈哈食品有限公司，贵阳娃哈哈昌盛饮料有限公司共同组成。公司坐落于贵阳市白云区经济开发区景宏工业园，占地面积146亩。公司总投资6800万美元，注册资本2800万美元。引进当今国际最先进水平制瓶、灌装、包装全自动一体化生产线，主要从事于娃哈哈纯净水、系列含乳饮料、茶饮料、果汁饮料生产。

贵阳基地先后投资4期项目：1期项目于2003年1月投资新建，投资总额1250万美元；2期项目于2005年11月投资新建，投资总额800万美元；1、2期占地面积80亩；3期项目于2009年8月投资新建，投资总额2750万美元，占地面积34.87亩；4期项目于2012年9月竣工投产。

贵阳公司拥有9条生产线，分别是1条超净线、1条水汽线、2条发酵奶线、1条热灌装线、1

娃哈哈生产线

条纯水线、1条桶装水线、刚投产的1条纯水线和1条普热线。其中，普热生产能力达36000瓶/小时。公司主要生产设备从德国、意大利、瑞典等国进口，生产线采用先进的UHT（超高温瞬间灭菌）技术，在高效杀菌的同时保持了茶、果蔬汁、含乳饮料风味、品质的稳定性。

2012年，贵阳公司完成产值7.5165亿元，实现销售收入7.5165亿元，利税1.5262亿元，上缴税金3267.96万元。截至2012年底，贵阳基地已累计完成产值33.0682亿元、实现销售收入33.9361亿元、利税6.6190亿元，上缴税金1.8064亿元。

娃哈哈贵阳公司荣获2012年贵阳市“五一”劳动奖状，荣获贵阳市首批非公有制劳动和谐诚信企业，荣获2010-2011年度十佳明星企业，荣获贵州省百强企业。（钟红梅）

贵州中泉电气集团

【概况】 贵州中泉电气集团是一家民营企业，于2009年入驻贵阳市白云区新材料产业园，公司占地面积80亩，在职员工400余人，专业生产电力输配电设备、自动化产品、节能产品、电源产品和无功动态补偿装置的现代化高新技术企业，公司致力于打造集研发、生产、电力安装以及销售为一体的全新“一站式电力服务”模式。先后与ABB、西门子等公司建立起良好生产合作关系。

贵州中泉电气集团成立技术研发中心，并通过“省级企业技术中心”认证。公司取得国家发明专利1项、实用新型专利9项。其中，与贵州大学共同研发的10KV级晶闸管串联调压电容无功补偿装置获得国家发明专利，填补国内空白。

公司全面通过“CCC”国家强制性产品认证、ISO9001质量管理体系认证、ISO14001环境管理体系认证和OHSAS18001职业健康安全管理体系认证。先后取得“承装（修、试）电力设施许可”“送变电工程承包”“电力工程设计”等资质证书。获得“中国高低压成套设备十大著名品牌”“中国高低压成套设备五十强企业”“中国电气行业智能电网配套设备杰出供应商”“全国电网建设推介企业”“贵州省名牌产品”“贵州省著名商标”“贵州省AAA级信誉企业”“守合同重信用单位”“贵阳市非公经济劳动关系和谐诚信企业”以及“构建和谐社会贡献奖”等荣誉。（徐炯明）

贵州宇宙钢丝绳有限公司

【概况】 贵州宇宙钢丝绳有限公司位于贵州省贵阳市北郊白云区都拉营（中国南车集团贵阳车辆厂厂区内），是1991年由中国南车集团贵阳车辆厂与美国钢缆公司共同投资兴建的中外合作企业。

宇宙钢丝绳有限公司全套引进美国先进设备、技术、生产工艺和管理模式，拥有一批精干高效的管理队伍。公司管理者、工程师和技术人员大部分赴美国学习过钢丝绳生产管理技术。“宇宙”牌钢丝绳、高碳钢丝等系列金属制品，产品广泛用于石油钻井、煤矿开采、航海运输、港口装卸、建筑施工等行业。

“宇宙”牌钢丝绳于1993年1月一次通过美国石油协会(API)正式评审，成为中国首家拥有“API”质量证书的生产厂家，1996年12月通过ISO9002质量体系认证。2009年4月，经中国南方机车车辆工业集团公司批准，宇宙钢丝绳有限公司实施股权改制，由宇宙公司经营管理团队和新引进战略投资者增资扩股。2009年9月，公司实施股权变更并在贵州省工商行政管理局注册登记新的“宇宙钢丝绳有限公司”，注册资本1522万元，公司类型为有限责任公司。

2012年，公司完成产值19763万元。（徐炯明）

贵阳长乐钢铁有限公司

【概况】 贵阳长乐钢铁有限公司地处贵州省贵阳市白云区沙文镇，占地约16.6万平方米，是贵州省重点引资企业，优秀民营冶金企业。为优化企业结构，提高工艺技术装备水平，加强环境保护，改善劳动条件，节约能源，公司将新上1条更为先进连轧生产线，建成后产品品种、规格、质量再上一个台阶，年设计生产能力35万吨。

公司主要产品为：钢筋混凝土用热轧带肋钢筋HRB400、HRB335，规格∮12mm—∮28mm。公司注册“长筑”牌钢筋产品商标，通过ISO9001：2008质量管理体系认证；“长筑牌”钢筋混凝土用热轧带肋钢筋HRB335∮12mm—∮28mm被评为贵州省名牌产品；2012年，“长筑牌”钢筋HRB400∮12mm—∮28mm被评为贵阳市名牌产品。2012年，工业总产值40853.9万元，销售收入36709万元，税金302.32万元。

公司注重环境保护，推行清洁文明生产，做到烟气达标排放，生产水循环使用，贯彻国家、省、市、区关于环境保护、安全与工业卫生、消防有关规定，打造绿色钢铁行业新形象。

（顾　琼）

贵阳兴塑管业公司

【概况】 贵阳兴塑管业有限公司始建于2002年6月6日。是一家集塑料管材、管件生产、研发、销售、管道工程技术服务于一体现代化高新技术企业。

公司坐落于贵阳高新技术开发区白云沙文生态工业园。成立时注册资金100万元。2012年，注册资金5500万元，占地面积27000平方米，全年产值6349万元，年收入总值7995万元，税收56.49万元。拥有13条现代化塑料管材生产线。有员工100余人。具有大、中专以上文化程度38人。其中，高级技术人员4名，中级技术人员6名，初级技术人员18名。

公司拥有先进管材、管件生产设备。主要产品有：聚乙烯（PE）给水管、矿用管、燃气管、实壁管；聚乙烯（PE）双壁波纹排水管、聚乙烯（PE）塑钢缠绕排水管、埋地式PVC—C电力电缆保护套管、地下通信管道用多孔梅花管、PVC—U市政地下通信管等。产品广泛应用于工业和民用建筑饮用水输送；工厂、矿山、市政建设给水、排水、排污、通风、排气、燃气输送；电力、电信线路保护；农田水利建设等社会生产、生活领域。

公司先后通过ISO9001：2008质量管理体系、ISO14001：2004环境管理体系和GB/T28001-2001职业健康安全管理体系认证。“兴塑”牌商标荣获“贵州省2011—2014年度著名商标”。

（赵信江）

商贸服务

GUI YANG BAI YUN
NIAN JIAN 2013

综　述

【概况】　2012年，全区完成社会消费品零售总额27亿元，同比增长18.2%，增速居全市第二。全年完成外贸进出口3955万美元，同比增长66.6%，增速居全市第二；全区新引进各类投资1000万元以上项目328个（省外项目268个），招商引资市外内资到位157.0325亿元，同比增长84.09%，其中省外内资到位154.6亿元，同比增长117%，实际利用外资4489万美元，同比增长89.01%。

区政府组织开展迎新欢乐购物季活动，做好“第二届中国（贵州）国际酒类博览会”工作，认真落实市政府促进工业经济止滑回升的10条措施，以“娃哈哈”产品推介会为先导举办“创品牌、拓市场、促增长”系列活动，确保全年主要经济目标的实现。　（彭　睿　蔡婷婷）

【商贸市场建设】　2012年，西南家居装饰博览城、贵阳西部化工（仓储）物流配送中心项目列入全市大型专业市场总体规划。

（彭　睿）

【电子商务建设】　2012年，贵阳西部化工市场有限责任公司成立电子商务公司，搭建完成电子商务平台，取得工商银行支持。

（彭　睿）

【商业网点建设】　2012年，白云区启动商业网点规划编制，年内对规划稿进行3次讨论修改。区商务局还协助宜百汇超市做好前期筹备工作。　（彭　睿）

【家电下乡】　2012年，全区年新增家电下乡网点1个，使家电下乡备案销售网点达30个，家电下乡销售额网点覆盖率进一步扩大，方便农村居民就近购买家电下乡产品。同时，及时兑现家电下乡补贴，提高销售企业积极性，推动家电下乡消费。全年销售各类家电下乡产品5385台（件），销售额1292.5万元。

（彭　睿）

【酒类销售】　2012年，区商务局办理《酒类销售许可证》121个，全区无白酒生产企业，累计办理酒类销售许可证816户，酒类销售持证率100%，《酒类流通随附单》使用率100%，索证率100%，建立酒类采购信息管理台账100%。　（彭　睿）

物流业

【概况】　2012年，全区加大促进以物流业为重点的第三产业发展工作力度，建立第三产业发展引导资金。中通、圆通、申通等快递业在区内设立分理处（营业门店）；先后引进西南国际家居装饰博览城、宝通物流、德邦物流等项目。西南国际家居装饰博览城有313家商户入驻，就业人数1500余人，年租金及物业收入3050万元。宝通物流年仓库出租收益700万元，年创税收40万元。德邦物流货场面积3305平方米，停车位面积5000余平方米，年营业收入约1260万元。同时，贵阳西部化工（仓储）物流配送中心项目主体完工，贵阳·白云意通医药物流园、贵阳北部综合物流园等项目开展前期工作。全年交通运输、仓储及邮政实现增加值5.86亿元，同比增长15.1%。

（彭　睿）

餐饮业

【概况】　2012年，白云区先后引进大天元翠岭酒楼、毛家饭店等餐饮企业，推动餐饮行业发展。全年餐饮业完成销售总额1.57亿元，同比增长27.4%。

大天元翠岭酒楼。位于南湖东路，经营面积4000多平方米。其中，超过200平方米豪华包厢24间，设有多功能厅、宴会厅、大型停车场。

毛家饭店。位于云峰大道，经营面积1500余平方米，主要以经营湖南乡土风味“毛家菜”为主。

白云一品海鲜城。位于白云南路贵阳欢乐世界旁，营业面积10000平方米，有大厅、卡座、雅座、普包、中包、豪包36间，KTV房5间。　（彭　睿）

副食品商业

【生猪定点屠宰】 2012年，区商务局制定《白云区开展打击私屠滥宰强化肉品卫生安全专项治理行动方案》，督促指导生猪定点屠宰企业健全完善并严格遵守各项规章制度，严格按照生猪屠宰操作规程和技术要求进行屠宰，严厉查处私屠滥宰、制售注水肉、病害肉和违反《生猪定点屠宰条例》等扰乱猪肉市场经营秩序行为。全年共组织检查58次，出动执法人员155人（次），出动执法车辆65台（次）。

区商务局组织人员每周到屠宰场开展现场督查，在重要节日、重大会议期间实行每日督查，检查生猪宰杀前后是否开展瘦肉精、残渣油脂登记检验工作，严禁屠宰无耳标、无产地检疫证明生猪，做好病害猪无害化处理，全年，区内屠宰企业无害化处理病死猪2637头。（彭 睿）

批发零售业

【概况】 2012年，区商务局引入苏宁电器、宾隆购物和好优多超市等大型商贸企业，增加市民购物场所。全年新增限额以上企业6家，使全区限上商贸企业达到25家，完成商品零售总额27亿元，同比增长18.2%。

苏宁电器白云店位于云峰大道十字路口处，卖场总面积6919平方米，主要销售国内外彩电、冰箱、洗衣机、空调、手机、电脑等产品。星力白云连锁超市位于白云区白云南路长山路步行街右侧，卖场面积约1500平方米。

（彭 睿）

粮油购销

【概况】 2012年，区粮油供应部门努力建好“双万吨”（粮、油各万吨）粮油储备库工程，积极开展放心粮油网点建设、放心粮油进校园，筹建贵州蓬莱（白云）粮油培训中心。全年购进粮食1410吨，政策性供应粮油436吨，实现利润13.6万元。

（陈凤明）

【双万吨粮油储备库建设】 2012年，区粮油供应部门投资近80万元，升级改造沙文粮库2、3号仓库，确保3000吨中央移库粮按期入库；投资500万元，改建10000吨食用植物油罐；将1号仓改建为4000吨散装储备粮仓，将沙文镇粮管所改造成为“双万吨”（粮油各万吨）粮油储备库。（陈凤明）

【放心粮油进校园】 2012年4月，区粮食局完成全区各中学和驻区院校粮油供给情况调查。10月，区粮食局实现对白云二中、沙文中学和白云职校的粮油供应。（陈凤明）

【放心粮油供应网点建设】 2012年，区粮食局以区放心粮油配送中心为龙头，开展集约化经营。全年整改挂牌“放心粮油”经销店10家，保留7家放心粮油经销店（区放心粮油配送中心、合力超市大山洞店、合力超市龚家寨店、星力百货超市、好优多超市、王忠友个体店、翟长仁个体店），摘牌3家。

（陈凤明）

【政策性粮油供应】 2012年，区粮食局军粮供应站承担区城乡低保粮供应，实行每10日实发数量跟踪，要求供应单位向主管部门和区财政局报送财务月报，粮票、油票经民政部门盖章后发到低保户。全年向城乡低保户供应大米247吨、菜油285吨。

（陈凤明）

供销合作

【概况】 2012年，区供销社实现利润20万元，所有者权益580万元，完成营业额1520万元，资产总额5489万元。（刘先坤）

【农资供应】 2012年，区供销社在农业生产资料供应组织中，严格按照统一标识、统一配送、统一价格、统一管理原则，依托在全区建立的农家店（超市）33个、配送中心3个，形成规范的农业生产资料服务体系。

针对全区农资供应实际，区

供销社筹备资金在赤天化等大厂家购买各种农资商品，做好化肥淡旺季储备和供应。全年完成各种化肥储备3000余吨（尿素2282吨），销售化肥3000余吨（尿素1964吨）。

对农资市场进行全面检查，规范经营网点进货渠道，严把进货关，从源头上确保农资产品质量，杜绝假冒伪劣商品进入市场，防止坑农害农事件发生。

继续开展“农资产品服务承诺制”，维护农资市场稳定、品种齐全、质量可靠。（刘先坤）

中华全国供销合作总社党组成员、理事会常务理事、中国农产品流通经纪人协会会长于培顺（右三）考察白云区农民合作社

【农民专业合作社建设】 2012年，区供销社发展和规范农民专业合作社建设，取得良好成效。

领办牛场布依族乡兴裕苗木专业合作社、簸箩戈生态农业专业合作社、云海曼蔬菜专业合作社。对已成立的农民专业合作社加强规范化管理，开展标准化生产、品牌化经营，推进与市场对接，全面提升农民专业合作社发展活力、市场竞争力、带动力和影响力，达到帮助农民增收目的。

通过宣传贯彻《农民专业合作社法》，开展对农民经纪人等职业培训。提高他们当好带头人，办好合作经济的水平。全年争取中央财政及各种专项项目资金25万元用于扶持农民专业合作社发展。（刘先坤）

【区农民合作经济组织联合会】 11月2日，区供销合作社联合社筹建成立白云区农民合作经济组织联合会（简称“农合联”）。“农合联”以发展农村经济、增加农民收入为宗旨，以创新农业经营组织、推动农村各类行业协会和合作经济组织发展为职责。（刘先坤）

【区供销社综合用房项目改造】 2012年，经区供销社职工代表大会同意，以220万元完成区供销社位于鸡场村营业用房及场地招租工作。（刘先坤）

交通运输·能源

GUI YANG BAI YUN NIAN JIAN 2013

交通运输

铁路建设

【高速铁路建设】 2012年，贵广铁路动车运营所（贵阳至广州）：拟建于白云区都拉乡黑石头村，项目主要为贵阳新北站动车检修、保养、换车等，含两端贵广、长昆、贵开铁路的引入线和引出线，在白云区境内长约3千米，规划红线用地面积1293.7亩。5月，征收土地818亩159户（企业3户、农户156户），完成迁坟242座。

长昆铁路客运专线（长沙至昆明）建设：在白云区境内全长2.5千米，项目规划红线涉及白云区都拉布依族乡黑石头和都溪2个行政村，拆迁工作基本完成。

渝黔客运专线（重庆至贵阳）建设：白云区境内线路长21千米，沿途经过牛场布依族乡黄官村、红锦村、牛场村、阿所村和都拉布依族乡上水村、都溪村、黑石头，与贵阳北站连接。项目需征用土地约1700多亩，拆迁村民125户。该项目现在修改设计。

成贵客运专线（成都至贵阳）建设：在白云区境内长约18千米，涉及拆迁村民700余户，拆迁面积8万余平方米。因项目设计穿越麦架工业园，尚处设计修改阶段。（罗素华）

【市域快速铁路建设】 2012年，市域快速铁路在区境内建设项目如下：

1.贵开线（贵阳至开阳县）建设贵阳北至贵阳东联络线项目白云境内施工长度4.65千米，投资额约3.5亿元，已征收土地470亩。

2.北联络线（白云区至龙里县）建设全长29.937千米，起于白云区高山村，经乌当区东风镇和南明区龙洞堡片区，止于龙洞堡国际机场，途经白云区艳山红镇、沙文镇、都拉布依族乡境内线路长约7.2千米，总用地面积950亩，投资约6.4亿元。

3.西南环线（花溪小碧乡至白云区）建设尚处于设计修改阶段。

4.清镇东至蒿芝塘至白云货运铁路白云区境内长约7千米，现尚在设计。（罗素华）

市域公路建设

【盐沙路建设】 盐沙路（盐务街至白云区沙文镇）是贵阳市中心城区畅通工程“三条环线十六条射线”骨干路网建设的道路之一，南起市北路、南垭路交叉口，途经雅关、偏坡、白云区都拉营、沙文镇，北接麦沙大道，道路等级，双向六车道为城市快速路，沥青混凝土路面，总长17千米，其中白云区境内长约8.3千米。项目总投资约36亿元，其中白云区段投资18亿元。涉及白云区沙文镇吊堡、四方坡、沙文3个行政村和都拉布依族乡奔土、都拉、上水、冷水4个行政村，拟征地900余亩，被拆迁企业7家、学校1所、坟墓839座、拆迁户279户，拆迁面积100570.34平方米。2012年完成全线用地征收。（罗素华）

【环城高速公路都拉营互通式立交建设】 该项目是贵阳市“二环二路”重点建设工程的组成部分，从绕城环线开口至都拉营贵阳车辆厂垃圾转运站，在奔土村新建全立交，接通环城高速，路长1.3千米，项目涉及都拉布依族乡都拉村和奔土村。2012年，该

贵阳环城高速白云区曹关站

贵遵公路北站匝道沥青路面完工验收

工程处于停工状态。（罗素华）

【金阳至扎佐一级市政主干道建设】 金阳至扎佐一级城市主干道（新210国道）起于金阳新区黔灵山路，止于修文县扎佐镇接贵钢大道，全长约31.7千米。其中，白云区全境（含高新区）长17.04千米，总投资约28.56亿元。该项目在白云区境内起于粑粑坳至终于沙文镇周武山隧道，途经艳山红镇艳山红、刘庄、尖坡村和沙文镇吊堡、四方坡、沙文、凉水、班竹、扁山、范家院村。沙文镇境内12.88千米（含高新区4.7千米）。2012年在建，道路等级为城市主干道I级，设计时速为每小时60千米，路幅宽40米。（蒋　丽）

【区域公路建设】 2012年，白云区实施的区域公路建设工程主要有：

二都路保畅工程：二都路起于贵铝二分厂，终于都拉营，全长5.86千米为四级县级公路。该工程于2012年6月18日动工，7月17日竣工。8月初，工程通过验收并全面通车。

白云区至修文县道路改扩建工程：城市一级主干道，起于麦架镇白云北路，至修文县阳明大道牌坊处止，全长20.01千米，规划红线宽24.5—40米，设计时速60—80千米，项目概算总投资约22亿元。其中，白云段项目概算总投资6.9亿元，全长6.55千米，总占地面积298.36亩。白修线改扩建工程作为青山大道产城互动带项目之一，由贵阳金阳建设投资（集团）有限公司负责建设，于2012年4月8日开工，分4个标段进行施工（一、二标段在白云区境内，三、四标段在修文县境内）。二标段六道拐隧道隧洞于6月动工。（吴晓辉）

【农村公路建设】 2012年，全区累计争取省市投入资金近1000万元、区财政投入资金120万元开展公路养护，先后完成潘家湾危桥改造加固工程，沙云线1公里、牛尖线7千米维修工程，并于3月底通过省、市专家组综合验收；11月底全面完成龙阿路（龙滩至阿所）、沙云路（沙子哨至云雾山）、小沙路（小桥至

1月10日，下水隧道竣工验收

沙子哨农场）6千米中修工程，普大路（普塘关至大土）、落三线（落刀至三元）等20条农村公路累计99.1千米维修工程，及时修复普大公路4处，牛尖公路5处、二都公路等多处垮塌路基挡墙，获“贵州省农村公路管理养护文明示范县”称号。

（吴晓辉）

公路运输

【公路网概况】 2012年，全区56个行政村实现“村村通油路”，公路通车里程达390余千米（农村公路通车里程262千米）。其中，县级公路14条96千米；乡级公路33条78千米；村级公路68条88千米。（吴晓辉）

【旅客运输】 2012年4月，全区新增出租车46辆，使全区出租车拥有量达120辆。客运线36条路（区内线路32条，跨区线路4条）有定线客运车辆102辆，其他客运车辆222辆。全年发客运车辆109494班次，发送旅客167.8万余人（次）。春节、清明、端午、庙会、高考等出行高峰期间，采取特定线路临时增加客运车辆的办法保障群众出行。高考期间50余辆出租车及区内4条线路公交车为高考学子提供免费乘车服务。全年查处公共客运车辆不按站点停靠、不按指示信号标识行驶等违规违法行为62辆（次），的士车不打表违法违规行为60余辆（次），客运车驾驶员行车违抽烟20人（次），行车途中打电话10人（次）。

（吴晓辉）

【货物运输】 截止年底，全区拥有在册货运车辆1443辆，总吨位数5359吨。其中，2吨以下小型货车734辆，吨位数1168吨；2—4吨中型货车308辆，吨位数876吨；4吨以上大型货车400辆，吨位数3304吨；8吨以上重型货车185辆，吨位数2137吨。有货运业经营户925户，其中危险货物运输经营户4户，经营范围为危险货物运输（二类、三类、八类），有危险货物运输车辆59辆，总吨位数322吨。

（吴晓辉）

能　源

【天然气中贵（宁夏中卫—贵阳）联络线（白云段）管道铺设工程】 中国石油天然气股份有限公司投资建设的中卫——贵阳联络线管道工程是国家重点建设工程和全国天然气管道布局“十二五”专项规划项目。该项目的建设将为贵州主要城市提供能源保证，彻底改变贵州的能源结构。中贵联络线在贵阳市境内通过息烽县、修文县、白云区、观山湖区、花溪区，全长132千米。其中，白云区境内通过管道98千米，投资约8500万元。管线沿途经过白云区麦架镇小桥村、新村、马堰村和艳山红镇曹关村与观山湖区窦官村相连接，另在麦架镇小桥村建贵阳北分输站一座（占地23亩），建贵阳高压环网门站一座（占地30亩）。

（罗素华）

建筑和房地产业

GUI YANG BAI YUN
NIAN JIAN 2013

建筑业

【建筑市场秩序整顿】 2012年，区住房与城乡建设局对在建的30家工地进行检查，依法查处5家单位无施工许可证进行施工，整改完善手续5家。全年，收取劳保统筹费3131.84万元，收缴率100%，上缴率100%。

（王虹坤 翁 娜）

【建筑领域节能减排】 至2012年底，全区民用建筑竣工验收24个项目，竣工建筑面积49.5万平方米，造价5.3亿元。建筑节能分部工程均进行验收，建筑节能实施率100%，施工阶段节能监督率100%。 （翁 娜）

【建筑质量监管】 2012年，全区组织召开工程质量例会4次，办理质量监督注册项目27个，面积86.4万平方米，造价10.7亿元。同时，办理竣工验收备案项目24个，面积49.5万平方米，监督管理到位覆盖率100%，竣工验收备案率100%，新建建筑施工图节能审查合格率100%。全年在建工程未发生局部或整体房屋倒塌事故和直接经济损失10万元以上重大质量事故。

（翁 娜）

【施工安全监管】 2012年，区住建局分别与各项目施工单位签订安全生产“包保”责任书18份，签订安全生产目标责任书18份，签订率100%。对全区在建工地的基础、高空、外装开展综合评分36次，出具安全综合评价15份，综合评价率100%。同时，对在建工地监督检查341次，查出安全隐患994条，责令整改994条，整改率100%。

（王虹坤 翁 娜）

【建筑施工管理】 2012年，全区在建工地30个，总建筑面积1735798.7平方米，总造价205203.35万元。全年办理招投标项目90个，应招标项目招标率100%，公开招标率100%。同时，监督和办理报建工程项目90个，其中公开招标项目43个，邀请招标2个，直接发包4个，直接备案41个，未发现规避招标、虚假招标、转包、违法分包等方面问题。 （王虹坤 翁 娜）

【重点房开项目施工情况】

2012年，全区重点房开项目有：

恒大城项目：建设单位贵州广聚源房地产开发有限公司，施工单位贵阳市第一建筑公司。项目总占地面积300亩，总建筑面积92万平方米，总投资金额31.5亿元。2012年完成投资4.51亿元，累计完成投资13亿元。

恒大绿洲项目：建设单位恒大地产贵阳置业公司，施工单位贵州建工集团八公司。项目总占地面积220亩，总建筑面积31万平方米，总投资11亿元。2012年，项目完成投资8677万元，累计完成投资9.27亿元。

利海米兰春天项目：建设单位贵阳合纵置业有限公司，施工单位贵州建工集团八公司。项目总占地面积590.3亩，总建筑面积82.5万平方米，总投资28亿元。2012年完成投资3.86亿元。

中天托斯卡纳项目：建设单位中天城投集团，施工单位贵阳市云岩区建筑安装工程公司。项目总占地面积167亩，总建筑面积21万平方米，总投资5亿元。2012年完成投资1.60亿元，累计完成投资4.44亿元。

绿地伊顿公馆项目：建设单位上海绿地白云开发公司，施工单位贵阳市第一建筑公司。项目总占地面积26.89万平方米，总建筑面积92.11万平方米，总投资35亿元。2012年完成投资2.92亿元，累计完成投资5.52亿元。

心美Twins国际项目：建设单位白云圣龙房开公司，施工单位贵州建工集团第七建筑工程有限责任公司。项目总占地面积59.1亩，总建筑面积6.9万平方米，总投资1.6亿元。2012年完成投资5429万元，累计完成投资1.54亿元。

云祥山庄项目：建设单位贵阳福鑫房地产有限公司，施工单位贵州林云建筑安装公司。项目总建筑面积10.45万平方米，总投资2亿元。2012年完成投资3150万元，累计完成投资0.81亿元。

盛世公寓项目：建设单位贵州盛华房地产开发有限公司，施

工单位贵阳广灏建筑公司。项目总占地面积25亩，总建筑面积7万平方米，总投资1亿元。2012年完成投资3015万元。（翁　娜）

房地产业

房地产建设

【房地产开发】　2012年，全区有房地产开发项目34个（含廉租房），总投资96亿元。全年计划完成投资19.8亿元，完成建筑面积110万平方米，各房开项目实际完成投资24亿元。（翁　娜）

【商品房建设】　2012年，全区有30个商品房房开项目（新开工项目7个，建筑面积59.6万平方米），累计开工建设面积133.7万平方米，全年完成投资32亿元(含市政和公共建设项目)。在建项目主要有恒大城、伊顿公馆等21个，南湖园锦、华颐和苑、金园世佳、养护段地块、云康新城、黑石头片区、白金片区7个项目开展前期工作，丽水铭城、金碧香山2个项目停工。其中，程官摆拢片区开发建设总占地面积2300亩，规划建筑面积505万平方米，1期用地389亩，总建面积91万平方米，于3月9日开工。（翁　娜）

房地产市场

【房地产市场秩序整顿】　2012年，区住建局对全区18个在建及竣工房地产开发项目进行检查，对预售项目实行预售资金监管，确保项目预售资金进入市局指定专户，由监管银行、房地产主管部门、工程监理单位3方共同监管。全年纳入预售资金监理项目13个，资金监管总额9.08亿元，批准核拨6.62亿元，资金监管率100%。所有预售项目建立预售资金监管核拨台账和项目档案，按时报送房屋预售资金监管报表和相关信息，未发生资金监管重大问题。（翁　娜）

【二手房交易】　2012年，全区完成二手房交易1061件，比上年同期减少15.92%；成交面积8.49万平方米，比上年同期减少26.49%；成交均价每平方米2779.39元，比上年同期上涨36.79%。（樊丽华）

【商品房销售】　2012年，全区商品房销售面积53.82万平方米5267套（住宅51.59万平方米4838套，非住宅2.23万平方米429套），销售均价每平方米4168.09元（住宅每平方米4034.25元，非住宅每平方米7266.52元）。从楼市成交量看，与上年相比商品房销售面积增加57.88%（住宅增加63.67%，非住宅减少13.23%）。从市场价格看，销售均价下降11.57%（住宅下降8.67%，非住宅下降13.90%）。（樊丽华）

贵阳白云宏泰地产大楼

房地产管理

【住房资金管理】　2012年，全区对30家单位的2442330.05元住

房资金进行监管，主要是根据相关政策用于职工存量使用。

（班雪凯）

【房屋交易登记管理】 2012年，全区办理私房买卖登记512件，交易建筑面积4.5万平方米，成交金额12679.46万元；办理其他房屋买卖登记460件，交易建筑面积3.06万平方米，成交金额6979.98万元；商品房买卖登记2119件，交易建筑面积23.99万平方米，成交金额73835.8万元；办理商品房预售合同备案登记5180件，预售面积53.07万平方米，成交金额221603.18万元；办理预购商品房预告登记3894件，建筑面积40.78万平方米，成交金额171620.28万元；抵押登记943件，抵押面积21.3万平方米，抵押金额71737.77万元；办理预购商品房抵押权预告登记2600件，建筑面积26.86万平方米，成交金额72279.9万元；办理商品房预售许可证9个，预售面积406190.04平方米，预售金额257499.49万元。

（樊丽华　翁　娜）

【物业管理】 2012年，全区归集房屋维修资金2355户、2120万元，审核使用维修资金37万元。组织召开物管公司工作例会2次，成立住宅小区业主委员会3个（中航标小区、岭秀阳光小区、朝晖星城）。

（杨徐路　翁　娜）

【增量补贴发放】 2012年，全区缴交增量补贴72085146元，121家单位因人员变动办理增量数据变更手续，并建立台账记录。（班雪凯　翁　娜）

【存量补贴兑现】 2012年，全区存量转省、市补交土地收益存量核销91348.24元。全年存量补登5户，审核兑现存量企事业单位3家47人，兑现金额544069.92元。其中，白云医院兑现45人，粮食局兑现1人、南湖商贸公司兑现1人。年内启动123.07万元财政供养职工存量兑现，全区行政事业单位存量兑现68人，兑现金额93148.24元。

（班雪凯　翁　娜）

【保障性住房建设】 2012年，全区主要完成七冶、车辆厂、艳山红镇、麦架镇、沙子哨监狱等廉租房建设。

七冶廉租住房（新怡廉租住房、大坝廉租住房）建设项目建筑面积43140.25平方米910套住宅，总投资5540万元。

贵阳车辆厂廉租住房（1期、2期）建设项目建筑面积32300平方米648套住宅，其中1期工程200套住宅，2期工程448套住宅，总投资5750万元。沙文镇廉租住房建设项目建筑面积15000平方米300套住宅，总投资2666.39万元。艳山红镇廉租住房建设项目建筑面积15000平方米、300套住宅，总投资2463万元。麦架镇廉租住房建设项目建筑面积8500平方米170套住宅，总投资1775万元。

沙子哨监狱廉租住房建设项目建筑面积11500平方米230套住宅，1号地块5栋160套住宅，2号地块2栋70套住宅，总投资1725万元。同时，市级统筹实施2个公租房项目。

沙文镇公租房项目，项目有11栋1032套住宅，规划用地面积34782.4平方米，总建筑面积65773.13平方米。

麦架镇公租房项目规划总用地面积21502.43平方米，总建筑面积59916.8平方米1094套住宅，地下停车位120个。全年全区纳入住房保障的居民共2363户，完成廉租房分配入住1288户。

（翁　娜）

【住房补贴发放】 截至2012年底，全区有符合住房保障条件的居民房屋家庭2358户，全年发放房屋租赁补贴1656户，实物配租746户（租补分离285户），异动清退243户。

（翁　娜）

【住房改革】 2012年，全区办理福利房准入许可证292本，补交土地收益存量核销40176元，上缴财政国库17984.81元，审核贵州铝厂补交土地收益资料298户。（班雪凯）

信息产业

GUI YANG BAI YUN NIAN JIAN 2013

综　述

【软件业概况】　2012年，全区软件企业15家，主要由网络游戏，系统集成及软件开发，电子商务企业组成。　（马云军）

【动漫产业概况】　2012年1月，贵阳数字内容产业园被省商务厅评定为贵州省省级服务外包示范基地。贵州恒力天和科技发展有限公司、贵阳四度空间传媒有限公司、贵州柯雅通讯技术有限公司逐步发展壮大。当年，园区引进贵州苍点动漫创意有限公司、风云汇（北京）软件技术有限公司贵阳分公司、贵州金洋信息产品销售有限公司、白云区工业设计创意生产力促进中心、贵阳知行文化产业投资有限公司 5 家新企业入驻。企业类型不断增加，产业链不断完善。2012年12月，园区被省文改办命名为文化产业示范基地。全年，园区实现产值5.1亿元。

8月13—19日，邀请国际知名动漫品牌“哆啦A梦”和蜡笔小新与广大动漫爱好者在白云公园见面。还组织天闻角川、木棉花、Cospa、阿狸、nonopanda、刀刀、七界之诗、漫友文化等国内外近20家正版品牌商进行商品销售。活动期间吸引游客3万余人，产品销售收入约25万元。　（马云军）

【企业信息化概况】　全区国有企业代表中铝贵州分公司信息化建设已具规模。网络设施建设完善，内网及外网建设已很成熟。管理信息系统建设（MIS）、资源计划（ERP）系统、办公自动化系统（OA）充分运用，给整个中铝贵州分公司各方面的管理提供高效快捷平台。实行IT管理，提高网络安全性和高效率性，网络速度和稳定性明显提高。 南方汇通广泛应用ERP系统，人力资源管理系统,自行完成铁货修实耗法抵免税智能核算开发、新造车间大配件配送管理评价系统开发。贵阳永青仪电科技有限公司，在局域网络的建立、办公自动化、数据资料管理的运用等方面作了相当多的工作。网络系统安全快捷，企业资源计划完善有效。民营企业如娃哈哈、中泉电气对信息化建设非常重视，斥资投资信息化方面建设。　（马云军）

【政府网站建设】　2012年1月，区政府网站完成第3次改版，改版后政府网站主要由区域概览、领导之窗、新闻中心、党务公开、信息公开、公共服务、网上办事、政民互动、网站地图等版块组成，信息量达5万多条，日均浏览量超过近千次。区政府网站成为全区推进政府信息公开、建设服务型政府重要平台，成为区委、区政府联系群众、服务群众重要途径和对外宣传重要窗口。　（李生志）

【政务信息化与政务服务】　推进行政审批电子监察系统建设。规范电子监察系统管理和运行，完善和发挥电子监察系统监察功能，规范全区行政审批工作。信息中心今年在省、市、区3级联网基础上拟定《白云区社区信息化建设方案》区城市基层管理体制改革工作领导小组会议通过开始实施。截至2012年底，全区5个新型社区全部实现省、市、区、社区行政审批电子监察系统4级联网。

区政务服务中心办证大厅占地面积约1500平方米，右侧为综合办证大厅，左侧为就业劳动窗口；大厅内有36个窗口，其中有25个常驻窗口（20家单位），2个综合服务窗口（10家单位），6个机动窗口，首问接待窗口、服务接待窗口及低位接待窗口各1个。　（李生志）

【电子政务建设】　2012年底，区电子政务网络基本建成。建成后电子政务外网，通过网络实现信息共享和实时通信，政府部门通过网络与公众之间进行双向交流，实现电子化和网络化办公。　（李生志）

【信息服务业发展】　全区形成以麦架工业园区为载体电子信息产品制造基地、以贵阳数字内容产业园为载体软件和网游动漫基地2大产业基地。2012年，信息制造业完成产值11.29亿元。　（马云军）

【白云区举办亚洲青年动漫大赛】 2012亚洲青年动漫大赛于2012年8月17—19日在贵阳举行，活动内容包括动漫产业项目集中签约仪式、亚洲动漫高峰论坛、版权交易及经贸洽谈、COSPLAY决赛暨动漫嘉年华、“哆啦A梦”超大型主题乐园活动等，其中COSPLAY决赛暨动漫嘉年华、“哆啦A梦”超大型主题乐园活动在白云举办，COSPLAY决赛暨动漫嘉年华通过海选的方式，决赛前在贵阳、成都、昆明、长沙、杭州设立分赛区，挑选胜出的优秀团队在白云参加总决赛；在白云区动漫主题公园举办的“哆啦A梦”超大型主题乐园活动的举办拉开了中国地区庆贺哆啦A梦诞生100周年生日活动的序幕。（姜 蓓）

2012亚洲青年动漫大赛

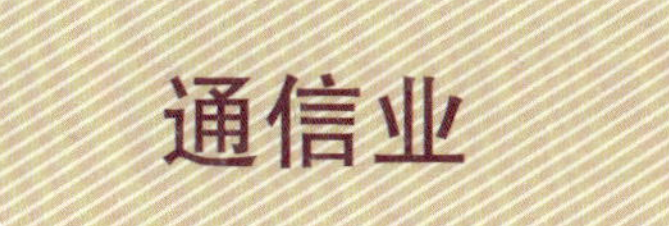

电信公司

【概况】 截至2012年底，中国电信股份有限公司贵阳白云区分公司形成“商务领航”“我的e家”“积木套餐”“天翼3G高速上网”“宽带电视ITV”等众多知名品牌。公司在白云中心城区有专营店、卖场及代理点20余家，农村支局代理店7家。截至年底，全区建成接入网机房52个、C网移动基站60个，覆盖全区，拥有移动用户近7.4万户；电话交换机总容量160000门，实装用户5.3万户，互联网端口总数11万个，宽带接入用户3.6万户，光纤上网覆盖白云城区所有规模小区，光缆线路总长8566千米，主干电缆达72688对千米。（刘秋霞）

移动公司

【移动工程技术】 2012年，中国移动贵州公司白云分公司在白云区先后实施TD6期基站和WLAN建设。TD6期工程是贵州移动最大的6TD-SCDMA规模网络建设工程。白云分公司第1个开通TD6期基站为攀山巷和赤泥大坝站，年内全区共开通75个基站，45个宏站和30个室内分布点。WLAN共完成31个热点324个AP建设（19个热点278个AP开通投入使用）。

（阳 艳）

联通公司

【概况】 联通白云区分公司，提供全业务的通信信息服务，包括固定电话、宽带接入、2G移动通信、3G移动通信、数据传输、互联网等多种电信业务以及与上述业务相关的视频监控、系统集成、信息咨询等多种服务。经过多年的信息基础设施建设，实现白云区网络覆盖，无通信盲点，通信光缆、电缆、移动信号覆盖城区及各乡（镇），信息接入畅通；截至年底，全区有各类通信局所220余座，各类移动基站600余座。2012年，联通白云分公司宽带用户新增0.63万户，新增移动用户4.78万户。

（周阳阳）

【网络维护】 2012年，联通白云分公司网络运行安全稳定，完善2012年通信应急预案，并不定期进行专题演练，在雨季加强网络巡查和网络安全检查工作，组织各专业做好设备预检预修工作，利用先进监控手段，加强对网络风险的诊断和预警。不断提升网络运行质量，确保网络通信畅通和网络信息安全。全年完成两会、金融系统重点时段、汽车展、重大节日和汽车赛等多次通信保障任务。

（周阳阳）

现代化通信设备在布依村寨广泛使用

邮 政

【概况】 2012年，全区有邮政营业网点7个、投递部3个、投递段道13条、邮政员工71人，全年完成业务总收入1288.3万元。其中，邮务类完成收入545万元、代理金融业务完成收入662万元、代理速递业务完成收入75.5万元。

（柯爱兰）

【邮政三大业务联动发展】 2012年，全区邮政三大业务联动发展，邮务类业务全年实现函件业务收入89万元，实现集邮收入101万元（完成新邮预订54万元，全国山地自行车赛纪念邮品实现收入15万元，生肖邮品销售实现收入27万元），报刊发行业务实现收入111万元。除邮政自营网点外，在各乡镇、社区服务中心建成邮政“缴费一站通”服务点16个，方便群众就近缴纳通讯、电、煤气、电视等日常生活费用。

代理金融业务。实现储蓄业务收入606万元、汇兑业务收入56万元，全年累计余额净增20211.9万元，余额规模40697.1万元。

代理速递物流业务进一步推进。

（柯爱兰）

科学技术

GUI YANG BAI YUN
NIAN JIAN 2013

科技工作

【防震减灾】 2012年，白云区贯彻落实《中华人民共和国防震减灾法》《贵州省防震减灾条例》，区委、区政府调整区防震减灾领导小组，落实7名防震减灾人员编制和50万元专项经费。

为抓好防震减灾宣传，全区在"春节""科技文化三下乡""科技活动周""5·12"防震减灾日等活动期间，普遍开展防震减灾宣传，在《白云快讯》连续登载6期防震减灾知识，推进全区防震减灾知识普及。（张明景）

【农业科技】 2012年，国家科技部复核专家组对贵阳市国家现代农业科技园区（白云区）进行检查复核，区科技局组织申报市级农业科技示范园区（基地）。区政府为引专门成立生态农业科技示范园区建设领导小组，切实抓好申报"贵州省农业科技园区""贵阳市生态农业科技示范园区（基地）"及时编制申报材料上报。4月，白云区"现代生态农业科技示范园""珍稀食用菌生态农业科技示范基地"分别被批准为贵阳市生态农业科技示范园区和贵阳市生态农业科技示范基地，获市级95万元资金支持；推荐贵州海曼高新农业发展有限公司申请贵州省农业产业化龙头企业认定。

全年全区实施农业科技计划项目6项，重点支持食用菌、核桃、花卉等产业发展。累计获3个省星火计划、1个省农业攻关计划和2个市现代农业与农村科技计划，获资金支持157万元。全区审批立项区级农业科技计划项目19项，安排资金105万元。（张明景）

【工业科技】 2012年，省、市、区三级科技部门联动，配合贵州师范大学于8月7日完成大学科技园挂牌。白云区投入50万元资金设立大学科技园建设基金，通过科技项目方式重点支持园区孵化企业科技创新。

支持铝及铝加工园区加快发展。区科技局聘请有关专家开展调研，为工园区编写特色产业园区项目申报材料，支持园区内企业搭建科技创新平台。按照省、市企业技术中心评定条件，区科技局对全区规模以上工业企业进行筛选，帮助和指导符合条件企业申报技术中心评定。贵州凯科特材料有限公司技术中心获省企业技术中心评定，贵州铝城铝业原材料研究发展有限公司获省级高新技术企业。

区科技局加强与华科公司和国家复合改性聚合物材料工程技术研究中心联系，分别支持贵阳铝材料工程技术领域院士专家工作站和先进聚合物基复合材料院士工作站建设资金各20万元。贵州师范大学（白云校区）无机非金属功能材料实验室获评省级重点实验室，并得到50万元科研经费支持。

年内，贵州科农生态环保科技有限责任公司被评为贵州省创新型企业，贵州凯科特材料有限公司、贵州威顿晶磷电子材料有限公司、贵州大自然科技有限公司、贵阳联合高温材料有限公司和贵州汇新科技发展有限公司被评为贵阳市创新型企业。（张明景）

【软科学课题研究】 2012年，全区共安排"白云区短时临近监测预警服务平台研究""白云区社区科普组织在加强和创新社会管理中的功能研究""白云区工业化发展阶段实证分析"3个软科学研究项目。（张明景）

【重大科技项目】 2012年，全区实施国家中小企业创新基金项目5项，省级重大专项、成果重点推广、工业攻关、农业科技攻关等重大科技计划项目33项，市级重大专项、工业振兴、成果推广、现代农业、创新人才等重大科技计划项目38项，获资金支持2864万元。同时，实施区级重大科技计划项目48项，安排项目资金2071万元，占公共财政预算并支出的2.06%，比上年增长25.8%。（张明景）

【科技成果推广】 2012年，全区完成"植物纤维弹性体在床垫中的运用""一种10千伏级晶闸管智能调压无功补偿装置产业化"项目的结题验收，贵州威顿晶磷电子材料有限公司承担"电子级三溴化硼工艺技术及产业化"项目获贵阳市科技进步一等奖，贵州凯科特材料有限公司、贵州大学、贵州省复合改性聚合物材料工程技术研究中心承担的

"无卤阻燃聚烯烃专用料的制备"和区花卉办公室、贵州省植物园承担的"切花月季的品种优选及高产高效栽培技术研究"项目获贵阳市科技进步二等奖。

（张明景）

【高新技术产业】 2012年，全区有高新技术企业13家，全年实现产值44.25亿元，占全区规模工业总产值的17%。（张明景）

【科技交流】 2012年，全区先后组织参加3次大型科技交流活动。10月15日，派人参加由贵州省科技厅、中国科学院昆明分院主办，国家复合改性聚合物材料工程技术研究中心组织、中科院宁波材料技术与工程研究所承办的科技成果推介会；10月22—23日，参加全国科技体制改革文件落实暨2012年科技创新政策法规贵阳研讨会；11月9日，省知识产权局局长郑华，赴白云区调研知识产权工作。（张明景）

【知识产权管理】 2012年，全区完成78项专利资助受理。区科技局先后组织开展2次企业知识产权培训。与市知识产权局开展知识产权联合执法宣传活动2次。同时贵阳（国家）新材料产业园知识产权试点园区通过贵阳市知识产权局验收，修改完善《白云区知识产权事业十二五发展规划纲要》，制定并实施《白云区知识产权试点工作方案》及年度推进计划。白云区被贵州省知识产权局确定为第三批县域经济知识产权试点县。全年专利申请量410件，授权量209件。（张明景）

科学技术协会

【概况】 2012年4月，区科协指导贵州亚港气体有限公司、贵阳双胞胎饲料有限公司、贵阳联合高温材料有限公司等3家非公有制企业成立企业科协。9月26日，区机构编制委员会办公室印发《关于设置白云区科技服务管理中心的通知》（白编办字〔2012〕69号），决定将白云区科技咨询服务中心更名为白云区科技服务管理中心，加挂白云区科技咨询服务中心牌子，为区科协下属正股级事业单位。全年区科协参与指导泰和花园、华颐春天、七彩湖3个市级文明示范小区和蓬莱村、阿所村、果园村3个市级文明示范村寨的创建。

（杨　梅）

【科普工作】 2012年3月22日，区科协开展《贵阳市科学技术普及条例》集中宣传活动，向群众发放《科普法》《贵阳市科学技术普及条例》《节能减排、从我做起》《糖尿病的科学保健》《春季常见病的中医药防治》等科普小册子和抗震减灾、节约能源资源、保护生态环境、保障安全健康等宣传资料，其中发放《科普法》《贵阳市科学技术普及条例》2000余本，发放各类科普宣传资料3000余份。3月31日，在麦架镇广场协办白云区"地球一小时"集中宣传活动，向群众发放《节能减排、从我做起》《自然灾害下的蔬菜种植》《春季常见病的中医药防治》等科普小册子，开展《贵阳市科学技术普及条例》宣传，发放各类宣传资料1000余份。5月19日，在区文化宫广场协办"白云区2012年科技活动周启动仪式"，邀请市科协科普大篷车及其展板进行现场展示，向群众发放《贵阳市科学技术普及条例》《春季常见病的中医药防治》《农业气象灾害及其防预》《贵州主要蔬菜无公害栽培技术》等11种书目700余册。以"节约保护、食品安全、减灾防灾、气候变化、科学养生"为主题的科普画廊宣传中，发放防震减灾、气象、环保、健教、种植、法律等科普宣传资料和宣传品12000余份，接受咨询服务200余人次。6月11日，在澳玛长安商业步行街协办食品安全宣传周活动，接受咨询服务人次达1000余人，发放《技普法》《贵阳市科学技术普及条例》宣传手册500余册，发放《安全饮食、健康生活》餐饮服务食品安全知识科普读物2000余本，发放食品安全宣传资料折页、《粮食流通管理条例》知识问答、寻找"笑脸"餐厅、儿童食品安全知识、无公害农产品安全知识和"关注饮水卫生，共享健康生活"等各类宣传资料10000余份。

5月22日，区科协与区气象局在白云二中联合举办气象农经信息员科普培训班，全区5个乡（镇）47名气象农经信息员参加学习。6月26日，邀请贵阳市心理学会会长、武汉大学国家一级企业培训师、武汉大学国家一级心理咨询师林广志开设“心理健康知识和减负减压”专题讲座，全区副科级以上领导干部378人参加。

4月10日，区科协邀请清华大学博士后联谊会学术理事长、市科协副主席郝国栋博士到贵州博盟正泰数字城市发展股份有限公司进行调研，并就人才引进达成初步共识。5月，区政府下发《白云区全民科学素质行动计划纲要实施方案(2011—2015年)》《白云区全民科学素质行动“十二五”规划》。10月，区科协完成贵阳市公众科学素养调查，200户调查对象分布在白沙关、红云、铝兴社区3个社区和沙文镇18个居委会(村)。8月，区科协组织全民科学素质工作领导小组成员单位、企业科协、驻区大中型企业50余家单位4420人参与中国科协主办的全国食品安全科普知识竞赛活动。8月至10月，又组织全区机关公务员、企事业干部职工及社会公众参加“百万公众网络学习工程”金黔在线网上学习成效测试，全区行政机关、企事业单位30000余名干部职工参与测试。10月31日，区科协在白云一中计算机教室组织开展中小学电脑制作和信息技术创新教育科普活动—“机器人来到我身边”科技传播行动培训会。（杨　梅）

【青少年科技工作】　2012年4月28日，区科协协助白云一小举办科技活动月主题活动；组织2至6年级1400名学生参观贵州科技馆，组织学生参加贵阳市青少年科技创新大赛，组织师生开展低碳小管家“地球一小时”熄灯活动，组织1700名学生参观科普大篷车；组织科学幻想画、废旧材料小制作、纸飞机留空计时、知识产权知识抢答、电动车拼装、电脑绘画等比赛。开展青少年科普讲座162次，参加人数36862人；开展科普展览5次，举办科技文艺活动30次，参加人数6231人；办科学墙报123期；科学参观考察22次，参加人数1632人；参加青少年科技竞赛人数22322人；放科普影片162场，参加人数21362人；撰写科学小论文2406篇；小发明、小制作236件；阅读科普书和期刊28526人次。联合区青少年科技辅导员协会组织全区中、小学生和青少年科技辅导员参加第27届贵州省青少年科技创新大赛和贵阳市青少年科技创新大赛，获得第27届贵州省青少年科技创新大赛奖项1项，少儿科幻画类三等奖1项；获得市青少年科技创新大赛奖项6项，其中初中组项目类三等奖2项，少儿科幻画类二等奖1项，少儿科幻画类三等奖3项。区科协获省青少年科技创新大赛优秀组织奖。（杨　梅）

【全国科普日活动】　2012年9月15日，贵阳市“全国科普日”暨“公民道德日”活动在白云区举办。活动以“节约能源资源、保护生态环境、保障安全健康、促进创新创造”为主题，市科协、区科协向全区6个市级“双百”工程创建点赠送科普图书和光碟。市科协各学会为群众开展身体检查、健康知识咨询及农业服务；发放防灾减灾、气象、环保、健教、种植、法律等科普宣传资料和宣传品15000余份，接受咨询服务200余人次；发放《科普法》《市科普条例》《科学素质行动计划纲要》《公民道德建设实施纲要》等20余种书目1500余册资料。9月29日，区科协在区文化宫广场协办白云区法制宣传月集中宣传活动，发放《科普法》《贵阳市科学技术普及条例》《节能减排、从我做起》《关注健康、关爱老年人》《冬季常见病的中医药防治》等科普小册子500本，发放气象防灾减灾科普宣传资料2000余份。（杨　梅）

【科技下乡】　2012年2月，区科协参与组织“三下乡”活动3场次，组织10余家成员单位向群众开展科普咨询400余人次，针对牛场乡建设生态文明乡实际，向该乡农户赠送果树种植、生态养殖等各类科普宣传书籍500余本。（杨　梅）

【科普活动进军营】　7月27日，区科协、区武装部开展科技拥军活动，向驻地官兵赠送《水—生命之源》《冬季常见病的中医药防治》《中医药与健康百问》《高血压科学防治250问》《心脑血管疾病的预防与保健》等科普书籍300本及种养殖科普课件10张在部队官兵中普及科普知识。（杨　梅）

教育

GUI YANG BAI YUN NIAN JIAN 2013

综　述

【概况】 2012年，区教育系统围绕《白云区中长期教育改革和工作规划纲要（2010—2020年）》《白云区教育事业“十二五”发展规划》，实施校园环境改善工程，校园文化建设工程，师资队伍建设工程，教育教学质量提升工程，改善办学条件，提高教师队伍水平，促进教育内涵发展。

1. 启动实施15个教育工程建设项目，完成学校校舍改扩建（改造）面积58000平方米，完成固定资产投资1.00亿元。在全省教育基建项目建设争比进位排名从第65位浮动至第12位。

2. 推进学区化“五统一”义务教育管理模式试点，9月，将17所中小学校划分4个学区开展改革试点，第一学区改革工作全面展开。

3. 成立区教育局会计核算中心，实行“校财局管”。对全区义务教育阶段学校财务进行集中管理，撤并区成人技术学校到白云职校进行统一管理，撤销沙文镇麻堡小学、麻堡幼儿园，做好师生分流工作。

4. 做好进城务工人员子女入学工作。安排11878名外来务工人员子女在公办学校就读，全区在公办学校就读的进城务工人员子女占全部外来学生的60.88%。对进城务工人员子女提供义务教育阶段免费教科书、给予生均公用经费补助。

5. 开展师德师风教育活动，鼓励教师在职进修，加强教师培训。全年组织参加各级培训2000余人次，教师撰写教育教学论文获省教育学会论文评选一等奖38篇、二等奖130篇、三等奖201篇。

6. 扶持民办教育，支持兴农中学等大型民办学校加快发展，争取扶持民办学前教育发展中央奖补资金190万元，设施设备补助14万元、建校贴息贷款22万元，帮助同心学校等民办学校、幼儿园改善办学条件。

7. 投入550万元对全区中小学、幼儿园食堂实行“自办自管”，严格按“师生同菜同价”“学生开餐零利润”进行运作。

8. 以“德育开花，智育结果”为目标，创新德育模式，开展“祖国好·家乡美”、少儿经典诵读大赛等德育主题系列活动，在中小学开设道德讲堂31个，成立“学雷锋绿丝带”志愿服务活动队25支，建立学校乡村少年宫9个。

2012年，全区小学期末考试总平均分从上年的70.81分上升到74.39分；中考成绩平均分从298分上升到364.72分，比上年提高66.72分；高考二本以上上线人数1028人（不含艺体），上线率47.51%，比上年提升3.66%。

9. 加强学校安全管理和校园周边环境整治。按照“六定”（定时间、定线路、定人、定车、定座位、定检）监管校车、投入238.81万元为学校聘请保安，投入35.52万元补助学校用于视频监控探头（民办学校补助4.56万元）。

市委、市政府授予兴农中学校长蒲邦顺、爱心学校校长郭明发“感动贵阳教育”十大人物称号，韩珺宇、黄振宇等7名学生获贵阳市“美德少年”称号，在环保部组织的“酷中国·低碳小管家”活动中8名中小学生取得参加“酷中国·2012年夏令营”活动资格教师节前，区委区政府表彰93名优秀教师、21名优秀教育工作者、20名优秀教研工作者和20名优秀班主任。（代善祥）

【各级各类教育发展概况】 2012年，全区有各级各类学校118所。其中，小学53所（教学点6个），中学12所（高级中学2所，完中1所，九年一贯制学校2所，初级中学7所），特殊教育学校1所，幼儿园50所，职业高中2所（市直管民办职业高中1所）。有教职工4144人，专任教师3144人，在校学生60570人（小学24384人，初中13551人，幼儿园（班）9730人，高中7192人，职业高中5687人，特殊教育学校26人），有省级示范性高中2所（民办学校1所），省级示范性幼儿园2所（民办1所）。

全年，11425名小学适龄儿童（残疾儿童24人）入学11359人，入学率99.63%；适龄少年6759人（残疾少年26人）入学6135人，净入学率91.12%；三类残疾（视力、听力、智力）儿童少年50人（丧失学习能力20人），入学28人，入学率93.33%。其中，听力残疾儿童少年7人、入学6人、入学率85.71%；智力残疾儿童少年43人中丧失学习能力的20人，

白云职校实训大楼

发放国家助学金

入学22人，入学率95.65%，小学六年巩固率115.1%。初中三年巩固率98.17%。（唐 洪）

【教育经费投入】 2012年，全区地方财政经常性收入29137万元，同比增长37.91%。预算内教育财政拨款32472万元，同比增长41.43%，教育经费投入与财政收入增长同步。小学生均教育事业费7065.60元，中学生均教育事业费8078.56元，小学生均公用经费511.97元，中学生均公用经费710元。同时，全区争取上级投入教育资金11572万元，其中基建及设备采购投入资金8416万元。

区财政安排城市教育费附加2548万元、转移支付372万元、城维费367万元、土地收益金52万元，地方教育费附加1400万元投入教育。（周 兴）

【学校基础设施建设与维护】 2012年，白云区实施白云职校综合教学楼、白云六中综合教学楼、白云七中综合教学楼、白云一小综合教学楼、白云八中学生宿舍及食堂、沙文中学学生宿舍、都拉小学白云三幼改扩建，新建南湖幼儿园，教师公租房等，实施职校、沙文中学、都溪小学、白云四小等学校校园环境升级改造和全区28所学校美化工程。全年建成校舍58000余平方米，完成固定资产投资1.00亿元。

（陈良友）

贵阳市白云区第二中学

【贫困学生资助】 2012年，白云区向186名大学生审批发放助学贷款99.15万元，对3422人次普通高中学生审核发放国家助学金256.65万元；对21名普通高校家庭经济困难新生入学资助1.7万元；为32名考取高等院校贫困大学生给予一次性资助7.15万元；为51名高中阶段贫困家庭学生免除学费7.74万元；为6名贫困家庭学生申报市级慈善助学金2万元。秋季启动民族乡和贫困乡就读普通高中学生免除学费工作，为182名学生免除学费14.85万元。为172名留守儿童提供免费“三餐”和住宿费用16.818万元。

（刘粤胜 李从祥）

【语言文字工作】 9月14—20日，全区中小学幼儿园以“大力推广普通话和规范使用国家通用语言文字”为主题，在校园张贴或悬挂宣传画、标语，组织学习《语言文字相关政策法规30问》，举办校园“教职工普通话朗读竞赛”“普通周知识竞赛”等活动。

在贵阳市语言文字工作委员会办公室组织的推广普通话和规范使用国家通用语言文字竞赛活动中白云区获优秀奖。（吴丽萍）

【教育科研】 2012年，区教育局获1个省级课题、5个市级课题获得立项，14个学校开展24个课题研究，12个学校的13项区级课题结题。在省教育科学院组织的论文、教学设计评选中，全区有377篇论文、教学设计获奖，其中一等奖38篇、二等奖130篇、三等奖201篇。

（袁正刚　张爱群）

【教育督导】 12月26—28日，贵州省教育督导评估验收分团对白云区义务教育初步均衡发展工作进行专项督导评估验收。经评估验收分团实地检查、听取汇报、召开座谈会等，认定白云区义务教育初步均衡发展工作基本达到省评估验收标准，确定等次为基本合格。（敖义成）

【教育信息化建设】 2012年，区教育局投入近40万元搭建全区信息化教学质量监控系统，从小学一年级到初中三年级实行数字化教学质量监控，实现远程教育资源通过教育城域网与全区学校共享。（张安亚）

【教育合作交流】 3月6日，全省中小学"祖国好·家乡美"主题系列活动启动仪式在白云三中举行，省直有关单位相关处室负责人，各市（州）文明办负责人，省专项彩票公益金支持建设50所乡村学校少年宫所在县（区）文明办、教育部门负责人，贵阳市各区（市、县）文明办负责人参加启动仪式。

3月21—24日，区教育局组织10名教研员赴北京师范大学参加义务教育课程标准（2011版）全国高级研修班学习。

4月26日，贵阳市小学音乐教师"有效教学课堂暨重庆学习汇报交流"活动在白云区举行，各区（市）县音乐教研员、小学音乐教师80人参加交流。

（赵　红）

白云区学校基本情况

学校类别	办学性质	学校数	班级数	在校学生数	班生额	招生数	毕业班人数	教职工人数	专任教师数	备注
中等职业学校	公办	1	64	3232	51	1044	1201	66	63	
	民办	1	49	2455	50	842	593	60	60	
九年一贯制学校	公办	2	49	2422	49	711	642	149	140	含小学部学生人数
高级中学	公办	2	81	4003	49	1412	1070	322	284	
完全中学	民办	2	97	4849	50	1762	1603	651	383	含初中部学生人数
初级中学	公办	5	143	7913	55	2624	2634	497	450	
	民办	1	7	225	32	67	73	76	49	
小学	公办	36	391	17691	45	2749	3187	928	857	
	民办	17	181	8024	44	1808	1631	400	338	含小学附设初中班、妇儿活动中心人数
特殊教育	公办	1	3	26	9	9	0	12	10	
幼儿园	公办	8	48	1583	34	679	616	136	88	
	民办	42	297	8147	27	3074	2847	847	422	
总计		118	1410	60570	43	16781	16097	4144	3144	

教师队伍建设

【教师队伍基本情况】 2012年，全区中小学、幼儿园有教职工2110人，专任教师1892人。其中，中学专任教师890人（研究生学历33人，大学本科学历732人、大学专科学历125人），小学专任教师914人（大学本科学历278人、大学专科学历522人、中专学历114人），幼儿园专任教师88人（大学本科学历43人、大学专科学历38人、中专学历7人）。专任教师中有高级职称165人、中级职称935人（中学308人、小学570人、幼儿园57人）、初级职称623人（中学265人、小学319人、幼儿园39人），未评职称118人（中学89人、小学25人、幼儿园4人）。中学专任教师中大学本科及以上学历者占86.46%，小学专任教师中具有大学专科及以上学历者占87.64%，幼儿园专任教师中具有大学专科及以上学历者占94.32%，分别提高5%、7.64%、6.22%。

全区有162名教师、干部进行交流，区教育局对20位校级干部进行任免，并面向全区教育系统公开招聘艳山红镇中心学校校长。

（张　蓉）

【农村教师队伍建设】 2012年，全区乡（镇）中小学、幼儿园有教职工796人，专任教师702人。其中，乡（镇）中学专任教师147人，大学本科及以上学历113人，具有占中学专任教师的76.87%；乡（镇）小学专任教师501人，具有大学专科以上学历423人，占84.43%；乡（镇）幼儿园专任教师54人，具有大学专科以上学历49人，占幼儿园专任教师的90.74%。 （张　蓉）

【师德教育】 2012年，区教育局在各中心学校广泛开展“四心”教育（有爱心、有诚心、有责任心、有感恩心）的同时，举办《中华人民共和国行政强制法》知识考试等，促进教师师德水平提高。在“四心”教育活动中，区教育系统推荐的教师征文有14篇获奖，推荐2名师德演讲比赛优秀教师参加贵阳市师德巡回演讲。同时，区教育局制定并实施《白云区中小学校师德师风考核办法（试行）》（白教字〔2012〕22号），对全区公办中小学、幼儿园教师从依法执教、爱岗敬业等8个方面进行考核，全区有1992人参加考核，1615人被评为优秀等次，377人被评为合格等次。对学校开展师德师风教育工作情况考核，考核结果也纳入年终绩效考核内容。

（敖正乾）

【教师招聘】 2012年，全区教师队伍缺编389人。招聘教师117人，其中公开招聘92人、选调在职教师11人、免费师范生5人、高素质人才引进9人。

（张　蓉）

【教师职称评聘工作】 2012年，区教育局在各学校实行教师职称评聘分离，年内全区有99名教师申报职称。其中申报中学高级职称5人、中学一级申报职称18人、中学二级申报职称1人、小学高级申报职称7人、小学一级申报职称10人、初聘教师58人。 （张　蓉）

【教师资格认定】 2012年，完成教师资格网络认定及教师资格证办理122人，其中认定办理初中教师资格54人、认定办理小学教师资格64人、认定办理幼儿教师资格园4人。

（张　蓉）

白云区教师队伍基本情况

教职工（人）	专任教师数（人）							学历			职称			中学专任教师中取得大学本科及以上学历的占中学专任教师比例（%）	小学专任教师中已取得大学专科及以上学历的占小学专任教师比例（%）	幼儿园专任教师中取得大学专科及以上学历的占幼儿园专任教师比例（%）
	普通中学				职业高中	幼儿园	特殊教育	研究生	大学本科	大专	高级职称	中级职称	初级职称			
	合计	初中	高中	小学												
2110	1892	543	284	904	63	88	10	33	1053	685	165	935	623	86.5	87.6	94.3

注：以上统计数据为公办学校教师。

（张　蓉）

中等职业教育

【概况】　2012年，全区有中等职业教育学校2所（民办学校1所）。有在校生5687人（民办学校2455人），有教职工126人（民办学校教职工60人），专任教师123人（民办学校专任教师60人）。全年，完成招生1700名。

（张　蓉　唐　洪）

白云六中高三年级毕业典礼

基础教育

【小学教育概况】　2012年，全区有小学53所，其中公办36所、民办小学17所、教学点6个。有在校生24384人（民办学校5820人），教职工1375人（民办学校400人），其中专任教师1242人（民办专任教师338人）。

（唐　洪）

【初级中学教育概况】　2012年，全区有初级中学7所（民办学校2所），九年一贯制学校2所（均为公办）。有在校学生13551人（民办学校初中在校学生4089人），有教职工856人（民办学校教职工257人），专任教师746人（民办学校专任教师203人）。

（唐　洪）

【高中教育概况】　2012年，全区有高级中学2所，完全中学1所（民办学校）。高中在校学生7192人（民办学校高中在校生3189人），教职工792人（民办学校教职工470），其中专任教师513人（民办专任教师229人）。

（唐　洪）

幼儿教育

【概况】　2012年，全区有幼儿

园50所。公办8所，民办幼儿园42所，有在园（班）幼儿9730人（民办幼儿园8147人）、教职工983人（民办幼儿园教职工847人），（其中专任教师510人，民办422人）。11月，白云区第一幼儿园通过省级示范性幼儿园复评验收。 （唐 洪）

特殊教育

【概况】 2012年，全区特殊教育学校（公办学校）仅有1所，其中教职工12人，专任教师10人，在校学生26人。

（唐 洪）

民办教育

【概况】 2012年，全区新审批成立4所民办幼儿园，1所校外培训学校，使全区各级各类民办教育机构达78所。其中民办完全中学1所、民办初级中学2所、民办小学17所（7所附设初中班）、民办幼儿园42所、民办校外培训机构15所、民办中等职业学校1所。春季，各级各类学校在校学生23700人，其中民办小学在校学生5820人、民办普通中学在校学生7278人（进城务工人员子女1992人）、民办幼儿园在园幼儿8147人、中等职业学校在校学生2455人。各民办中小学共有教职工1187人，各民办幼儿园共有教职工847人。 （张 蓉）

兴农中学画室

【民办教育扶持】 2012年，区教育局向16所受政府委托承担义务教育的民办学校发放温暖卡，提供免费教科书；向8165名民办学校师生发放人均200元温暖卡；为民办学前教育争取到中央奖补资金190万元；为兴农中学、爱心学校分别争取建校贴息贷款15万元、7万元；为同心学校、永茂中学分别争取设施设备补助各5万元；区级财政给予鸿鹄学校4万元设备补助。开展“公民办学校结对帮扶”活动，促进民办学校教育教学质量提高。兴农中学一本线的349人，二本线以上的894人，3人被清华大学录取。

（张 蓉）

教育管理

【概况】 2012年，区教育局以“办人民满意的教育”为目标，依法办学，依法执教，大力推进教育均衡发展，提高教育教学质量，促进学生全面发展。

1. 实行党风廉政建设目标管理，开展“廉政文化进校园”活动，组织参加反腐倡廉曲艺大赛，举办“预防职务犯罪知识讲座”，与全区60所公办中小学、幼儿园、各乡（镇）中心校签订《白云区教育系统2012年党风廉政建设目标责任书》，制发《关于开展“廉政文化进校园、增意识”活动的实施方案》《白云区教育局推进廉政风险防控管理工作实施方案》《关于在学科教学中渗透法制教育工作实施方案》等，组织教师学习《中国共产党党员领导干部廉洁从政若干准则》、省第十一次党代会精神等，加强党风廉政建设，增强廉洁执政意识。

2. 按照《白云区中小学校园文化建设实施方案》《白云区“优美教室”实施方案》，大力实施校园“亮丽工程”，学校科学规划现有空间，合理进行绿化布局，充分体现出校园文化氛围，实现自然与人文统一，办学特色逐步凸显，初步形成以白云一小、都溪小学、白云民中、白云三中等为代表的科技、民族文化、德育特色学校群体。

3. 加强“控辍保学”，确保学生接受义务教育。区教育局制定《白云区控制中小学生辍学实施细则》，完善工作机制，将“控辍保学”工作纳入教育局、乡（镇）人民政府、社区服务中心、中小学年度目标考核内容，建立区政府与乡（镇）、乡（镇）与村（社区居民）为一线和教育局与学校、学校与教师、教师与家长为一线“双线”目标责任制，层层签订“控辍保学”目标责任书，防止儿童少年流失。

4. 将进城务工人员随迁子女就学纳入教育发展规划，纳入财政保障体系。制定《白云区进城务工人员随迁子女入学管理办法》，实行外来务工子女与当地学生同等入学政策，坚持“两为主”（流入地政府为主、流入地公办学校为主）原则，采取“四早一增”（招生方案早制定、招生工作早部署、招生人数早调查、招生案件早防范、增加10个初一班级）措施，安排外来务工人员子女入学。

5. 落实安全工作目标责任制，开展校园周边环境整治，加大安全隐患排查和整改，加强师生应急演练等，确保校园安全。

（代善祥）

招生考试

【概况】 2012年，全区参加普通高校招生考试、初中毕业考试、高等教育自学考试、成人高校招生考试总人数7398人。其中，参加初中升学考试3980人，参加普通高校招生考试2165人，成人高考1253人。（邓静茹）

【小学升学考试概况】 2012年，全区参加小学毕业考试人数4207人，全科合格人数3561人，小学升初中人数4207人，升学率100%。

（唐　洪）

【初中升学考试概况】 2012年，全区参加初中毕业考试4037人，合格3579人，升入高中阶段3518人，升学率87.14%。

（唐　洪）

【高等教育升学考试概况】 2012年，全区参加高考人数2165人，被各级各类院校录取1899人，比上年增加342人，录取率87.7%。4月，区招生考试办公室对外省迁入及享受政策性加分498名高考考生资格材料进行审查，其中外省迁入考生46人、政策照顾加分考生452人（少数民族考生410人、农村独生子女女孩和农村双女结扎户女孩考生36人、国家二级运动员3人、奥赛获奖考生2人、侨眷考生1人）。全区参加成高人数1253人。

（唐　洪）

普通高中升学考试上线情况（不含艺体考生）

学校	理科					文科					上线人数合计	上线率
	参考人数	一本上线人数	上线率	二本上线人数	上线率	参考人数	一本上线人数	上线率	二本上线人数	上线率		
白云二中	410	117	28.5%	137	33.4%	184	13	7.1%	74	40.2%	341	83.2%
兴农中学	686	226	32.9%	227	33.1%	340	54	15.9%	121	35.6%	628	91.5%
白云六中	203	7	3.4%	26	12.8%	125	1	0.8%	12	9.6%	46	22.7%
合计	1340	350	26.1%	390	29.1%	670	68	10.1%	207	30.9%	1015	75.7%

文化

GUI YANG BAI YUN
NIAN JIAN 2013

综　述

【概况】　2012年，全区文化建设取得重要进展。

1. 科学推进公共文化服务体系建设。“白云周末大舞台”“社区文化活动季”“六月六蓬莱布依歌会”等3个项目申报参评区群众文化活动品牌项目、区公共文化服务示范项目；完成贵州省2012“十大民生工程”乡（镇）综合文化站和部分居委会公共电子阅览室设备配置。

2. 推动公益性文化事业单位改革。制定《白云区公共文化设施免费开放工作指导意见》《白云区公共文化设施免费开放工作实施方案》《白云区公共文化场馆免费开放资金管理办法》《白云区公共文化服务机构绩效考核办法》等规章制度，从制度层面保障公共文化设施免费开放工作有序推进。

3. 成立群众文化学会。5月26日，白云群众文化学会成立，发展会员300余人。协会成员由全区基层文化工作者、文体活动骨干、区属各大企业宣传文化部门专干、社会文化艺术培训机构、群众文艺爱好者组成，涵盖机关干部、企业职工、自由职业者、民间艺人、少数民族民间文化传承人。

在沙子哨监狱开展“禁毒励我志”“禁毒知识”竞赛等活动，在乡（镇）、社区举办“百科知识竞赛”，举办“快乐童年”故事大王比赛、“喜迎国庆 爱我中华”诗歌朗诵比赛、“让家园更美好”环保知识竞赛等。还为各基层点配发图书近万册，交换图书2000册，为企业整理加工图书1500册。全年，各流动图书借阅点及图书馆分馆接待读者近8000人次。开展“共享工程送信息下乡活动”，在西南国际家居装饰博览城城发放农业科技知识光盘150余张。开展共享工程电影展播，分别在白沙关社区、大山洞村、鸡场村、摆拢村等放映《英雄泪》《像小强一样的活着》《乡村书记》等影片。利用共享工程资源在麦架镇果园村进行“花卉种植技术”讲座等。　（杨桂香）

【文化市场管理】　2012年，区旅游文体广播电视局组织12次电子游艺娱乐场所专项检查，统一制作张贴未成年人限入公示牌，对经营单位机型、机种进行清理。同时清理捣毁违规游戏机105台，责令经营户搬出游戏机110台。全年区旅游文化广播电视局出动执法人员1500余人次，检查网吧1400余家次，查处违规网吧12家次，罚款1万余元，停业整改10余家（次）。全区市场上未发现政治性非法出版物，在“扫黄打非”行动中，收缴非法音像制品16000多张、非法书刊695册。指导开展全区网吧连锁化工作，部分网吧业主合作成立贵州玲珑网吧连锁公司。截至年底有13家网吧进入网吧连锁公司。

（杨桂香）

【区图书馆新馆启用】　8月，区图书馆搬迁至七一路图书馆大楼。新馆舍建筑面积约4500平方米，分设多媒体室、盲文及盲人有声阅览室、电子阅览室、报刊阅览室、图书阅览室、少儿阅览室、报刊借阅室、图书借阅室、读者自学室，全部免费对读者开放，书刊资料供读者自行取阅。区旅游文体广播电视局拓展图书馆服务功能。利用图书馆丰富资

“六月六”蓬莱布依歌会

高新区、白云区迎新晚会

源举办13期讲座、3期培训班、1期报告会，参加人员近2000人次。同时还开设道德讲堂、安全消防知识讲座和举办基层服务点管理员培训。全年，全区开展读书活动10次，参加人员5万余人次。

（杨桂香）

【加大公共文化事业免费开放力度】 2012年，区旅游文体广播电视局制定《白云区公共文化设施免费开放工作指导意见》《白云区公共文化设施免费开放工作实施方案》《白云区公共文化场馆免费开放资金管理办法》《白云区公共文化服务机构绩效考核办法》等规章制度，从制度层面保障公共文化设施免费开放工作有序推进。全年免费培训群众文化专干、图书管理员2000余人次，进行群众文艺免费培训4万余人次，进行未成年人普及型艺术培训2万余人次，向社会群众免费提供文化活动厅（室）100余次，文化场馆零出租，馆（站）办活动实现零收费。 （唐红琳）

【文化艺术工作】 2012年初，高新区党工委、中共白云区委下发《关于推动新型工业文化大发展大繁荣的实施意见》，明确指导思想、基本原则、奋斗目标和发展思路。在年度宣传思想工作要点中，以大力实施“四大文化工程”（精神文化提升工程、文化事业繁荣工程、文化产业提速工程、文化体制创新工程）为抓手，推动新型工业文化融合发展，促进文化事业和文化产业双轮驱动。

群众文化活动丰富多彩。1.开展社区、乡村、广场、民族、校园、企业的集体创新性与影响力群众文化活动。先后举办贵阳市“春节”灯会庙市白云专场展演、“庆三八 展风采”主题文化活动、弘扬雷锋精神歌咏比赛、科普日暨公民道德宣传日广场文艺演出、贵阳避暑季系列活动之白云“六月六”布依歌会暨“蓬莱仙界”新奇特现代农业观光月文艺演出、亚洲青年动漫大赛全国山地自行车邀请赛、白云欢乐动漫嘉年华文艺演出、“我们的节日·重阳美韵”广场文艺演出、“喜迎党的十八大 群众文艺广场大联欢”暨白云区2012“乡村道德模范”评选颁奖仪式广场文艺演出等大型文艺演出和文化活动。截至10月19日，区旅游文体广播电视局举办46场广场文艺演出和社区露天电影放映活动。

2.举办“海纳百川 激情跨越”白云周末大舞台群众文体活动展演。活动整合全区群众文化

地戏表演杨家将

团队、驻区企业、学校、培训机构等群众文化活动资源，展示全区经济繁荣、社会进步良好发展态势和广大干部群众奋发有为、开拓进取精神风貌。截至10月，有群众及文艺爱好者3000余人次参演，观众近4万人次。

3. 全年，新创作品17件，涌现出《亲佗蛋下河洗衣裳》(舞蹈)、《快乐酷儿》(舞蹈)、《解难》(小品)、《祝福白云》(诗歌)、《工业强区路子宽》(曲艺)、《金色的希望》(歌曲)、《十二月物象歌》(歌曲)、《蓬莱村姑娘的故事》(歌曲)等作品。

文化产业有序推进。1. 完成第八届深圳文博会贵州省组团参展工作，组织长坡岭森林公园休闲旅游项目进行招商。

2. 完成申报国家级文化和科技融合示范基地白云区相关资料收集，配合国家高新技术开发区完成申报材料的制作上报。

3. 完成《高新区、白云区文化产业规划（初稿）》征求意见、完成深圳市鼎典工业产品设计有限公司在白云区贵铝三分厂片区修建黔艺方文化创意产业园的初步选址、荷塘月色文化传播有限公司在白云区黑石头片区修建贵阳音乐城的初步选址。

4. 加大对贵阳数字内容产业园扶持力度。配合贵阳睿游公司开发网络游戏《趣贵州》。

5. 完成贵州省文化产业示范基地申报材料收集整理制作，上报申报基地2个（贵阳数字内容产业园和贵州青年文化创意产业园）。

6. 传达学习全省文化体制改革和文化产业发展暨“五个一”工程表彰大会精神，并就贯彻落实此次会议精神，拟定相关工作措施。

7. 完成2011年度文化产业统计数据收集、汇总、审核、报送。

8. 完成2011年白云区文化产业、会展项目情况统计和2012年《贵州省“十二五”十大文化产业园区—贵阳数字内容产业园项目进度月报表》《2012年白云区重要工作责任分解表》的报送以及会展项目计划申报和填报。

9. 完成《贵州省文化改革纪实》白云部分资料编撰与上报工作。

10. 文化产业专题讲座。

（施尚俊　唐红琳　杨桂香）

【广播电影电视概况】 2012年，区电视台当选“贵州电视艺术家协会县级电视台工作委员会副主席台及副秘书长台”。全年，区电视台外宣电视片完成216条。其中在贵阳电视台播放130条，列10个区县市第4位。1件新闻作品获全国电视新闻三等奖，1件纪录片荣获贵州新闻奖电视类纪录片三等奖、有1件新闻作品获贵州新闻奖电视类长消息三等奖。完成内宣1800余条，完成区党代会、区两会、全省工业观摩会、平安白云建设、创文、党的十八大等重点宣传播出电影电视剧1800余集（部）报道，播出各类引进栏目200余期，制作专题片近10个。区广播电视台启动调频广播工程和实施直播卫星村村通，直播卫星争取到108套指标，20套安装到沙文镇靛山村，其中20户村民收看到清晰电视节目。全年完成771场农村公益电影和社区公益放映任务，有线电视实现农村全覆盖并全力推进数字化整转，条件较好地区开始推行标清升级高清电视。

（杨桂香）

卫生·体育

GUI YANG BAI YUN NIAN JIAN 2013

卫 生

【概况】 2012年，白云区深入推进农村基本医保、基层卫生机构综合改革、人才培养、基本药物制度、公共卫生服务均等化医药卫生体制5项重点领域改革，卫生基础设施建设快速推进。大山洞、艳山红社区卫生服务中心基建项目竣工验收，12月18日，预算投资1600万元“白云区公共卫生大楼”破土动工，新白云医院建设项目选址区医院（原七冶医院）。11月，区一医重症监护病房（区政府为民办实事）建设完成并投入运行，投入200万元配置无创呼吸机、心电监护、心脏除颤仪等先进设备63台、急救用车2台，提升区级医院医疗救治能力；区一医获省卫生厅“二级甲等综合医院”授牌；原白云区第二人民医院（艳山红镇卫生院）更名为“白云区中医医院”，“白云区艳山红镇卫生院”作为第二名称继续保留，纳入白云区二级乙等区级中医医院建设规划。

做好基本药物制度、一般诊疗费在农村卫生机构落实，5个乡（镇）卫生院、60个村卫生室全面推行药品零差率销售。全年销售基本药物410.16万元，拨付基本药物补助82.65万元。

推进乡（镇）卫生院卫生综合改革，实施全员聘任制和绩效管理。全年举办卫生人员各类培训班30多期。（商　莉）

【卫生机制新举措——“先看病、后付费”】 区财政总投入经费5961万元，同比增长20.02%，新农合、公共卫生、医改、基本药物补助等配套经费和工作经费有效落实。（商　莉）

【卫生监督执法】 2012年，完善乡村（社区）卫生监督服务网络，开展卫生监督协管服务。建立以区卫生监督局为主体，乡（镇）（社区）卫生监督办为支撑，村（居）级卫生信息员为补充的基层卫生监督执法网络。28名卫生监督协管员纳入区聘管理成为全省卫生监督工作亮点。同时，推行卫生监督执法网格化管理，按照定区域、定任务、定人员、定责任的要求，构建覆盖全区、责任到人、任务包干、职责到位的监管模式，开展餐饮服务食品卫生监督、公共场所及生活饮用水卫生、职业病防治、学校卫生、整顿和规范医疗市场秩序、传染病防治等卫生监督执法。

国家疾病预防控制中心检查白云区性病、艾滋病防治工作

全区有各类餐饮企业927家，实施餐饮业食品卫生监督量化分级管理率100%。年内先后开展学校食堂食品安全、餐饮环节鲜肉及肉制品、餐饮环节食用油脂和餐厨废弃物管理、打击违法添加非食用物质和滥用食品添加剂等多项专项整治。做好党的十八大期间及节假日、重大活动期间餐饮单位食品安全保障工作。全年出动监督执法人员2860人次、车辆668台次，监督餐饮单位6806家次，监督覆盖率100%。同时，探索农村自办酒席监管措施，严格执行农村自办酒席申报备案制及餐前监督制度，全年监督农村自办酒席682餐次，餐前监督指导率100%。加大卫生行政处罚力度，对违反相关法律法规餐饮企业进行处罚，全年立案处罚21家，罚款金额14.62万元。

全区有公共场所经营企业481家。全年出动执法人员501人次、车辆239台次，监督检查

白云区在职党员医疗保健服务队义诊

1520户次，监督覆盖率100%，公共场所卫生监督量化分级管理率90.24%。开展住宿场所公用物品及空气质量、游泳场所水质、公共场所集中空调通风系统等专项监督监测，立案处罚违法违规的公共场所经营企业31家，罚款16700元。

加强生活饮用水卫生监督。全年对1家市政自来水厂、3家城镇集中式供水单位、3家二次供水单位检查45户次，监督覆盖率100%。创新农村饮用水卫生监管模式，沙文镇建立农村饮用水卫生监管站，建立农村饮用水监测实验室。全年对59个农村供水点共检查425家（次）。加强学校食品卫生监督与传染病防治监督检查，出动执法人员366人（次）、车辆192台（次），监督检查学校、托幼机构568家（次）。开展"防治职业病，爱护劳动者"为主题的宣传活动5次，对3家职业健康检查机构监督检查。

加强医疗机构卫生监督执法及打击非法行医。全年对医疗机构医疗废物处置、传染病防治、医疗机构执业监督检查492家（次），监督覆盖率100%。联合乡（镇）政府开展打击非法行医专项行动，出动监督执法人员322余人（次），车辆138台（次），取缔非法行医黑窝点143家次，捣毁非法行医广告牌匾、条幅65块（条），没收药品（含医疗器械）价值3.85万余元，移送公安部门案件1起；对2家医疗机构聘用非技术人员违法行为进行立案处罚，罚款金额4000元。

（商　莉）

【疾病预防控制】　2012年，全区无甲类传染病报告，报告乙类传染630病例，发病率238.15/10万；报告丙类传染病1647例，发病率622.60/10万，均低于全市平均水平，全年无重大传染病疫情发生。开展查漏补种，做到安全注射，各种疫苗接种率95%以上。现代结核病控制策略人口覆盖率100%。开展"艾滋病综合示范区"创建，4月获贵阳市艾滋病性病防治随访管理质量奖、美沙酮工作质量奖。

（商　莉）

【卫生应急】 加强卫生应急组织建设，2012年，区卫生和食品药品监督管理局新修订和完善各项应急预案11项，充实各医疗机构消杀药械、防护用品、医疗抢救药品等卫生应急物资储备；9月，开展人感染高致病性禽流感突发公共卫生事件实战演练；在贵阳市卫生系统第一届院前急救技能大比武活动中和贵阳市疾病预防控制系统卫生应急大比武活动中均获三等奖。全年开展卫生科普宣教宣传活动50余次，发放宣传资料21624份。 （商 莉）

【基本公共卫生服务】 2012年，白云区不断推进城乡基本公共卫生服务均等化。全区5个乡镇卫生院、62个村卫生室、4个社区卫生服务中心、9个社区卫生服务站有序推进计划免疫、健康教育、幼儿保健、慢性病管理等10大项基本公共卫生服务。全年完成城乡居民健康档案159206份，完成率60.2%；完成电子档案130351份，完成率49.3%。16696名高血压、糖尿病、重性精神患者全部纳入公共卫生服务对象，每季度严格考核后，按人均补助25.8元标准兑现基本公共卫生服务补助经费，全年拨付480万元。流动人员纳入服务管理范围，流动人口凭居住证可在基层卫生服务机构按常住人口服务标准同等免费享受基本公共卫生服务。 （商 莉）

【新型农村合作医疗】 2012年，全区农民参加新型农村合作医疗71713人，参合率99.42%。新型农村合作医疗以户为单位入保，筹资标准为人均290元。其中，个人缴费人均50元，全年共筹集资金2118.12万元。各级医疗机构住院报销比例较上年提高10%，住院最高报销10.5万元。对儿童两病、妇女两癌、重症精神病等27种重大疾病报销比例提高到75%～80%。全年新农合报销15.58万人次，报销1782.72万元，住院报销实际补偿比为70%。年终使用结余资金41.7万元对145名重症大病患者进行再次补偿，减轻重症患者经济负担。 （商 莉）

【农村卫生】 2012年，区财政对乡村医生每月定额补助1071元，同时建立以绩效考核为重点的乡村医生多渠道补偿机制，乡村医生队伍得到稳定。区卫食监局还强化培训提高农村基层医疗机构卫生人员业务素质，提升基本医疗及基本公共卫生服务能力。 （商 莉）

【妇幼卫生】 2012年，区卫生和食品药品监督管理局做好儿童保健、孕产妇保健，孕产妇系统管理率92.60%，儿童系统管理率96.36%，5岁以下儿童死亡率7.03‰，婴儿死亡率6.56‰。全年未发生孕产妇死亡。同时实施“降消”（降低孕产妇死亡率，消除新生儿破伤风）项目和农村孕产妇住院分娩补助项目、增补叶酸预防神经管缺陷项目、预防艾滋病母婴传播阻断项目等妇幼卫生专项工作，全年住院分娩率城镇达100%、农村达99.93%、非住院分娩新法接生率100%、新生儿遗传代谢性疾病筛查率88.62%、孕产妇艾滋病检测率96.09%、梅毒检测率96.03%、乙肝检测率96%。卫生部门还免费为农村育龄妇女发放叶酸片2737人，农村孕产妇住院分娩补助1108人发放44.32万元。 （商 莉）

【社区卫生】 2012年，全区原有社区卫生服务中心4家，社区卫生服务站9家，全部由市卫生局统一招标审批设置，属非政府举办的基层医疗机构。8月27日，新大山洞社区卫生服务中心、艳山红社区卫生服务中心成立，为区卫生和食品药品监督管理局下属股级事业单位，纳入全额拨款事业单位管理，核定编制43名，为区政府首批基层医疗机构。11月，原大山洞社区卫生服务中心（位于同心路）移交区中医医院管理，新大山洞社区卫生服务中心（位于朝晖路）建设项目正式投入使用。同时，区卫生食监局加大社区卫生服务机构全科医师培训力度，派遣社区37人参加全科医师转岗培训，使社区卫生服务机构全科医生达55人，占社区卫生从业人员的38%。全年拨付社区卫生服务机构基本公共卫生服务经费补助268万元。 （商 莉）

【爱国卫生运动概况】 2012年，全区深入开展国家卫生城市长效管理、卫生乡（镇）（村寨）创建、农村改水改厕、城乡环境卫生整洁行动、病媒生物防制、健康教育等爱国卫生工作。5月18日，区委、区政府召开巩固提升创卫成果专题会议，要求巩固创卫成果要做到“四个提升”(基础设施的提升、市容环境的提升、市民素质的提升、体制机制的提升)。

全年，全区投入爱国卫生经费108.07万元，召开爱国卫生工作会议13次，组织业务知识培训2次，开展爱国卫生宣传活动3次，开展环境卫生大扫除2次，开展各类专项环境卫生整治活动8次。全区创建省级卫生村寨1个、市级卫生村寨4个、市级卫生达标单位4家、市级无烟单位5家。在全市目标考核工作中，区爱国卫生工作获得“优秀”称号。

（彭平凤）

【医疗市场监管】 2012年，全区有各类医疗机构166家，其中三级综合医院1家、二级综合医院2家、一级综合医院（区中医院、驻区厂矿（场）医院及民营医院）11家、卫生院5家（艳山镇卫生院加挂区中医医院牌）、精神病防治站1家、生殖妇幼保健中心（站）6家、村卫生室65家、社区卫生服务机构（中心、站）13家、疾病预防控制中心1家、校医务室7家、民营各类诊所58家。全年办理医疗机构注册、效验165家，医生、护士注册变更649人（次）。

区卫生行政管理部门全年出动执法人员246人（次），车辆98台次，监督检查医疗机构492家次，监督覆盖率100%，医疗废物集中规范处置率达100%。同时，建立医疗纠纷人民调解委员会，设立医疗纠纷调解室，全年调处医疗纠纷14件，处理医疗信访投诉4件，信访答复满意率100%。

区卫生行政管理部门先后4次联合乡（镇）政府开展打击非法行医专项行动，出动监督执法人员322人(次)、车辆138台(次)，取缔非法行医黑窝点143家（次）（性病黑诊所27家次、地下黑诊所22家次、游医摊点94个次），捣毁非法行医广告牌匾、条幅65块（条），没收药品（含医疗器械）价值人民3.85万余元，移送公安

4月7日，爱国卫生月主题宣传活动

部门案件1起。（商　莉）

【医院管理】 2012年4月，区政府在白云区第一人民医院开展支付方式改革试点，在全省率先推出“先看病，后付费”诊疗服务模式，对参加城镇医保和新型农村合作医疗患者全部实行住院“零押金”。全年，入院635人，出院600人，产生费用215万元，出院结算费用200万元。同时，全区各级各类公立医疗机构持续深入开展“服务好、质量好、医德好、群众满意”及医疗质量万里行活动，推进优质护理病房、电子病历信息系统建设、临床路径等医院标准化建设，优化服务流程，规范执行医疗安全的核心制度，规范诊疗行为。加强医疗机构麻醉和精神药品监督管理，加大对医疗机构临床用血的管理，二级以上综合医院成分输血100%。12月，区一医通过创二甲复评，获省二级甲等综合医院卫生厅授牌。（商　莉）

【红十字会】 2012年元旦春节期间，区红十字会开展“国际麻风节”暨“红十字博爱送万家”慰问活动，对全区38位麻风病患者和100户困难群众送温暖，发放慰问物资近7万元。9月，组织全区企事业机关、学生和群众对贵州威宁地震灾区捐款19.85万元。在“5·8红十字博爱周”“5·12防震减灾日”“世界急救日”等宣传活动中，区红十字会还开展社区居民救护知识宣传，发放宣传资料3000余份。在白云三中、白云五中、白云六中3个学校开展救护知识培训1000人。组织全区3次无偿献血活动，100余家单位600余人献血115800毫升。在牛场布依族乡蓬莱村实施绿色家园项目。

（商　莉）

【精英幼儿园事件】 2012年3月29日，白云区精英幼儿园（原贵铝一幼、二幼、五幼）部分家长担心幼儿园食堂存在食品安全隐患引发聚集的群体事件。区政府立即组织人员对涉及食品进行抽样送检，对媒体、照片、公开信箱中反映的问题进行调查取证，并对3所幼儿园475名儿童进行健康体检，做好信息公开和群众疏导，同时加强对3所幼儿园的食品卫生监管。经专家评定，3所幼儿园未发生食品安全事故。

（商　莉）

【国家卫生城市长效管理】 2012年，全区在国家卫生城市长效管理督查中，下达督查通报26期、整改令31份、整改通知书16份。对各乡（镇）、社区等21家单位开展季度考核评比，并将考核结果进行公示。同时以党的“十八大”“国庆63周年”、省第十一次党代会、省市项目建设观摩会、第二届中国（贵州）国际酒类博览会、生态文明贵阳会议、亚洲青年动漫大赛及山地自行车邀请赛、“六月六”布依歌会暨“蓬莱仙界”新奇特现代农业观光月活动等重大活动为契机，组织开展各类专项环境卫生整治活动。区政府还投入资金2000余万元对市容市貌进行整治提升，区城管部门全面接管原贵州铝厂管辖的主次干道市容环境卫生。区政府组织相关单位召开现场办公会7次、协调会8次，解决处理全区国家卫生城市长效管理工作中的重点、难点问题。全年接到群众环境卫生举报投诉25起，办结率100%。

（彭平凤）

【病媒生物防制】 2012年6月初，区爱国卫生运动委员会办公室通过举办病媒生物防治骨干培训班，对乡（镇）、社区服务中心及各相关单位的爱卫工作人员30余人开展培训。同时，发放病媒生物防制药物（10%顺式氯氢菊酯5件，灭蟑毒饵4件，8.5甲嘧－高氯氟5件）到各乡（镇）、社区及相关部门，组织开展统一灭鼠、灭蚊、蝇及群众性灭蟑螂工作。投入经费13.7万元完成城区各居民院落、广场绿地及楼群外环境等处2000余个毒饵站安装，并对每一个毒饵站进行编号、登记造册移交各社区实施规范化管理。（彭平凤）

【农村改水改厕】 2012年，全区投入61.5万元改水补助资金，组织实施牛场乡、沙文镇、艳山红镇等3个乡镇7个村的改水工程，受益农户达1359户6043人。同时投入2.5万元饮水消毒资金，购买漂白粉分发至各乡镇实施农村饮水消毒。

（彭平凤）

体　育

【概况】　2012年，白云区承办全国山地自行车邀请赛开闭幕式和比赛，并组队参加全国、省、市各类比赛，获得优异成绩。体育基础设施建设也稳步推进。

全年完成4个市“100健身工程”申报、建设及安装等；完成省“1126全民健身工程（全省1126个健身工程）”的建设安装，实施铝兴社区、红云社区蓝钻铭贵小区全民健身路径工程，区旅文局配合铝兴社区打造省级网格化社区服务中心。加强体育教育与管理，组织人员参加全省区县级雪炭工程立项申报培训，参加贵阳市“百村农民篮球赛”教练员、裁判员、社会体育指导员培训及贵阳市一级社会体育指导员培训。（杨桂香）

【开展百姓健康舞推广】　2012年，区旅游文体广电局派专业人员和社区文化志愿者参加由市委宣传部举办的百姓健康舞培训班，将AB两套共26支百姓健康舞推广到全区群众文体活动队伍。同时在“白云周末大舞台”上举办百姓健康舞推广赛，把百姓健康舞推广与创建群众广场文化活动品牌结合起来，全面提升群众广场娱乐健身活动品质。（唐红琳）

【承办“全国山地自行车邀请赛”】　8月18日，“俊发杯”全国山地自行车邀请赛在贵阳长坡岭国家森林公园天鹅湖景区开幕。239名运动员参加此次比赛，来自云南普金学、四川李昌德、贵州的陆正虎分获男子组一、二、三名；女子组一、二、三名分别被广东邓湖平、浙江的王学丽、贵州的张曦浠获得。

（杨桂香）

【重要赛事】　2012年，白云区先后组队参加贵阳市第四十一届“元旦”全民健身跑学生越野赛，获团体第二名；代表贵阳市参加全省第二届农民运动会风筝比赛，获4金8银1铜；代表贵阳市组队参加全省第二届农民运

白云区2012年迎十八大庆祝建国63周年全民健身职工运动会

动会秧歌比赛，获1金1银；代表贵州省组队参加第七届全国农民运动会风筝比赛，获3金4银5铜；代表贵州省组队参加第七届全国农民运动会秧歌大赛，获第8名；参加贵阳市第五届“百村农村篮球赛”，获第6名；参加贵阳市“全民健身日”第九套广播体操汇操表演；组队参加贵州省“三八”妇女秧歌大赛、贵阳市“百村农民篮球赛”总决赛、贵阳市第五届“福彩公益杯”白云区社区棋类比赛决赛；与区教育局联合组队参加贵阳市青少年田径锦标赛、贵阳市青少年棋类比赛、贵阳市青少年跆拳道锦标赛。

（杨桂香）

【群众体育赛事】 2012年，白云区先后举办首届9球邀请赛、羽毛球邀请赛、元宵全民健身展示大会暨“百村农民篮球赛”、庆“三八”展风采妇女棋类比赛、乒乓球比赛、“五人制”足球邀请赛、棋类比赛、网球比赛、喜迎“十八大”迎国庆全民健身职工运动会、贵阳市第五届“福彩公益杯”白云区社区棋类比赛（初赛）等赛事。

（杨桂香）

社会生活

GUI YANG BAI YUN NIAN JIAN 2013

计划生育

【概况】 2012年，全区人口与计划生育事业稳步健康推进，人口计生主体指标完成较好。全区人口出生率为7.35‰，人口自然增长率为3.59‰，符合政策生育率达99.68%；出生性别继续稳定在正常值范围。流动人口符合政策生育率为95.05%。连续22年获得贵阳市人口计生目标考核一等奖。在全省动态综合考核中取得第三名。（王明英）

【计划生育奖励扶助到位】 2012年，全区向19897户（人）计划生育家庭及时足额发放各类奖励扶助资金522.7万元，同比增长36.4%。全区自2007年起，在全省率先开展“关爱女孩、助学成才”活动，5年累计投入20余万元对近百名考取本科学校的农村独女户和双女户学生实行特别奖励。（王明英）

【人口和计划生育工作创新】 2012年，区人口与计划生育局安排10万元创新工作专项经费，在全区范围组织实施整体推进人口计生创新工作试点，开展都拉布依族乡“三创”（创诚信计生，创村民自治，创流动人口服务均等化）示范村建设、鸡场村房东信息化管理、大山洞居委会流动人口协会自治、铝兴社区网格化服务管理、白沙关社区育龄群众“三色”服务管理和沙文镇村居计生专干乡聘村用等创新试点。（王明英）

【免费孕前优生健康检查】 2012年，白云区被列入省级免费孕前优生健康检查项目试点区。国家规定任务数800对（1600人）农村计划怀孕夫妇免费孕前优生健康检查，截至2012年12月31日，全区农村免费检查802对，还对城镇计划怀孕夫妇进行免费孕前优生健康检查147对（294人），实现11个乡（镇）、社区服务中心，88个村（居）全覆盖。常住人口计划怀孕妇女预防出生缺陷覆盖率达94.67%，新生儿产后7天访视率100%，优生健康教育人次1897人，咨询指导人次1897人，对评估确定的952名风险人群给予相应的优生指导。（王明英）

【流动人口管理】 2012年，全区人口计生系统累计收集《居住证》办证资料54171份，资料收集率达94.73%，完成办证57771个，办证率102.43%，位列全市第一。白云区为流动人口提供从《居住证》办证到子女入学、卫生保健、计生服务、贫困救济、住房保障、劳动保障的服务。落实“以房管人、以证管人、以业管人”的措施，流动人口计划生育率达95.05%。同时开展专项或联合检查，对流动人口居住场所进行清理，提高群众安全感。（王明英）

【计划生育协会活动】 2012年区计划生育协会紧紧围绕“双降”（降低人口出生率和降低人口自然增长率）目标，开展“百万会员一帮一、带头少生促双降”（一个协会会员帮带1至5名群众带头执行计划生育政策，促进人口出生率和人口自然增长率下降）、“晚婚晚育，从我做起”等活动。都拉布依族乡上水村获得国家级基层群众自治示范村称号。新建“支部加协会、建设新农村”示范点8个（沙文镇3个：王家院村、四方坡村、沙文居委会，麦架镇2个：新村村、大

白云区“生育关怀——青春健康”项目启动

坝居委会，艳山红镇1个：刘庄村，都拉布依族乡1个：都拉村，牛场布依族乡1个：兴家田村）。全区推迟生育74户，放弃生育二孩22户。全年募集资金80万元建立区“人口福利·生育关怀基金”，开展“生育关怀·青春健康”项目、“生育关怀·助孕工程”活动和“万千才富”助学行动。

（王明英）

人力资源与社会保障

【城乡就业】 2012年，全区城乡统筹就业22932人，同比增长176%，其中城镇新增就业20187人（下岗失业人员再就业2698人，就业困难对象再就业281人），农村富余劳动力转移就业2745人。“零就业家庭”继续保持动态为零，城镇登记失业率3.28%。区人力资源与社会保障局贯彻落实区政府关于《白云区开展农村“零转移就业家庭”就业援助的工作实施意见》（白府办发〔2011〕96号），对辖区4户“零转移就业家庭”开展就业援助，使其在劳动年龄段内的成员每户至少1人实现就业。 （聂玉龙）

【城乡统筹劳动力培训】 2012年，全区组织劳动力培训费3215人。其中，IYB创业培训（《改善你的企业》培训）4人、SYB创业培训（《创办你的企业》培训）851人、GYB创业培训（《产生你的企业想法》培训）294人，在岗技能提升培训978人，技能培训714人，农村实用技术培训254人，预备制培训120人。培训工种（专业）涉及计算机操作、餐厅服务、服装制作、花卉园艺、家政服务、中式烹调、SYB创业培训、汽车驾驶、农机修理工、中式烹调师、农村实用人才、预备制、在岗技能提升等。

（聂玉龙）

【人力资源市场】 2012年，全区分别举办“春风行动”专场招聘会、“民营企业招聘会”“冬季就业专场招聘会”，3场招聘会累计进场招聘单位193家，提供就业岗位9381个，达成意向性协议2000余人。除招聘会外，就业中心搭建用人单位和求职人员求职平台，对用人单位实行登记招聘制度，对求职者进行免费工作推荐。全年累计进入区人力资源市场和社区服务中心的登记招聘企业269家，提供就业岗位9248个，成功介绍1745人就业。

（聂玉龙）

【社会保障】 2012年，全区城镇职工养老保险扩面5261人，征缴养老保险费9941万元；失业保险扩面4861人，征缴失业保险费606万元；城镇职工医疗保险扩面5056人，征缴医疗保险费4031万元；工伤保险扩面7708人，征缴工伤保险费320万元；生育保险扩面扩面4429人，征缴生育保险费121万元；城镇居民医疗保险扩面13446人；新型农村社会养老保险扩面1226人，城镇居民养老保险扩面585人。截至年底，区本级城镇职工养老保险、失业保险、城镇职工医疗保险、工伤保险、生育保险参保人数分别达32807人、13606人、21140人、16904人和17221人。全年发放城镇职工养老金48421人（次）4867万元。全区新型农村社会养老保险参保总人数32459人，其中60周岁以上8301人，发放新农保养老金87236人（次），发放金额1242万元。城镇居民养老保险参保总人数1810人，其中60周岁以上1644人，发放城镇居民养老金15398人（次），发放金额149.65万。同时，办理符合参保条件的原国有企业“五七工”“家属工”职工参保手续2661人。

全区185家事业单位5521人的纳入工伤保险统筹，手工报销拨付医疗费用384笔287.86万元。审批工伤医疗费94笔158.13万元，审批生育医疗费86笔9.64万元。为参保人员换发、办理、勘误新型社会保障卡74778张。

（聂玉龙）

【劳动权益保障】 2012年，全区处理劳动争议案件124件，其中立案受理116件，不予受理8件，审理结案116件、涉及金额200.16万元，法定时限内结案率100%。全区劳动用工备案327家，涉及劳动者10335人。9月，合并成立区劳动人事争议仲裁委员会，并制定《白云区劳动纠纷行政调解工作实施方案》《白云区便民劳动争议仲裁实施办法》

等制度。新建企业劳动争议调解组织51家。全年，各级劳动争议调解组织成功调解劳动纠纷79件，涉及人员518人，为群众挽回经济损失606.96万元。区劳动保障部门接待群众来访532件（起），涉及职工人数1533人；处理劳动监察案件39起，追发工资899.6万元；工伤认定94起。

年内，区劳动保障部门还开展农民工工资支付情况、清理整顿人力资源市场、“春暖行动”用人单位遵守劳动用工和社会保险法律法规情况、禁止非法使用童工等9次专项检查行动，累计涉及用人单位1000余户，涉及人数3.5万余人。全年，全区纳入劳动年审范围的用工单位1033家，其中纳入评分用人单位584家（572家用工单位年审合格，合格率98%）。对年审不合格12家用人单位，责令整改，拒不整改的分别下达《劳动保障监察行政处罚决定书》。

截至2012年底，全区125个工程项目缴纳建筑企业务工人员工资支付保证金，退还56个竣工项目缴纳的务工人员工资支付保证金，剩余69个建筑工程项目工资保证金余额2056.15万元。

（聂玉龙）

【农民工服务】 2012年，区人力资源与社会保障局积极指导城市社区健全社区服务管理体系，完善服务和管理功能，构建社区农民工服务管理平台，建立社区农民工信息管理档案和动态管理机制，将劳动就业、公共卫生、住房保障、社会保障、计划生育、法律援助、救助救济、教育、文化体育、社会治安、党员教育管理等社区工作范畴，以农民工群体特点和需求重点为导向，有针对性地开展服务，培育农民工社区成员意识，拓展农民工参与社区建设渠道，增强农民工对社区归属感、认同感，让农民工共享城市建设发展成果。

全区高度重视农民工公共服务体系建设，建成区、乡（镇）、村三位一体科学运转的农民工综合服务体系。依托就业与职业技能开发中心、各乡（镇）人力资源和社会保障服务中心和村级劳动保障服务平台组建三级联动创业服务体系，由区农民工工作联席会议办公室统一安排，在区就业与职业技能开发中心增加“农民工服务窗口”，各乡（镇）人力资源和社会保障服务中心增加“农民工服务处”，各村开设“农民工服务点”，各单位开展形式多样的农民工服务，促进农村富余劳动力外出务工就业、就地转移就业和稳定就业，扶持农民工自主创业，大力发展家庭服务业促进就业。全年全区创业农民工3952人，其中个体经营3461人，创办企业491人，安置就业5607人，创业行业以种植业为主，其次为批发零售业、居民服务业，投入创业资金63459.66万元。区财政为创业农民工发放创业补贴521人138.74万元，其中自主创业经营场所租金补贴489人125.94万元，自主创业奖励资金32人12.8万元。同时，为创业农民工发放小额担保贷款24人，放贷金额170万元；奖励返乡创业农民工110人33万元。开展农村劳动者职业技能培训508人，农村户籍职工技能提升培训614人，创业初期农村劳动者创业培训724人，农村实用人才实用技术培训254人，接待农民工来电、来访462起1424人（次）。受理立案劳动监察案件23起，为农民工追讨工资887万元，结案率达100%。

区人力资源和社会保障局还开展“农民工工资支付情况专项检查”，检查企业177家，涉及农民工7367人，责令3家企业为农民工补发工资509.83万元。全年，培训非煤矿山、危化、烟花爆竹管理人员335人、从业人员360余人，确保高危行业“四项人员”持证上岗率达100%。全区义务教育阶段新招收进城务工人员子女19510名（小学13375名，初中6135名），其中公办小学招收农民工子女8178人，占总招生人数61.14%；公办初中招收农民工子女3700人，占总招生人数60.3%。

（聂玉龙）

人民生活

【农民收入】 2012年，全区农民人均纯收入10256元，比上年增长15.4%。农民人均生活消费支出9884元，比上年增长17.7%。分支出类别看，食品类支出比上年增长15.2%，衣着类支出增长23.0%，居住支出下降

66.8%，家庭设备用品及服务类支出增长35.2%，医疗保健类支出下降15.4%，交通和通信类支出增长1倍，教育文化娱乐服务类支出增长2.8倍，其他商品和服务类支出增长50.8%。农村居民家庭拥有洗衣机、电冰箱、抽油烟机、微波炉等耐用消费品的数量快速增长，每百户拥有量分别比上年增长1.0%、16.5%、1倍和2倍。农村居民人均住房面积113.67平方米，比上年增长50.2%。

（宋苏松）

【城镇居民收入】 2012年，全区城镇居民人均可支配收入21796元，同比增长12.4%，恩格尔系数34.1%。城镇居民人均消费性支出15969元，比上年增长21.6%。分支出类别看，食品类支出比上年增长21.6%，衣着类支出增长23.5%，居住类支出下降10.2%，家庭设备用品及服务类支出增长13.5%，医疗保健类支出下降16.4%，交通和通信类支出增长63.8%，娱乐教育文化服务类支出增长42.4%，其他商品和服务类支出增长11.8%。城镇居民家庭拥有家用汽车、家用空调、家用电脑等耐用消费品数量较快增长，每百户拥有量分别比上年增长57.1%、50%和40.6%。年末城镇居民人均住房建筑面积26.25平方米，比上年下降3.0%。 （罗　韵）

【城镇居民消费价格】 2012年，白云区居民消费价格指数102.6，居民消费价格比上年上涨2.6%。其中，消费品价格上涨3.1%，服务项目价格上涨1.4%。全年呈现两头高、中间低特征，8大类价格呈1降6升1持平。交通和通讯价格比上年下降2.0%，食品类价格比上年上涨5.6%，衣着类价格比上年上涨4.5%，家庭设备用品及维修服务价格比年上涨3.1%，医疗保健和个人用品价格比上涨2.9%，娱乐教育类价格与上年持平，居住类价格比上年上涨7%。

（熊翠琳）

【旅游业概况】 2012年，区旅游文体广电局开发的旅游线路有2条：贵阳—西普陀寺—贵州民族民俗博物馆—贵阳欢乐世界（一日游），贵阳—长坡岭森林公园—蓬莱仙界·贵州省现代农业展示区—贵州民族民俗博物馆（住宿）—贵阳欢乐世界—西普陀寺（二日游）。全年，旅游接待游客416.2万人次，同比增长23%；实现旅游收入27.05亿元，同比增长37.8%。其中，乡村旅游直接收入4903.6万元，同比增长30%，旅游接待人次210.6万人次，同比增长30%（省旅游局最终评估认定数据）。（杨桂香）

【旅游重点项目建设】 2012年，白云区先后完成《长坡岭国家级森林公园总体规划》修编和《长坡岭森林旅游重要节点项目建设详细规划》《贵阳白云区蓬莱仙界旅游发展总体规划》《贵州省现代农业展示区旅游详细规划》的编制工作。完成自驾车旅游发展服务中心和汽车露营地项目策划。红湖老年公寓与中信医疗健康产业集团有限公司正式签约，并对该项目进行重新规划。

（杨桂香）

牛场布依族乡祁山村祁山河风光

牛场布依族乡云雾山脉观日峰

【旅游产品开发】 2012年，由区旅游文体广电局支持贵州民族博物馆研发的银饰、刺绣服饰、箱包参加4月在广州举办的旅游产品交易会，获贵州唯一旅游商品金奖，蓬莱仙界食用菌基地生产的绿色、生态食用菌系列产品也成为市场紧俏旅游商品。蓬莱村妇代会种养殖专业协会利用当地绿色环保资源优势生产的辣椒系列、植物油系列旅游商品，把收料、选料、清洗、制作、加工、灌装等过程展现给游客，其辣椒系列产品供不应求。（杨桂香）

【旅游文化宣传】 2012年，白云文化旅游网站建设并投入试运行，区旅游文体广播电视局还邀请20多家主流媒体的记者到白云采风，进行旅游推荐活动，在影响较大的主流媒体刊登10余篇宣传、推介白云旅游文章，《西南商报》《中国旅游报》《贵州日报》、贵州电视台等进行深度报道。（杨桂香）

【旅游行业管理】 2012年，全区新增3家旅行社，使旅行社增至15家。全年先后举办3期旅游行业培训，培训人员500余人。（杨桂香）

【避暑季活动】 2012年7月，白云“六月六”布依歌会暨“蓬莱仙界”新奇特现代农业观光月活动作为贵阳市避暑季系列活动之一成功。活动主要包括布依民歌大赛、楹联征集、民族民间作品展示及展演、民族斗鸡、布依美食品尝将牛场布依族乡贵州现代农业展示区风光和布依民族风情结合起来，丰富民间文化内涵，为民间优秀艺人提供展示交流平台，推动乡村特色旅游发展。（杨桂香）

社会救助

【城乡低保保障标准提标】 2012年，白云区城市最低生活保障费标准从每人每月340元提高到380元，农村低保从每人每月140元提高到160元，分别比上年增长11.76%和14.29%。（彭海欧）

【社会救助】 2012年7月26日，白云区社会救助局成立，为区民政局管理的副科级事业单位，逐年提高城乡低保保障标准，全年区社会救助局审定城市低保对象10263户次、19303人（次），发放城市低保金548.88万元、审定农村低保对象9439户（次）18528人（次）发放农村最低生活保障金195.26万元。为528户（次）546人（次）农村五保对象发放农村五保供养金10万元。按每人每月266元标准，发放27名60年代初精简退职老职工救助金8.64万元。为市、区二级城镇集体企业不具备参保职工发放生活补助54.34万元。发放城乡困难居民临时救助资金37.23万元，救助城乡困难群众585人。

（彭海欧）

【城乡困难居民医疗救助】 2012年，区社会救助局救助城乡患病困难群众262人，发放医疗救助金209万元；为2826名城乡低保和农村五保对象缴纳城市居民医疗保险金和农村合作医疗保险金9.65万元，将农村医疗救助资助参加新型合作医疗保险标准提高到每人每年50元，困难群众住院医疗救助比例提高到70%，开展农村儿童重大疾病医疗保障。

（彭海欧）

【送温暖活动】 2012年元旦、春节期间、全区共安排各类慰问和补助金424.36万元，大米48885公斤、菜油5707升，对城乡低保户、农村五保户、农民工学校教师及学生、驻区部队、重点优抚对象、空巢老人、建国前入党农村老党员、困难职工和困难农民工、计生贫困户及基层贫困计生干部、残疾人家庭和区精神病防治康复站住院病人及医务人员等进行慰问。

（彭海欧）

【救灾救济】 2012年，全区建立区自然灾害信息员队伍，每个村（居）配备1名灾害信息员。2011年至2012年冬春救助期间，投入资金130万元（粮食救助128吨、现金10万元），发放棉被260床、棉衣180件，救助困难群众3000人。同时，区民政局深入推进综合减灾示范社区创建，推荐上报沙文镇扁山社区、艳山红镇摆拢社区为国家级综合减灾示范社区，在七冶中学新设置应急避难场所1处。安排专项资金54万元，储备大米100000公斤、棉衣300件、棉被300床，下发各乡镇救灾棉被100床、棉衣100件，发放应急棉被33床、棉衣20件，确保2012—2013年冬春受灾困难群众基本生活。为12户因灾受损房屋进行恢复重建，发放补助金8.45万元。 （彭海欧）

社会福利

【区中心敬老院建设】 2012年5月24日，区人民政府与贵州杰合房地产开发责任有限公司签订《贵阳市白云区中心敬老院项目合作协议》，项目选址白云公园南侧白云区新世纪园林绿化公司原址，总占地33.2亩，建筑面积65466平方米，总床位数1560张（公益性床位400张），投资总额约1.6亿元。5月28日项目举行开工奠基仪式。截至2012年底，项目投入资金1000万元，完成立项、《国有土地使用证》《地质灾害评估》《环评报告》《规划建筑设计方案》《项目可行性报告》《平面设计图》等前期手续办理，完成项目地勘、“三通一平”和一期综合楼主体地基基坑挖掘，完成土方开挖12000余立方米，完成24个孔桩开挖和浇筑。 （王太明）

【慈善捐赠】 2012年11月18日，区慈善总会举行“2012温暖上学路·白云区关爱贫困留守儿童爱心助学捐赠活动”，接收捐赠1万元，用于农村贫困留守儿童生活学习。12月25日，又在区启智学校举行“关爱下一代行动暨中泉电气有限公司、贵州亚太医疗用品有限公司捐赠仪式”，为启智学校捐赠柜式空调3台，学习用品26套，帮助解决残疾学生冬季取暖问题。 （彭海欧）

双拥优抚

【双拥活动】 2012年，做好创建“全省双拥模范区”，区民政局制定下发《白云区创建全省双拥模范城（县）实施方案》《白云区双拥工作领导小组成员单位工作职责》。元旦、春节和“八一”

期间，区委、区政府组织相关单位走访慰问驻区部队、重点优抚对象，发放慰问金和生活补贴42.97万元；清明节期间，祭扫白云区革命烈士陵园；9月13日，举行“科技拥军、智力拥军、文化拥军、法律拥军和企业拥军”活动启动仪式，向各驻区部队赠送价值12万余元电脑和科普书籍、光碟；开展援建军营图书室活动，各双拥成员单位投入资金3万元为部队购置图书1500余册。各驻区部队积极开展拥政爱民，积极参与区重大活动、重要节庆期间安保及扶贫济困、助学兴教等活动。（彭海欧）

【优待抚恤】 2012年，全区发放各类抚恤补助资金290.23万元，为85名农村退伍义务兵发放家属优待金53万元；为102名城镇义务兵发放家属优待金155.98万元，落实《白云区重点优抚对象医疗保障办法》，为重点优抚对象882人次支付“一站式”医疗费用26.57万元；为城乡优抚对象发放医疗保险经费2.79万元；为5名重点优抚对象发放大病医疗救助金15万元。为8户重点优抚对象解决房屋维修费3.4万元，为19名生活困难优抚对象发放临时生活救助金2.1万元，为9名困难优抚对象发放临时救济粮620公斤。（彭海欧）

【退役军人安置】 2012年，白云区贯彻落实贵州省人民政府贵州省军区《关于加强退役士兵职业教育和技能培训工作的意见》，接收退役士兵报到121人（城镇66人、农村55人），组织退役军人参加安置政策培训121人次，参加培训率100%；组织退伍军人参加技能培训64人，安置农村退伍军人及军地两用人才开发使用55人，开发率100%。为66名城镇退役军人发放待安置期间生活补助费15.05万元，为55名农村退伍军人发放安家补助费3.3万元。做好新老安置政策过渡期间衔接，促进退役士兵自谋职业、自主创业，为54名退役士兵发放自谋职业一次性补助301.89万元。（彭海欧）

老龄工作

【高龄老人长寿补贴】 2012年6月28日，区民政局举行全区80岁以上高龄老年人长寿补贴发放仪式，发放长寿补贴157.23万元（80岁至89岁高龄老人2143人、90岁至99岁高龄老人146人、100岁以上高龄老人3人）。同时，为138人次半自理、不能自理特困老人发放护理补贴2.76万元。（王太明）

婚姻·家庭

【婚姻家庭】 2012年，区民政局设立区婚姻登记管理中心，属股级事业单位。6月，婚姻登记实现全省联网。全年，全区办理结婚登记2936对、离婚登记1764对、补办结婚证737对、补办离婚证49对、复婚登记162对、开具婚姻登记记录证明3597份。（谭召明）

殡葬管理

【殡葬工作】 2012年，全区死亡865人，火化率100%。5月，全区启动殡葬惠民政策试点，对城乡低保、农村五保等收入群体、重点优抚对象亡故居民免除4项基本殡葬服务费。全年为17名符合条件人员免除殡葬4项基本服务费11390元。（罗永亮）

乡（镇）·社区服务中心

GUI YANG BAI YUN
NIAN JIAN 2013

牛场布依族乡

【概况】 牛场布依族乡政府所在地牛场村距贵阳市市级行政中心20千米，距区行政中心所在地南湖新区17千米。全乡辖13个行政村，自然村寨54个，68个村民组。截至2012年底，常住人口3402户、13004人。

（梅贵英）

【经济发展】 2012年，全乡实现财政收入1855万元；完成固定资产投资48497万元；农民人均纯收入6497.3元；完成社会消费品零售总额9130万元；实现招商引资到位资金17468万元。

（梅贵英）

【重点建设项目】 2012年，全乡重点建设项目：1. 贵州现代农业展示区项目。项目总投资1.4亿元，已进入2期建设。

2. 贵州食用菌产业示范园（白云）项目。项目总投资20000万元，2012年4月开工建设。

3.2000亩苗木种植基地。项目总投资5000万元，已在蓬莱村、牛场村、小山村、落刀村流转土地1000余亩，种植苗木400余亩。

4. 国家物资储备局贵州158处改扩建项目。完成158处发油区3000余平方米平场工程和库区油水分离池方案设计。

5. 贵阳物资（集团）有限公司化工轻工公司民爆仓库建设项目。完成场地平整和路坚墙工程，主体建设工程有序推进。

6. 阿所田地质灾害移民搬迁项目。项目总投资7070万元，27栋房屋全部封顶，进入收尾阶段。小坝山中桥建设项目完成总工程量50%。

7. 贵州恒中盛商品混凝土有限公司建设项目。项目总投资8000万元，完成设备安装，试机正常后可正式投入生产。

8. 完成2011年度“一事一议”财政奖补项目道路硬化1211米，奖补资金282万元；完成2012年“一事一议”财政奖补项目道路硬化4800米，奖补资金91万元。

9. 示范小集镇建设工作情况：启动阿所、蓬莱村庄整治项目；启动贵州省食用菌产业园区大道项目；区相关部门着手编制做示范小集镇建设整体规划。

（梅贵英）

【牛场布依族乡获第二批省级生态乡荣誉称号】 贵州省环境保护厅公布第二批省级生态乡（镇）和生态村名单，白云区牛场布依族乡被命名为省级生态乡，其所属阿所、蓬莱、大林、瓦窑、石龙等5个村被命名为省级生态村。

（姜　蓓）

【白云区举办“六月六”布依歌会暨“蓬莱仙界”新奇特现代农业观光月活动】 7月24日，贵阳避暑季系列活动之白云“六月六”布依歌会暨“蓬莱仙界”新奇特现代农业观光月活动在白云区牛场布依族乡蓬莱村举办，活动以贵州省现代农业展示区建设为依托，重点打造蓬莱仙界乡村旅游项目，以挖掘蓬莱村和牛场布依族乡自然风光、生态优势、农耕文化资源为基础，以开发、整理、宣传贵州布依文化为卖点，整合各种资源和力量，建设以蓬莱村为中心的休闲农业和乡村旅游示范区，着力开发和打造农业观光游、近郊休闲游、自然风光游、民族风情游、乡村度假游等特色产品。

（姜　蓓　梅贵英）

【城乡建设】 1. 完成通组道路14144米，投资308万元。2. 完成太阳能路灯安装92盏，44.16万元。3. 修建广场1个1500平方米，投资65万元。4. 修建生态停车场200位，投资120万元。5. 完成村庄整治100户，投资300万元。

（梅贵英）

【农业农村工作】 1. 抓好春、秋两季备耕收割工作，农业产业结构调整有序推进。协调资金200余万元为农民提供农业生产所需物资，种植马铃薯3800亩、杂交玉米3800亩、杂交水稻4200亩；收玉米3800亩，收水稻4500亩，收杂粮1000亩，收大豆2850亩，收红薯130亩。在小山、大林、瓦窑等村建成香葱基地3000亩，完成蔬菜种植13200亩。

2. 完善基础设施建设。完成今冬明春水利沟渠整修8.6千米；设备更新1台55千瓦，铺设管道1100米；完成水毁工程28处，工程量456立方米；完成渠道清

淤150千米；完成山塘改造2座；新修水窖10口；修复抽水站2座（石龙村、红锦村）；修建水毁沟渠4千米。祁山土地整理项目完成总工程量80%，小山村、落刀村、黄官村土地整理项目和红锦高标准基本农田项目（2期）待省、市批复后即可实施；完成大山、黄官2个村1733人的农村人畜饮水工程；完成牛场集镇太阳能路灯增加安装及平山观光路灯安装工程；小山村大鲵商品养殖小区建设基本完成，引进大鲵育种1000尾，带动养殖户18户。

3. 以贵州省食用菌产业示范园（白云）建设为载体，引进大型食用菌企业入驻园区，构建阿所村、牛场村食用菌种植带。引进4家企业入驻，示范带动种植食用菌。

4. 大山村苗木专业合作社种植苗木117亩，270多万株，售出20多万株。

5. 完成土地确权颁证和农房确权颁证试点工作第二阶段摸底调查公示。

6. 加强防汛抗旱和森林防火工作。成立牛场乡防汛抗旱指挥部，抓好全乡防汛抗旱工作，加大对山塘、水库汛期期间的定期检查和监测工作力度；巩固防汛和森林防火工作的宣传力度，推行领导、部门包村，把责任落实到人，实行24小时值班制度，严格遵守值班纪律，保证不脱岗、离岗，采取定期和不定期进行督查，加大对汛期山塘、水库及沟渠的隐患排查工作。 （梅贵英）

【基层党建】 2011—2012年成功申报“党员创业带富工程”项目73个，投入财政性资金2256万元，项目贷款资金348万元，项目贷款贴息资金42万元，带动农户1200余户，全乡荣获市级远程教育成绩突出站点管理员1名、学用标兵2名，区级先进基层党组织2个、优秀共产党员14名，在全国率先成立乡（镇）农村党员干部群众现代远程教育协会，并在全区得到推广。全年发展预备党员12名，年龄结构在35岁以下，其中高中学历1人、大专及以上学历8人，女党员4人，预备党员按期转正10名。整顿软弱涣散党组织，村“两委”换届后，针对个别党支部没有严格按照选优配强的原则选举产生新的村党支部班子的情况，乡党委采取措施，严格按照《中国共产党章程》《中国共产党党农村基层组织工作条例》《换届选举实施方案》等有关规定，加强党员教育管理，培养和锻炼支部书记接班人，在瓦窑、蓬莱、红锦3个村培养出3名综合素质较高、创业带富能力较强、党员群众公认的新一任党支部书记。

（梅贵英）

【社会事业】 1.201年，全乡征收社会抚养费18万元，落实手术269例，出生127人，出生率10.5‰、自然增长率3.25‰、符合政策生育率99.13%，实现“双降”目标，完成市、区下达的各项工作任务。2. 开展安全生产巡查41次，出动人员200余人次，巡查车辆41台次，对全乡安全生产工作进行检查，全乡未发生安全生产事故。3. 累计完成新增转移就业781人；农村劳动力培训260人；新农保累计续保3621人；新增创业实体49户，办理场租补贴18户、注册登记补贴2户、自主创业奖励4户；2012年，新农合参合人数12065人，新农合报销255人、325429.91元；养老保险扩面40人，失业保险扩面12人，医疗保险扩面12人，工伤保险扩面12人，生育保险扩面12人。4. 发放社会临时救济295户、767人、72030元；发放救济粮1056户、4075人、61125公斤，发放老复员、病故军属补助137人、191803元；参战退役人员补助364人218660元；军人优待金16人98805元，军人安家费11人8760元；优抚对象医疗费9户、28人、12530元；农低保补助1341户、2112人、606894元，五保补助281户、283人、63698元；90岁以上高龄补助286人、104820元。5. 全乡辖区内发生各类案件10起，其中室外盗窃案7起、室内盗窃案1起、诈骗案2起，发案数比上年同期下降9.09%；调解矛盾纠纷28起，调解成功27起，纠纷调处成功率达96.29%。无严重危害社会稳定的重大群体性事件发生；接待来信来访19件，调查回复交办件3件。

（梅贵英）

【年度实事】 1. 完成2011—2012年各项水利工程。2.2011年度石漠化综合治理项目：经果林种植等项目已全面完成，共在小山、石龙、兴家田、大山、蓬莱等村种植核桃3100亩，约有460亩须秋季再补种，小流域治理等项目已完成，招投标工作拟在7月中旬进场施工，力争在9月底完工验收。3. 人工湿地建设项目：蓬莱村污水处理工程全面完工，通过市、区有关部门初步验收；大山村及兴家田村污水处理工程完成工程量95%。4. 完成黄官、大山人畜饮水安全工程。5. 完成兴家田、黄官、红锦、瓦窑村计生服务室建设。

（梅贵英）

都拉布依族乡

【概况】　都拉布依族乡地处白云区东南部。地势东南偏高，东北偏低，以丘陵为主。境内最高峰冷水村北大坡，海拔最高1430米，其次黑石头村簸落河马鞍山海拔1390米。海拔最低上水村下水大寨村民组三岔河，海拔1160米。境内最大河流都拉河，发源于黑石头村，河流全长1380米。流经黑石头、都溪、奔土、都拉、上水5个行政村，灌溉面积2500亩。

（李绍华）

【经济发展状况】　2012年，都拉布依族少数民族乡完成财政总收入3850万元，同比增长10.63%，完成固定资产投资，35.96亿元，完成规模以上工业总产值16.9亿元，同比增长24.5%，农业总产值3271万元，同比增长6%。农民人均收入8369元，同比增长23%。以“两区两城两路带一企”（两区：贵阳综合保税区，长坡岭国家级森林公路旅游度假区；两城：黑石头片区城市综合体，都拉集镇城市综合体；两路：保税大道，云环路和都牛路）平台为重点，新引进扩建项目27个，完成招商引资到位资金120905万元，同比增长80%，完成规模以上工业总产值16.9亿元，同比增长44%；完成外资到位资金270万美元，同比增长80%。（李绍华）

【贵阳都拉营强村联合发展有限公司成立】　8月25日，贵阳都拉营强村联合发展有限公司挂牌，由乡政府牵头，都拉等7个村委共同出资2100万元，注册成立股份制企业。公司以“创业创先，富村富民”为宗旨，以“公司＋支部＋企业＋农户”为带动村及村民共同富裕的途径。抢抓综保区、黑石头片区、铁路、公路建设机遇。着力实施钢材配送，商混，综保区配套标准厂房，黑石头城市商业广场等项目，以创业促生产，以生产促就业，实现强村富民目标。协调协助贵阳综合保税区工作（2012年12月16日，贵阳综合保税区项目开工）。（李绍华）

【“三农”工作】　2012年，全乡兑现种粮农户综合补贴，大中型水库移民后期扶贫资金73万元。“家电下乡”补贴9.12万元，“摩托车下乡”补贴2909元。做好“三环”内主产业结构调整，消除“三环”以内玉米种植现象，全年，完成果树种植面积2136.64亩，蔬菜种植面积6356.84亩，发放蔬菜种植补贴242万元，果树种植补贴52.5万元。完成粮食产量5075吨，蔬菜产量1197吨，农业总产值3271万元，同比增长6%。完成“一事一议”项目3个（上水村土地整理项目，总面积1244.94亩；小河村土地整理项目1902.75亩；小河烂坝土地开发项目279亩）。2012年，全乡人均收入低于2300元贫困人口287人（92户），年内完成脱贫94人（27户）。

（李绍华）

【社会救助与双拥工作】　2012年，都拉布依族乡发放农村低保金11.09万元、4户、98人低保人员基本生活得到保障。五保对象全部纳入新型农村医疗保险范畴。集中供养人员月生活费不低于392元生活标准。对病残受灾困难群众发放救济粮食10620斤。临时困难家庭9户救济金额14000元。大额医疗救助6人、58300元。开展送温暖活动，发放慰问金58960元，粮食1075公斤，菜油53.75公斤，水果15公斤，猪肉7.5公斤。落实优抚政策，发放农村义务兵优待金13人、83004元，城镇义务兵优待金2人、30740元。全乡享受定期生活补助重点优抚对象39人（志愿军复员军人10人，病退军人2人，伤残军人3人，“两参”

人员24人）。发放志复员军人定期补助款119298元，病退军人定期补助6630元，“两参人员”生活补贴73750元，优抚对象医疗费报销2172元。春节期间分别慰问志复员军人11人3300元，病退军人2人、600元，现役军人家属27人、2700元。“八一”建军节发放军人慰问金13400元，大米200公斤，菜油100公斤。“关爱空巢老年”活动，上半年为6名90岁以上，67位80岁以上老人发放补贴24560元，下半年为80岁老人发放补贴27720元。乡养老院成员生活标准，每人每月392元。新型农村社会养老保险2996人，续保率100%。

（李绍华）

【人口和计划生育】 2012年，全乡出生人数165人，男性95人，女性70人，一孩生育81人，二孩生育82人，多孩生育2人。出生率10.4‰，出生人口比上年少生6人，自然增长率6.13‰，符合政策生育率100%，已婚育龄妇女落实避孕措施及时率100%。上水、冷水两村创建计划生育示范村通过国家计生委和省计生委验收和评估。截至2012年年底，完成计生手术236例。（李绍华）

【控违拆违】 全年，都拉布依族乡拆除违章建筑254户，下达停工建筑通知304户，下达自行拆除通知49户，拆除违建房屋面积20390平方米。 （李绍华）

【社会治安综合治理】 截止年底，辖区立刑事案件50起，同比下降14起，破案14起，破案率28%。治安案件发生53起，查处调解46起，办结率为76.8%，同比下降31起，降幅63.1%。群众安全感满意度达96%。

（李绍华）

【2012年度实事】 1. 以奖代补投资5万元，完成都拉村大、中、小3寨路灯安装。2. 投入18万元完成冷水村主水管网安装，惠及农户120户，400余人。3. 投入财政奖补资金210万元，推进上水村整村工程，建成民族文化活动广场960平方米，完成河道整治4千米，道路硬化1440米。4. 完成奔土龙井3000米农灌沟渠工程。5. 完成冷水村赶场冲1200米农灌沟渠工程。6. 完成上水村朱劳上坝1600米农灌沟渠工程。

（李绍华）

艳山红镇

【概况】 艳山红镇位于白云区西南部，面积42.88平方千米，距贵阳市行政中心约1.5千米，距贵阳市中心17千米，紧邻观山湖区（原金阳新区）、高新区。全镇辖11个行政村，2个居委会，56个村民组，常住人口10898户、28002人，其中农业人口15476人，非农业人口12526人。艳山红镇是白云区流动人口聚集的重要地段，流动人口58183人。210国道、贵遵高速公路、贵阳东北绕城环线、川黔铁路、金苏大道穿境而过。境内有金大路、白沙路、粑修公路、同心路、云峰大道等区级道路和2条铁路专线及铁路编组站。程控电话网络覆盖全镇，有线电视入户率达98%。

（李纯燕）

【经济发展状况】 2012年，全镇完成规模以上工业总产值38.2亿元，同比增长216.75%；完成全社会固定资产投资60.06亿元，同比增长67.51%；完成招商引资33.59亿元，同比增长170.67%；农民人均纯收入12156.09元，同比增长23%；完成社会消费品零售总额6.51亿元，同比增长16.04%；完成财政收入10326万元，同比增长26.05%，财政收入首次突破亿元大关。

艳山红镇引进新项目43个，招商引资到位资金33.59亿元，荣获全区固定资产投资 等奖、重点项目建设工作先进责任单位。成功引进贵阳品筑置业有限公司、贵阳优品道投资发展有限公司、贵阳优联置业有限公司、燕京啤酒（贵州）有限公司、贵州万友汽车销售服务有限公司白云分公司、贵州华油天然气有限公司等10个投资规模3000万元的生产型企业。

（李纯燕）

【基础设施建设】 2012年，全镇加大农村电网、供水管网改造，加强农田水利等基础设施建设。改建鸡场村1组、2组片区排污沟100余米；完善环境卫生基础设施建设，配备密闭式垃圾斗46个，专用垃圾车5台；建设和改造尖坡供水管网、程官摆拢1400余户人畜饮水工程。

（李纯燕）

【控违拆违】 2012年，艳山红镇组织大型依法强制拆除行动13次，拆除房屋39栋，地基20处，拆除面积12227平方米。

（李纯燕）

【劳动就业和社会保障】 2012年，艳山红镇完成新增就业832人，完成农村劳动力转移人数563人，职业技能培训260人，零就业家庭保持动态为零，落实就业援助政策。完成养老保险扩面262人，失业保险扩面193人，医疗保险扩面190人，工伤保险扩面192人，新农保完成续保工作。

（李纯燕）

【社会救济】 2012年，艳山红镇发放低保救济金269556元，优抚对象慰问金347617元，社会救济金368560元，发放慰问救济粮13050公斤。

（李纯燕）

【人口与计划生育】 2012年，全镇常住人口出生529人，死亡172人，计划内出生528人，计划生育率99.81%；流入人口出生238人；完成节育手术734例。

（李纯燕）

【矛盾纠纷排查与调处】 2012年，艳山红镇民间矛盾纠纷排查调解97起，调解成功97起，调解各种治安纠纷442起，调解成功442起，接收群众来访46件办理答复37件，接处访63起358人次。

（李纯燕）

麦架镇

【概况】 麦架镇总面积42平方千米，辖9个行政村和5个社区居委会，62个村（居）民小组，2012年，常住人口5376户、49372人。全年，累计完成规模工业产值52.64亿元，同比增长38.42%；完成地方财政收入5187万元，同比增长30.95%。

（付念念）

【工业强镇】 2012年，麦架镇抓好14个市、区级重点工业项目入驻和落地。全年，完成固定资产投资53.8亿元。招商引资新建、扩建、跨年度建设项目48个。累计实际到位内资16.8亿元，到位外资280万美元。

（付念念）

【项目建设】 2012年，麦架镇成立22个项目建设协调服务小组，负责协调解决区域内项目建设过程中出现的各种问题。贵阳永青仪电科技有限公司电子监控及节能控制系统技改项目、华恒机械冷加工项目、娃哈哈4期等3个重点项目建成投产；麦沙大道、干田西路、麦苏西路、青龙路等4个重点项目征地拆迁工作成功“破冰”；商专新校区、燕京啤酒、拜特制药、美国岱高、西部化工、中泉电气变压器、曹关变电站等7个项目顺利推进。2012年，麦沙大道一、二标段，麦苏西路、干田西路、青龙路等基础设施道路，燕京啤酒、娃哈哈5期、大众橡胶等重点工业项目征拆工作有序推进。

（付念念）

【农业农村工作】 农业基础设施建设。1. 加强农村饮用水工程建设。争取中央、省、市补助资金234.5万元，实施麦架村大坝组、下堰村金龙滩组和大路河组，马堰村格朗组、果园村、小桥村、摆茅村人畜饮水工程改造；2. 加强农田水利基础设施建设。完成2011—2012年冬春农田水利建设工作，完成渠道防渗修建5千米，做好罗格当凼水库除险加固跟踪服务工作；3. 加强村级道路建设。全年，投入200余万元，实施村寨道路维修13千米。农业产业结构调整。1. 完成全镇“三环”以内种植业结构调整工作，全年种植蔬菜120亩、种植玉米2100亩、种植水稻2940亩，粮食产量2969吨；2. 完成摆茅村乡村旅游发展规划编制，并申报为市级村庄整治项目，获奖补资金190万元；3. 完成山头绿化27亩；4. 完成2012年动物春秋2季防疫注射工作；5. 完成2011—2012年冬春森林防火工作。

（付念念）

【教育工作】 2012年，麦架镇小学入学率99.8%，初中适龄少

年入学率92.7%；三类残疾适龄儿童、少年入学率均达100%；小学毕业生升学率99.8%，初中毕业生升学率88.6%；小学六年、初中三年巩固率157%；全镇开展公民道德宣传教育活动7次，开展农民文化和实用技术培训工作2789人次。（付念念）

【人口与计划生育】 全镇户籍人口39606人，其中育龄妇女16284人，已婚育龄妇女7190人，采取各类避孕节育措施5548人，已婚育龄妇女综合避孕节育措施落实率96.47%，长效措施落实率94.4%。（付念念）

【劳动就业和社会保障】 2012年，全镇农民人均纯收入10256元，同比增长15.43%。完成统筹就业1865人，农村劳动力转移459人；发放小额担保贷款12人，贷款金额100万元；完成新农村合作医疗筹资17108人，参合率99%，发放低保金837627元、1500人户（次）、3103人(次)；发放救济金108户、252人、58375元，发放救济粮144户、492人、1800斤，城镇登记失业率控制在4.2%以内。（付念念）

【社会治安综合治理】 2012年，镇村投入125万元，用于巡逻防范。全年，发刑事案件96件，同比下降4%，破案47件；受理治安案件46件，同比下降63%，处理32起；荣获白云区提升群众安全感工作“突出贡献奖”。麦架镇还投入30万元经费用以全镇交通安全和交通保畅。（付念念）

【维稳工作】 全年，麦架镇排查各类矛盾纠纷176件，同比下降10.66%，成功化解159件，化解率达90.34%。荣获党的十八大期间白云区信访维稳工作“突出贡献奖”。（付念念）

【安全生产】 全年，全镇开展打击非法盗采专项打击行动65次，开展专项巡查和检查250余次。炸封非法小煤窑12个，收缴非法运输车辆26辆；抓获非法开采小煤窑人员21人；开展安全生产检查活动195次，查处各类违章160余起。（付念念）

【集镇建设与管理】 2012年，麦架镇镇政府投入40万元用于大坝社区卫生保洁经费，投入22万余元用于镇域范围内垃圾清运经费，投入20余万元对大坝社区下水排污系统进行全面改造，疏通文华路、科学路、幸福小区、小吃街等处下水道2510米，更换下水管道251.5米。投入6万元更换60个果皮箱、增加30个塑料垃圾桶、更换破损井盖10个、换大口径下水管道60米；建立健全长效管理机制。针对马掌坡路、小吃街、圣经学校周边、科学路、农贸市场等处环境卫生，安排专门保洁人员全天候进行保洁，并派工作人员进行卫生巡查，落实长效管理机制。违法建筑得到有效控制。全年，对657户违法建筑户下达限期拆除通知书和限期拆除通告，拆除321户违法建筑，拆除面积65180平方米。（付念念）

沙文镇

【概况】 沙文镇位于白云区东北部，是白云区地域最大、人口最多的乡镇，镇政府所在地沙子哨距市中心21千米，距市行政中心11千米，距白云区行政中心7千米。全镇总面积76平方千米，辖16个行政村1个居委会，63个自然村寨83个村民组，全镇森林面积37086亩，森林覆盖率38.2%。10月10日，沙文镇启动农房确权工作。（付师虹）

【经济发展状况】 2012年，全镇完成规模以上工业产值17.15亿元，同比增长1.34倍；完成固定资产投资45.46亿元，同比增长2.19倍；完成招商引资内资9.32亿元，同比增长1.36倍。引进项目34个，其中投资3000万元以上项目16个；地方财政收入1862万元，同比增长35%，农民人均纯收入10067元，同比增长23.38%。（唐正军）

【产业结构调整】 1.发挥扁山村现代农业示范园辐射带动作用，巩固范家院、蒙台、对门山村无公害蔬菜基地建设，蔬菜总产值7464万元。实施“农转经”工程，推进“三环内”种植业结构调整工作，发放改种补助资金29150元。2. 开展沙文生态科技园区和铝工业园区内金干北路、青山路、1期安置点、2期安置点、汇通华城、高新泰丰、振华单螺杆、干田西路、苏庄西路等项目土地、房屋征收工作。全年，完成土地征收4510亩，签订房屋征收补偿协议1698户、约56万平方米，安置面积16310平方米。3. 抓好贵州大西南货运物流站、贵州金诚物流贸易有限公司等3个项目前期手续办理相关服务，推进吊堡村农民创业园标准化厂房建设、贵州泉铁松水业有限公司矿泉水生产等5个项目施工服务工作。配合相关部门部门抓好市重点项目盐沙路、210国道改扩建项目、快速铁路建设项目协调服务，推进土地、房屋征收工作，全年，完成土地征收695亩，签订房屋征收补偿协议58户、13398平方米。4. 加强顺风超市等3家超市和集镇农贸市场监管服务，规范餐饮、住宿业管理，镇内旅社达15家。在集镇设立1个贵阳银行营业点。

（蒋　璐）

白云区关爱留守儿童主题活动沙文会场

【教育工作】 全镇中学1所、小学7所（即沙文中学、沙文小学、金甲小学、靛山小学、新寨小学、扁山小学、蒙台小学和吊堡小学）、幼儿园5所。高新区沙文生态产业园区建设规划占地，原苏庄小学、麻堡小学被征收拆除，2所学校师生分流安置到沙文小学、白云一小、白云七小、白云六小等。2012年，小学在校生2149人，同比增长9.53%。小学毕业人数390人。初中在校学生114人同比减少11人，毕业学生351人，教职员工减少3人，实有63人。2012年中考，沙文中学考生成绩位居全区第一名。

（杜洪发）

【人口与计生】 截止年底，全镇总人数24509人，其中非农人口4180人。全年，出生人数405人，符合政策生育率99.52%，人口自然增长率为7.42‰。

（白　燕）

【卫生工作】 2012年，全镇卫生院1所、村级卫生室16个、私人诊所2家。新型农村合作医疗保险参合人数为19951人，参合率达99.53%。全年报销医疗费用79.16万元。

（林　俊）

【沙文镇举行廉租房廉租配租现场会及钥匙发放仪式】 7月27日，沙文镇举行廉租房廉租配租现场及钥匙发放仪式。该廉租房2010年9月动工，2012年全部完工，投入资金2600万元，300套、15000平方米。

（谢明云）

【惠农政策】 全年，发放种粮直补、综合直补、“家电下乡”“汽车、摩托车下乡”等资金469.66万元。新型农村养老保险参保人数5633人。

（胡万伦）

【扶贫工作】 2012年，全镇232户、521名农村贫困人员全部脱贫。

（张大莲）

【农业基础设施完善】 10月10日，沙文镇2011年村级公益事业一事一议财政奖补项目项目通过市、区两级验收，项目涉及7个村、14条通组道路、总长16.189千米，申请财政奖补资金291.37万元。10月25日，启动2012年度村级公益事业一事一议财政奖补项目。涉及6个村12个项目，354.9万元。

（付师虹）

【社会治安综合治理】 全年，全镇接待来访群众117批次、673人次，排查受理各村矛盾纠纷196件、调处196件，成功调处191件，群众安全感满意度达86%。（班新萍）

【基层党建】 1. 开展社会管理创新工作。成立“沙文镇加强和创新社会管理社会团体领导小组”，组件10支群众工作服务队，完成7个群众综合服务中心建设。2. 加强基层组织队伍建设。在沙文村、蒙台村分别增设村副支部书记，选派镇控违拆违办1名工作人员到凉水村挂任村支部副书记。3. 开展党的“十八大”精神的学习活动，切实将党员教育管理和党内关怀紧密结合，提出关注“失地党员”工作思路。全年，组织“失地党员”开展种养殖、建筑施工、计算机操作等培训3期，帮助9名“失地党员”申请微型企业创办资金81万元。4. 严把党员入口关、党员评议关和警示防范关。全年，推迟吸纳预备党员1名，取消入党积极分子资格2名。在年度党员民主评议中，不合格1名，基本合格1名。全年诫勉谈话党员3名，通报批评2名，立案调查1名。（张慧婷）

大山洞社区服务中心

【概 况】 2012年5月4日，撤销白云区大山洞街道办事处，成立白云区大山洞社区服务中心。大山洞社区服务中心地处白云城区中心地段，辖大山洞、同心、建安、云晖4个居委会，面积3.2平方千米，总户数14675户，人口41866人，其中常住人口36510人，流动人口5356人。2012年，便民利民服务大厅受理服务事项5229件，办结率达100%。（吴应罡 肖旭芳）

【教育】 截止年底，大山洞社区服务中心辖区幼儿园7所，在园幼儿3229人，专任教师189人；小学2所，在校生2597人，专任教师115人，小学适龄儿童入学率100%；初中1所，在校生1414人，专任教师98人，初中适龄人口入学率100%，小升初入学率100%，9年制义务教育覆盖率100%；普通高中2所，在校生6818人，专任教师339人。（王贵梅）

【劳动就业和社会保障】 2012年，大山洞社区服务中心完成城镇失业人员统筹就业1843人，完成城乡统筹培训170人，发放小额贷款215万元、31人，发放场租补贴8.286万元、179人，发放创业奖励0.72万元、9人。完成养老保险249人，完成失业保险145人，完成工伤保险145人，完成医疗保险159人，完成生育保险159人，完成城镇居民医疗保险532人，完成集体企业下岗职工养老保险380人，完成自由职业养老保险81人，完成城镇居民养老保险226人，60岁以上符合条件城镇居民实现应保尽保。辖区内4个充分就业社区达标巩固率100%，“零就业家庭”保持动态为零。（赵洪英）

【社会事务】 全年，大山洞社区服务中心发放低保金720885元（89户164人）、救济粮1775公斤、临时救助款65620元、棉衣42套、棉被24床、食用油1874公斤、毛毯6床、肉50公斤、城市医疗救助金261820元；发放城镇义务兵家属优待金323568元、参战退役人员生活补助45900元、重点优抚对象春节期间生活补贴7200元；发放老年人长寿补贴186260元、老居干（曾在居委会工作过的老同志）离职退养生活补助128970元；2012年，争取上级资金100多万元帮扶困难群众300多人，并为辖区内294名80岁以上老年人发放长寿补贴18.63万元。开展“敬老文明号”创建工作，被授予区级“敬老文明号”。截至年底，合力超市、恒阳地产、华阳房开、优品道等企业提供帮扶资金40多万元，帮扶困难群众2000多户、6000多人。（赵洪英）

【社会治安综合治理工作】 2012年，大山洞社区服务中心接访群众200多人次，化解各类矛盾60多件，防止民间纠纷转化为刑事案件6件，调处成功率达100%；2012年发案下降11起，下降3.5%；辖区和单位群众安全感满意度从2011年73%上升到90%。成功调解矛盾纠纷22件，法律咨询58人，举办骨干法制培训班2期，法制课12次，接收刑满释放人员16人，死亡2人，接收社区矫正人员6人，已解矫2人，提交法律援助9件。通过阳光工程设置就业安置点1个，安置就业人员16人，办理失业证1人，优抚证3人，纳入最低生活保障8人，推荐工作5人，参加技能培训3人，为2人申请办理医疗救助600元，临时救助4人1200元。

（赵　菲）

【人口和计划生育工作】 2012年，大山洞社区服务中心辖区育龄妇女10734人，其中已婚育龄妇女7982人。全年出生263人，(其中1孩231人，2孩32人)，政策内262人，政策外1人，男孩131人，女孩132人，年度死亡160人。出生人口性别比100:99。育龄妇女诚信协议签订9124份，完成常住人口2轮妇检，妇检率99.7%，完成流动人口4轮妇检，妇检率100%，妇科病普查2317人，来信来访12人次，答复率100%；完成免费孕前优生健康检查47对，办理流动人口婚育证48本，居住证4500个，辖区独生子女401户，奖励办理《独生子女父母光荣证》家庭38户，兑现奖励费4600元，发放独生子女保健费家庭401户，发放奖励费1416775元。（胡文斌）

【基层体制改革】 2012年，大山洞社区服务中心围绕建立以社区为主的新型城市基层管理体制、运行机制和做实做强社区的目标，全面推行“居政分离”、网格化管理和区域化党建。根据辖区党员“地缘”“人缘”“趣缘”，成立7个片区党支部和1个文艺特色党支部。并以250—300户为1个单位，将辖区14675户居民划分为49个网格进行服务管理。

（朱　超）

艳山红社区服务中心

【概况】 2012年5月4日，撤销区艳山红街道办事处，成立白云区艳山红社区服务中心。艳山红社区服务中心为正科级事业单位，内设党政工作部、社会事务部、城市管理服务部和群众工作部4个机构，建立有工会、共青团、妇联、残联等自治组织和群团组织。艳山红社区服务中心面积约3.4平方千米，辖中航、迎宾、长山、长宁等4个居委会，总户数8548户，人口22360人，其中常住人口约20134人，流动人口约2226人。辖区内有七冶建设有限责任公司、中国航空工业标准件制造公司、紫色太阳餐饮有限公司、德克士快餐、建设银行、工商银行、农业银行、星力百货超市、白云五中、白云七中、白云九小、爱迪剑桥中英文幼儿园等机关企事业单位。社区服务中心构建29个网格，每个网格“1格2员”实现社区管理和服务全覆盖。（田　芳）

【基层党建】 艳山红社区服务中心党委努力构建“1委1会1中心”组织体系，及时任命基层党组织书记、委员，完成4个居委会第八届居民委员会补选工作，选出居民委员会主任1名、副主任1名，委员13名。聘请七冶、3117厂、白云职校、红山派出所党组织负责人到社区党委任委员。在楼宇院落成立党小组，社区党委辖2个党总支、10个党支部、32个网格党小组，党员366名。全年发展党员5名，实现党的基层组织全覆盖。2012年，将辖区划分为29个网格，采取组织考核和个人报名相结合办法，配齐29名网格社工。（田　芳）

【人口与计划生育】 2012年，艳山红社区服务中心出生人口130人，出生率1.941‰，自然增长率1.642‰，流动人口出生17人，符合政策生育率100%。为育龄群众免费开展查环、查孕、查病服务，常住人口妇检率为98.6%，流动人口妇检率为100%，综合妇检率为99.3%。对辖区待、现孕夫妇进行出生缺陷知识普及，依托社区卫生服务中心开展优生监测服务，产后访视132例。及时采集、更新、核对各类信息和数据，全年，更新家庭档案8390户、PIS数据近万条，为辖区居民办理《生殖保健服务证》52本，《独生子女父母光荣证》56本，二孩《生育证》5本，《流动人口婚育证》11本，《贵阳市居住证》1511个。辖区独生子女2855户，兑现奖励扶助资金5.15万元。（田　芳）

【劳动就业与社会保障】 1.2012

年，艳山红社区服务中心实现统筹就业1796人，其中下岗失业人员778人，就业困难对象40人，职业技能培训188人，期末实有登记失业人员302人，期末从业人员总数13044人，城镇登记失业率2.26%。保持“零就业家庭”动态为零，充分就业社区达标巩固率100%。城镇居民医疗保险扩面304人。60周岁以上符合条件的城镇居民养老保险实现应保尽保。

2. 辖区新增个体户179户，新增企业46户，新增注册资金3759.8万元，带动就业220人。上报申请自主创业注册补贴3人，申请经营场所租金补贴173人，申请自主创业奖励34人。自主创业经营场所租金补贴续拔172人，金额195020元。发放租金补贴186人，金额527240元；自主创业奖励14人，金额56000元。小额贷款申请24户，贷款金额190余万元。全年，新增空岗365个，新增企业信息28个，新增求职人员24个，推荐就业50人次，新增创业城市奖励34人，新增租金补贴173人，新增实体入户调查133户。办理《就业失业登记证》135件，辖区现有领取失业保险金人员16人。办理离退休人员资格认证167人次。

3. 发放残疾人信息员信息费1.34万元，扶持贫困残疾人38人次，慰问金及物品折款共计2.64万元，办理“残疾人免费乘车卡”35人次，解决残疾人就业困难，安排8名残疾人在公益性岗位任职。申请临时困难救助17人，金额2.43万元；医疗救助18人，金额17.08万元。全年核实、上报经济适用住房申请4户，受理公共租赁住房申请上报55户。全年，新申请家庭35户通过市级批准纳入保障。（田　芳）

【便民利民服务】 2012年，艳山红社区服务中心受理各类服务事项2541件，办结2502件，办结率98.5%（未办结事项系资料不齐全或者资格审核未通过）。其中，政务服务事项受理974件，办结950件；党务服务事项受理35件，办结35件；卫生服务事项受理201件，办结186件；文化教育服务事项受理281件，办结281件；咨询服务事项受理1036件，办结1036件；法律服务事项受理14件，办结14件。

（田　芳）

【社会治安综合治理】 2012年，艳山红社区服务中心辖区发生刑事案件186起，同比下降62起，下降率25%。辖区群众安全感满意度测评达到91.67%，同比上升8.34%。在全市排名上升到第64位。

（田　芳）

【“公益积分爱心储蓄”志愿活动】 社区居民通过志愿参与社区组织的党建、治安、维稳、调解、城市管理、帮教转化、各类信息提供、预防和减少未成年人犯罪等公益性事宜，积累“公益积分”，以换取等值物品或进行“爱心储蓄”，按10%利率计取利息。截至年底，辖区335名居民参与此项活动，兑现金额近3000元。组建志愿服务队伍4支，队员80多人，为居民义务巡逻2400余人次，化解矛盾纠纷6起，参与宣传500余人次，义务卫生巡查532人次。（田　芳）

红云社区服务中心

【概况】 2012年5月4日，撤销白云区艳山红街道办事处、大山洞街道办事处，成立白云区红云社区服务中心，社区服务中心管辖原艳山红街道办事处红云、新星、蓝天居委会和原大山洞街道办事处的天林居委会等4个居委会及云晖居委会部分楼栋以及辖区内行政企事业单位、社会团体等，辖区面积约2.54平方千米，总户数10369户，人口30033人，其中常住人口26908人，流动人口3125人。下辖1个居委会党总支部、3个居委会党支部、1个机关党支部、1个非公党支部，直管党员200人。内设党政工作部、社会事务部、城市管理服务部和群众工作部（综治工作中心）4个机构，建有居委会、工会、共青团、妇联、残联、志愿者服务队等自治组织和群团组织。服务中心有正式职工16人，临聘工作人员14人，各居委会工作人员34人。（李忠丽）

【社会事业发展情况】 1.2012年，红云社区服务中心城镇新增就业1685人，其中下岗失业人员620人；养老保险扩面267人，失业保险扩面267人；医疗保险扩面418人，工伤保险扩面462人，生育保险扩面418人，城镇居民医疗保险扩面224人。

2. 做好城市居民养老保险工作，建立81名60岁以上人员个人社会保险档案。60周岁以上符合城镇居民养老保险条件人员实现应保尽保。完成小额担保贷款17人133万元。

3. 发挥恒兴广场"创业一条街"带动示范作用，入驻企业119家。调查创业实体6期，2012年社区新增创业实体184户，带动新增就业235人。发放自主创业奖励资金30人、12万元；发放经营场所租金补贴150人、30.22万元；发放注册登记补贴4人、0.02万元；发放跟踪服务补贴29人、1.45万元。完成征集并入库创业项目2个。

4. 组织8家企业单位参与区人社局组织的春、秋季2次劳务交流会及2次专场招聘会，组织辖区300余名失业人员参加。全年为辖区下岗失业人员办理就业失业登记证100余个。

（李忠丽）

铝兴社区服务中心

【网格化星级服务项目】 1. 铝兴社区服务中心居民区划分为26个网格，每个网格300户、1000人左右；门面和沿街经营户、社会组织等划分为3个网格，共29个网格。从社区干部职工和辖区派出所中选派网格服务员和网格警员，实行"一格2员，1员10岗"工作模式。以网格服务员为中心，综合网格内居民小组长、低保人员、公益性岗位等，形成"1+X"网格服务团队。

2. 搭建"事事帮您110"服务平台，设置服务热线4480110，24小时接受居民求助。

3. 实行"流动网格巡回服务员"机制，社区党政班子成员在网格中实行巡回流动服务。

4. 对网格服务员实行标准化、规范化管理，网格服务员熟知本网格居民及居民事务，做到"进百家门、知百家情、解百家难、暖百家心、和百家亲"。

（陈传仲）

【民生工作】 全年，铝兴社区服务中心干部职工走访居民20000余人次，入户率100%，办理业务及咨询8000件次。完成新增就业1450人，完成职业技能培训140人，办理困难人员认定49人，通过42人；办理城镇居民医疗保险293人，办理城镇居民养老保险28人，办理《就失业登记证》154个，年审《就失业登记证》97人次；办理灵活就业人员社会保险补贴65人，"零就业家庭"保持动态为零。做好创建国家级创业型城市工作，新增调查企业（个体工商户）97户，办理场租补贴45人，自主奖励8个。发放创业补贴151人、29万元，推荐1家创业项目进入贵阳市创业项目库—贵州奇伟实业发展有限责任公司。办理小额贷款8人。看望退休托管人员3人，为退休人员进行指纹认证，至2012年底，认证596人。做好集体企业退休人员参加基本养老保险工作，累计办理49人。完善低保户一户一档工作，做到应保尽保。截至12月底，应保134户，享受人口268人，累计发放金额560091元。元旦、春节期间，发放大米（369袋）8490斤、菜油（369桶）549升、慰问金16520元。对142名80岁以上老人申请高龄补贴5.41万元。为228户居民申请公租房补贴。

（周劲秋）

【人口与计划生育】 2012年，铝兴社区服务中心人口出生率5.36‰，人口自然增长率0.58‰，符合政策生育率100%；新出生105人。全年，完成计划生育手术81例，（其中结扎12例、上环69例）。完成免费优生检查健康25对；办理流动人口婚育证明127人，办证率92%。全年，开展4次妇检，应检3193人，已检3182人，妇检率99.6%。建立健全流入人口档案，定期查验《流动人口婚育证明》，开展流动人口清理工作，登记1123人，办理婚育证52人、办理流动人口居住证2346人。

（万　宇）

【贵阳市城市基层管理体制改革白云区试点工作总结评估会召开】 2月3日，贵阳市委组织部在铝兴社区召开贵阳市城市基层管理体制改革白云区试点工作总结评估会。评估组对白云区基本做法给予肯定。

（陈传仲）

【“创新社会管理—服务进社区·巾帼在行动”暨铝兴社区示范点活动启动】 3月17日，省妇联副主席吴爱平，贵阳市妇联副主席姜桂梅、区委副书记、区群工委书记刘继东、区委常委、宣传部部长任萍等出席启动仪式。吴爱平、姜桂梅、刘继东等分别为铝兴社区巾帼自行车志愿服务队、科学家教社区志愿者服务队、创业社区志愿者工作服务队和平安白云巾帼志愿卫士巡逻队授旗，为白云区10名国家级家庭教育指导师颁证，为铝兴社区幸福万家授牌。 （申 华）

【社区网格化管理工作试点】 5月12日，铝兴社区服务中心网格化星级服务项目成为贵阳市90个社区服务中心推进基层社区网格化管理工作8个试点社区之一。

（罗培华）

【白云区社区服务中心工会工作委员会和困难职工帮扶站成立】 5月23日，白云区社区服务中心工会工作委员会和困难职工帮扶站授牌仪式在铝兴社区广场举行，市总工会副主席赵凯、市总工会民管部部长董世林、市总工会法律工作部副部长张蒙、区委常委、区委组织部部长仇玮、副区长李云、政协副主席蒋晓红等领导出席授牌仪式。

（李 英）

【白云区阳光之家就业安置中心铝兴安置点揭牌】 9月12日，白云区阳光之家就业安置中心铝兴安置点在铝兴居委会举行揭牌仪式，市、区相关领导和铝兴社区负责人参加揭牌仪式。

（李 英）

【领导视察调研】 1.6月11日，中央综治委社会管理创新现场会选点组领导一行在贵阳市委副书记王保建，高新区党工委书记、白云区委书记宗文等领导陪同下，到铝兴社区调研网格化星级服务项目开展情况。中央综治委社会管理创新现场会选点组一行对铝兴社区作法给予较高评价，中央综治办综治三室主任胡增印说：“铝兴社区在这么艰苦的条件下，做出这么好的成绩，不简单。”同日，贵阳日报头版头条以《“网”出来的凝聚力》为题，报道铝兴社区推行“网格化星级服务”工作经验。省委常委、市委书记李军看后，对铝兴社区网格化星级服务工作给予高度肯定，并作出批示：“保建同志：今天贵州日报报道了中天社区‘贴心网格’，贵阳日报报道铝兴社区‘网格化星级服务’，两个社区的经验都很好，可否选择典型，结合‘试点’，落实相关文件把这项工作好好的推进一下。”2.8月31日，省、市领导及各地（州、市）、县（市、区、特区）民政系统参观考察组一行到铝兴社区服务中心，就社会管理创新工作、网格化服务管理、社区服务平台、社区民主管理、社区环境、社区文化等进行参观考察。参观考察组对铝兴社区服务管理、创新实践工作给予肯定，认为铝兴社区工作基础扎实全面，经验极具推广意义。

（罗培华）

【工作交流】 1.7月5日，葫芦岛市龙港区委常务副书记杜刚，龙港区委常委、区纪委书记任毅一行人到铝兴社区，参观考察社会管理创新工作。2.9月20日，黔东南州考察组一行到铝兴社区参观考察社会管理创新工作。

铝兴社区科学家教志愿者工作队

3.10月11日，安徽省桐城市领导一行到铝兴社区参观考察，对铝兴社区不断探索内部改革思路给予充分肯定。4.10月15日，大庆市让胡路区考察组一行到社区参观考察。5.10月26日，大连市考察组一行到铝兴社区考察社会管理创新工作。考察组对铝兴社区走创新管理路线、进行内部改革思路给予充分肯定。（陈传仲）

【综治维稳】 2012年，铝兴社区服务中心辖区刑事发案88起，同比上年98起下降10.2%（盗窃案52起，同比上年58起下降10.3%；抢劫案件16起，同比上年19起下降15.8%；抢夺案件1起，同比上年2起下降50%；其他案件19起）。（张 霞）

【铝兴社区服务中心荣获贵州省第一批“民族团结进步创建活动示范社区”】 9月中旬，“民族团结进步创建活动示范社区”评选揭晓，铝兴社区服务中心榜上有名。（申 华）

白沙关社区服务中心

【概况】 白沙关社区服务中心面积约3.7平方千米，辖白沙关、龚北、塔山、龚西、龚中5个居委会，辖区总户数11210户，总人口37583人，其中常住人口约25208人。辖区内有中铝贵州分公司、贵州铝厂等企业，有贵铝职业教育学院、白云六中、白云六小、白云七小等学校，农贸2个及塔山水果市场。2012年，内部机构设置为党政工作部、社会事务部、群众工作部、城市管理服务部和功能齐全的服务大厅。（王锋杰）

【便民服务大厅】 2012年，白沙关社区服务中心以居民需求为导向，进一步优化整合服务大厅，规范并公开服务内容、服务程序、服务时限，推行党务、政务“一站式”服务，打造“15分钟社区服务圈”，设置“24小时服务电话”，开办社区网格站和社区微博，推行预约服务、应急服务、节假日轮休和错时上下班制度，开展接待群众“三个一”，评比先进“三个星”和办理业务“五个一”活动，提高办事效率，提升服务水平，群众满意度进一步提高。便民服务大厅办理的业务有：受理投诉、建议、咨询、等事项；办理党组织关系接转、党员和志愿者管理服务、党建工作咨询等事项；办理《老年人优待证》，办理城市低保、临时困难救助、医疗救助、低收入家庭认证、贫困残疾家庭认定、高龄老人长寿补贴申报、贫困老年家庭认定、残疾人技能培训登记等事项；代办《就（失）业证》、就业困难人员认定、下岗失业人员小额担保贷款、城镇居民基本医疗保险、城镇老年居民社会养老保险、集体企业养老保险、求职登记办理、职业技能培训登记、就业推荐、公益性岗位申请等事项；办理《生殖保健服务证》《独生子女父母光荣证》《流动人口婚育证明》《公共场所卫生许可证》、餐饮服务许可证等、受理城市管理投诉举报、代办《计划内二孩生育证》等事项；代办《居民身份证》《外来人口居住证》，民间纠纷调解、法律援助与法律咨询、群防群治及综治维稳咨询等事项。全年，帮助辖区居民解决困难和问题965件，办理实事456件次，累计接待群众11421人次，办理各类服务业务8092件，群众满意率达100%。（骆 迪）

【“四个保障”行动】 1.组织保障。成立社区大党委、建立厂地联席会议制度、流动党员管理服务站等协调议事机制。

2.思想保障。定期召开党委中心组学习会、干部职工学习例会等，深化对创新城市基层管理体制改革的认识。

3.活动阵地保障。针对原贵阳耐火材料厂破产后400多名党员“党费无人收、活动无人管、冷暖无人问”情况，协调贵耐托管中心无偿提供2200余平方米的活动场所，为党员解决活动场地问题。同时打造集党员干部教育管理和群众开展文化活动的综合基地。

4.制度保障。社区大党委制定工作职责及会议制度、重大信息通报制度，完善社区党委首问责任制等11项制度。（王 清）

【基层党建】 白沙关社区服务中心基层党建“三种模式”共融。1.党组织设置共融。以“三定一提升”（定区域、定人员、定职责，提升居民满意度）为载体，把党建与网格化管理相结合，在网格内建党支部和楼栋党小组。形成“社区党委—网格党支部—网格楼栋党小组”。形成网格党建联建、网格文明联创、网格活动联搞、困难群众联帮、环境卫生联抓。

2. 党员分类管理共融。对党员实行分类管理，使党员身份“亮”出来，服务群众“动”起来。对辖区单位在职党员实行“三卡管理”（即《基本情况登记卡》《参加社区活动登记卡》《参加社区活动反馈卡》），将活动情况作为年终考核依据。对困难党员、年老体弱党员实行“温情管理”。随时掌握其困难原因，重点开展送学上门、技能培训、结对帮扶等活动。对社区直管党员实行“全责管理”。着力在“管得住、管得好”上下功夫。对流动党员实行“动态管理”。及时掌握流入、流出党员基本情况，使流动党员自觉服从党组织管理。

3. 服务管理共融。开展党建主题活动，让党员作用“显”出来。创建环境绿化维护岗、城管秩序监督岗、关爱老人岗等8个党员先锋岗。形成社区资源共建共享共融良好氛围，自开展党员先锋岗活动以来，80%以上在职党员参加先锋岗活动，服务居民达600多人次。促进和谐社区建设。（王　清）

【劳动保障】 2012年，白沙关社区服务中心累计完成城镇新增就业人数1460人（下岗失业人员就业451人，就业困难对象就业38人），城镇登记失业率为14%；完成职业技能培训144人，完成小额贷款8人。组织开展“就业援助月”活动，通过对就业困难就业人员进行就业援助和就业政策宣传，帮助失业人员多方解决就业问题。组织20家企业96个就业岗位进场参加区“春风行动”招聘会和民营企业招聘周等活动。办理《就业失业证》199个，年审247个。与区就业指导中心与培训学校联系，组织开展职业技能培训班4期，其中家政培训1期、电脑培训1期、SYB创业培训2期。开展创建国家级创业型城市工作，帮助个体工商户落实创业型各项政策。调查新增企业（含个体工商户）164户，新增实体18户，新增企业12户。办理新增场租补贴83家，发放场租补贴107户256000元；发放注册登记补贴29户1450元，发放自主创业奖励资金2人8000元，成功推荐合力超市申报区级、市级、省级和国家级“创业之星”评选活动，荣获国家级“创业之星”称号。将辖区个体工商户小华家电申报为区创业典型。开展创建国家级创业型城市政策宣传培训工作，培训个体工商户584人，发放宣传资料611册，发放调查问卷221份。出宣传墙报12期。小微企业调查76家。巩固做好白沙关、龚北、塔山3个居委会充分就业社区（居委会）工作。做好社会保险补贴申报工作。宣传4050社会保险补贴，4050社会保险补贴申报133人，灵活就业新增22人，续拨60人，公益性岗位补贴51人。就业困难人员认定通过41人，审核发放灵活就业社会保险补贴82人12889904元。审核发放公益性岗位社保补贴51人123543.99元。做好退休人员社会化管理工作，进行退休人员指纹认证772人，办理领取抚恤金资格认证136人，异地养老金资格认证32人，75号文认证60人。对居住辖区孤寡及行动不便12名退休人员进行上门认证。对社区托管7名退休人员进行慰问，送去价值900元的慰问物资。做好社会保险参保工作。积极做好国家的各项保险政策宣传，为82名居民办理自由职业者养老保险参保手续；按照《黔人社厅发〔2011〕23号〈关于进一步做好未参保集体企业退休人员参加企业职工基本养老保险工作的通知〉》文件要求，为176名集体企业退休人员办理养老保险手续；为179名居民办理城镇居民社会养老保险手续，为399名居民办理城镇居民医疗保险手续。对领取失业保险金41人进行领取资格审核。（杨　芳）

【城市管理】 全年，白沙关社区服务中心组织人员10000余人次对辖区“野广告”、卫生死角进行定期或不定期清理，清理“野广告”10余处（张）。清理卫生死角20余处；疏通下水管道50处，协调相关部门清运各类垃圾300余吨；清理绿化带3000余平方米，播撒草种1000余平方米。协助区综合执法大队清理占道经营共600余处，延伸占道200余处；安排专人对长期占用公路经营的马路市场（龚西路小桥、杨柳街）进行管理。协调贵耐厂托管中心、贵铝房产公司处理辖区内化粪池及下水道堵塞50余次。协助区环保局排查锅炉使用户71户。对辖区内公共厕所进行检查，督促产权单位搞好卫生。协助相关部门对龚家寨农贸市场、龚家寨露天市场周边环境进行整治。清理各类占道经营100余起。加强背街小巷、楼群院落管理。协助贵州铝厂对背街小巷、楼群院落进行动态化、常态化管理，每月对辖区内居民楼群院落的卫生情况进行评比，发现问题及时整改。协助塔山交警大队对乱停乱放违章行为进行整治，整治违章车辆100余台/次。为迎接“酒博会、十八大”等重大节日，组织全体干部职工，开展环境大整治行动。现场监督检查食品生产经营单位500户/次。协助区卫生监督局对违反《食品卫生法》5户业主进行行政处罚。加强餐饮卫生许可证、公共场所卫生许可证初审，对71户经营户进行现场卫生审查。现场监督检查50余户/次。协助区卫生监督局对辖区内10余家大型餐饮单位开展食品安全知识培训，并对辖区内100余家超市、农贸市等进行食品安全检查。制定《白沙关社区服务中心2012年灭鼠技术实施方案》，开展灭鼠技术培训1次，协助区疾控中心对灭前鼠密度进行调查（特殊行业60家，民区80间）。安装毒饵站467个。投放灭鼠毒饵200公斤。清理病媒生物孳生地100余处。

（马　莉）

【计划生育】　2012年，白沙关社区服务中心社区计划生育工作在全区率先提出“三色”管理工作法（即将流动人口更换频繁的租赁户列为红色管理对象；将育龄妇女、现孕、待孕、妇检对象以及家庭成员结构相对复杂的家庭列为黄色管理对象；将家庭成员结构稳定，情况清晰的家庭列为绿色管理对象。）2012年，社区全面落实计划生育利益导向四项制度，兑现各种奖励扶助资金13万元，优质服务经费4万元，计生协会工作经费2万元，宣传教育经费1万元，信息化经费2万元，办理《流动人口婚育证》《贵阳市临时审检证》156个和《贵阳市居住证》2559个，妇检率98.6%，居住证办证率100%，辖区人口出生率4.45‰，人口自然率增长率-1.61‰，符合政策生育率99.1%。

（王学平）

【社会事务】　全年，白沙关社区服务中心累计发放低保金896614元。“元旦”“春节”期间慰问低保及贫困家庭488户次，发放大米6395公斤、食用油1190斤、慰问金138200元、棉衣10件、棉被6床、绒毯11床、羽绒服10件；发放373户低保户粮油供应专用票，每户每月可优惠购买大米20斤，食用油2.3升；为31户家庭申请发放大额医疗救助金207000元、为26户困难家庭申请发放临时生活困难救助金35500元、为7户15人困难家庭发放救济粮175公斤、为18户困难居民送去价值18000元永辉超市购物卡；发放离退老居干生活补贴22人103460元。“元旦”“春节”期间慰问现役军属149户次，发慰问金20100元；发放重点优抚对象5人物价补贴1800元；发放重点优抚对象2012年参加城镇医保补贴8人1280元；为3名重点优抚对象申请发放医疗救助6958元；按时发放烈属定补2人18390元、两参人员定补2人6210元、在乡老复员军人1人12114元；发放2009年度9人义务兵优待金131148元和2010年度25人331825元；发放2011年度19名退伍军人安置期间生活补助费43320元；为3名重点优抚对象开展“一站式”服务，发放重点优抚对象医疗救助3人次6958元；为5户重点优抚对象更换新的医保卡。上半年为394位80岁以上老龄人发放长寿补贴143040元，下半年为424名80岁以上老年人发放营养补贴153860元；老年节期间慰问90岁以上老年人28人，送大米190公斤、玉米油224升、慰问其他贫困老年人7人，送慰问大米20公斤、玉米油32升、电热毯3床、紫沙锅2个、床上用品2套；评选“寿星”一名及“孝星”一名。

（骆　迪）

【社会治安综合治理】　2012年，白沙关社区服务中心辖区群众安

全感满意度91.67%。支持、配合辖区派出所巡逻防控工作，投入2万余元，为社区辅警小组、卡点、警务车、监控室、巡逻车、巡逻辅警配备15台对讲机，实现辖区治安防范工作的全覆盖和扁平化指挥；辖区安装平安E家2000余台、超B型锁芯300多个、防盗门203道、视频监控73个。成立社区调解工作委员会，设立警民联调室、信访接待室，民间矛盾纠纷调解率100%，调解成功率95%以上；建立社区民警、网格社工双向考核机制，激励他们在工作中互相配合，共同担责。

（孟天慧）

【信访维稳】 2012年，白沙关社区服务中心把诱发涉法涉诉问题的因素列入排查调处重点，以化解社会矛盾为主线，以“事要解决”、息访罢诉为目标，设立信访接待室，建立接访制度，面向社会公布社区投诉电话4870100，4861485；加大矛盾纠纷调解工作力度，建立健全内部矛盾纠纷排查调处工作机制，提高发现和解决矛盾纠纷的能力。社区成立了调解工作委员会，设立警民联调室、信访接待室，民间矛盾纠纷调解率100%，调解成功率达95%以上。发生信访矛盾纠纷2起，分别是：王定邦反映黔西县移民局未将其子女列入移民人口进行赔偿和菱镁街E栋居民反映某房开公司违规收取每户1200元水表开户费问题。社区对2起矛盾纠纷均认真调处，并成功化解菱镁街E栋居民反映房开公司违规收取水表开户费信访案件。

（孟天慧）

【白沙关社区餐饮行业协会】 5月30日，白沙关社区餐饮行业协会第一次会员大会在白沙关社区举行，辖区72户餐饮行业业主参加成立大会，大会选举鸿利来酒楼经理陈莉担任会长，龚家寨首家酸辣烫老板肖显强、又一杯奶茶店老板唐琼为副会长，社区城市管理部孟天慧为秘书长。会上，新当选会长要求协会会员自觉遵守行业自律公约，文明经营，诚信经营，为广大消费者提供卫生、安全、可口的饮食。

（王锋杰）

白沙关社区服务中心与辖区派出所召开警民议事会

【“创建社会主义新农村档案工作示范县”验收组检查社区档案工作】 7月24日，国家档案局、民政部、农业部“创建社会主义新农村档案工作示范县”验收组检查社区档案工作。验收组由海南省档案局副局长刘玉峰带队，成员有海南省档案局莫业斌、甘肃省档案局柴晓军、魏麟懿、西藏自治区档案局白珍等。验收组一行对白沙关社区档案保管利用工作表示满意，给予高度称赞。白沙关社区服务中心接收原龚家寨街道办事处档案资料6000余份。录入档案879卷，12697件，收集照片档案9本，925张。

（王锋杰）

【菱镁街E栋事件】 6月15日，菱镁街E栋居民向社区反映，白云某房开公司于2007年违规收取54户居民水表开户费1200元，该栋居民要求房开商退还收取的1200元，房开商一直未处理。因此，该栋居民先后到区信访局、区住建局、区发改局反映，由于种种原因，此事一直未得到解决。社区接到反映后，立即开展走访调查，先后走访群众20余人次，召开各种座谈会10余次，接待居民代表并直接对话8次。社区领导利用星期六、星期天和晚上休息时间，深入到居民群众中。采用“五用工作法”（用真心贴近、用真情感动、用行动帮助、用法律引导、用政策说服)。做到“两个说透”：1. 将区委、区政府的要求说透，让居民清楚彻底解决遗留问题、维护居民利益是区委区政府工作目标；2. 将工作困难程度说透，通过真心交流，换位思考，让居民明白解决问题困难和压力并给予理解支持。同时积极与区住建局、区发改局就此事进行沟通对接，认定某房开公司收取该费用属违规行为。区委常委、区纪委书记马钊听取社区的汇报后，立即组织有关部门召开协调会予以解决，由各包保单位共同出资解决此案，由各包保单位出资30000元，企业捐资34800元，由社区将某房地产开发有限责任公司违规收取“一户一表”费(每户1200元)退还住户。社区组织所涉住户召开工作推进会，使居民真正了解区委区政府和社区在解决此问题上所做工作和努力，提高群众对党和政府工作的满意度。9月13日，居民代表满怀感激地将印有“平安包保解民困、百姓满意感党恩”“情系社区暖民意、真心为民解民忧”等字样的7面锦旗送到白云区“平安包保”白沙关社区工作队和白沙关社区。

(孟天慧)

都拉营社区服务中心

【机构改革】 2012年5月4日，都拉营街道办事处更名为贵阳市白云区都拉营社区服务中心。管辖汇通广场、汇通花园、都拉铁路3个居民委员会，44个居民小组。

(王洪春)

【社会事务】 全年，办理医疗救助申请1户，发放医疗救助金3200元。慰问“两参人员”、军烈属19户，累计发放慰问金4400元；发放城镇义务兵家属优待金4户、55690元；发放城镇退伍义务兵待安置生活费1人、2280元；发放参战退役人员2012年定期生活补助1人3090元，生活补贴360元；为辖区重点优抚对象办理医疗救助1人，发放优抚救助金9555.8元。扶持贫困残疾人家庭8户20人，扶持184人(次)，发放大米230公斤，油11公斤，扶持金7200元，减免门面租金2040元，3户贫困残疾人家庭纳入城市低保。 (王洪春)

名录

GUI YANG BAI YUN
NIAN JIAN 2013

领导名录

中共白云区委

书　　记　宗　文（2012.01~2012.09）
　　　　　丁雄军（2012.09~2012.12）
副 书 记　黄昌祥
　　　　　刘继东
常　　委　张民建
　　　　　宋旭升（2012.12~2012.12）
　　　　　马　钊
　　　　　任　萍（女）
　　　　　邱　斌
　　　　　高泽华（2012.01~2012.06）
　　　　　许俊松（2012.01~2012.08）
　　　　　仇　玮（女）
　　　　　冯建军（2012.06~2012.12）
　　　　　魏荣华（2012.08~2012.12）

中共白云区委工作部门

办公室

主　　任　周炳坤（土家族）
　　　　　况鹏飞（2012.05~2012.12）
常务副主任　邓　鸣（兼，2012.01~2012.02）
　　　　　陈祖发（2012.08~2012.12）
副 主 任　袁　飞
　　　　　朱　超（白族，2012.01~2012.04）
　　　　　张　科（2012.01~2012.08）
　　　　　张向希（穿青人）
　　　　　李　飞（2012.08~2012.12）
　　　　　杨　恺（2012.12~2012.12）
纪检组长　李　颖（女，2012.12~2012.12）
督查室主任　周　波

机要局

局　　长　李　强（2012.05~2012.12）

保密局

局　　长　王庆洪（布依族）

接待办公室

主　　任　张燕宾（女）

群工委

书　　记　刘继东
常务副书记　张　科
副 书 记　曾　晴（女）
　　　　　龙明会（布依族）
　　　　　李　宇（女）
　　　　　龙　超（兼，黎族

群工中心

主　　任　曾　晴（女）
副 主 任　简成珍（女）
　　　　　龙明会（布依族）
　　　　　陈再平

信访局

局　　长　张　科（2012.01~2012.08）
　　　　　曾　晴（女）
副 局 长　陈再平（2012.09~2012.12）

组织部

部　　长　仇　玮（女）
常务副部长　彭健超（女，2012.01~2012.08）
副 部 长　朱克文（兼，2012.01~2012.04）
　　　　　何　诚（兼）
　　　　　黄　锋（2012.01~2012.05）
　　　　　黄　锋（兼，2012.05~2012.12）
　　　　　廖光力（女，布依族，2012.08~2012.12）
　　　　　陈佳富（2012.08~2012.12）
组织员办主任　廖光力（女，布依族）
正科级组织员　王素贞（女）

干部科科长　陈佳富（2012.01~2012.08）
组织科科长　寇周喜
正科级干部　吴忠明（苗族，2012.01~2012.05）
副科级干部　李　杰（土家族，2012.08~2012.12）

远教办

主　　任　仇　玮（兼，女）
专职副主任　吴学中（苗族）

党代表联络服务办公室

副　主　任　彭　恒（挂职，2012.12~2012.12）

宣传部

部　　长　任　萍（女）
常务副部长　谌洪波
副　部　长　刘　刚

精神文明建设指导委员会办公室

主　　任　刘　刚
副　主　任　卢　燕（女）
会展经济办、文化产业办主任　刘　敏（女）
创建办主任　马利飞（布依族）

统战部

部　　长　高贤荣（2012.01~2012.01）
　　　　　徐家升（2012.02~2012.12）
常务副部长　杜　波（女）
副　部　长　杨　镔（兼）
　　　　　李春雪
　　　　　莫国祥（兼，布依族）

政法委员会

书　　记　许俊松（2012.01~2012.08）
　　　　　魏荣华（2012.08~2012.12）
常务副书记　龙　超（黎族）
副　书　记　路元志
　　　　　张　俊
纪工委书记　龙　超（黎族）
政工科科长　黄　勇

社会治安综合治理委员会办公室

主　　任　张　俊
专职副主任　宋庆涛

维护社会稳定办公室

主　　任　龙　超（兼）
专职副主任　高　飞（土家族）

禁毒办公室

主　　任　路元志（兼）

国家安全领导小组办公室

主　　任　路元志（兼）
副　主　任　司庆忠
办公室（研究室）主任　孙绍敏（女，2012.05~2012.12）
正科级干部　贾崇星（2012.01~2012.08）

综治办流动人口服务中心

主　　任　李晓松

党史（政策）研究室

主　　任　袁　飞
副　主　任　邓顺华

机构编制委员会办公室

主　　任　王意伟
事业单位登记管理局局长　陈桂林

机关党委

书　　记　唐晓涛
副　书　记　何明珠（女，仡佬族）
　　　　　田成元
纪委书记　田成元
组　织　员　朱启良

离退休干部工作局

局　　长　何　诚
副　局　长　蒋　兰（女）
　　　　　罗　蕤（兼，女，布依族）

党　校

校　　长　刘继东
常务副校长　何　璨（2012.01~2012.07）
　　　　　朱克文（2012.07~2012.12）

副　校　长　安慧敏（女，2012.01~2012.10）
　　　　　　寇周喜（2012.12~2012.12）
办公室主任　于长江
教务科科长　盛　健
行政学校校长　张民建（兼）

新闻中心

主　　　任　王　伟（土家族）
副　主　任　任　芳（女，彝族）
　　　　　　谭晓晴（女）

中共白云区纪律检查委员会

书　　　记　马　钊
副　书　记　楼　骏（女）
　　　　　　胡　鹏
常 务 委 员　戴孝霞（女）
　　　　　　许　康
　　　　　　吴艳涛（女）
　　　　　　赵　亮

中共白云区纪委（监察局）工作机构

监察局

局　　　长　楼　骏（女）
副　局　长　夏红阳（女，2012.01~2012.03）
　　　　　　吴艳涛（女）
第一纪工委（监察分局）书记（局长）　田成元（2012.12~2012.12）
第二纪工委（监察分局）书记（局长）　楼　骏（女，2012.12~2012.12）
第三纪工委（监察分局）书记（局长）：胡　鹏（2012.12~2012.12）
第四纪工委（监察分局）书记（局长）　龙　超（2012.12~2012.12）
办公室主任　蒙代丰（布依族）
纪检监察一室主任　张光铭（土家族）
纪检监察二室主任　谈洪亚（女）
党风廉政建设室主任　黄　飞
执法监察室主任　赵　亮
案件审理室主任　刘铁臣（2012.01~2012.03）
　　　　　　　　李贵霞（女，2012.12~2012.12）
信 访 室 主 任　刘文珍（女）
宣传教育和干部管理室主任　梁　丽（女）
举 报 中 心 主 任　赵飞利（女）
党务公开办主任　邓秋维（女）

白云区人大常委会

主　　　任　张朝栋
党 组 书 记　张朝栋
党组副书记　李天权（2012.01~2012.01）
　　　　　　高贤荣（2012.02~2012.12）
副　主　任　李天权（2012.01~2012.01）
　　　　　　高贤荣
　　　　　　罗泽惠（布依族）
　　　　　　杨光林（2012.01~2012.01）
　　　　　　赵　晶（女，满族）
　　　　　　吴继红（女）
　　　　　　杨建柳（女，侗族）
　　　　　　韦成文（侗族）
　　　　　　周炳坤（土家族）
委　　　员　李永发
　　　　　　唐光意
　　　　　　王在新
　　　　　　吴　建
　　　　　　夏红阳（女）
　　　　　　彭健超（女）
　　　　　　曹　平（女）
　　　　　　欧阳知戎
　　　　　　曹跃清
　　　　　　卢小梅（女）

施　京
李　玉
张书军

董　智（2012.01~2012.08）
杨志荣（挂职，2012.02~2012.12）
赵子铱（女，挂职，布依族，2012.04~2012.12）

白云区人大常委会工作部门

办公室

主　　任　李永发
副 主 任　陈恩祥（穿青人）
　　　　　卢小梅（女）

财经工作委员会

主　　任　莫子烈（布依族，2012.01~2012.03）
　　　　　夏红阳（女，2012.03~2012.12）

教科文卫工作委员会

主　　任　吴　建

选任联工作委员会

主　　任　王在新

法制工作委员会

主　　任　唐光意

白云区人民政府

区　　长　黄昌祥
党组书记　黄昌祥
党组副书记　张民建
常务副区长　张民建
副 区 长　邱　斌
　　　　　李云霞（女，挂职）
　　　　　李　云（女）
　　　　　王益彬
　　　　　王　斌

白云区人民政府工作部门

办公室

主　　任　刘千方
常务副主任　包　翼（2012.05~2012.12）
副 主 任　涂朝学（侗族，2012.01~2012.05）
　　　　　包　翼（2012.01~2012.05）
　　　　　吴　红（女，兼）
　　　　　刘　赟（2012.02~2012.05）
　　　　　杨　明（穿青人，2012.09~2012.12）
　　　　　李轶男（女，2012.09~2012.12）
　　　　　张　凯（2012.09~2012.12）
　　　　　郭　敏（女，2012.09~2012.12）
纪检组长　许　冰（女，白族，2012.12~2012.12）
法制办主任　赵　靖（苗族）
督查室主任　徐　刚

应急管理办公室

主　　任　刘千方（兼）
专职副主任　杨　明（穿青人，2012.01~2012.09）
科学发展研究中心主任　张　凯（2012.01~2012.09）
政务服务中心主任　郭　敏（女，2012.01~2012.09）
政府采购中心主任　李轶男（女，2012.01~2012.09）

人民防空办公室

主　　任　张志权

全民国防教育委员会办公室

主　　任　张国栋

发展和改革局

党组书记　蒋　楠

党组副书记　杨友荣
局　　长　杨友荣
副 局 长　班秦华（布依族）
　　　　　罗开国
项目促进办公室主任　童传贵（2012.09~2012.12）

教育局

党委书记　李益兰（女）
党委副书记　马相廷
局　　长　李益兰（女）
纪委书记　马相廷
副 局 长　王春泉（女，布依族）
　　　　　刘志昭
教育科研培训中心主任　舒世华（2012.01~2012.07）

教育督导室

办公室主任　何　涛

科学技术局

局　长　刘　成
副局长　吴静清（女，苗族）
　　　　刘海涛
防震减灾办公室主任　班贵平（布依族，2012.05~2012.12）

工业和信息化局

党总支书记　周清荣
党总支副书记　陈忠友（2012.01~2012.02）
　　　　　　付念平（2012.05~2012.12）
局　　长　陈忠友（2012.01~2012.02）
　　　　　付念平（2012.05~2012.12）
副 局 长　付念平（2012.01~2012.05）
　　　　　黄　睿
　　　　　刘朝晖（女，2012.09~2012.12）
节能监察大队大队长　刘朝晖（女，2012.01~2012.09）
信息中心主任　李春茂（回族）

民族事务局

党组书记　莫国祥（布依族，2012.01~2012.03）
局　　长　莫国祥（布依族，2012.01~2012.03）
副 局 长　罗春勇（布依族）
　　　　　张桂荣（女）
民族民俗博物馆馆长　朱大祥（苗族）

民政局

党组书记　宋黔凤（女，2012.01~2012.03）
　　　　　王庆玲（女，布依族，2012.03~2012.12）
党组副书记　王庆玲（女，布依族，2012.01~2012.03）
局　　长　王庆玲（女，布依族）
常务副局长　陈明云（布依族，2012.08~2012.12）
副 局 长　李　杰（土家族，2012.01~2012.08）
　　　　　刘祖建

双拥办

主　任　程学栋
副主任　彭海欧（侗族）

老龄委办公室

主　　任　王庆玲（女，布依族）
专职副主任　王太明

司法局

党组书记　李志伟（苗族）
　　　　　赵进红（女，2012.12~2012.12）
党组副书记　赵进红（女，2012.02~2012.12）
局　　长　李志伟（苗族，2012.01~2012.02）
　　　　　赵进红（女，2012.02~2012.12）
副 局 长　刘昆芳（女）
　　　　　黄　辉
依治办主任　王远和
政工科科长　陈　林

财政局

党组书记　吴继红（女，2012.01~2012.02）
　　　　　安　宁（2012.02~2012.12）
局　　长　吴继红（女，2012.01~2012.02）
　　　　　安　宁（2012.02~2012.12）
常务副局长　邹　平（女）
副 局 长　赵　勇
国库集中支付中心主任　高　燕（女）
基层财政管理局局长　郃秀碧（女，侗族，2012.05~2012.12）

副科级干部　彭永富
王至宏（2012.01~2012.04）

城区经济发展办公室

主　　任　马　钊（兼，2012.04~2012.12）
常务副主任　张亦雷（土家族，2012.04~2012.12）
副 主 任　张　波（女，2012.04~2012.12）

人力资源和社会保障局

党 组 书 记　朱克文（2012.01~2012.03）
黄　锋（2012.05~2012.12）
党组副书记　王意伟（2012.01~2012.05）
局　　长　朱克文（2012.01~2012.03）
黄　锋（2012.05~2012.12）
常务副局长　王意伟（2012.01~2012.05）
副 局 长　李永华
李卫平（女，土家族）
社保收付管理中心主任　何　燕（女）
就业和职业技能开发中心主任　任红梅（女）
劳动保障监察大队大队长　谢卫林

七冶社区服务中心

主　任　任仲德
副主任　张小慰（侗族）
林　军（女）

耐火材料厂服务中心

主　任　曾居红（2012.01~2012.02）
蔡大方（2012.05~2012.12）
副主任　杨安平（2012.01~2012.07）

生态文明建设局

党 总 支 书 记　邓胜元（2012.12~2012.12）
党总支副书记　姜丽萍（女，2012.12~2012.12）
局　　长　姜丽萍（女，2012.12~2012.12）
纪 检 组 长　王胜祥（2012.12~2012.12）
副 局 长　唐　勇（土家族，2012.12~2012.12）
秦代菊（女，2012.12~2012.12）
刘　亮（2012.12~2012.12）

环保局

党 组 书 记　邓胜元
局　　长　邓胜元
副 局 长　唐　勇（土家族）
王胜祥

住房和城乡建设局

党 组 书 记　刘玉刚（苗族）
党总支书记　刘玉刚（苗族）
党组副书记　胡正康（2012.01~2012.08）
局　　长　胡正康（2012.01~2012.08）
副 局 长　宋米加
王成阳
总 建 筑 师　辛丽杰（女）

交通运输局

党 组 书 记　罗兴周（侗族）
党组副书记　方勇盛（苗族，2012.08~2012.12）
局　　长　方勇盛（苗族，2012.08~2012.12）
副 局 长　王洪昌
彭　楠
公路管理所所长　王开元
纪 检 组 长　马　浩（2012.12~2012.12）

农业水利局

党 总 支 书 记　熊保华
党总支副书记　朱克刚
局　　长　朱克刚
副 局 长　刘海泉
莫　成
推进城乡一体化及新农村建设办公室
主　任　何爱飞（土家族）
动物卫生监督所所长　周　毅（2012.05~2012.12）

商务局

党 总 支 书 记　秦　亚
党总支副书记　刘志军
局　　长　刘志军
副 局 长　翁德华（2012.01~2012.04）

生猪屠宰监察大队大队长　曾庆德

旅游文体广播电视局

党组书记　孙　莹（女，满族）
党组副书记　敖克模（2012.01~2012.05）
　涂朝学（侗族，2012.05~2012.12）
局　长　敖克模（2012.01~2012.05）
　涂朝学（侗族，2012.05~2012.12）
副局长　谢凤国（布依族）
　唐　玲（女）

旅游文化市场综合执法大队

大队长　胡　忠
电视台台长　杜晓峰
电视台副台长　杨卫民（土家族）
　曹　刚

卫生和食品药品监督管理局

党总支书记　袁正鸿
党总支副书记　余永华
局　长　余永华
副局长　杨　兵（侗族）
　漆基远
　吴家宇

白云区第一人民医院

党支部书记　刘　剑
院　长　刘　剑
副院长　王祥筑（2012.01~2012.03）
　杨秀纯
　程时迁
　刘代平

疾病预防控制中心

主　任　袁　华（布依族）
副主任　周艳霞（女）
　刘一丹（女，仡佬族，2012.09~2012.12）

卫生监督局

局　长　覃佳全
副局长　何小卉（女）

爱卫办

党组书记　刘先江
主　任　刘先江
副主任　周江毅

人口和计划生育局

党组书记　舒孝友
局　长　舒孝友
副局长　胡永平
　曾朝明
生殖妇幼保健服务中心主任　周恩芳（女）

流动人口服务管理中心

主　任　舒孝友（兼）
副主任　舒世华（2012.07~2012.12）

计划生育协会

会　长　李　云（兼，女，2012.01~2012.01）
　刘继东（兼，2012.01~2012.12）
第一副会长　李　云（兼，女）
常务副会长　舒孝友（兼，2012.01~2012.12）
专职副会长　李英莉（女，满族）
秘书长　王　君（女）

审计局

党组书记　黄昌贤
局　长　黄昌贤
副局长　梁　艳（女）
　王发春（2012.12~2012.12）
纪检组长　陈举华（2012.12~2012.12）

固定资产投资评审中心

主　任　文　权\

林业绿化局

党组书记　姜丽萍（女）
局　长　姜丽萍（女）
副局长　秦代菊（女）
　刘　亮

现代农业科技示范园区服务管理办公室

主　　任　张万霞（女）
白云公园管理办公室副主任　龙艳艳（女，侗族）
白云中国风筝艺术馆馆长　李洪斌
花卉办主任　陈劲松
都溪林场场长　徐忠波
林业综合行政执法大队大队长　庞广强
森林公安派出所所长、兼教导员　庞广强

城市管理局（城市综合执法局）

党总支书记　王元兴（苗族）
党总支副书记　方勇盛（苗族，2012.01~2012.08）
　　　　　　高贤贵（2012.08~2012.12）
局　　长　方勇盛（苗族，2012.01~2012.08）
　　　　　　高贤贵（2012.08~2012.12）
副 局 长　高贤贵（2012.01~2012.08）
　　　　　　赖会军
城管大队教导员　兰正莲（女，布依族）
城管大队大队长　李景祥
环境卫生管理站站长　张　丽（女）

统计局

党组书记　陶若冰（布依族）
局　　长　陶若冰（布依族）
副 局 长　王　维（女，2012.01~2012.08）
　　　　　　刘显武

乡镇统计管理办公室

主　任　蒋贵容（女，土家族，2012.05~2012.12）
副主任　熊翠琳（女，2012.09~2012.12）

粮食局

党总支书记　谭厚胜（侗族）
党总支副书记　陈礼辉（2012.01~2012.02）
　　　　　　李光曙（2012.03~2012.12）
局　　长　陈礼辉（2012.01~2012.02）
　　　　　　李光曙（2012.03~2012.12）
副 局 长　李　庆
　　　　　　李　杰（土家族，2012.12~2012.12）

安全生产监督管理局

党组书记　胡　彬
局　　长　胡　彬
副 局 长　王华山（布依族）
　　　　　　王光龙（2012.01~2012.12）
安全生产监督执法大队大队长　马　彪

水利水电工程移民局

党组书记　祝五一（布依族）
局　　长　祝五一（布依族）
副 局 长　胡友平
　　　　　　刘福俊

档案局

党组书记　吴玉芳（女）
局　　长　吴玉芳（女）
副 局 长　孔　军
　　　　　　徐炯明

投资促进局

党组书记　吴兆伟
局　　长　吴兆伟
副 局 长　王学祥
　　　　　　张亦雷（土家族，2012.01~2012.03）
　　　　　　黄　艳（女，2012.03~2012.12）
　　　　　　吴育材（挂职，侗族，2012.12~2012.12）

蔬菜生产技术服务中心

主　任　罗义银
副主任　彭显化
　　　　　邓贵华

供销合作社联合社

党总支书记　周　海
主　　任　周　海
副 主 任　伍全红（女）
　　　　　　王中粮（2012.01~2012.12）
监事会副主任　王发祥

机关事务局

局　长　吴　红（女）
副局长　李永革

房屋征收局

党组书记　邓克华
局　　长　邓克华
副 局 长　梁　剑
　　　　　陈红云（布依族）

土地储备中心

主　任　安　宁
副主任　朱兴福
　　　　秦　妮（女）

棚户区城中村改造办公室

副主任（主持工作）　刘　赟（2012.05~2012.12）
副主任　冯　晶（女，2012.05~2012.11）

工业园区建设开发办公室

书　记　安万红（女，土家族）
副书记　杨正春（女，2012.11~2012.12）
主　任　安万红（女，土家族）
副主任　张孟华
　　　　邓　华（苗族）

综合协调部

部　长　廖　军
副部长　张　媛（女）

建设开发部

部　长　周光鑫
副部长　杜建平

招商服务部

部　长　张银柱（2012.08~2012.12）
副部长（主持工作）　张亦雷（土家族，2012.01~2012.03）
副部长　刘　君（2012.01~2012.12）

国有资产投资经营有限责任公司

副总经理（主持工作）　胡继红（女）
副总经理　胡　宪

白云工业发展投资有限公司

董事长　安　宁
总经理　安　宁
副总经理　欧阳飞（苗族）
　　　　　曾海吟（女）

白云城市建设投资有限公司

总　经　理　李国华（女）
常务副总经理　李　庆（2012.12~2012.12）
副总经理　冯　晶（女，2012.01~2012.05）

政协白云区委员会

主　　席　卢瑞礼
党组书记　卢瑞礼
党组副书记　高贤荣（2012.01~2012.01）
　　　　　　何　璨（2012.02~2012.12）
副 主 席　高贤荣（2012.01~2012.01）
　　　　　张汝昌
　　　　　李桂平
　　　　　陈冬萍（女
　　　　　何　璨
　　　　　胡　军
　　　　　徐家升
　　　　　蒋晓红（女）

政协白云区委员会工作部门

办公室

秘 书 长　李光曙（2012.01~2012.03）
代理秘书长　彭健超（女，2012.08~2012.12）
副秘书长　王金利（女，2012.01~2012.12）
主　　任　王金利（女）
副 主 任　何正柏（土家族）
　　　　　赵　娟（女，回族）

纪检组长　付素莲（女，2012.12~2012.12）

经济科技与对外联络委员会

主　　任　汪建华

提案发展与社会民族委员会

主　　任　吴慧英（女）

文教卫生与文史学习委员会

主　　任　陆振岗

城市建设与农村发展委员会

主　　任　王　静（女）

智力支边办公室

主　　任　欧福国

白云区人民武装部

人武部政委、党委书记　高泽华（2012.06转业）

人武部政委、党委书记　冯建军（2012.06调入）

人武部部长、党委副书记　邱红兵（2012.03调离）

人武部部长、党委副书记　杨　健（2012.03调入）

人武部部长、党委副书记　何　江（2012.07调入）

人武部副部长兼军事科长、党委委员　李纯国

人武部政工科长、党委委员　周生礼

人武部后勤科长、党委委员　严鹏华

白云区群众团体

白云区总工会

主　　席　李天权（兼，2012.01~2012.01）

　　　　　周炳坤（土家族，2012.03~2012.12）

党组书记　廖　燕（女，2012.01~2012.02）

　　　　　陈礼辉（2012.02~2012.12）

副 主 席　陈礼辉（2012.02~2012.12）

　　　　　廖　燕（女，2012.01~2012.02）

　　　　　赵刚琴（女，布依族）

　　　　　吴文祥（苗族）

共青团白云区委员会

书　　记　欧阳知戎（苗族，2012.01~2012.04）

　　　　　杨正春（女，2012.05~2012.11）

　　　　　冯　晶（女，2012.11~2012.12）

副 书 记　杨正春（女，2012.01~2012.05）

　　　　　付宇一（2012.11~2012.12）

白云区妇女联合会

主　　席　曹　平（女，仡佬族）

副 主 席　蒋贵容（女，土家族，2012.01~2012.05）

　　　　　何向真（女，2012.05~2012.10）

白云区文学艺术界联合会

主　　席　谌洪波（兼）

常务副主席　晏学维

白云区科学技术协会

主　　席　班正全（布依族，2012.01~2012.06）

副 主 席　刘丽琴（女，汉族）

秘 书 长　刘丽琴（兼，女，汉族）

兼职副主席　刘　成

　　　　　吴继红（女）

　　　　　杨　兵

　　　　　胡友平

　　　　　雷　俊

白云区工商业联合会

主　　席　李桂平（兼）

党组书记　杨　镔

副 主 席　杨　镔

　　　　　邓召斌（苗族）

副主席（副会长）　甘贤海　贵阳市白云区工商局局长

副主席（副会长）　张　伟　贵阳银行白云支行行长

副主席（副会长） 颜永益 贵州航洋数码科技有限公司董事长
副主席（副会长） 周 红 贵州龙博机械制造有限公司副董事长
副主席（副会长） 陈永祥 贵阳长乐钢铁有限公司董事长
副主席（副会长） 刘忠海 贵州塑力线缆有限公司总经理
副主席（副会长） 孟 辉 贵阳白云嘉禾企业发展有限公司董事长
副主席（副会长） 胡光辉 贵州汇新科技发展有限公司董事长
副主席（副会长） 李德祥 贵州合力购物有限责任公司董事长
副主席（副会长） 吕保平 恒大地产集团贵阳置业有限公司董事长
副主席（副会长） 颜昌峰 和谐白云促进会会长
副主席（副会长） 罗忠平 贵州华阳房地产开发有限公司董事长
副主席（副会长） 马晓峰 贵州泰美投资股份有限公司总经理
副主席（副会长） 张朝阳 贵阳兴塑管业有限公司总经理
副主席（副会长） 蒲东雷 贵阳优品道投资发展有限公司总经理
副主席（副会长） 李建华 贵阳西部化工市场有限责任公司董事长
副会长 张立廷 贵州三占集团股份有限公司董事长
副会长 张书军 贵州白云特种水泥厂厂长
副会长 陈律宇 贵州中泉电气集团有限公司董事长
秘书长 邓召斌（苗族）

白云区归侨侨眷联合会

主 席 楼 苑（女）
秘书长 王 蓉（女，布依族）

白云区残疾人联合会

理 事 长 蒋晓红（女，2012.01~2012.02）
廖 燕（女，2012.02~2012.12）
副理事长 管伟良

白云区关心下一代工作委员会

第一主任 任 萍（女，2012.01~2012.10）
仇 玮（女，2012.10~2012.12）
主 任 张金兰（女，2012.01~2012.10）
江金文（2012.10~2012.12）
秘 书 长 罗 蕤（女，布依族）

白云区人民法院

党组书记 冯清明
党组副书记 杨元忠
院 长 冯清明
代理院长 冯清明
副 院 长 刘云东
刘咏松
杨小文
纪检组长 杨元忠
政工科科长 赵永明（土家族）

执行工作局

局 长 覃向明
副局长 杨晓勇（2012.12~2012.12）
副局长 胡际晖（2012.12~2012.12）
专职审委会委员 李雪梅（女）
沙文法庭庭长 刘大弘
艳山红法庭庭长 彭骧夫
麦架法庭庭长 冯广青（女）
立案庭庭长 李光兰（女，2012.12~2012.12）
审判监督庭庭长 阮大莉（女，2012.12~2012.12）
刑事审判庭庭长 刘佳玲（女，2012.12~2012.12）
民事审判一庭庭长 张 钰（女，2012.12~2012.12）
民事审判二庭庭长 胡晓芳（女，苗族，2012.12~

2012.12）
行政审判庭庭长　肖建忠（2012.12~2012.12）
司法技术室主任　汪宝秋（女，2012.12~2012.12）

白云区人民检察院

党组书记　丁泽军（2012.01~2012.12）
检 察 长　丁泽军（2012.01~2012.12）
代理检察长　丁泽军（2012.01~2012.01）
副检察长　李亚松
朱黎安
罗文峰（土家族）
纪检组长　王焕萍（女，2012.01~2012.06）
贾崇星（2012.08~2012.12）
政工科科长　曾　荟（女）

反渎职侵权局

局　长　靳　文（女）
副局长　李　勤（土家族，2012.12~2012.12）

反贪污贿赂局

局　长　江　洪
副局长　张曦明（2012.12~2012.12）
专职检委会委员　潘　竞
阳　惠（女，壮族）
公诉科科长　王　瑜（女，2012.12~2012.12）
侦查监督科科长　邹小华（女，2012.12~2012.12）
控告申述科科长　韦文锦（布依族，2012.12~2012.12）
职务犯罪预防科科长　周明杰（2012.12~2012.12）
民事行政科科长　何　凤（女，2012.12~2012.12）
监所科科长　侯小东（2012.12~2012.12）
技术科科长　曾大发（2012.12~2012.12）
案件管理中心主任　王　松（2012.12~2012.12）

乡（镇）、社区、街道

艳山红镇

党委书记　韦成文（侗族）
副 书 记　班正勇（布依族）
张银柱（2012.01~2012.08）
镇　　长　班正勇（布依族）
人大主席　王学能
纪委书记　张银柱（2012.01~2012.08）
武装部长　卜　林
政法委书记　董志斌
副 镇 长　魏　武
任红军
冷桂兰（女）
卜　林

麦架镇

党委书记　徐家升（兼，2012.01~2012.02）
胡　军（2012.02~2012.12）
副 书 记　杨文祥
周　敬
镇　　长　杨文祥
人大主席　王道金（苗族）
纪委书记　周　敬
武装部长　罗　坤（布依族）
政法委书记　胡　熙
副 镇 长　唐　俊（女）
王　成
罗　坤（布依族）
刘　冬

沙文镇

党委书记　胡　军（2012.01~2012.02）
赵荣武（白族，2012.02~2012.12）
副 书 记　赵荣武（白族，2012.01~2012.02）
赵　雪（女）
袁　岵（2012.05~2012.12）

镇　　　长　赵荣武（白族，2012.01~2012.02）
　　　　　　袁　屿（2012.05~2012.12）
人大主席　何正富
纪委书记　赵　雪（女）
武装部长　徐成显
政法委书记　王平先（苗族）
副　镇　长　袁　屿（2012.01~2012.05）
　　　　　　陈昌荣
　　　　　　徐成显
　　　　　　唐　逴
　　　　　　曾传秀（女）

都拉布依族乡

党委书记　赵进红（女，2012.01~2012.02）
　　　　　　陈忠友（2012.02~2012.12）
副　书　记　韦富刚（布依族，2012.01~2012.12）
　　　　　　周　俊（青族）
乡　　　长　韦富刚（布依族）
人大主席　卢晋勇
纪委书记　周　俊（青族）
武装部长　龙军付
政法委书记　岑　跃（布依族）
副　乡　长　龙军付
　　　　　　罗兴奇（布依族）
　　　　　　樊明琴（女）
　　　　　　罗林祥

牛场布依族乡

党委书记　唐　中
副　书　记　罗平林（布依族）
　　　　　　肖玉林
乡　　　长　罗平林（布依族）
人大主席　沈成涛
纪委书记　肖玉林
武装部长　曾玉松
政法委书记　陈明云（布依族，2012.01~2012.08）
副　乡　长　罗　钊（侗族）
　　　　　　胡　洁（女）
　　　　　　罗德红（布依族）
　　　　　　曾玉松

大山洞街道办事处

党工委书记　杨建柳（女，侗族，2012.01~2012.04）
副　书　记　周　亮（2012.01~2012.04）
人大工委主任　杨建柳（兼，女，侗族，2012.01~2012.04）
办事处主任　周　亮（2012.01~2012.04）
纪工委书记　李卓莉（女，2012.01~2012.04）
武装部长　郑兴华（2012.01~2012.04）
政法委书记　吴琳波（侗族，2012.01~2012.04）
副　主　任　黄　艳（女，2012.01~2012.03）
　　　　　　陈毅勇（女，2012.01~2012.04）
　　　　　　邱永亮
　　　　　　王　辉（布依族）

艳山红街道办事处

党工委书记　杜祖雄（2012.01~2012.04）
副　书　记　雷　俊（畲族，2012.01~2012.04）
人大工委主任　杜祖雄（兼，2012.01~2012.04）
办事处主任　雷　俊（畲族，2012.01~2012.04）
纪工委书记　陈　林（女，布依族，2012.01~2012.04）
武装部长　刘志刚（2012.01~2012.04）
政法委书记　吴　锐（土家族，2012.01~2012.04）
办事处副主任　杨　劲（女，2012.01~2012.04）
　　　　　　张　波（女，2012.01~2012.03）
　　　　　　黄光华（2012.01~2012.04）
　　　　　　余江鸿（2012.01~2012.04）

都拉营街道办事处

书　记　魏达智（2012.01~2012.04）
主　任　张学忠（2012.01~2012.04）

大山洞社区

书　记　周　亮（2012.04~2012.12）
副书记　朱　超（白族，2012.04~2012.12）
　　　　李卓莉（女，2012.04~2012.12）
社区服务中心主任　朱　超（白族，2012.04~2012.12）
纪委书记　李卓莉（女，2012.04~2012.12）

武装部长 李卓莉（兼，女，2012.04~2012.12）
政法委书记 周 亮（兼，2012.04~2012.12）
副 主 任 邱永亮（2012.04~2012.12）
党委委员（保留副科级） 陈毅勇（女，2012.04~2012.12）
郑兴华（2012.04~2012.12）

艳山红社区

书 记 杜祖雄（2012.04~2012.12）
副 书 记 雷 俊（畲族，2012.04~2012.12）
黄光华（2012.01~2012.12）
服务中心主任 雷 俊（畲族，2012.04~2012.12）
副 主 任 余江鸿（2012.04~2012.12）
纪委书记 黄光华（2012.01~2012.12）
武装部长 黄光华（兼，2012.01~2012.12）
政法委书记 杜祖雄（兼，2012.04~2012.12）
党委委员（保留副科级） 陈 林（女，布依族，2012.01~2012.04）
吴 锐（土家族，2012.04~2012.12）

铝兴社区

党委书记 廖爱玲（女）
副 书 记 杨昌碧（苗族）
杨胜英（女）
服务中心主任 杨昌碧（苗族，2012.01~2012.08）
杨胜英（女，2012.08~2012.12）
服务中心副主任 曹 敏（女）
政法委书记 杨胜英（女，2012.01~2012.04）
廖爱玲（兼，女，2012.04~2012.12）
纪委书记 杨胜英（女，2012.01~2012.08）
杨昌碧（苗族，2012.08~2012.12）
武装部长 杨胜英（兼，女，2012.04~2012.08）
杨昌碧（苗族，2012.08~2012.12）

白沙关社区

书 记（保留正科级） 王 彬
副书记 周忠诚
朱贵东
服务中心主任 周忠诚
纪委书记 朱贵东
政法委书记 朱贵东（2012.01~2012.04）
王 彬（2012.04~2012.12）
武装部长 王 彬（兼，2012.04~2012.12）
服务中心副主任（保留副科级）
施 京
段 毅（女，土家族）

红云社区

书 记 欧阳知戎（苗族，2012.04~2012.12）
副书记 刘志刚（2012.04~2012.12）
吴琳波（侗族，2012.04~2012.12）
服务中心主任 刘志刚（2012.04~2012.12）
政法委书记 欧阳知戎（兼，苗族，2012.04~2012.12）
武装部长 欧阳知戎（兼，苗族，2012.04~2012.12）
服务中心副主任 杨 劲（女，2012.04~2012.12）
党委委员（保留副科级） 王 辉（布依族，2012.04~2012.12）

都拉营社区

书 记 魏达智（2012.04~2012.11）
主 任 张学忠（2012.04~2012.12）

学 校

第一中学

校 长 徐建勋
党支部书记 赵跃阳

第二中学

校 长 曹 红（女，满族）
党支部书记 曹 红（女，满族）
党支部副书记 周炳鑫（土家族）
副 校 长 朱建明

职业技术学校

校　　长　杨文通（侗族）

党支部书记　葛明祥

副 校 长　刘　辙（侗族）

何　贤（女，2012.09~2012.12）

白云一小

校　长　安仕文（土家族）

驻区单位

贵州省国土资源厅贵阳白云经济开发区国土资源分局

局　长　涂灵军（2012.10~2012.12）

张　群（2012.01~10）

副局长　刘朝蓉（女，侗族）

梅松林

贵阳市国土资源局白云区分局

局　　长　涂灵军（2012.10.~2012.12.）

党组书记　张　群（主持全面工作）

副局长、党组成员　刘朝蓉（女，侗族）

副局长　梅松林

副局长　饶可俊

副科级、党组成员、纪检监察员　杨庆锋（试用期1年，2012.10~2013.10）

贵阳市城乡规划局白云分局

局　长　胡廷先

副局长　黄江涛

副局长　盛灵颖

贵阳市白云区工商行政管理局

党组书记　甘贤海（2012.09. 调出）

局　　长　甘贤海

党组书记　左育榕（2012.09. 调入 ）

局　　长　左育榕

副局长　宋丽芳（女）

副局长　黄关键

纪检组长　蔡　瑜（女）

机关党委书记　谢　海

经济检查大队大队长　胡素友

贵阳市白云区国家税务局

党组书记　汪叔达

局　　长　汪叔达

副 局 长　王德玲（女）

副 局 长　袁学荣

副 局 长　董　纲

纪检组长　周　琦

副 局 长　任　祥

党总支书记　唐云丽（女）

贵阳市白云区地方税务局

党组书记　汪辉旭

局　　长　汪辉旭

纪检组长　龙建国

副 局 长　胡瑞杰（2012.01~2012.07）

副 局 长　卢　文（2012.01~2012.07）

副 局 长　杨世蓉（2012.08~2012.12）

副 局 长　周泽海（2012.08~2012.12）

贵阳市白云区质量技术监督局

党组书记　蒋成琪（2012.06 调离）

李　斌（2012.06~2012.12）

局　　长　蒋成琪（2012.01~2012.06）

李　斌（2012.06~2012.12）

副 局 长　冉晓光（2012.01~2012.12）

稽查队队长　袁志坚（2012.05~2012.12）

贵阳市白云区气象局

局　长　周治黔（2012.01~2012.09）

候　瑄（2012.09~2012.12）

副局长　张茜倩（2012.01~2012.12）

贵阳市公安局白云分局

党委书记、局长 魏荣华（2012.01~2012.09）
党委书记、局长 余 欣（2012.09~2012.12）
党委副书记、政委 周荣华（2012.01~2012.12）
党委副书记、常务副局长 龙宣义
党委委员、副局长 肖智强
武 荣
袁武忠
副党委委员、政委 何 东
党委委员、纪委书记 陈 震（布依族）
党委委员、政工室主任 黎广川
党委委员、督察大队大队长 冯邦惠
党委委员、龚家寨派出所所长 刘佳祥

贵阳市公安局塔山分局

党委书记、局长 甘 春（2012.3~2012.12）
政 委（兼） 秦亚梅（女，2012.02调离）
党委副书记、政委 任建书（2012.02调入）
党委委员、副局长 马正中
黄克俭（2012.06调离）
叶 翔（2012.03调离）
杨 杰（2012.03 调入）
党委委员、纪委书记 罗永庆
党委委员、局长助理 谢 平
党委委员 赵 宁
党委委员 姚延芹（女）

贵阳市公安交通管理局白云区分局（贵阳市公安局交警支队六大队）

大队长 郭镇文
副大队长 金绍君
副大队长 提富宪

贵阳市公安消防支队白云区大队

教导员 欧安能（2012.06调出）
马武科（2012.06. 调入）
大队长 周 筑（2012.06调出）
姚 刚（2012.06调入）

白云供电局

局 长 徐 锴
党支部书记 张艳秋（女）
副局长 郑拓夫
孙爱丽（女，苗族）
文 军
徐世琨

贵州燃气（集团）有限责任公司白云煤气站

站 长 聂分分

贵阳市白云区邮政局

局 长 叶 历（2012.12.27. 调入）
副局长 赵 冰（2012.04.24调出）
刘毕荣（2012.04.24~2012.12）
局长助理 张 琴（2012.07~2012.12.12）

中国电信股份有限公司贵阳白云区分公司

总经理 严 俊
党支部书记 严 俊
副总经理 张 龙（2012.05调离）
陈 岩
陈 林（2012.06调入）

中国移动通信集团贵州有限公司白云分公司

经 理 郭 航
党支部书记 郭 航
副经理 李 威

中国联通集团贵州有限公司白云分公司

总经理 宋 建
副总经理 刘 浩

金融机构

中国建设银行股份有限公司贵阳金阳支行

行 长 杜淑贤（2012.07调离）

行　长　何　健（2012.07调入）
副行长　周　兵（2012.07离职）
　　　　常　洁
纪检监察专员　梅卫国（2012.07调入）
行长助理　黄丽利

中国工商银行股份有限公司贵阳白云支行

行　　长　李　俊
副行长　陈　英
　　　　张　磊（2012.10离职）
　　　　陈丰凯
行长助理　李　洁（2012.11调入）

中国农业银行股份有限公司贵阳白云支行

行　长　段　勇（2012.09. 调离）
　　　　蓝　翔（2012.09~2012.12）
副行长　周　欢
　　　　蒋翔云（2012.09~2012.12）
　　　　方良辉（2012.09~2012.12）

交通银行股份有限公司贵阳白云支行

行　长　刘　屹
副行长　傅　伟（2012.07离职）
　　　　赵　洁（2012.07~2012.12）

贵阳银行股份有限公司白云支行

行　长　张　伟（2012．01~2012．08）
副行长（主持工作）　李松芸（2012.08~2012.12）
行长助理　李松芸（2012．01~2012．08）
　　　　周　莉（2012.08–2012.12）

贵阳农村商业银行白云支行

负责人　黄　梅（2012.07调离）
副行长　邓永良（2012.07调离）
　　　　李　杰（2012.04调入，2012.07主持工作）
　　　　马　权（2012.07调入）
　　　　余方杰（2012.07调入）

中国人民财产保险股份有限公司贵阳市白云支公司

经　理　江　萍
副经理　周奕羊
　　　　曾　晶

先进名录

【先进组织】　1. 白云区被国家档案局、民政部、农业部授予全国社会主义新农村建设档案工作示范区；

2. 白云区统计局被国家R&D资源清查领导小组办公室授予第二次全国R&D资源清查工作先进集体；

3. 都拉布依族乡冷水村被国家人口和计划生育委员会授予国家级基层群众自治示范村；

4. 区人口和计划生育局被国家人口和计划生育委员会授予2012年度《人口和计划生育》杂志基层宣传工作先进集体；

5. 区审计局关于《某同志任林业绿化局局长期间的经济责任审计》案例获国家审计署鼓励奖；

6. 区委宣传部被中共贵州省委、贵州省人民政府授予全省文明单位；

7. 都拉布依族乡冷水村被贵州省纪委授予贵州省廉政文化进农村示范点；

8. 红云社区中心被贵州省纪委、贵州省监察厅授予贵州省廉政文化进社区示范点；

9. 区妇联被省纪委、省监察厅授予贵州省廉政文化进家庭示范点；

10.《贵阳市白云区在乡镇换届人选考察中采用反向测评法》被省委组织部评为“全省干部人事制度改革创新项目”；

11. 铝兴社区服务中心被省委宣传部、省统战部、省民委授予全省民族团结进步创建示范社区；

12. 区财政局被省文明委授予全省创建文明城市工作精神文明建设工作先进单位；

13. 区人武部被贵州省军区授予全面建设先进单位；

14. 区人武部在贵州省军区举办的民兵骨干分队比武中获团体总分第三名；

15. 区人武部被省人社厅、省军区司令部、政治部、后勤部授予民兵工作先进单位；

16. 区科协获省科协、省教育厅、省科技厅、省环保厅、省体育局颁发的贵州省青少年科技创新大赛优秀组织奖；

17. 区教育局被省教育厅授予贵州省中小学体育艺术工作先进集体；

18. 区公安分局大山洞派出所被省公安厅授予全省文明户籍室；

19. 牛场布依族乡、都拉布依族乡、沙文镇、艳山红镇、麦架镇被省民政厅授予贵州省村务公开民主管理示范单位；

20. 区公墓管理所被省民政厅授予全省民政系统行风建设示范单位；

21. 白云经济开发区被贵州省商务厅评为2011年全省商务系统先进单位；

22. 白云区被贵州省知识产权局授予第三轮县域知识产权试点区；

23. 白云经济开发区国土资源分局被贵州省国土资源厅授予2011年度开发区（风景名胜区）国土资源工作目标考核一等奖；

24. 区统计局在省统计局举办的“我爱记数据，喜迎十八大知识竞赛”中获三等奖；

25. 区统计局被省统计局评为2011年保障性住房统计工作一等奖；

26. 区统计局被省统计局评为2011年人口变动调查考核县级优秀奖；

27. 区统计局被省统计局评为2011年农村住户调查工作一等奖；

28. 区统计局被省统计局评为2011年商贸统计工作一等奖；

29. 区统计局被省统计局评为固定资产投资统计工作一等奖；

30. 贵阳国家高新技术产业开发区麦架沙文产业园、白云铝加工基地被省政府批准授予“511”特殊产业示范培育园区（百亿级）；

31. 区政协被省政协办公厅评为《贵州省政协报》发行工作三等奖；

32. 区政协被省政协办公厅评为《文史天地》杂志宣传发行工作三等奖；

33. 区蔬菜办被省果蔬蔬菜工作站授予2012年度全省夏秋冷凉蔬菜发展工作先进单位；

34. 区蔬菜办被省果蔬蔬菜工作站授予2012年度贵州省特色蔬菜产业发展工作先进单位；

35. 区动物卫生监督所被省动物卫生监督所授予2011年度动物屠宰检疫工作先进单位；

36. 艳山红镇鸡场社区党支部、都拉布依族乡上水村党支部、艳山红社区服务中心长山居委会党总支被中共贵州省委党的建设领导小组授予“五好”基层党支部；

37. 贵州省现代农业展示区被省扶贫开发办公室命名为贵州省旅游观光农业产业化扶贫实训基地；

38. 区建设经济强县领导小组办公室被省建设经济强县领导小组办公室评为2012年度信息报送优秀单位；

39. 区发改局被省建设经济强县领导小组办公室评为2012年度全面建设小康社会“专项课题”调研工作先进单位；

40. 区统计局被贵州省第六次人口普查领导小组评为第六次人口普查登记工作先进集体；

41. 区统计局被贵州省第六次人口普查领导小组评为第六次人口普查数据处理工作先进集体；

42. 白云区被贵阳市委、贵阳市人民政府授予贵阳市创建“全国文明城市”和“国家卫生城市”工作先进集体；

43. 区工信局被贵阳市委、贵阳市人民政府表彰为贵阳市民营经济发展先进集体；

44. 金东居委会党支部、金北居委会党支部被贵阳市委授予第五批五好基层党组织；

45. 红云社区服务中心红云居委会党总支被授予贵州省创先争优先进基层党组织；区委组织部党支部、区委宣传部党支部、区工业园区党委、沙文镇党委、铝兴社区服务中心党委、红云社区服务中心红云居委会党总支、大山洞社区服务中心建安居委会党支部、白沙关社区服务中心龚中居委会党支部、牛场布依族乡小山村党支部、艳山红镇白云村党支部、牛场布依族乡兴家田村党支部、麦架镇高坡村党支部、区第一人民医院党支部、区人口和计划生育局党支部被贵阳市委授予2010—2012年全市创先争优先进基层党组织。

46. 白云区委、白云区政府被贵阳市委授予市第六次党代表大会组织服务工作先进集体和先进个人；

47. 白云区创建国家节水型城市领导小组办公室被贵阳市人民政府授予创建国家节水型城市先进集体；

48. 区人社局、牛场布依族乡人社中心被贵阳市人民政府授予贵阳市2011年完成人力资源和社会保障工作目标任务先进单位；

49. 白云区政府被贵阳市委办公厅、贵阳市人民政府办公厅授予2011年度全面完成招商引资目标任务和招商引资优秀组织服务单位；

50. 白云区防范和处理邪教问题办公室、都拉布依族乡人民政府被贵阳市防范和处理邪教问题领导小组授予2011年度“无邪创建”活动合格单位；

51. 白云区人民政府被贵阳市铁路护路联防领导小组授予先进单位；

52. 都拉布依族乡铁路护路办被贵阳市铁路护路联防领导小组授予先进集体；

53. 区委宣传部被2012贵阳观山湖公园“中渝置地”春节灯会庙市组委会评为先进集体；

54. 区委宣传部被贵阳市党报党刊发行工作领导小组评为贵阳市2012年度党报党刊发行组织奖；

55. 区人口和计划生育局被贵阳市人口与计划生育和计划生育“三结合”工作领导小组授予人口和计划生育目标考核一等奖；

56. 区人口和计划生育局被贵阳市人口与计划生育和计划生育“三结合”工作领导小组授予国家级计划生育优质服务先进县；

57. 区民政局被贵阳市殡改领导小组办公室评为2011年全市殡葬目标考核达标。

（徐　刚）

文论选载

GUI YANG BAI YUN NIAN JIAN 2013

调研文章

高新区、白云区“背包干部”加速推进项目和园区建设的做法和成效

高新技术开发区党工委书记　中共白云区委书记　丁雄军

今年以来，高新区、白云区在国发2号文件和省第十一次党代会精神的鼓舞下，提振干事创业精气神，坚持“自觉自信自强、创先创新创优”，始终做到“干字当头、敢字为先、拼字求胜”，派驻干部职工入驻项目和园区，对新落地企业搭建帐篷搞服务，对厂房竣工企业背起背包搞服务，全力推进项目和园区建设，取得了明显成效。

一、主要做法

为切实服务好招商引资、重点项目，有效帮助企业解决建设中遇到的难题，两区举行“背包干部”驻项目出征仪式。数百名干部打上背包，生产线旁说发展，两脚泥土话项目，农家炕头聊民生，深入项目单位、企业、群众中进行“面对面”问诊、“面对面”谈心和“面对面”问效，建立绿色通道，实行超常规服务，有效推进“三化同步、产城互动、绿色崛起”战略的实施。

（一）面对面问诊，确保企业大干快上。为使项目的快落地、快投产，“背包干部”把时间视为效率，打破“八小时工作制”的框框制约，与企业一道“大雨小干，小雨大干，无雨拼命干”，迅速进入项目企业，调查摸清重点项目建设情况，以及需要解决的实际问题等，增强服务的针对性。一是快审批。最大限度缩短项目审批环节，对引进项目实行会晤审批制，项目审批涉及的立项、环评、规划许可等所有手续均由他们上门办理，不让企业跑一步路、绕一个弯，在最短时间内一次性完成项目审批手续。协调有关部门提前3个月完善了有关手续，为中铝板带项目融资4个亿创造了条件。二是快建设。他们对园区的每一个在建项目挂出“作战图”、列出“时间表”、立下“军令状”，把任务分解到星期、分解到天，发扬大干、实干、快干的精神，“五加二”“白加黑”，超常规推进项目建设。中泉电气的老总陈律宇感慨：“企业从开工到投产，所用的时间跟原来在浙江相比整整快了8个月。”三是快服务。他们组织项目责任领导、项目专员、职能部门负责人、村两委负责人等每天定时在施工现场召开项目调度会，了解当天的施工进度，协调现场交叉作业，研究解决施工中的困难和问题，做到当天问题必须当天解决，决不让问题过夜。两区半年来共收集困难问题368件，解决368件，企业和群众满意率达100%。

（二）面对面谈心，确保群众利益至上。推进项目和园区建设，既是机遇，也是挑战。既要拆迁促进发展，又要考虑老百姓失地不失业，还要保障拆迁安全，保证群众不上访，这一系列难题随之而来。“压力再大，也不能让群众希望变失望，困难再多，带着感情，带着责任去做，总能化解。”身入才能心近，心近才能情生。面对困难，“背包干部”纷纷背包进村，主动下访群众，倾听老百姓的“诉苦声”

和“唠叨声”。一是知民情。他们组织召开群众会，宣传政策、发动群众，问政于民、问需于民、问计于民，真诚倾听群众呼声，真实反映群众愿望，群众从心理上、情感上不再和干部有隔阂。开展入户大走访累计500余户，组织召开党员、村两委会、村民组长、村民代表等各类会议20余次，发放征求意见表1000余份，共梳理出反映村经济发展、征地拆迁、新农村建设等方面的意见和建议150条，一一进行了答复并报请上级研究解决。二是暖民心。他们走进贫困户、五保户家中嘘寒问暖、送钱送粮，帮助解决其眼前遇到的生产生活困难，真心把群众放心上，把群众当亲人。在沙文园区成立全省首家和谐园区促进会，发展会员58家，筹集资金315万元，已对园区40余户困难群众进行帮扶，促进了园区和谐发展。筹资150万元购买标准校车，确保开发征占片区孩子“有学上和上好学”。三是解民惑。他们经常深入农户家中拉家常、干农活，为了做通群众工作“磨破嘴，跑断腿，大娘大婶叫顺嘴”，真正做到身入、心入、情入，进而实现了“真情互动”与“和谐拆迁”，创造了“无一上访、无一强拆、无一诉讼”的历史奇迹。在了解到村民最大的顾虑在于土地征用后的如何安置补偿和持续发展后，鼓励艳山红镇刘庄村和村集体企业，以合资、入股等形式参与标准厂房建设，目前在基地共建设“标准厂房”近5.5万平方米。同时，积极引导失地农民进入标准厂房就业创业，为农民打造“创业园”。群众对“背包干部”的工作给予了高度评价，“虽然离开村子挺舍不得，但一想到将来这里会成为现代化工业园区，想到高新白云的经济飞速发展，我们觉得搬迁很自豪。背包干部的暖心服务，让我们吃了一颗定心丸。”

（三）面对面问效，确保项目落地生根。“花香自会引蝶，桐茂自会落凤”。“背包干部”主打真情牌，坚持以优质服务提升竞争软实力。对引进的每一个项目，他们提供全程式服务，将服务进行到底，“无微不至”的服务使得投资者来时欢心、留下舒心、干事顺心、追加投资有信心，更促进了以商招商。作为沙文园区新材料产业的领军企业，振华新材料年产2万吨锂离子电池正极材料项目从去年6月份动工以来，进展迅速。然而，一条3.5千伏安的高压线路成了拦路虎。在项目副总经理闵沛农心头，一直担忧涉及面广的线路迁改工作对工程的施工影响很大。让他没想到的是，早在车间动工之前，“背包干部”就已经与供电部门和设计单位取得联系，短短两个月时间，铁塔重新选址移位，线路迁改全部完成。闵沛农深有感触：“没想到这么顺利！”在他们的带动和影响下，区内群众近商、亲商、护商的氛围日益浓厚。对新落地的项目，他们就地搭建帐篷搞服务，全天候驻扎项目现场，轮流值守，指导、协调企业施工。不管是建设中的问题，还是生活上的要求，他们都会尽职尽责，全力帮助。从项目用地每棵树木的补偿到每座坟墓的迁移，都是现场解决问题，直至项目顺利开工建设。3月27日，湖南科力神重型机械股份有限公司摘牌沙文园区项目用地；3月31日，“背包干部”陪同项目方来到项目地块内组织相关单位放红线、查看施工便道建设等情况；4月，就项目地块内存在的征地、房屋、大棚征收等工作进行前期摸底；4月20日，协调相关部门到项目地块内勘测环评指标。目前，企业即将进场施工。对厂房已经竣工的企业，他们背起背包搞服务，深入村组拆迁点和项目施工现场，吃住在工地，第一时间，第一场地协调解决项目推进遇到的问题。千方百计降低企业社会管理成本，让投资者把精力放在生产经营上。“多亏他们积极协调贵州塑力电缆公司量身定做特殊电缆，将从外省调货至少需要的25天缩短到不到2天，使我们一期设备安装过程得以顺利进行，确保了原定生产进度。”贵州今飞铝合金轮毂项目有关负责人感激地说。同时，全面推行“共产党员示范岗”，将“背包干部”的照片、姓名、职务、联系电话等信息在企业大型户外宣传广告牌中公布，方便企业、群众联系和监督。建立问责机制，全面实行项目推进“一天一快讯、一周一报告、半月一考核”制度，抓好重点项目推进情况的督查，确保责任到人、政策到位、奖惩兑现。真正实现了每个项目有人跟、有人管、问题有专人解决的良好机制和全程跟踪服务机制，可以说每个项目的顺利开工建设无不浸透着“背包干部”的辛勤汗水。

二、初步成效

“背包队伍”保姆式的服务，高效的工作为项目和园区建设注入了强大的动力与活力，进入了一个前所未有的高速推进期。一是基础设施加速推进。3个月完成了沙文园区核心区闭合路网建设，7天打通“连心路”（沙文园区金干南路——铝及铝加工基地铝兴路延伸段），使沙文园区和铝加工基地连为一体，提前一年实现“六通一平”。金苏大道六、七标段、云环东路、马南路、干田路、麦苏路等园区主要道路建成通车，麦沙大道一、二、三、四标段、金干北路等道路建设进展顺利，园区通行条件大大改善。集中安置楼建设、商业综合配套服务区等建设项目正有序推进。二是项目建设快速高效。沙文园区第一个竣工投用项目中航凯阳航空发动机102试车台提前6个月点火，创造了国内试车台建设时间最短纪录；铝及铝加工基地15万吨铝板带、铝城铝业、华科等项目提前半年投产。娃哈哈、华恒机械、美国岱高、燕京啤酒、拜特药业、中泉电气等一大批项目快速推进。三是征地拆迁和谐有序。按照“超前摸清项目基本情况，加快补偿、加快征地、加快搬迁、加快拆迁、加快安置”的“一摸五加快”工作方法，创造了3天迁移125座坟墓、10天拆迁230户农房等多项纪录。2010年10月以来，两区累计开工重点项目143个，总投资687亿元；其中，工业项目99个，总投资430亿元，投产、达产37个，2013年预计全部项目实现投产，实现产值560亿元。

三、启示和体会

省第十一次党代会提出“构筑精神高地，冲出经济洼地”。高新区、白云区和着时代的节拍，用“背包干部”激活党群干群血肉情感，与广大干部群众一道构筑“精神高地”，汇聚多方力量奋力冲出“经济洼地”，实现经济社会跨越发展。“背包干部”的实践告诉我们，第一，精神是动力。“背包干部”背出了干部的精气神，没有爱岗敬业、无私奉献的精神支撑，高新人、白云人哪来这般的火热激情，又哪来如此火爆的发展气势。只有占领“精神高地”，才能冲出“经济洼地”。只要我们坚定理想信念，不向困难低头、不向挑战示弱、不向挫折妥协，一天不耽误，敢闯新路、敢于突破、敢于胜利，释放强大的精神力量，奋力追、全力赶、努力转，就一定能够实现经济社会发展的历史性跨越。第二，作风是前提。“背包干部”背转了干部作风，提高了领导干部服务基层、服务群众的能力，实现行政提速、服务提质、执行提效、形象提升。对广大党员干部是一种鞭策，提醒乱作为、慢作为、不作为的干部转变工作作风，“不要像鸭子浮在水面，而要做鸬鹚沉到水底”，提升自身形象，激发党员干部扎根基层干事创业的工作热情。第三，团结是出路。“背包干部”背和了干群关系，规范了干部行为，拉近了干群关系，触动了干部群众内在灵魂。群众对干部有了感情，干事就有了合力，发展才有了可能。正是“背包干部”营造出来的集体服务意识使两区干部群众人人都是招商环境，个个都是对外形象，高新白云速度也正是这一精神鼓舞下结出的丰硕成果。第四，机制是保障。“背包干部”背快了项目进度。但一项举措的成功，不能仅关注它的声势和规模，也不能仅关注它取得的一时成绩和效果。如果只关注这些，那么，这项举措也往往在“做完总结、发完奖匾、圆满落下帷幕”后也随之结束了。我们更要关注这项举措留给今后的可持续效果和后续的推进，而这就必须借助制度化的手段。服务项目和园区建设是一项经常性工作，必须建立健全制度、认真执行制度，提高规范化、制度化水平。有了长效制度和考核办法，做好这项工作就不仅仅是一种理念和号召，而成为必须履行的职责，实际效果也会大大增强。

“背包干部”是高新、白云人构筑“精神高地” 冲出“经济洼地”的生动实践，它所引发的“蝴蝶效应”，必将产生排山倒海的力量，推动高新区、白云区经济社会发展飞速前进，为“两年再造一个高新区、五年实现翻三番”和“五年再建一个白云”提供坚实的保障。

贵州省现代农业展示区建设发展调研情况

中共白云区委副书记　白云区人民政府区长　黄昌祥

贵州省现代农业展示区自2010年3月落户白云以来，区委、区政府高度重视，始终把展示区建设作为推进“三化同步”、打造“白云名片”的重点工程来抓。

一、基本情况

两年多来，在省、市各级各部门的大力支持下，白云区深入贯彻落实党的“三农”方针政策，抢抓国发2号文件出台的发展机遇，以“一区带三片”发展为重点（一区：指以牛场乡66.5平方公里为核心的山区立体现代农业示范区；三片：都拉上下水片区，沙文对门山、蒙台、范家院片区，麦架摆茅片区），以“一区一园三带”产业布局为支撑（一区：贵州省现代农业展示区，一园：贵州省食用菌产业园；三带：果蔬产业带、花卉苗木产业带、休闲观光产业带），以增加农民收入为目标，以打造全国休闲农业与乡村旅游示范点“蓬莱仙界”为载体，着力在推进农业现代化与城镇化结合、农业和旅游业发展结合、发展农业园区和专业生产基地、推进农产品精深加工、加快完善农业基础设施等方面下功夫，扎实深入推进城乡统筹发展，促进都市农业、高产高效农业、休闲观光农业为主的山区现代立体农业加快发展。

两年多来，共整合各类资金近亿元（涉农、土地治理等项目资金5400余万元，引进企业投资4500余万元），全面完成了贵州省现代农业展示区土地流转、土地整理和主要功能区水、电、路等基础设施及田间工程建设，增加了亭台水榭、休闲桌椅、长廊栈道等旅游设施，完善了园区绿化美化，增添了温室大棚、节水灌溉、污水处理、无土立体等现代化设施。目前，展示区主体基础设施基本形成，建设初见雏形，已进入配套完善、深化发展、扩大战果、总结提高的新阶段。

贵州省现代农业展示区的建设，为白云区农业农村发展提供了难得的历史机遇，展示区已成为白云区农业农村发展的突出亮点，为探索具有贵州山区特色的现代农业发展模式积累了经验、开创了新路。我们的主要体会是：一是解决了发展的理念问题。随着贵阳市城市中心区的扩展，高新区的入驻和贵阳综合保税区的建设，白云区工业化、城市化进程加快，农业发展空间十分有限。为调整农业产业结构，促进现代农业发展，拓展农业发展空间，实现“三化同步”，我们不等、不靠，积极转变发展理念，以贵州省现代农业展示区建设为切入点，采取整合项目、打捆资金、集中投入的措施，将涉农项目、资金、技术、政策等资源、要素向作为水源保护地、只能发展农业的牛场乡集中和倾斜，力争把该区域打造成集生态农业、特色农业、高效农业、精品农业、都市农业、休闲观光农业为一体的现代农业产业示范区，促进全区传统农业向现代农业转变，着力建设以牛场乡66平方公里为核心的“山区现代立体农业示范区”。二是解决发展的定位问题。作为全省首个省级现代农业展示园项目，我们坚持“政府投入基础设施建设、企业实施经营管理”的创新模式，按照“规划科学、布局合理、环境生态、景观自然、特色突出”的理念设计，以现代农业展示为基础功能，以农作物种植展示为主体方式，以“五个品种展示园、四个基地、四个中心”为骨干框架（即：农作物新品种展示园、特色果树品种展示园、特色植物品种展示园、精品茶品种与茶文化展示园、特色水产品种展示园；农作物新品种区试基地、农作物新品种试验基地、油研试验基地、综合开发基地；园区成果展示中心、交易中心、科教培训中心、技术研发中心），围绕实现“成果展示、交易平台、科教培训、技术研发、休闲观光”五大功能，着力打造一个集中展示现代农业“新品种、新技术、新设施、新模式”“引领贵州、辐射西南”的现代农业展示园区。三是解决发展的机制问题。主要体现在管理方式的园区化和市场化。为推进展示区加快建设，白云区专门成立贵州省现代农业展示区项目管理委员会及办公室，明确专人专职，在现场办公，在一线解决问题。为确保展示区有序运营，我区研究决定拟组建国有公司，与入驻企业共同管理园区，待有实力的企业入驻后，由该企业统一运行管理，走市场化运行管理道路。这一思路，能有效解决展示区怎么建，建后怎么管的机制问题。四是解决发展的载体问题。去年以来，展示区先后被授予“全省休闲农业与乡村旅游示范点”“全省旅游观光农业产业化扶贫实训基地”“全省食用菌实训基地”“全市农业科技示范园”“市委党校、市行政干部干部教育实践基地”、贵州师范大学国际旅游文化学院与白云区人民政府共建生态旅游教育科研合作基地”“贵州师范大学生命科学院与白云区人民政府共建生态农业生物技术产业研究合作基地”“贵州师范大学与白云区人民政府合作基地”等称号，并成功举办2011年·贵州省现代农业展示区现场观摩会暨贵阳避暑季·蓬莱仙界游、2012年贵阳避暑季系列活动之白云“六月六”布依歌会暨“蓬莱仙界”新奇特现代农业观光月等活动，组团参加2012中国·贵阳国际特色农产品交易会。通过这一系列载体的有效展示、推介和宣传，全面提升展示区的知名度、美誉度和影响力。目前，我们正全力以赴为举办全省种业观摩会、申办2013年全国种业博览会做好充分准备。五是解决了发展的目的问题。也就是促进农民增收、推动农村发展的问题。两年多来，展示区建设直接助农增收500万元（主要指务工收入），间接助农增收2500万元（主要指学习园区先进管理技术、种植园区推广品种等产生的收入），发展三产助农增收1500万元（主要指旅游、农家乐、农产品以及手工品销售收入）。特别是自今年7月24日开园以来，展示区接待考察、观摩、游览达10万人次以上，初步形成了“以农助旅、以旅促农”的发展格局。这不仅有利于白云区休闲农业与乡村旅游加快发展，更为白云区小集镇建设带来更为广阔的发展空间。

两年多来，通过展示区这一平台，广泛展示裸仁南瓜、特色香草、名贵红豆杉、精品水果、高档花卉苗木、速生树种等7家入驻园区企业果、蔬、花、草等特色农作物新品种，促进白云区农业结构调整和特色优势产业建设，实现地企“双赢”；吸引贵州聚特、南京海曼、武汉归农等多家龙头企业集中在阿所一带打造年产1亿袋以上规模的贵州省食用菌产业园（白云园区）和贵州聚特珍稀食用菌生产基地，对助推全省食用菌产业发展发挥了积极作用，形成产业“聚集”；带动都拉上水、沙文对门山、蒙台、范家院及麦架摆茅片区农业产业“一片区一特色”发展，促进地方“发展”。

在展示区这一农村农业经济发展新“引擎”的辐射带动下，白云区农业农村经济发展和农民收入水平居于全省前列，农业农村经济呈现持续较快增长的良好态势。2011年，全区农村经济总收入实现50.69亿元，农业总产值完成4.53亿元，一产增加值完成2.74亿元；农民人均纯收入8936元，同比增长21%。今年1—9月，全区农民人均纯收入达9268元，同比增长20%。预计今年农民人均纯收入将突破1万元大关，提前实现“小康指标”，为“十二五”期间实现“农业倍增计划”目标，为成为全省第一批20个区（县、市）之一，在2013年实现“全面小康区”目标打下坚实基础。

二、下一步工作打算

下步工作中，我们将进一步科学总结经验，进一步抢抓发展机遇，进一步拓宽发展思路，在攻克制约贵州省现代农业展示区建设发展的难题上实现新突破，着力把贵州省现代农业展示区作为全省100个小城镇建设示范点建设的重要功能区来打造，实现园区与集镇互动；着力把贵州省现代农业展示区作为“全国休闲农业和乡村旅游示范点”核心区来打造，树立北有“蓬莱仙境”、南有“蓬莱仙界”休闲农业与乡村旅游品牌形象，从而进一步把贵州省现代农业展示区建设好。进一步加快推动以牛场乡66平方公里为核心的“山区现代立体农业示范区”建设，全面提升核心功能，努力把发展现代农业化与工业化、城镇化结合起来，努力实现“三化”统筹，相互促进，同步协调发展。

一是坚持工业发展理念，推动农业园区标准化建设。根据“农业产业园区化、园区建设标准化”的要求，以抓工业的理念抓农业，按照《贵州省现代农业展示区详细规划要求》，继续完善园区基础设施及配套功能，充分发挥“成果展示、交易平台、科教培训、技术研发、休闲观光”五大功能。通过展示区辐射带动，加快贵州省食用菌产业园（白云园区）和贵州聚特珍稀食用菌生产基地建设，使食用菌产业实现产业化聚集、园区化管理和工厂化生产，形成菌种研发、成品生产、技术培训为一体的产业链，着力把食用菌产业做大、做强、做优，将牛场乡打造成贵州领先、西南最大的食用菌产业园。

二是理顺管理体制机制，推动园区持续健康发展。园区建设已初具雏形，功能日趋完善，要使园区持续健康发展，理顺管理体制机制是摆在当前的一个重要课题，仅靠政府投入及包揽式的管理，园区是不会有长久生命力的。因此，我们将探索成立展示区项目管理委员会领导下的白云休闲农业和乡村旅游投资有限公司，使园区实现公司化运作和管理。待条件成熟后，我们将通过招商引资，引进有经济实力、有园区运作管理经验的龙头企业自主经营，最终实现园区市场化管理模式。

三是探索“以农助旅、以旅促农”模式，推动山区现代立体农业示范区建设。积极探索“以农助旅、以旅促农”发展模式，将休闲农业与乡村旅游有机结合，充分利用牛场乡水资源保护区、自然资源、民族风情、传统农耕文化等条件和优势，将整个牛场乡66平方公里作为“蓬莱仙界”景区全力打造，力争把牛场乡建设成为贵州省山区立体现代农业先行先试示范区。目前，已完成白云蓬莱仙界旅游发展总体规划的编制工作，并通过专家评审，我们将按照规划要求和5A级景区目标，采取政府引导、市场运作、分步实施、全力推进的原则，在全省休闲农业与乡村旅游示范点的基础上，积极创建“全国休闲农业与乡村旅游示范点”。

四是落实“产城互动”导向，推动牛场乡小城镇示范点建设。今年牛场乡被确定为全省100个小城镇建设示范点之一，我们将牛场小城镇建设规划与“蓬莱仙界”旅游发展总体规划及现代农业展示区建设相结合，按照农文旅一体化、寨集一体化、山水人一体化的理念，根据“产城互动”的要求，将园区建设与小城镇建设融合发展，形成园区与企业互动、企业与农民互动、园区与城镇协调的格局，将牛场乡建设成为“蓬莱盆景、环保花园”的都市休闲胜地和观光特色小城镇，力争明年全省休闲农业与乡村旅游示范暨建设现场会在牛场乡召开。

五是发挥辐射带动作用，推动扶贫产业园区化。6月，贵州省现代农业展示区被省扶贫办授予“贵州省旅游观光农业产业化扶贫实训基地”，为充分发挥实训基地功能作用，实现“扶贫产业项目化、项目扶贫园区化、园区建设现代化”目标，我们将进一步完善园区内基础设施及功能配套，扩大园区精品果树种植、食用菌和特色蔬菜栽培、无壳南瓜种繁、香草种植、红豆杉育苗、无土栽培技术展示，新建研发培训中心、产品展示馆和无土栽培馆，大力扶持周边乡村旅馆建设，着力通过园区辐射带动整个牛场乡乃至全区、全市、全省扶贫产业发展，力争把贵州省现代农业展示区建成全省扶贫产业的研发培训中心、展示中心、中试车间、辐射基地。

我相信，有省、市各级部门的支持帮助和全区上下的共同努力，我们一定不负众望，巩固贵州省现代农业展示区建设成果，推动贵州省现代农业展示区建设发展再上新台阶，谱写白云推进农业现代化、实现“三化同步”和农村全面小康的新篇章。

围绕中心服务大局创新人大工作

——学习市第九次党代会、国发2号文件心得体会

白云区人大常委会主任　张朝栋

中共贵阳市第九次党代会确立了“走科学发展路，加快建生态文明市”的工作方针，提出了“一二一”的奋斗目标，为我市今后五年发展指明了方向。2012年1月12日，国务院以国发2号文件出台了《关于进一步促进贵州经济社会又好又快发展的若干意见》，为我市提出的奋斗目标提供了强大的动力支撑和保障，坚定了我们实现目标的信心和决心。白云区人大常委会，在今后的工作中，紧扣发展第一要务，强化中心意识，创新人大工作，为白云区经济又好又快、更好更快发展做出贡献。

一、牢牢把握提高认识这个前提，创新人大工作方式

思想是行动的先导，只有充分认识和全面、准确地理解贵阳市第九次党代会精神和国发〔2012〕2号文件精神，才能始终坚持把加快经济社会发展作为推动人大工作、服务经济发展的出发点。人大处在社会主义民主法制建设的第一线，是保障和促进地方经济社会科学发展的重要力量，必须把市第九次党代表和国发〔2012〕2号文件中提出的加快经济建设贯穿于人大工作始终，找准着力点，破解热、难点，探索创新点，在依法履职过程中把加快经济发展要求系列化、具体化。紧密结合人大工作实际，把监督重大事项决定、代表作用发挥、队伍建设等各方面工作都纳入科学发展的轨道，不断推进人大工作的科学化、规范化、制度化，察实情、鼓实劲、出实招、求实效，努力做出党和人民满意的实绩，不断开创人大工作的新局面，从而促进白云区经济发展的新成就。

二、牢牢把握坚持党的领导这一根本原则，创新人大工作方法

宪法规定了党在国家和社会事务中的领导地位，这是我们任何时候都不能动摇的一个根本原则。人大工作是党的工作的重要组成部分。只有坚持和依靠党的领导，坚定正确的政治方向，从制度上和法律上保证党的路线方针政策的贯彻落实，才能把人大建设成为党和人民信赖的大有作为的国家权力机关，人大工作才会得心应手。人大保障和促进地方经济社会科学发展，就是要坚持党的领导、人民当家作主和依法治国有机统一起来，切实增强党的意识、大局意识和责任意识，始终做到与党委在政治上同向、思想上同心、工作上同力，行动上同步，使人大工作服从并服务于发展大局，使党委的主张通过法定程序成为国家意志，转变为“一府两院”和人民群众的自觉行动，凝聚起推动经济发展的强大合力。

三、必须牢牢把握加快发展这个要务，创新工作内容

围绕中心、服务发展，既是开展人大工作的重要原则，更是人大的重大责任。提前五年在全省率先实现全面小康。经济总量增长1.4倍以上，超1个省会城市，排到西部第6位，进入第二梯队；经济年均增长17%以上，超约7

个省会城市，进入全国前列。市民幸福指数提升3到5个点，达到93左右。这个新目标符合科学发展观的要求，而实现这个目标是一个系统的，艰巨的工程，需要在党委的坚强领导下，汇聚各方力量，共同努力奋斗。切实增强工作的荣誉感、紧迫感和使命感，凝心聚力，奋力拼搏，积极推动各项工作再上新水平，再上新台阶、再创新辉煌；努力推动白云经济社会发展实现新跨越。

一是切实增强监督工作实效，为白云经济社会“转型、升级、提速”营造良好的环境。《中华人民共和国宪法》和法律赋予人大对“一府两院”实施监督职权，是人民当家作主行使国家权力的重要体现。目前，人大监督普遍存在“刚性不足”“监督乏力”“弹性”有余，作为不大，责任虚位、诸多怨气的问题。人大在行使监督职能中还存在监督机制不健全，监督实效有待提高等问题。我们要敢于监督、善于监督，要正确处理好监督与支持的关系。监督在于依法行政和公正司法，支持在于共同致力于经济社会的发展，要与“一府两院”在重要任务上统一意志，重要意见上加强沟通，重要工作上规范程序，通过深入调研，听取审议“一府两院”工作报告，组织代表视察、执法检查等多种监督形式，全力支持有利于加快白云经济发展的措施和办法。

二是改进重大事项决定工作，为白云经济发展奠定坚实基础。重大事项决定是人大工作的一项基本职能，要针对民主决策机制还有待完善的现状，着力推进民主决策的规范化，从制度上保障决策的科学性。要紧紧抓住加快发展中的重大问题，抓住人民群众普遍关注、反映强烈的热点问题，抓住和谐白云建设、社会稳定中需要动员方方面面力量共同解决的难点问题这三个关键，深入了解民情、充分反映民意、广泛集中民智，努力形成民主科学的决策机制，提出有针对性、预见性的建议，依法作出决议、决定，充分发挥人民群众的积极性、主动性、创造性，为经济社会的全面协调和可持续发展奠定坚实基础。

三是强化人大自身建设，为白云经济发展提供重要支撑。要以能力建设为基础，坚持不懈地抓好学习；要以作风建设为根本，深入开展调查研究；要以制度建设为保障，规范完善各项工作程序；要以创新精神为动力，努力适应新时期、新形势、新任务的要求，认真探索开展人大工作的新思路、新举措、新途径，做到认识上不断有新提高，思想上不断有新解放，实践上不断有新举措，工作上不断有新成效，使人大工作体现时代性，富有进取性，不断开创人大工作的新局面。

四是充分发挥代表作用，共促经济社会发展。人大代表是人大工作的主体，也是联系群众的主体，支持和保证人大代表履行职责发挥作用，是人大工作的职责所在、基础所在。要充分发挥全区各级人大代表的先进性、模范性、代表性，进一步动员和激发全区各族人民积极投身跨越发展、共同促进跨越发展。要紧密联系代表，为代表履职为民创造条件。把代表行动作为围绕中心，服务发展，提升代表活动质量和水平的具体行动，作为提升人大工作实效的一项具体举措来抓。继续邀请人大代表参加有关会议，以“以会代训”、专题培训等形式认真开展好代表培训工作，有计划地组织代表参加调研、视察、执法检查等活动，不断创新和规范代表活动方式，扩大代表参与活动范围，努力保证代表知情知政，不断提高代表履职能力和水平，激发代表反映民意、集中民智的责任感和使命感。高度重视代表建议、批评和意见的办理工作，大力推进重点督办件制度，进一步完善跨年建议办理机制，切实提高解决率和满意率。

活学活用矛盾论原理 切实把握工作大局

白云区政协主席　卢瑞礼

【内容摘要】 矛盾无时不存，无时不在，没有矛盾就没有世界，要敢于正视矛盾。要学会抓主要矛盾，贫困和落后是贵州的主要矛盾，加快发展是贵州的主要任务。要解决好重点领域的矛盾纠纷，用全力抓好贫困和落后这个主要矛盾，抓住了这个主要矛盾，贵州的一切问题就迎刃而解了。要注意矛盾的特殊性，具体问题具体分析，对症下药地解决。要充分用好国发〔2012〕2号文件这个前所未有的外因，发挥干部主观能动性这个内因，超前预测矛盾，及时发现矛盾，主动解决矛盾，建立预防矛盾长效机制，实现“加速发展、加快转型、推动跨越、奋力后发赶超”的目标，在富民兴黔的伟大事业中作出应有的贡献。

毛泽东同志在1937年8月写出了一部伟大的著作《矛盾论》，对于丰富和发展马列主义哲学，指导中国革命作出了不可磨灭的功勋。笔者认真系统地阅读《矛盾论》，对当前经济社会发展中出现的各种问题有了更深一步的认识，对解决这些矛盾问题有了更多的理性思考，现结合工作实际，谈谈活学活用矛盾论原理从而把握工作大局的思考，以期抛砖引玉。

一、要敢于正视矛盾

客观地讲，新时期各种新的矛盾不断增多，矛盾呈现出“触点”增多、“燃点”降低、“爆点”易炸的特征。如何正确认识矛盾？毛泽东同志在《矛盾论》中已经清楚明白地告诉了我们：矛盾的普遍性或绝对性这个问题有两方面的意义。其一是说，矛盾存在于一切事物的发展过程中；其二是说，每一事物的发展过程中存在着自始至终的矛盾运动。通俗地讲，就是矛盾无时不存，无时不在，没有矛盾就没有世界。在我国市场经济建设中，横向有工人、农民与其他阶层之间的矛盾；各地方之间、企业之间、群体之间的矛盾。纵向有执政党、政府同人民之间的矛盾；国家、集体、个人之间的矛盾，市场经济中的生产者、经营者、消费者之间的矛盾等。由此可以看出，矛盾就是问题，问题就是矛盾，矛盾本身并不可怕，关键是我们要正视矛盾。要正确地分析现在的矛盾为什么比以前要多得多的原因。其实，任何时候都存在许多矛盾，改革开放前存在的过分强调政治、极端压抑人性、物资严重匮乏等许多矛盾，因为消息传播的管制与封锁，许多负面的东西都没有传播出来；而现在民主意识深化，互联网超越于一切传播工具可以随时传播信息，加之民主政治健康地向前发展，党中央国务院对一切事件都要求第一时间公布事实真相，不准捂盖子，因此，从感觉上就感到现在的矛盾比以前要多得多。学了《矛盾论》以后，就知道这些矛盾的存在是客观的、必然的，关键是如何解决这些矛盾，如何预测层出不穷的新的矛盾，只要我们客观认识，不惧怕矛盾，认真分析，就一定能找出解决矛盾的办法。

二、要抓住主要矛盾

笔者认为，《矛盾论》的主要贡献体现在抓主要矛盾的观点与理论中，即：在复杂的事物的发展过程中，有许多矛盾存在，其中必有一种是主要矛盾，由于它的存在和发展规定或影响着其它矛盾的存在和发展。例如在资本主义社会中，无产阶级和资产阶级这两个矛盾着的力量是主要的矛盾；其他的矛盾力量，如农民小资产者和资产阶级的矛盾，无产阶级和农民小资产者的矛盾等，都为这个主要的矛盾力量所规定、所影响。有中国特色的社会主义国家的主要矛盾是人民日益增长的物质文化需要同落后的生产之间的矛盾。其他的如国际敌对势力欲分裂中国，相邻国家提出的领土纠纷，西方资本主义国家对我国的和平演变阴谋等，都是次要矛盾，因为我们把主要矛盾抓好了，全国人民一心建设祖国，壮大国家综合实力，实现国强民富，则这些分裂中国、企图侵占中国领土、和平演变等阴谋都不会得逞。由此可知，任何过程如果有多数矛盾存在的话，其中必定有一种是主要的，起着领导的、决定的作用，其他则处于次要和服从的地位。因此，研究任何过程，如果是存在两个以上矛盾的复杂过程的话，就要用全力去找出它的主要矛盾。捉住了这个主要矛盾，一切问题就迎刃而解了。十一届三中全会上，我们党对我国的主要矛盾作出了英明的判断，主要矛盾不再是无产阶级与资产阶级之间的矛盾，而是人民日益增长的物质文化需要同落后的生产之间的矛盾，中国从此走上了改革开放、以经济建设为中心的快车道。改革开放总设计师邓小平同志“南巡”谈话中有一句通俗而又经典的话：“不发展经济，不改善人民生活，只能是死路一条。”在我国现阶段，党政工作是以经济建设为中心，因为只有持续不断地加强经济建设，才能持续不断地解决人民需求与落后的生产之间的矛盾。改革开放30年来，我们不折腾，不动摇，聚精会神谋发展，一心一意搞建设，做到了国富民强，经济发展速度雄冠全球，中国占世界经济总量由1978年的0.6%上升到2012年的10.5%，事实雄辩地证明了正确抓住主要矛盾的重要性。

在抓主要矛盾的同时，还要注意到主要矛盾与次要矛盾之间的转化问题。如在半殖民地的中国，主要矛盾是封建制度和人民大众之间的矛盾，而当受到帝国主义发动侵略战争的时候，则主要矛盾变成帝国主义和中华民族之间的矛盾。同样地，我国现在的主要矛盾是人民日益增长的物质文化需要同落后的生产之间的矛盾，假如我国受到外敌入侵，严重影响到中华人民共和国国家主权及领土完整的时候，则主要矛盾会上升为中华民族与敌国之间的矛盾。就一个地方而言，主要矛盾有时也会发生变化，例如瓮安事件，就是因为主要矛盾没有抓好，让干群对立暂时上升成了主要矛盾，导致打砸烧政府，在中外造成了恶劣的影响。解决这个暂时的主要矛盾还是从认真听取群众诉求，满足人民群众日益增长的物质文化需要这个方面着手，通过解决一系列矛盾，现在干群对立矛盾已下降成了次要矛盾。

国发〔2012〕2号文件及贵州省第十一次党代会报告均明确指出：“贫困和落后是贵州的主要矛盾，加快发展是贵州的主要任务。”为什么说贫困和落后是贵州的主要矛盾？因为我们国家的主要矛盾是人民日益增长的物质文化需要同落后的生产之间的矛盾，党的十七大报告主题中，明确提出为夺取全面建设小康社会新胜利而奋斗。而我们贵州在2011年全国人均GTP排名中倒数第一，有1521万贫困人口，贫困发生率达45.1%，全省区域内存在集中连片特困的武陵山片区、乌蒙山片区、滇黔桂石漠化片区，覆盖我省65个县80.3%的国土面积。显然，我省的这种贫困落后肯定会阻碍延迟中国全面建设小康社会的时间，其他一切矛盾纠纷都由贫困与落后这个矛盾所左右与主导，相对于其他一切矛盾，贫困和落后也就成了影响全局的主要矛盾，国发〔2012〕2号文件精辟地指出：“贵州尽快实现富裕，是西部和欠发达地区与全国缩小差距的一个重要象征，是国家兴旺发达的一个重要标志。”正确认识我省的主要矛盾，对于实施工业强省、城镇化战略具有十分重要的意义，贵州的主要矛盾告诉我们，我省的工作重心是工业化，我们领导干部一定要在招商引资、项目建设上下功夫，多引进优质项目，就是在抓主要矛盾上作贡献。当然，在抓主要矛盾时也要学会弹钢琴，注意这其中必然出现的一些次要矛盾，比如因利益原因而形成的项目落地难甚至挡工堵路、强买强卖问题。要公平公正地兼顾企业与当地农民的利益分配，不能只顾项目建设而忽视农民利益，要尽可能地优选双赢的结局，目的是化解次要矛盾，为解决主要矛盾服务。

三、要注意矛盾的特殊性

首先从矛盾的普遍性与特殊性来说，矛盾的普遍性是事事有矛盾，时时有矛盾。而其特殊性是指矛盾着的事物及其每一个侧面各有特点。正如毛主席所说：“如果不研究矛盾的特殊性，就无从确定一事物不同于其他事物的特殊本质，就无从发现事物运动发展的特殊原因，或特殊的根据，也就无从辨别事物，无从区分科学研究的领域。”不同质的矛盾，只有用不同质的方法才能解决。例如，无产阶级和资产阶级的矛盾，用社会主义革命的方法去解决；人民大众和封建制度的矛盾，用民主革命的方法去解决；殖民地和帝国主义的矛盾，用民族革命战争的方法去解决；在社会主义社会中工人阶级和农民阶级的矛盾，用农业集体化和农业机械化的方法去解决；共产党内的矛盾，用批评和自我批评的方法去解决；社会和自然的矛盾，用发展生产力的方法去解决。人民内部矛盾要用说服教育的方式去解决，属于敌对势力矛盾的，要用外交及军事打击等方式解决。“对症下药”“量体裁衣”“因材施教”“因地制宜”等成语都告诉我们一个道理，就是要具体地分析事物的特点，并根据事物的特点去办事情。就是要对具体问题具体分析。社会矛盾性质不同、表现形式不同，大量的是人民内部矛盾。对人民内部矛盾的处理，一定要坚持以人为本，以教育、疏导、调节为主。当前人民内部矛盾呈现出“触点”增多、“燃点”降低、“爆点”易炸的特征。要尽量减少“触点”，健全完善党委和政府主导的利益协调机制、权益保障机制、社会稳定风险评估机制，更加注重从源头上、根本上预防社会矛盾；及时隔阻“燃点”，更加注重通过协商调解化解矛盾纠纷，加强和改进信访工作，解决好重点领域的矛盾纠纷；着力清除“爆点”，下大力预防和妥善处置群体性事件。

四、要发挥主观能动性

唯物辩证法认为外因是变化的条件，内因是变化的根据，外因通过内因而起作用。鸡蛋因得适当的温度而变化为鸡仔，但温度不能使石头变为鸡仔，因为二者的根据是不同的。两军相争，一胜一败，所以胜败，皆决于内因。胜者或因其强，或因其指挥无误，败者或因其弱，或因其指挥失宜，外因通过内因而引起作用。由于历史及自然的原因，贵州地处内陆西部，交通不便，成了我国最贫穷落后的省份。并且改革开放30年以来，与发达省份的差距越来越大。贵州省第十一次党代会客观地报告了我省小康进程大体上落后全国8年，落后西部平均水平4年，是全国贫困问题最突出的欠发达省份。省委提出围绕“加速发展、加快转型、推动跨越”主基调，重点实施工业强省、城镇化带动战略，目前环境条件最好，因为党中央、国务院实施新一轮西部大开发和扶贫开发战略，专门制定了进一步支持我省发展的国发〔2012〕2号文件一揽子政策措施，为我们创造了前所未有的重大机遇；我省自然资源丰富，区位比较重要，市场潜力很大，随着基础设施建设的不断改善，经济社会发展的比较优势和后发优势越来越突出，从外因上来看，这是千载难逢的大好时机。但外因再好，也只是变化的条件，内因才是变化的根据，因为外因通过内因而起作用。工业强省、城镇化战略的内因是什么？笔者认为，是干部，是干部的能力与责任感，是干部的精气神，是干部的主观能动性。贵州条件艰苦，做成一件事，要付出加倍的努力，更需要有一种在逆境中求崛起的精神。有精神才会有力量。唯有“干”字当头，才能改变面貌；唯有拼搏奋进，才能后发赶超；唯有构筑“精神高地”，才能冲出“经济洼地”。作为领导干部，我们要起先锋模范作用，要从我做起，从现在做起，转变作风、服务基层、推动跨越。要带头做到艰苦奋斗、长期奋斗、不懈奋斗、迎难而上、只争朝夕！要肩扛起重于泰山般的富民兴黔使命，树立起坚如磐石般的后发赶超信心，振作起敢为人先的精神状态，在本职工作中攻坚克难、奋力跨越！

五、要建立预防矛盾长效机制

在贯彻科学发展观的前提下，正确地处理矛盾，建立妥善解决矛盾的长效机制，是构建社会主义和谐社会的制度需要。和谐社会是我们追求的社会理想，只有超前预测矛盾，及时发现矛盾，主动解决矛盾，才能使社会达到相对和谐。坚持《矛盾论》，我们就不会因为当今社会存在种种矛盾而求全责备，也不会因为构建和谐社会的长期性和艰巨性而丧失信心；我们就能够通过改革和发展解决社会基本矛盾和主要矛盾，推动经济社会的协调发展，为构建和谐社会打下坚实基础。坚持并活学活用矛盾论原理，则我们一定会实现“加速发展、加快转型、推动跨越，奋力后发赶超”的目标，在富民兴黔的伟大事业中作出应有的贡献。

注：该文在2012年9月贵阳市市委宣传部“学习马列经典、坚定理想信念、推动跨越发展”征文活动中荣获一等奖。

统计资料

GUI YANG BAI YUN
NIAN JIAN 2013

2012年白云区经济和社会发展统计公报

白云区统计局
2013年5月24日

2012年，在区委、区政府的坚强领导下，紧紧围绕“两加一推”主基调，统筹城乡发展，扎实推进“转型、升级、提速”进程，努力克服不利因素影响，经济社会发展取得显著成就，呈现出发展提速、转型加快、民生改善、后劲增强的良好态势，为率先在全省建成全面小康社会和迈向生态文明新时代奠定坚实基础。

一、综合

初步核算，2012年全区生产总值101.86亿元，比上年增长18.1%。其中，第一产业增加值3.22亿元，增长9.5%；第二产业增加值57.14亿元，增长19.9%；第三产业增加值41.50亿元，增长16.1%。

第一产业、第二产业、第三产业增加值占生产总值的比重分别为3.2%、56. 1%和40.7%。与去年比，第一产业比重降低0.4个百分点，第二产业比重上升1.2个百分点，第三产业下降0.8个百分点。

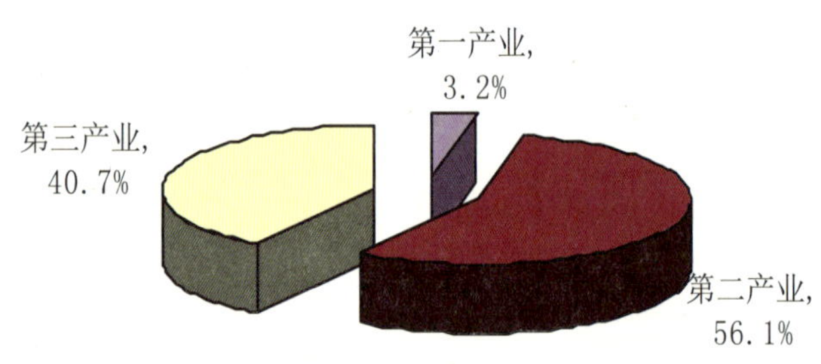

2012年

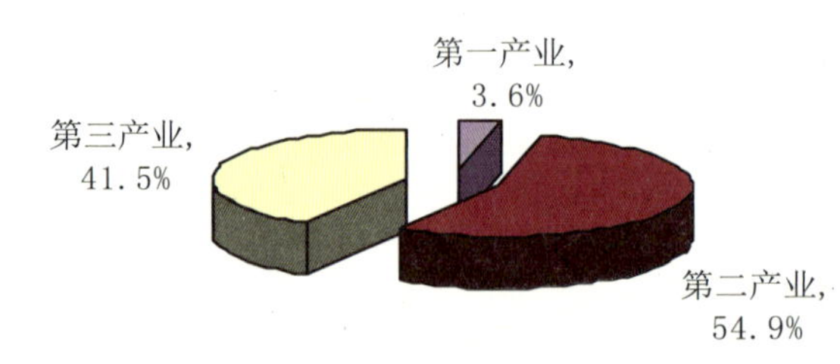

2011年

二、农业

全年种植业增加值32216万元，比上年增长9.5%。主要农作物种植面积有所减少，粮食作物种植面积2864公顷（42960亩），比上年减少2.8%；油料种植面积767公顷（11505亩），减少12.3%；蔬菜种植面积4971公顷（74565亩），增长17.9%。主要农产品中，蔬菜、稻谷等产品产量增长较快，分别比上年增长19.2%和9.8%。油料产量比上年减产8.8%，水果比上年减产43.6%。

2012年主要农产品产量及其增长速度

产品名称	单位	绝对数	比上年增长(%)
粮食	吨	11147	8.6
其中：稻谷	吨	5588	9.8
玉米	吨	3054	8.3
小麦	吨	–	–
马铃薯	吨	1786	–1.8
油料	吨	843	–8.8
其中：花生	吨	–	–
油菜籽	吨	843	–8.8
烤烟	吨	–	–
蔬菜	吨	121123	19.2
茶叶	吨	32	0.0
水果	吨	410	–43.6

全年林业增加值200万元，比上年增长2.5%。全年畜牧业增加值5229万元，比上年增长25.2%。猪、牛出栏数继续增长，肉类总产量5091吨，比上年增长5.9%。禽蛋产量有所下降，比上年减少60.8%。

全年渔业增加值23万元，比上年减少79.1%。水产品产量30吨，比上年减少80.0%。年末农用机械总动力13万千瓦时，比上年增长12.7%。

2012年主要畜产品产量及牲畜存栏、出栏情况

指标名称	单位	绝对数	比上年增长(%)
肉类总产量	吨	5091	5.9
其中：猪肉	吨	3886	7.4
牛肉	吨	57	–3.4
羊肉	吨	16	0.0
禽肉	吨	1122	2.4
牛奶产量	吨	–	–
禽蛋产量	吨	945	–60.8
猪出栏数	头	43905	3.0
牛出栏数	头	380	–17.2
羊出栏数	只	728	2.8

续 表

指标名称	单位	绝对数	比上年增长(%)
家禽出栏数	只	700950	3.1
猪存栏数	头	34062	-10.7
牛存栏数	头	2751	-21.8
羊存栏数	只	624	-14.5
家禽存栏数	只	400662	11.1

三、工业和建筑业

全年规模以上工业增加值51.50亿元，比上年增长24.6%。其中，轻工业增加值8.97亿元，增长21.0%；重工业增加值42.54亿元，增长25.4%，

主要工业行业中，除医药制造业外，各行业均呈现正增长。电力、热力的生产和供应业，金属制品业，非金属矿采选业，酒、饮料和精制茶制造业等行业增势较为明显，分别比上年增长56.3%、48.8%、34.6%和30.2%。

主要工业产品产量增长较快，软饮料、钢材、家具、铁路货车和粗钢分别比上年增长36.0%、35.4%、30.7%、29.8%和27.3%。

2012年规模以上工业增加值及其增长速度

指标名称	绝对数（亿元）	比上年增长（%）
规模以上工业增加值	51.50	24.6
其中：国有及国有控股企业	26.68	15.9
国有企业	2.64	3.6
集体企业	0.36	5.0
股份制企业	38.78	26.2
外商及港澳台投资企业	8.27	29.2
其中：轻工业	8.97	21.0
重工业	42.54	25.4
其中：非金属矿采选业	0.11	34.6
农副食品加工业	0.83	5.8
食品制造业	0.08	8.4
酒、饮料和精制茶制造业	6.48	30.2
家具制造业	0.63	12.7
化学原料及化学制品制造业	1.20	19.0
医药制造业	0.17	-22.9
橡胶和塑料制品业	0.45	10.2

续 表

指标名称	绝对数（亿元）	比上年增长（%）
非金属矿物制品业	5.13	24.5
黑色金属冶炼及压延加工业	0.67	18.8
有色金属冶炼及压延加工业	17.14	22.5
金属制品业	3.82	48.8
通用设备制造业	0.99	13.0
铁路、船舶、航空航天和其他运输设备制造业	4.99	12.8
电气机械及器材制造业	1.53	12.7
计算机、通信和其他电子设备制造业	0.44	22.9
电力、热力的生产和供应业	1.74	56.3

全年规模以上工业企业实现主营业务收入253.53亿元，比上年增长50.0%，并扭转了自年初以来的亏损局面，实现利润12.50亿元，比去年增加15.05亿元。工业综合经济效益指数236.02，比去年提高109.52个百分点。

全年建筑业增加值6.92亿元，比上年增长1.3倍。房屋施工面积120.26万平方米，下降50.0%；房屋竣工面积43.33万平方米，增长3.3倍，其中住宅竣工面积42.0万平方米，增长3.3倍。

2012年规模以上工业主要产品产量及其增长速度

产品名称	单位	绝对数	比上年增长（%）
发电量	亿千瓦小时	2.58	-14.3
其中：火电	亿千瓦小时	2.58	-14.3
粗钢	万吨	14.20	27.3
钢材	万吨	11.28	35.4
原铝（电解铝）	万吨	40.27	-2.4
氧化铝	万吨	103.91	-3.0
铁路货车	辆	1660.00	29.8
软饮料	万吨	80.18	36.0
家具	万件	20.33	30.7
石墨及碳素制品	万吨	24.10	-18.7
水泥	万吨	36.76	5.0
电力电缆	千米	15392.52	12.9

四、固定资产投资

全年全社会固定资产投资完成218.83亿元，比上年增长60.9%，其中城镇固定资产投资完成213.98亿元，比上年增长58.3%。工业投资完成97.96亿元，比上年增长68.8%。

2012年全社会固定资产投资完成情况

指　标	绝对数(亿元)	比上年增长(%)
全社会固定资产投资	218.83	60.9
民间投资	93.5	85.3
按隶属关系分		
中　央	4.16	15.7
地　方	214.67	55.3
按产业分		
第一产业	3.40	209.1
第二产业	99.52	75.9
第三产业	115.91	48.0
按管理类别分		
#建设项目	198.21	74.3
房地产开发	20.62	–9.6
按城乡分		
城　镇	213.98	58.3
农　村	4.85	498.8

全年房地产开发投资20.62亿元，比上年下降9.6%。按工程用途分，住宅投资15.65亿元，下降2.1%；办公楼投资106万元，比上年下降89.0%；商业营业用房投资2.16亿元，比上年下降26.0%；其他投资2.81亿元，下降6.2%。

2012年房地产开发投资资金和销售情况

指　标	单　位	绝对数	比上年增长(%)
房地产投资完成额	亿元	20.62	–9.6
本年实际到位资金	亿元	28.70	–0.4
#国内贷款	亿元	4.96	48.4
自筹资金	亿元	6.22	–41.7

续 表

指 标	单 位	绝对数	比上年增长（%）
利用外资	亿元	0	0
其他资金	亿元	17.52	18.4
房屋施工面积	万平方米	480.82	-12.0
房屋新开工面积	万平方米	35.71	-85.2
房屋竣工面积	万平方米	47.95	1.8倍
商品房销售面积	万平方米	46.80	-4.4
本年购置土地面积	万平方米	33.00	16.3

五、国内贸易和物价

消费品市场运行平稳。全年社会消费品零售总额27.00亿元，比上年增长18.2%。按单位所在地划分，城镇消费品零售额26.80亿元，比上年增长25.4%；乡村消费品零售额0.20亿元，比上年下降86.6%。

2012年社会消费品零售总额及增长速度

指标名称	绝对数（亿元）	比上年增长（%）
社会消费品零售总额	27.00	18.2
按城乡分		
城镇	26.80	25.4
乡村	0.20	-86.6
按行业分		
批发业	3.14	19.2
零售业	22.24	17.5
住宿业	0.04	10.5
餐饮业	1.57	27.4

全年居民消费价格比上年上涨2.6%，在监测的八大类商品及服务项目中，除交通和通讯类价格比上年下降2.0%外，其余均有不同程度上升，其中食品价格上升幅度最大，达5.6%。

2012年居民消费价格指数

指标名称	指数（上年=100）
居民消费价格总指数	102.6
1. 食品类	105.6
2. 烟酒及用品类	101.5
3. 衣着类	104.5
4. 家庭设备用品及维修服务类	103.1
5. 医疗保健和个人用品类	102.9
6. 交通和通讯类	98.0
7. 娱乐教育文化用品及服务类	100.0
8. 居住类	100.7

全年工业生产者出厂价格比上年上涨1.0%，工业生产者购进价格下降3.6%。

六、交通和邮电

全年交通运输、仓储和邮政业增加值5.86亿元，比上年增长15.1%。年末全区公路通车里程390公里，其中高速公路25公里。民用车辆拥有量增加，其中运营客车268辆；货车2249辆，增加160辆。

全年实现邮电业务总量9110万元，比上年增长14.7%。其中，电信业务总量7827万元，增长19.2%；邮政业务总量1283万元，增长19.2%。互联网、移动电话用户较快增长，固定电话用户稳步增长。

七、财政和金融

全年财政总收入15.93亿元，比上年增长22.5%，其中一般预算收入8.96亿元，增长38.5%。一般预算支出12.71亿元，比上年增长36.7%，其中，教育、城乡社区事务和国土资源气象等方面支出增长幅度较大。

2012年财政收支情况

指标名称	绝对数（亿元）	比上年增长(%)
财政总收入	15.93	22.5
其中：一般预算收入	8.96	38.5
其中：税收收入	15.10	20.9
一般预算支出	12.71	36.7
其中：一般公共服务	2.65	40.7
公共安全	1.12	37.2
教育	4.26	53.5
社会保障和就业	0.74	40.8
医疗卫生	0.61	7.6

续 表

指标名称	绝对数（亿元）	比上年增长(%)
环境保护	0.28	-32.7
城乡社区事务	0.74	60.0
农林水事务	1.33	45.2
交通运输	0.12	30.7

全年金融业增加值5.22亿元，比上年增长7.84.0%。年末，全区金融机构人民币各项存款余额214.58亿元，比年初增加47.35亿元，同比多增47.35亿元，其中城乡储蓄存款109.97亿元，比年初增加25.34亿元；各项贷款余额213.04亿元，比年初增加25.92亿元，同比多增25.92亿元。全年原保险保费收入4790万元，比上年增长26.6%。

2012年金融机构信贷收支情况

指标名称	年末数（亿元）	比年初增加（亿元）
人民币各项存款余额	214.58	47.35
其中：企业存款	101.82	11.96
城乡储蓄存款	109.97	25.34
人民币各项贷款余额	213.04	25.92
其中：短期贷款	24.80	1.27
中长期贷款	188.23	22.62

2012年保险业收付情况

指标名称	绝对数（万元）	比上年增长(%)
原保险保费收入	4790	26.6
其中：财产险	4790	26.6
其中：机动车辆保险	3523	50.6
人身险	991	-10.0
人寿保险	671	-23.0
健康保险	1081	1.4倍
意外伤害保险	2111	1.4倍
赔付支出	3025	91.1

续 表

指标名称	绝对数（万元）	比上年增长(%)
其中：财产险	3025	91.1
其中：机动车辆保险	1579	51.0
人身险	3921	1.2倍
人寿保险	231	1.2倍
健康保险	68	1.3倍
意外伤害保险	93	1.2倍

八、教育和科学技术

年末各级各类学校专任教师3144人。小学学龄儿童入学率99.63%、初中阶段毛入学率91.12%、高中阶段毛入学率127.59%。中等职业教育规模继续扩大，中等职业学校在校生5687人，比上年增长42.1%。全年实施了一大批重大科技项目，其中国家中小企业创新基金项目5项、省级科技计划项目33项、市级科技计划项目38项、区级科技计划项目41项。区应用技术研发资金安排2071万元，占本级财政决算支出2.06%。共有国家认可实验室3个，国家级工程技术研究中心1家，国家级企业技术中心1家，省级企业（工程）技术中心17家，市级工程技术中心15家，省级高新技术企业13家，院士专家工作站2个。获贵阳市科技进步一等奖一项、二等奖二项。全年专利申请量410项，专利授权量209项。

2012年教育事业情况

指标名称	单位	绝对数
各级各类学校数	所	118
各级各类在校学生	人	60570
各级各类学校专任教师数	人	3144
中等职业教育学校	所	2
招生数	人	1886
在校生数	人	5687
毕业生数	人	328
普通高中	所	3
招生数	人	2614
在校生数	人	7192
毕业生数	人	1715
高中阶段毛入学率	%	127.59

续 表

指标名称	单位	绝对数
初中学校	所	9
招生数	人	4669
在校生数	人	13551
毕业生数	人	4036
初中阶段毛入学率	%	91.12
初中阶段在校生数辍学率	%	0.87
普通小学	所	53
招生数	人	3846
在校生数	人	24384
毕业生数	人	4207
学龄儿童入学率	%	99.64
小学学生辍学率	%	0.029
特殊教育学校	所	1
招生数	人	9
在校生数	人	26
幼儿园	所	50
在园幼儿数	人	9730

九、文化、出版、卫生和体育

2012年末，全区拥有民俗博物馆1个、文化馆 1 个，公共图书馆1个，电视台1座。年末有线电视用户达到5万户，比上年增长16%，其中数字电视用户4.8万户，增长15%；广播综合人口覆盖率、电视综合人口覆盖率分别为100% 和85%。全年共出版区级报纸147期。

年末，全区卫生机构170个，其中医院、卫生院14个，疾病预防控制中心1个，妇幼生殖保健中心（站）5个。全区卫生机构床位数1323张，卫生技术人员1691人，其中执业（助理）医师756人、注册护士935人。

年末，全区有体育场1个、体育馆2个，体育健儿参加全国农民运动会，荣获健身秧歌第八名；风筝奖3个第一名、4个第二名、5个第三名。参加全省农民运动会，荣获健身秧歌1个第一名、1个第二名；风筝奖4个第一名、8个第二名、1个第三名。

十、人民生活

全年城镇居民人均可支配收入21796元，比上年增长12.4%。城镇居民人均消费性支出15969元，比上年增长21.6%。分支出类别看，食品类比上年增长21.6%，衣着类增长23.5%，居住类下降10.2%，家庭设备用品及服务类增长13.5%，医疗保健类下降16.4%，交通和通信类增长63.8%，娱乐教育文化服务类增长42.4%，其他商品和服务类增长11.8%。城镇居民家庭拥有家用汽车、家用空调、家用电脑等耐用消费品的数量较快增长，每百户拥有量分别比上年增长57.1%、50% 和40.6%。年末城镇居民人均住房建筑面积26.25平方米，比上年下降3.0%。

2012年末每百户城镇居民家庭耐用消费品拥有量

指标名称	单位	绝对数	比上年增长(%)
家用汽车	辆	22	57.1
彩色电视机	台	120	0.0
家用电脑	台	90	40.6
摄像机	架	6	-25.0
家用空调器	台	18	50
沐浴热水器	台	96	9.1
移动电话	部	242	9.0

全年农民人均纯收入10256元，比上年增长15.4%。农民人均生活消费支出9884元，比上年增长17.7%。分支出类别看，食品类比上年增长15.2%，衣着类增长23.0%，居住下降66.8%，家庭设备用品及服务类增长35.2%，医疗保健类下降15.4%，交通和通信类增长1倍，娱乐教育文化服务类增长2.8倍，其他商品和服务类增长50.8%。农村居民家庭拥有洗衣机、电冰箱、抽油烟机、微波炉等耐用消费品的数量快速增长，每百户拥有量分别比上年增长1.0%、16.5%、1倍和2倍。农村居民人均住房面积113.67平方米，比上年增长50.2%。

2012年末每百户农村居民家庭耐用消费品拥有量

指标名称	单位	绝对数	比上年增长(%)
彩色电视机	台	132	1.5
电冰箱	台	99	16.5
洗衣机	台	103	1.0
影碟机	台	111	4.7
热水器	台	45	1.6
摩托车	辆	58	-5.3
电话机	部	37	15.6
移动电话	部	260	12.2
空调机	台	4	0.9
微波炉	台	12	2倍
汽车（生活用）	部	29	1.4倍
计算机	台	12	-49.2

十一、人口、就业与社会保障

全区年末常住总人口27.13万人，比上年增长1.0%。其中，全年人口出生率11.71‰，比上年增加0.27个千分点；人口自然增长率6.70‰，增加0.37个千分点。全区年末户籍人口为19.48万人。

2012年末户籍人口数及构成情况

指　标	单位	年末数	比重（%）
全区总人口	人	194771	100.0
其中：农业人口	人	73465	37.7
非农业人口	人	121306	62.3
未落常住户口人员	人	1185	0.6
其中：男性	人	98772	50.7
女性	人	95999	49.3
其中：18岁以下	人	37934	19.5
18–35岁	人	52414	26.9
35–60岁	人	77445	39.8
60岁以上	人	26978	13.8

注：此表为公安户籍人口数据。

就业工作取得新成绩。全区年末城镇新增就业人数12471人，比上年增加6273人，其中促进下岗失业人员再就业人数2698人，比上年增加877人。年末城镇登记失业率3.19%。

2012年社会保险情况

指标名称	单位	绝对数	比上年增长（%）
基本养老保险参保人数	人	32807	18.4
其中：企业职工	人	23835	38.2
新型农村社会养老保险参保人数	人	0	0
退休人员社区管理服务率	%	100	–
城镇基本医疗保险参保人数	人	21140	22.1
工伤保险参保人数	人	16904	28.4
其中：农民工	人	6525	12.7
生育保险参保人数	人	17221	22.9
失业保险参保人数	人	13606	26.6
领取失业金人数	人	4991	–7.0

社会保障体系不断完善。年末全区城镇企业职工基本养老保险参保人数23835人，比上年增长38.2%。退休人员社区管理服务率为100%。新型农村社会养老保险试点工作取得新发展，参保人数32459人，比上年增长3.9%。基本医疗保险参保人数21140人，比上年增长22.1%。城市居民最低生活保障人数19303人次，比上年增长2.1%。农村居民最低生活保障人数6178人次，比上年下降4.4%。

社会福利事业持续发展。年末全区各类收养性社会福利单位共3个，拥有床位数33张，与上年持平。全年收养人数8人，比上年增长14.3%。

十二、环境和安全生产

全年二氧化硫年平均值为0.056毫克/立方米，达到国家年均值二级标准；二氧化氮年平均值为0.022毫克/立方米，优于国家年均值一级标准；大气可吸入颗粒物（PM10）年平均值为0.091毫克/立方米，达到国家年均值二级标准，较2011年有所好转。全区地表水大部分指标按功能区划分达到国家地表水环境质量标准。

全年共发生安全生产死亡事故8起，死亡7人，死亡人数占全区全年控制数81.8%。其中：交通事故7起，死亡6人；工矿商贸死亡事故1起，死亡1人；煤矿、危化、消防、特种设备、旅游景区景点等行业未发生生产安全死亡事故。

注：

1. 本公报中数据为初步统计数。

2. 地区生产总值及各产业增加值绝对数按现价计算，增长速度按不变价计算。

3. 规模以上工业统计口径为全部年主营业务收入500万元及以上工业企业。

4. 固定资产投资（不含农户）为计划总投资50万元及以上的城镇和农村非农户项目投资。

5. 限额以上批发业统计口径为年主营业务收入2000万元及以上的批发企业和个体户，限额以上零售业统计口径为年主营业务收入500万元及以上的零售企业和个体户，限额以上住宿、餐饮业统计口径为年主营业务收入200万元及以上的住宿和餐饮业企业和个体户。

6. 运营客车由于交通局管理权限的改变，租赁公司不在交通局管辖范围内，故不含租赁公司客车。

7. 城镇居民人均可支配收入、人均消费性支出，农民人均纯收入、人均生活消费支出的增长速度按现价计算。

索引

GUI YANG BAI YUN NIAN JIAN 2013

说　明

一、本索引采用主题分析法编制，主题词来自于目录标题，特载、大事记、文论选载、图、表未做索引。

二、本索引先按主题词首字汉语拼音第一个字母的拉丁字母顺序排列，再按主题词所在页码顺序排列；首字相同的，按页码顺序集中排列；首字为阿拉伯数字、英文字母和特殊符号，作“非音序”排在索引末尾。

三、采用主题词＋页码。

A

B

C

D

E

F

G

H

J

K

L

M

N

P

Q

R

S

T

W

X

Y

Z

非音序